HISTOIRE
DE LA
GRANDE ISLE
MADAGASCAR,
COMPOSE'E.

Par le Sieur DE FLACOVRT, Directeur General de la Compagnie Françoise de l'Orient, & Commandant pour sa Majesté dans ladite Isle & és Isles adjacentes.

Auec vne Relation de ce qui s'est passé és années 1655. 1656. & 1657. non encor veuë par la premiere Impression.

A TROYES, Chez Nicolas Oudot, & se vendent

A PARIS,

Chez GERVAIS CLOVZIER au Palais, sur les degrez en montant pour aller à la saincte Chappelle.

M. DC. LXI.

AVEC PRIVILEGE DV ROY.

A MESIRE NICOLAS FOVCQVET,

CHEVALIER, VICOMTE DE MELVN, ET DE VAVX, MINISTRE D'ESTAT, SVR-Intendant des Finances de France, & Procureur General de sa Majesté.

ONSEIGNEVR,

Ceste Isle, que ie d'escrits, se presente à vostre Grandeur, pour implorer vostre secours, & pour vous demander des Ouuriers; afin d'exciter ses Habitans à se façonner, comme les autres Nations de l'Europe, & pour leur enseigner la bonne maniere

ã ij

de cultiuer la Terre, les Arts, les Meſtiers & les Manufactures des choſes, qu'elle contient en ſon ſein, auſſi aduantageuſement que païs du Monde. Elle vous demande des Loix, des Ordonnances politiques, des Villes & des Officiers pour les y faire obſeruer. Et ce qui eſt de plus precieux que toutes les choſes du Monde: Elle vous demande des Eccleſiaſtiques, des Preſtres & des Predicateurs pour conuertir ſes Peuples, & leur enſeigner les Myſteres de la veritable Religion.

Mais bien que voſtre Grandeur ayt le principal intereſt dans l'eſtabliſſement des Colonies, deſquelles i'ay eu l'honneur d'auoir la direction ſoubs vos ordres l'eſpace de ſept ans, pendant leſquels i'ay fait aduoüer aux Habitans, que les ſeules Fleurs de Lys eſtoient celles ſoubs leſquelles ils ſe deuoient ſoubsmettre; voſtre pieté neantmoins vous y intereſſe encor beaucoup plus pour le fait de la Propagation de la Foy, que pour aucune autre conſideration humaine, & temporelle. Les lettres, dont vous m'auez honoré, m'en ſont des preuues certaines; puiſque ſans m'y preſcrire rien des affaires qui concernent le commerce du Païs, vous n'auez point eu d'autre but que de me recommander les choſes qui regardent les ſpirituelles, & le progrez que l'on y peut faire en l'inſtruction des Habitans, à la connoiſſance de la verité de noſtre Religion.

La disposition y est toute entiere, MONSEI-GNEVR, ils le souhaittent auec tant de passion, que quand ils nous voyoient aux prieres dans nostre Chapelle ils y entroient à la foule, pour tascher à nous imiter, ils presentoient leurs enfans au Bap-tesme, & prioient que par l'instruction on les rendist eux mesmes capables de receuoir ce Sacrement. Et quoy que nous ayons esté cinq ans dans ceste Isle sans Prestre: Neantmoins vn François auoit le soin les Festes & les Dimanches de faire repeter à ces Peuples ce que feu Monsieur Nacquard Prestre de la Mission leur auoit enseigné. Il y a plusieurs François mariez à des femmes du Païs conuerties à la Religion Chrestienne, & beaucoup d'enfans qui en sont issus. C'est vne peuplade qui est en son enfance, qui de soy est si foible, qu'elle ne se peut pas encor soustenir d'elle mesme, iusques à ce qu'elle soit paruenuë en vn âge plus fort & plus auancé. C'est ce qui fait qu'elle a besoin de vostre assistance, MONSEIGNEVR, secourez là, assistez là, & n'abandonnez pas les aduantages que vous y auez à present ; Mais enuoyez-y des Nauires & des François le plus promptement que vous pourrez, afin que l'on voye aussi les Fleurs de Lys arborées en mesme temps que la Croix, pendant vostre Ministere & par vos soins, dans toute l'estenduë de la plus grande Isle du

Monde. Que le Zele que vous m'avez fait paroitre par vos lettres ne se refroidisse pas? que la mauuaise intention, que quelques particuliers ont eu, pour en ruiner les progrez, portez par quelque interest estranger, ne vous face pas desister d'vn si genereux dessein, autant noble & glorieux à l'honneur de la France, comme aduantageux à la Religion Chrestienne, & à la gloire immortelle d'vn si grand Nom que le vostre?

Ie vous offre donc cette Isle, MONSEIGNEVR, non point parée ny enrichie, comme sont la Chine, le Iapon, la Perse, ny la grande Inde: Mais comme elle est dans sa rudesse & dans sa naifueté, aussi est-elle sans fard & sans artifice. Il n'y a rien d'ajusté en elle que son antiquité, parmy laquelle elle a conserué sans interruption ce qu'elle a apris de la Loy de Nature, dans laquelle elle subsiste encor, à l'exception de quelque petit nombre de gens entachez du Mahometisme.

Receuez, MONSEIGNEVR, ce petit ouurage, qui ne sera dans l'estime du public que soubs l'honneur de vos Auspices, & soubs l'approbation fauorable que vostre Grandeur luy peut donner, en pardonnant à la simplicité de mon stile qui est conforme à son suiet, m'estant plustost estudié à la recherche de la verité qu'à la politesse du discours.

Dans l'esperance que i'ay conceuë qu'il sera bien

recéu de vostre bonté, i'ay entrepris de le produire au jour, ne se pouuant faire soubs vne meilleure protection que la vostre, & ayant l'honneur d'estre comme ie suis auec autant de soubsmission que de respect,

MONSEIGNEVR,

De vostre Grandeur,

Le tres-humble, tres-obeïssant,
& tres-fidele seruiteur,
E. DE FLACOVRT.

PAR Grace & Priuilege du Roy. Il eſt permis au Sieur ESTIENNE DE FLACOVRT, Directeur de la Compagnie Françoiſe de l'Orient, & Commandant pour ſa Majeſté en l'iſle MADAGASCAR, de faire Imprimer, vendre & diſtribuer par tel Imprimeur ou Libraire qu'il voudra choiſir, vn Liure contenant *l'Hiſtoire de l'Iſle Madagaſcar, & la Relation de ce qui s'eſt paſſé en ladite Iſle entre les François & les Originaires, auec les Cartes generales & particulieres de ladite Iſle, & Iſles adiacentes*, compoſées par ledit Sieur DE FLACOVRT, pendant le temps & eſpace de dix ans conſecutifs, à commencer du iour qu'il ſera acheué d'Imprimer; auec deffences à tous Imprimeurs, Libraires, & Graueurs, d'Imprimer, vendre & diſtribuer ledit Liure, faire grauer & imiter leſdites Cartes, ſans le conſentement dudit Sieur de FLACOVRT, ou de celuy à qui il aura tranſporté ſon droit, ſur les peines portées par ledit Priuilege. Donné à Paris le douziéme Octobre mil ſix cens cinquante-ſept.

Par le Roy en ſon Conſeil, DE LYNES.

Ledit Sieur de Flacourt a quitté, cedé & tranſporté le ſuſdit Priuilege à Pierre Lamy, François & Geruais les Clouziers, & Pierre Bien-fait Marchands Libraires à Paris, pour en iouyr du contenu en iceluy, ſuiuant l'acord faict entr'eux.

TABLE DES CHAPITRES de l'Histoire de Madagascar.

Description generalle de l'Isle. Chapitre I.
De la Prouince du Nord de Carcanossi & de la Riuiere de Fanshere. Chap. II.
Riuiere de Manampani ou Manatengha & la vallée D'Amboule. Chap. III.
Du pays nommé Vohitsbanh. Chap. IV.
Du pays d'Itomampo, Anradsahoc, Yongbaiuou & Anachimoussi. Ch. V.
Riuiere de Mangharac, pays des Erindranes & Vohits-Anghombes. Chap. VI.
Du pays de Menacaronha & Matatane. Chap. VII.
Du pays des Antauares, Riuiere de Mananzari & Vohitsmenes. Chap. VIII.
Du pais du Port aux Prunes ou Tametaui Sahaueh, Longue-pointe, ou Vouloüilou, Ghalemboule, Manghabé & Nossi Hibrahim. Chap. IX.
De la Baye d'Antongil. Chap. X.
De l'Isle Saincte Marie ou Nossi Hibrahim, ou Isle d'A-
é

braham. Chap. XI.

De la Prouince du Sud de Carcanoſſi, & iuſques à Mandrerei. Du maſſacre de Macinorbé, & de l'enleuement de Dian Ramach. Chap. XII.

Du pays de Manghahere. Riuiere de Mandrerei, des Ampatres & Caremboule. Chap. XIII.

Du pays des Mahafales, Siueh, Houlouue, & Vourongehoc. Chap. XIV.

Du pays des Machicores, Baye & Riuiere de ſainct Auguſtin, nommé Onghelahé. Chap. XV.

De l'Origine des zafe Ramini, ou Roandrian d'Anoſſe, & de la diuerſité des habitans de l'Iſle Madagaſcar. Chap. XVI.

Religion & croyance de la creation du monde, des Anges, & des diables. Chap. XVII.

Fable de l'origine des pechez. Chap. XVIII.

Fable de Raſoanor. Chap. XIX.

De la Circonciſion. Chap. XX.

Ieune ou Ramauaha ou Miafoutche. Chap. XXI.

Du Miſſauat ſe ou entrée de la nouuelle maiſõ. Chap. XXII.

Arts & exercices de trauail. Chap. XXIII.

Des meubles. Chap. XXIV.

Des veſtemens. Chap. XXV.

De leurs ornemens. Chap. XXVI.

De leurs mœurs, vertus & vices. Chap. XXVII.

Des nombres, poids & meſures, & de leur maniere de trafiquer. Chap. XXVIII.

Des auortemens & abandon des enfans nouueaux nez aux beſtes ſauuages. Chap. XXIX.

Milice du pays auec leur maniere de iuremens, quand ils

font quelque accord, paix ou alliance. Chap. XXX.
Des funerailles. Chap. XXXI.
De la Loy, Police, & Coustume. Chap. XXXII.
De la Chasse & de la Pesche. Chap. XXXIII.
Des ieux, passe-temps, chansons, & danses. Ch. XXXIV.
Des viures du pays & de la culture de la terre. Ch. XXXV.
Description des Plantes. Chap. XXXVI.
Des Metaux & Mineraux, pierres & gommes. Chap. XXXVII.
Des Animaux terrestres & des insectes. Chap. XXXVIII.
Des Miels, Vins, Huilles, & des eaux minerales. Chap. XXXIX.
Des oyseaux terrestres & aquatiques. Chap. XL.
Des poissons de Riuieres & de mer, & des choses qui se treuuent en icelle. Chap. XLI.
Des Ombiasses en general, de leur maniere de squile, & de leur Astrologie Iudiciaire. Chap. XLII.
Traicté traduict de la langue Madecasse touchant la force & force & vertu de chaque iour de la Lune. Chap. XLIII.
Traduction d'vn autre traicté en langue Madecasse. Chap. XLIV.
Des Ombiasses, Medecins & superstitions qu'ils appellent Attuli. Chap. XLV.
Du Langage, des Lettres dont ils se seruent, du Papier, & de l'Ancre. Chap. XLVI.
Prieres Chrestiennes tournées en langue Madecasse. Chap. XLVII.

Explication de quelques noms propres & mots difficiles à entendre dans cette Histoire.

Rohandrian, c'est à dire Prince, Seigneur, Monsieur.

Anacandrian, ou *Anacandrie*. C'est le fils d'vn *Roandrian*, & d'vne femme Noire ou *d'Ontzatsi*, ou le bastard d'vn *Rohandrian*, qui est blanc.

Ondzatsi: c'est vn pescheur qui est blanc, & est descendu des *Zaferamini*, & qui est moins qu'vn *Anacandrian*.

Ramini, c'est celuy duquel se disent estre issus les Roandrian.

Rahimina, c'est la mere de Mahomet, de laquelles les Roandrian se disent estre sortis, qui se nommoit *Heminaa*.

Ra. C'est vne diction qui s'adiouste deuant tous les noms propres d'homme ou de femme.

Zafe, c'est à dire, lignée ou race.

Voadzeri, c'est vn Grand d'entre les Noirs.

Androbeyzaha, *Carcanossi*, *Anossi*, c'est la mesme chose, c'est la Prouince où est le Fort Dauphin.

Nossi, c'est à dire Isle.

Menachihil, c'est l'huile de Sesame, qui est vne herbe que les habitans nomment *Vohancazonh*.

Anghinc, c'est à dire vent.

Auarats, Le Nord ou Septentrion.

Atsignana, l'Est, ou le Leuant.

Atsimou, le Sud, ou le Midy.

Andrefou, l'Oüest ou le Ponent.
Anghin l'Est, le Suest ou Soulaire.
Anghinbohits, le Noroüest ou Galerne.
Talahots, le Soroüest, ou vent de mer.
Simoulots, c'est la bize ou Nordest.
Ananas, c'est vn fruict ainsi nommé par les Europeens, il se nomme à Manghabé, *Manassi*.
Banane, c'est vn fruict ainsi nommé par les Chrestiés qui ont frequenté en cette Isle, c'est le *Musa d'Acosta*.
Bestes, ce mot s'entend pour des taureaux, bœufs ou vaches.
Taconh, c'est vne sciuiere ou vn brancquard.
Sagaye, c'est vn mot corrompu du nom de Assagaye qui est Espagnol, c'est vn dard, vn jauelot, vne demie picque, ou vne pertuisane, qui se nomme en la langue par ce mot general de *Lesso*, ou *Leso*.
Fitorah, c'est vne dardille.
Sembelahé, c'est vn jauelot.
Coubabi, vne grosse & forte sagaye.
Courout soue, vne pertuisane ou dard à large fer.
Fare, ou *Ampingha*, c'est vne rondache ou escu.
Pagne, c'est vn mot deriué de pano de l'Espagnol ou Portugais, qui signifie estoffe, & du mot latin de *Pannus*. Ce mot se dit par les François, & s'entend par celuy de *Lamba*.
La pagne d'vne femme se dit *Tasi*.
Celle d'vn homme, *Lamba*.
Le corps de cotte *Acanze*.
Le haut de chauffe, *Sarauohits*.
La ceinture, *Anachets*, *hets*, ou *equilambo*.

Squili, c'est vne espece de diuination que l'on nomme en France, Geomance.

Voadziri, Seigneur d'vne côtrée & de plusieurs villages.

Lohauohits, c'est vn Maistre de village.

Ontsoa, c'est le fils d'vn Lohauohits, qui n'est pas Riche, & n'est pas Maistre de village, qui ne despend que des Roandries ou Riches Anacandries.

Ondeuo, c'est vn Esclaue qui n'a rien à luy en propre, & qui est serf.

Dian, Andrian, & *Andian*; c'est à dire Monsieur.

Philoubé, c'est à dire Monsieur ou Seigneur au païs de Manghabé vers le Nord de l'Isle; c'est proprement vn Lohauohits ou Maistre de village.

Broutoubé, c'est à dire, la mesme chose que Roandrie ou Philoubé, dans le païs de Matatane, & aux Antauares vers le milieu de l'Isle.

Ombiasse, c'est à dire, vn Escriuain, vn Medecin, vn Prestre, & vn deuin.

Vazaha, c'est a dire, vn Chrestien.

Saze, c'est à dire, amende pecuniaire ou mulctuaire.

Louue, c'est succession, heredité.

Lasic douue, c'est vn present qu'vn grand Seigneur fait, quand il entre en possession de la Principauté ou Royauté à tous les chefs de villages qui se soubsmettent à luy, car à la mort du Prince il est loisible à tous les *Voadziri. Lohauohits*, de choisir lequel ils veulent des *Zaferamini*, pour patron & pour Maistre.

Fahenze, c'est le tribut qui consiste d'ordinaire en la dixiesme partie de tout ce que l'on recueille du prouenu de la terre.

Tendre-hane, ce sont les premices des fruicts de la terre que l'on porte au Seigneur.

Voulthene, c'est vne reconnoissance que font au Seigneur les heritiers d'vn chef de village, soit Anacandrie, soit Lohauohits ou autre.

Vilinpelo; c'est vne amende que fait payer vn Grand à ses alliez & confederez, lors qu'ils ont pris party contre luy pour son ennemy lors qu'il est vaincu & soubmis.

Vilipate, c'est vne recompense qu'vn Grand fait aux heritiers, femme & enfant d'vn homme qui à esté tué pour luy à la guerre pour son seruice.

Fele, c'est vne marque que porte vn soldat sur sa teste pour estre reconnu de ceux de son party dans le combat & dans la meslée.

Horrac; c'est vn Marais à semer du Ris.

AVANT-PROPOS.

CEVX qui liront cette Histoire n'y trouueront pas des choses dignes d'admiration, comme en lisant celles de la Chine, du Iapon, de la Perse, des grandes Indes, & des autres païs de l'Asie, de l'Affrique, & de l'Europe, ils n'y verront pas obseruer la police & le bel ordre des Chinois, faire ostentation du luxe des Europeens & des Asiatiques, non plus que de leurs richesses, mais aussi ils n'y verront pas exercer la Barbarie & la cruauté des Americains & des Caffres de Soffala, qui sont Antropophages, ny la bestialité des Negres de la Guinée, qui vendent peré, mere, & parens aux Nations de l'Europe, & moins encor la folle superstition des Idolatres de Pegu, Sian, & autres païs circonuoisins, qui se sacrifient viuans aux pieds de leurs Idoles, deuant lesquelles ils courent à la foule, les vns pour se coupper la gorge, se dechiqueter les membres, & s'esuentrer, les autres pour se ietter soubs les roües du chariot, & soubs les pieds des Elephans, qui trainent vne Idole d'or pensans en cela meriter beaucoup, & que cette malheureuse mort leur sert pour l'expiation de leurs pechez. La Nation dont ie veux parler, croit vn seul Dieu Createur de toutes choses, l'honore, le reuere, & en parle auec grand respect, luy donnant le nom de *Zahanhare*. Elle n'a aucun Idole ny aucun Temple, & quoy qu'elle face des sacrifices, elle les adresse tous à Dieu. Il est vray que l'on s'estonnera qu'elle face la premiere offrande au diable d'vn morceau de la beste sacrifiée. Ce n'est pas qu'elle luy porte honneur: mais c'est comme nous disons communement, qu'elle iette vn morceau a Cerbere, ou à vn chien pour l'appaiser, ou qu'elle fait comme cette pauure femme qui presentoit vne chandelle allumée à l'Image de S. Michel, & l'autre au diable, qui eſt peint ſoubs ſes pieds. C'eſt vne mauuaiſe couſtume que cét ennemy du genre humain y a introduite, ſe ſeruant en cela de l'ignorance de ces pauures aueuglez. Ils viuent toutefois à plus preſt à la façon de nos anciens Patriarches, ils nourriſſent des trouppeaux de bœufs, Cabrits & moutons, ils n'ont que de petites maiſons aſſez commodes pour eux. Ils viuent de ce que leur rapporte la terre qu'ils cultiuent; ils ont des ſeruiteurs & des eſclaues, par leſquels ils ſe font ſeruir auec douceur; ils ſe contentent pour veſtemens d'vne piece d'eſtoffe, auec la ceinture: & les femmes auec vne pagne en forme d'vne iuppe & d'vn corps de cotte, ſans linge, bonnet, ny ſouliers. Ils ſont ſans ambition & ſans luxe, & viuent plus contens des fruicts que la terre leur donne, & des beſtiaux qu'elle leur nourrit, paſſant plus doucement leur vie que les autres habitans de l'Europe. Ils ne ſont point ſubjets à beaucoup d'incommoditez que l'on a dans les grandes villes. La Terre ne s'y vend point, les baſtimens, le bois, & les couuertures des maiſons ne leur couſtent que la peine de les aller querir; & de les choiſir à leur gré. Le poiſſon ne leur couſte qu'à peſcher, & le gibier qu'à prendre à la chaſſe. Ils n'ont que faire d'auoir peur des beſtes farouches, n'y en ayant point; & moins encor de beſtes venimeuſes; d'autant qu'il n'y a aucun ſerpent nuiſible à l'homme, quoy qu'il y en aye de tres-gros. Les froidures, les gelées, les neges, n'y les glaces, ne leur donnent point d'apprehenſion, d'autant qu'il n'y en a point. Les grandes chaleurs n'y ſont point ſi incommodes comme elle ſont en Eſté en France, d'autant que comme les iours y ſont preſque eſgaux aux nuicts, elles ne durent pas ſi long-temps. Et en outre le grand chaud, commençant durant l'Eſté à neuf heures du matin eſt terminé à trois heures apres midy, pendant lequel temps il s'eſleue vne briſe de la mer qui modere tellement la chaleur, meſme en plein midy, que pluſieurs fois ie n'en ay point eſté incommodé à cauſe de ce vent frais qui la temperoit, ce qui dure enuiron trois ou quatre mois l'année, les huict autres n'eſtant qu'vn perpetuel printemps.

Ces peuples n'ayans eu aucune communication ny commerce auec les habitans des terres fermes de l'Ethiopie, à cauſe de l'ignorance de la Nauigation, n'ont point receu les changemēs des Loix, & des Couſtumes qui s'y ſont introduites de temps en temps: mais ils ont ſeulement conſerué celles qui ont eſté en vſage dans les païs d'où ils ſont venus, qu'ils ont apportez auec eux quand ils ont paſſé dans cette Iſle. Ceux que i'eſtime y eſtre venus les premiers, ce ſont les Zaffe-Hibrahim, ou de la lignée d'Abraham, habitans de l'Iſle de ſaincte Marie, & des terres voiſines; d'autant qu'ayans l'vſage de la Circōciſion, ils n'ont aucune tache du Mahometiſme, ne connoiſſent Mahomet ny les Caliphes, & reputent ſes ſectateurs pour Caffres & hommes ſans Loy, ne mangent point, & ne contracte aucune alliance auec eux. Ils celebrent & chomment le Samedy, non le Vendredy, comme les Maures, & n'ont aucun nom ſemblable à ceux qu'ils portent; ce qui me fait croire que leur anceſtres ſont paſſez en cette Iſle dés les premieres tranſmigrations des Iuifs, où qu'ils ſont deſcendus des plus anciennes familles des Iſmaelites dés auant la captiuité de Babylone, ou de ceux qui pouuoient eſtre reſtez dans l'Egypte enuiron la ſortie des enfans d'Iſraël. Ils ont retenu le nom de Moyſe, d'Iſaac, de Ioſeph, de Iacob, & de Noé. Il en peut eſtre venus quelques-vns des Coſtes d'Ethiopie : mais les Blancs nommez *Zaferamini*, y ſont venus depuis cinq cens ans. Et les *Zafecaſimanbou*, des Matatanes qui ſont les Eſcriuains, n'y ſont venus que depuis cent cinquante ans.

Ie n'ay point voulu inſerer dans la ſuite de cette Hiſtoire vne Fable que les Grands d'Anoſſi faiſoient accroire aux Negres; afin de les raualler au deſſous d'eux, qui eſt; Que Dieu ayant crée Adam de la terre, il luy enuoya vn ſommeil pendant lequel il tira vne femme de ſa ceruelle, de laquelle ſont deſcendus les Roandrian. Vne autre femme du col, de laquelle ſont deſcendus les Anacandrian. Vne autre de l'eſpaule gauche, dont ſont iſſus les Ondzatſi. Vne autre du coſté droict, dont ſont deſcendus les Grands Voadziri qui ſont Noirs. Vne autre de la cuiſſe, de laquelle ſont venus les Lohauohits. L'autre du gras de la iambe, dont ſont venus les Ontſoa. Et l'autre de la plante du pied, de laquelle ſont iſſus les Eſclaues. Ce qui a fait inuenter aux Grands cette Fable, ç'a eſté pour contenir chacun dans ſon rang & dans ſa qualité: car en ce païs vn homme ne peut iamais eſtre plus releué, que ce que porte ſa naiſſance, quelque richeſſe qu'il ayt peu acquerir par ſon induſtrie ou meſnage, & dont le Maiſtre herite apres ſa mort, & non ſes enfans.

L'vſage de la Geomance y a eſté apporté par les premiers qui ſont *Zafehibrahim*, qui ſont en cela les plus ſuperſtitieux: Cette ſuperſtition eſt commune auſſi parmy toutes les Nations, de l'Affrique, & de l'Aſie.

La langue eſt vnique & ſeule dans toute l'Iſle, qui a en beaucoup de choſes quelque rapport auec la langue Grecque, ſoit en ſa façon de parler, ſoit dans la compoſition des mots & des verbes.

Dans la façon de parler l'on y remarque le changement de quelques conſonantes, ainſi que le *vita* ſe change en *b* Latin. Le *vau* parmy les Madecaſes ſe change en *bé*. Et ce lors que le mot precedent ſe termine par vne conſone, ainſi que *Vohits* ſignifie Montagne, & pour dire dans la Montagne, il faut dire *Ambohits*.

La *Lan*, ſignifie chemin, pour dire en chemin, il faut dire *Andelan*, ainſi la lettre *l*, ſe change en *d*, *faſſo* ſignifie le ſable ou riuage de la mer, pour dire au riuage l'on dit *An paſſo*. La lettre *v* ſe change en *b*. *l*, ſe change en *d*, *f* ſe change en *p*, & ainſi de pluſieurs autres. Les mots & verbes ſe compoſent.

Il y a vn traitté imprimé ſoubs le nom de François Cauche, qui deſcrit quelque choſe de l'Iſle Madagaſcar, mais parmy cette deſcription, l'Autheur y a meſlé des voyages qu'il n'a pas fait, comme celuy des Iſles de Comoro, d'Antongil, de Boamaro, de ſaincte Marie, de la mer Rouge, & de l'Iſle Socotora. En cela il ne dit pas la verité: car il eſt venu dans le Nauire de Goubert pour ſoldat ou compagnon, il n'a bougé de Madagaſcar depuis la perte dudit Nauire, & y a demeuré iuſques au retour du Capitaine Rezimont qui retourna en France en l'année mil ſix cens quarante-quatre. Pendant ſon ſeiour dans l'Iſle, qui a eſté enuiron de trois ans au plus, il a toufiours efté dans le païs de Carcanoffi, d'où il a efté vne fois par terre à Matatane, & vne autre-fois aux Ampatres, il parle affez raifonnablemēt de Carcanoffi, finon que comme il n'entendoit la langue qu'en iargonnant auec les Negres, il s'eft beaucoup abufé dans le Dialogue que l'on a fait imprimer dans fon Liure, il n'y a point de Negre de l'Ifle qui le puiffe entendre. Pour le regard des autres Prouinces qu'il defcrit & de fes autres voyages, il y a inferé ce qu'il a oüy dire aux Matelots de Rezimont qni auoient fait ce voyage de la mer Rouge auant qu'il fuft venu dans l'Ifle Madagafcar.

Vincent le Blanc fait vne defcription de cette Ifle fur le rapport d'vn autre, qui eft tout a fait fabuleufe, difant qu'il y a vne ville & vne Riuiere qui fe nomment Ienibarou, & vn Roy qui fe fait tirer en vn chariot par quatre bœufs. Iamais dans l'Ifle ils n'ont eu aucun vfage de chariots; & tout ce qu'il en dit eft rempli de fables. D'autres ont dit qu'il y a des Elephans, des Tygres, des Chameaux, & des Lyons il n'y a aucun animal nuifible à l'homme que dans les Riuieres & eftangs, où il y a des Crocodilles qui n'y font point tant à craindre que l'on fe pourroit imaginer: d'autant qu'ils ne frequentent que les endroits les plus folitaires, & ne hantent que fort peu les lieux qui font frequentez par les habitans. Les Chameaux que quelques Autheurs ont defcrit, ne font autre chofe que les bœufs du païs, qui ont tous vne boffe de graiffe fur le chignon du col: Et comme ils n'en ont parlé que par ouy dire, ils fe font figurez que c'eftoient des Chameaux.

Il a efté neceffaire dans ma Carte generalle de l'Ifle que ie me feruiffe, aux lieux & Coftes qui n'ont point encor efté connus par nous autres François, des noms que l'on void dans les Cartes imprimées, lefquels ont efté impofez par les Portugais aux Caps, Havres & terres qu'ils ont veües fur les coftes de la mer: ainfi ont-ils donné le nom de fainct Laurens à cette Ifle, parce qu'ils l'ont defcouuerte, le iour de fainct Laurens. Tous les païs & fleuues qui ont efté defcouuerts par les François, ont les noms qui font en vfage parmy les Originaires du païs.

L'on trouuera dans cette Histoire beaucoup de mots dont ie me sers, qui sont de la langue du païs, ayant esté forcé de m'en seruir pour mieux exprimer les choses dont iè traite. I'y ay remedié par vne petite Table, dans laquelle l'on trouuera l'explication de chaque mot; qui pourroit donner de la peine au Lecteur à entendre sans ce petit secours. I'aurois bien parlé d'vne Nation que l'on m'a dit auoir esté autresfois dans l'Isle, laquelle se nommoit *Ontaysatroüha*, & habitoit les Montagnes qui sont entre le païs des *Anachimoussi* & la Riuiere de *Ranoumene*. Ceste nation n'auoit aucune communication auec ses voisins; Mais leur faisoit la guerre, se seruoit de l'arc & de la fleche, mangeoit ses ennemis & les voyageurs qui passoient par son païs. Ces Barbares mangeoient les malades lors qu'ils se voyoient hors d'esperance de guerison, ils leurs coupoient la gorge; & en portoient les mains à leurs Roy pour les manger. Les peres & meres n'auoient point d'autres Sepulcres que leurs enfans. Ils nourrissoient des troupeaux de vaches, ne chastroient ny Taureaux, ny Beliers, ny Boucs, ny Cocqs, & se contentoient seulement du laict des Vaches, & quand elles mouroient ils les enterroient, comme aussi les Taureaux Moutons & Cabrits, & ils les faisoient coucher sur des nattes, lors qu'ils vouloient dormir. Ils mangeoient leurs chiens quand ils ne pouuoient plus chasser le Sanglier, dont ils estoient friands. Ils cultiuoient la terre à la façon des autres Nations de l'Isle. Ils estoient tres-mal faits, & tres-mal formez. Ils auoient les yeux petits, la face large, les dents aiguës, le nez tres camus, les leures tres grosses: & les cheueux frizez & courts, la peau rougeastre, sans barbe, le ventre grand & les iambes gresles. Ce qui faisoit qu'ils estoient agiles à courir. Ils se sont si bien mangez les vns & les autres, qu'estans reduits à vn tres-petit nombre; ils ont esté tous exterminez depuis vingt ans par leurs voisins, & leurs ennemis, sans qu'il en soit resté vn seul de l'vn & l'autre sexe. I'ay apris cecy d'vn Maistre de village du pays des Machicores de leur voysinage, & m'a esté confirmé par plusieurs autres.

Il y a en plusieurs endroits des hommes vrayment sauuages que l'on nomme *Ompizées*, qui ont femmes & enfans, qui laissent croistre leur poil, leur barbe & leurs cheueux, & vont tout nuds, & se contentent d'vne fueille de Balisier pour couurir leur nudité. Ils viuent dans les bois les plus espais & les moins frequentez, fuyent la conuersation des autres Negres, viuent de pesche, de chasse, de fruicts & de racines qu'ils treuuent dans les bois, de miel sauuage, comme aussi de sauterelles ou Locustes.

Quelques vns ont voulu faire accroire qu'il y auoit des Geans, & des Pigmées: ie m'en suis informé exprés, ce sont des fables que racontent les ioüeurs d'*Herrauou*. I'ay veu vn endroit proche d'Itapere où il y a grande quantité de pierres plantées debout, où l'on m'a dit que c'estoit des Pygmées qui y estoient enterrez. Ces Pygmées estoient venus en grand nombre faire vne course dans le païs d'Anossi dont ils furent repoussez iusqu'à la Riuiere d'Itapere, laquelle n'ayans pû passer faute de batteaux, ils furent tous mis à mort, & pour marque de victoire les victorieux les enterrerent tous, & dresserent ces pierres.

HISTOIRE DE L'ISLE MADAGASCAR.

DESCRIPTION generale de l'Isle.

CHAPITRE PREMIER.

L'ISLE sainct Laurens est par les Geographes nommée Madagascar, par les habitans du païs Madecase, par Ptolomeé Memuthias, par Pline Cerné, par l'Autheur de la Geographie Nubienne, par les Perses & Arabes Sarandib: mais son vray nom est Madecase. Elle est située par sa longueur Nordnordest & Sudsudoüest depuis le 11. degrez 12. minutes sud de la ligne equinoctiale iusques au 25. degré 50. minutes Sud. Sa longitude gist entre 72. degrez 20. minutes Est du Meridien de l'Isle S. Georges des Asores jusqu'au 76. degrez 40. minutes, esloignée d'enuiron 70. à 100. lieuës des costes d'Ethiopie, Soffala & Mosambique. Toute la coste du costé de l'Est court au Nordnordest &

A

Sudfudoüeft depuis la pointe d'Itapere dite Fitorah jufques à la Baye d'Antongil. Et de la Baye d'Antongil jufques au bout de l'Ifle, la cofte court droit au Nord.

Depuis la pointe d'Itapere jufques aux Caremboulles, La cofte court à l'Oüeft en faifant vne maniere de quart de de cercle.

Le long de cette cofte font l'Ance Dauphine nommée par les gens du païs Tholonghare, l'Ance de Ranoufoutchi nommée par les Portugais l'Ance aux Gallions, & l'Ance de Caremboule nommée par les Hollandois leur Cimetiere, d'autant qu'il y a eu vn naufrage fignalé d'vn grand navire de Hollande qui alloit dans les Indes, dont la plufpart des gens ont efté maffacrez dans la prouince de Caremboule.

La pointe d'Itapere eft fituée fous 25. degrez 6. minutes latitude Sud la pointe de l'Ance de Tholanghare, où eft le fort Dauphin eft fituée fous les 25. degrez 10. minuttes latitude Sud à 2. lieuës de la pointe d'Itapere, entre lefquelles eft l'Ance Dauphine. La variation de l'aiguille d'aymant eft au Nordoüeft 19. degrez. Depuis l'Ance Dauphine il y a bien 50. lieues jufques à l'Ance de Caremboule, qui gift fous les 25. degrez 30. minutes latitude Sud.

Depuis Caremboule jufques à la bouche de la riuiere de Sacalite, la cofte s'eftend au Nordoüeft, & depuis Sacalite jufques au 17. degré Sud la cofte va prefque au Nord en declinant vn peu au Nord-quart-de-Nord-eft, & depuis le dixfeptiefme degré iufques au 14. la cofte s'eftend au Nord, qui eft le bout de l'Ifle. Toute cette cofte eft entre couppée de belles & grandes riuieres, Bayes & Ances, où il y a de bons ports & havres.

Cette Ifle eft vne des plus grandes qu'il y aye au monde, remplie de montagnes fertiles en bois, pafturages & plantages de campagnes arroufées de riuieres & d'eftangs poiffonneux, elle nourrit vn nombre infiny de bœufs bien differens de ceux de l'Europe, ayans tous fur le dos vne certaine boffe de graiffe en forme de louppe. Ce qui a fait dire à quelques Autheurs qu'elle nourriffoit des Chameaux. Il y a de trois fortes de bœufs, fçauoir ceux qui ont des cornes, ceux qui ont les cornes pendantes & attachées à la peau, & ceux qui n'en ont point & qui n'ont pas mesme disposition d'en auoir jamais : car au milieu du front ils ont vne petite eminence d'os couuerte de peau, ils ne laissent pas de se battre bien contre les autres taureaux en choquans de leur teste contre leur ventre. Ils courent tous comme des cerfs & sont plus hauts de jambes que ceux de l'Europe. Elle nourrit des moutons à grosse queuë, y ayant eu tel mouton dont la queuë a pezé 20. liures, estant grossie d'vne graisse qui ne se fond point, & est tres delicate à manger. Ces moutons ont la laine comme le poil des chevres. Il y a aussi quantité de beaux cabrits & tres-priuez ; quantité de volailles & pintades, que l'on nomme en France poulles de Guinée, de priuées & de Sauuages, il y a peu de bestes dommageables à l'homme & au bestial. Il y a des Sangliers dans les bois differents de ceux de l'Europe & moins dangereux. Ils sont fort hideux à voir, ayans deux cornes sous les deux yeux, lesquelles sont couuertes de peau, & n'excedent pas vn poulce de hauteur, la chair des femelles & des ieunes quand ils sont gras est tres-fauoureuse. Il y a grande quantité d'animaux, d'oyseaux & de poissons que ie descriray cy-apres chacun en son lieu, comme aussi beaucoup de plantes & de raretez.

Cette Isle se diuise en plusieurs prouinces & regions gouuernées par diuerses natiõs toutes d'vn mesme langage : mais de differentes couleurs, mœurs & sans religion : hormis ceux qui se nomment Zafferamini ou Rahimina de la bãde du Sud qui sont entachez de quelques superstitions de Mahomet, & & d'autres vers la bande du Nord qui se disent Zaffehibrahim : c'est à dire lignée d'Abraham, qui tiennent quelque coustume du Iudaïsme, & ne connoissent point Mahomet.

Depuis la Baye d'Antongil en venant vers le Sud tout le païs le long de la coste de la mer a esté descouuert par les Frãçois iusques à la Baye de Sainct Augustin, comme aussi toutes les terres qui sont par le milieu de l'Isle, depuis le païs des Vohits Anghombes, qui sont sous le dix-neufiesme degré d'icelle : iusques au bout du Sud, dont les prouinces sont les Vohits Anghombes, Eringdranes, Anachimousi, Matatane, Antauares ou Mananzari, Ambohitsmenes, Enghallenvoullou, Nossihibrahim, ou l'Isle saincte Marie, Lamanouf, Iuonrbon, Itomampe, Manamboule, Icondre, Alhssach païs de la Vigne, la vallée d'Amboule, Anossi ou Androbeizaha, Ampatres, Caremboulles, Machicores, Mahafalles, Iuoronhehoc, Houlouue, & Siueh. Toutes ces prouinces sont assez grandes, & la moindre est comme la Brie; Machicore la plus grande de toutes a enuiron 70. lieuës de longueur & 40. de largeur.

Les plus peuplées sont les Vohits Anghombes, les Ansianactes & les Erindranes. Ces païs sont en perpetuelles guerres les vns contre les autres, le tout pour s'entre-voller & enleuer les bestiaux, sous pretextes de vieilles querelles.

Toutes ces Prouinces sont gouuernées par plusieurs Tyranneaux qui ont empieté l'authorité, par adresse & par force, dont les enfans succedent aux peres, & tiennent ainsi les habitans suiets sous le joug de seruitude.

Ie commenceray la description des prouinces par les Emboucheures des riuieres, dont la pluspart des prouinces portent le nom. Premierement par la ruine de Fanshere ou de Raneuatte en continuant jusques à la Baye d'Antongil vers le Nord, & puis ie reuiendray vers le Sud en tirant depuis la riuiere de Fanshere, jusques à la riuiere d'Onghelahé, autrement dite S. Augustin. Et par ainsi ie descriray tous les païs qui ont esté descouuerts par les François en plusieurs voyages qu'ils ont fait, tant en guerre qu'en traitte & marchandise.

Chapitre II.

Riuiere de Fanshere Prouince de Carcanossi ou Androheizaha.

LA riuiere de Fanshere, de Raneuatte, ou d'Imours, autrement dite Rahehon, à son emboucheure en la Prouince d'Androbeïzaha ou Carcanossi à 25. degrez 18. minuttes Sud à trois lieuës du fort Dauphin, qui est en hauteur de 25. degrez 10. minuttes, & de variation Nordoüest 19. degrez. Cette Riuiere tire son origine de la montagne de Manghaze, & se grossit de plusieurs petits ruisseaux & riuieres, qui descendent de plusieurs montagnes de cette prouince, de la riuiere d'Acondre, de celle de Manambare, & de celle d'Andravoulle : puis entre dans la mer, ayant son entrée la pluspart de l'année bouché, & ne desbouche point que par les grandes pluyes, ou bien quand la mer est bien haute, son eau iusques à vne lieuë vers la terre est tousiors salée, hormis quand elle est desbouchée.

Il y a grande quantité de Crocodiles, comme dans toutes les riuieres de cette Isle. Vers son emboucheure, elle forme vn estang d'vne lieuë de large, & a tant de profondeur, qu'vn Nauire y pourroit nauiger, si elle estoit tousiours desbouchée, ce qui se pourroit faire par artifice, & ainsi il y auroit le plus beau port du monde à mettre des Nauires à l'Abry.

Il y a plusieurs Isles & peninsules, & plusieurs belles prairies à nourrir du bestial, & les terres d'alentour sont tres-excellentes, pour planter toutes sortes de viures. C'est vn tres-agreable païs qui est enuironné de hautes montagnes & remply de petites buttes & plaines tres-fertilles. Le long de cette riuiere & des autres qui y entrent, sont les bourgs des grands du païs, dont les principaux sont Fanshere, Imanhal, Cocombes, Andravoulle, Ambonnetanaha, Maromamou, Imours, Manambaro, Vattemalame, Marofoutouts, Fananghaa sans les autres villages, & hameaux qui sont en grande quantité dans cette Prouince : les riuieres qui y descendent sont, Acondre, Imanhal, Manambaro & autres ruisseaux qui seroient longs à nommer.

C'est en cette Prouince qu'habitent les Blancs qui y sont venus depuis cent cinquante ans, qui se nomment Zafferamini ou Rahimina, c'est à dire la lignée de Imina mere de Mahomet. Ceux-cy sont diuisez en trois conditons ou estats, sçauoir en Rohandrian, Anacandrian, & Ondzatsi, les Rohandrian sont ceux dont ils tirent leur Roy, ou grand qu'ils nomment Ompiandrian, ou Dian Bahoüache & tiennent rang de Princes.

Les Anacandrian sont ceux qui sont sortis d'vn Rohandrian & d'vne femme qui est ou d'entre les Noirs, ou d'entre les Anacandrian ou Ondzatsi. Ils ont tous la peau rouge & les cheueux longs, point ou peu frisez, comme les Rohandrian. Ces Anacandrian aussi bien que les Rohandrian ont cét auātage que de couper la gorge aux bestes. Les Ondzatsi sont des gens qui ont la peau rouge, & les cheueux faits comme les Rohandrian & Anacandrian, mais qui ne peuuent pas couper la gorge seulement à vn poulet: ils s'addonnent à pescher, & sont descendus des bastards des Anacandrian, & de la lignée des Matelots qui ont amené en cette Isle les Zafferamini.

Ces gens-cy n'ont aucune Religion ny Temple, mais tiennent quelque coustume de sacrifier des bestes, quand ils sont malades, quand ils veullent planter leurs Ignames & ris, quand ils les veullent cueillir, quand ils circoncisent leurs enfans, quand ils veullent entreprendre vne guerre, quand ils font les entrées de leurs maisõs nouuellemēt faites, quand ils ont eu quelque songe & quand ils inhument leurs parens morts. Des premices de la beste ils en offrent au diable & à Dieu, en nommant le diable le premier, *Dianbilis Aminnanhahare*, comme qui diroit le seigneur diable auec Dieu, ils tiennent ces superstitions de leurs ancestres, qui estoient Mahometans, & de leurs Escriuains, qu'ils nomment Ombiassa qui sont grands fourbes & trompeurs.

Dans cette Prouince habitent les Noirs qu'ils nomment Oulon Mainthi & Marinh, qui sont diuisez en quatre, sçauoir Voadziri, Lohavohits, Ontsoa, & Ondeues, les Voadziri sont les plus grands d'entre les Noirs, & sont les chefs des contrées, descendus des Maistres du païs auant qu'ils se fussent soubmis sous les Blancs, ils ont pouuoir de couper la gorge aux bestes, lors qu'ils sont esloignez des Blancs, ou qu'ils n'y a ny Rohandrian ny Anacandrian en leurs villages,

DE l'ISLE MADAGASCAR.

Les Lohauohits sont ceux qui sont descendus des Voadziri & qui sont grands aussi entre les Noirs: mais la difference qu'il y a entre l'vn & l'autre, c'est que l'vn commande en vne contrée & l'autre a seulement commandement sur ses gens, & en son village, & y peut couper la gorge à la beste qu'il veut manger, estant esloigné des Blancs; les Oatsoa sont au dessoubs des Lohauohits; les Ondeues sont les pires de tous, ce mot d'Ondeue signifie homme perdu.

Le Cap S. Romain par les François nommé Cap de Rancuatte ou Hehohale par les Noirs, est à demie lieuë de l'embouchure de ladicte riuiere. Ce Cap se void de 10. ou 12. lieuë en mer du costé du Nordest en singlant le long de la coste; depuis ce Cap il se forme vne grande Ance en forme de croissant iusques à la pointe de Dian Panrouge ou Fitorah, au milieu de laquelle il y a comme vne espece de peninsule, qui est ce que l'on nomme Tholanghare, au Nord de laquelle est le fort Dauphin, & à l'abry duquel, est le port Dauphin, & cette Ance depuis Tholanghare iusques à Dian Panrouge est nommée par les François, ance ou Baye Dauphine, & depuis Tholanghare iusques au Cap S. Romain, nous nommons cet espace, Ance de Siuoure du nom d'vn estang qui se desbouche aux grandes pluyes, qui est formé de cinq ou six petits ruisseaux qui descendent dedans.

Dian Panrouge ou Riuiere de Fitorah, est vne riuiere qui desbouche souuent, à cause des ruisseaux qui viennent des montagnes de Lipoumami, Marmanghire, & Inatte, qui forment vn grand estang nommé Langoranou. Cette riuiere s'escoule dans l'Ance Dauphine à 25. degrez 6. minutes Sud. A demie lieuë de la pointe de Dian Panrouge, il y a vne roche qui brise vers l'eau, dont tout pilote se doit garder en entrant dans l'Ance Dauphine.

Itapere est vne grande Ance qui prend son nom de la riuiere qui y entre à la mer. Cette Ance est bonne pour nauires, & barques qui y sont assez bien moüillées, mais l'entrée y est dangereuse, à cause des roches qui sont sous l'eau, il y a vn Islet qui se nomme Saincte Claire: à l'abry duquel on se met. La riuiere, qui est en hauteur de 25 degrez à l'extremité de l'Ance, vient des montagnes prochaines, & vne chalouppe y peut entrer, cette Ance se nomme aussi Loucar, il y a bon abry pour Barques, & pour Nauires.

Manghafia est vne riuiere qui donne son nom à l'Ance, & l'Islet qui y est, a esté nommé par les estrangers saincte Luce; il y a bon moüillage pour de grands Nauires, vne Chalouppe peut entrer dans la riuiere. C'a esté ou premierement les François ont fait habitation, elle est à 24. degrez. 30. minutes latitude Sud, cette riuiere vient de la montagne de Siliua.

Harangazavac est vne autre petite riuiere à demie lieuë tirant au Nordnordest.

Manambatou est vne riuiere bien nommée, à cause des roches qui y sont à son entrée, elle est à deux lieuës de Manghafia.

Fautacq & Sama sont deux autres riuieres, qui sont tousiours bouchées, si ce n'est par les grandes pluyes qu'elles se desgorgent à la mer.

Tout ce païs, depuis Manatengha iusques à Manghafia & Itapere, est de la dependance de Dian Boulle Voadziri, qui est le plus ancien de cette contrée: qui rend hommage aux Rohandrian de Carcanossi, & leur est subiet. Depuis Manatengha iusques à Mandrerei, c'est ce que l'on nomme Androbeizaha ou Carcanossi.

Chapitre III.

Riuiere de Manatengha ou de Mananpani & de la vallée d'Amboule.

MANATENGHA est vne grande riuiere qui descend de la vallée d'Amboule, laquelle ne se bouche point & est sous le Tropique de Capricorne, en mesme hauteur que la Baye S. Augustin, où est la bouche de la riuiere d'Yong Lahé. Dans son emboucheure il y a de grãds estangs & islets.

Le

le païs y est tres-agreable : mais à son entrée il y a tant de Roches que l'on a pas encore espreuué à y faire entrer des barques.

Cette riuiere descend des mesmes montagnes, desquelles vient celle de Fanshere, elle est formée des sources & ruisseaux des montagnes d'Encalilan, Hiela, & Manghaze, elle se nomme Manampani jusques pres de son embboucheure qu'elle se nomme Manatengha. Elles laue toute la vallée d'Amboule, & reçoit beaucoup d'autres ruisseaux & riuieres qui viennent des hautes montagnes, au trauers desquelles elle passe, & elle court droit à l'Est.

La vallée d'Amboule est vne tres-fertile vallée pour les Plantages & pour les Ignames blanches principalement, qui y viennent en grande quantité. C'est en cette vallée où se fait l'huille de Sezame ou Menachil. Il y a quantité de mines de fer & d'acier, c'est là où se forgent les plus belles sagayes, & les meilleurs ferremens ; les pasturages y sont tres-excellents ; les Bœufs & Vaches y sont tres-grasses, & leur chair y est de tres-bon goust.

Il y a vne fontaine d'eau chaude souueraine pour les maladies froides des membres proche le grand village nommé Amboule. Cette fontaine est à quatre thoises d'vne petite riuiere, au fond de laquelle le sable est si chaud, que l'on n'y sçauroit pas souffrir les pieds ; quoy que l'eau de la riuiere soit froide. L'on croit que la source de la fontaine chaude passe par dessous la riuiere, l'on y fait cuire vn œuf : mais il faut qu'il soit vingt-quatre heures dans la fontaine pour durcir.

Les habitans sont gouuernez par vn Voadziri qui s'apelle Rabertau, qui est le Chef & le plus ancien des grands de cette vallée. Il est riche en bestial & en toutes sortes de commoditez pour la vie. Toutefois il n'est pas obey : car quelques fois quand il y a disette de viures, ils s'amassent cinq ou six cens hommes de ses subjets & s'en viennent à sa maison, le lient, luy & ses femmes, & menacent de le tuer, pour l'obliger à leur donner du bestial pour viure. Ce qu'il fait aussi tost pour se deliurer de leurs mains ; puis apres quand les viures font bons, il fe fait payer par les vns & par les autres au quadruple de ce qu'il leur aura donné. Cependant les peuples de cette vallée qui font bien deux ou trois mille hommes, font tres-libertins & infolens enuers leurs maiftres, & ce païs eft le refuge de tous les vagabons & faineants.

A l'Oüeft eft vne petite prouince qui fe nomme Izame où fe forge le meilleur fer, & fe fait le menachil ou huille de Sefame en plus grande quantité. Les habitans font les plus hardis & les plus vaillans de cette Ifle, & font enuiron huict cens hommes; dont le maiftre eft parent de Rabertau, comme aufsi les grands & Voadziri circonuoifins.

Chapitre IV.

Du pays nommé Vohitsbanh.

CE païs eft côtenu depuis la riuiere de Manatengha fous le Tropicque de Capricorne iufques à la riuiere de Managhare qui eft fous les 22. degrez & demy de Latitude Sud. Et dans la terre il s'eftẽd jufques à la riuiere d'Itomãpo, au païs d'Anradfahoc, à la fource de Mandrerei, & jufqu'au païs de Fanghaterre. Il eft commandé par plufieurs Seigneurs de contrées. Ce font gens qui font en continuelles diffentions & meffiances les vns des autres pour de vieilles querelles qu'ils n'oublient jamais, & fe renouuellent de pere en fils. Il eft fort montagneux & fe void de loin à la mer. C'eft l'abord ordinaire des nauires qui viennent reconnoiftre la terre, puis finglent le long de la cofte pour venir au port Dauphin. Il abonde en miel, bœufs, cannes de fucre, Ignames, ris, & autres viures; dont les habitans font fuffifamment fournis. Leurs Pagnes font d'vne certaines efcorce d'arbre qu'ils nomment Fautatsranou, ou bien en achetent aux Matatanes faites d'vne autre efcorce nommée Auo, où viennent achepter en Carcanofsi ou aux Ampa-

DE L'ISLE MADAGASCAR.

tres des pagnes de cotton. Ils ont quantité de mines de fer & acier, leurs armes sont vne rondache de bois couuerte de cuir d'vn bœuf & vne forte Sagaye. Ils sont tous noirs & ont de grosses cheuelures frisées. Ils sont larrons & volleurs, & vont enleuer des enfans de leurs voisins & des esclaues pour les vendre au loing & quelques-fois leurs parens proches; Ils n'ont aucune Religion, ainsi que tous les Noirs de l'Isle, ils ne mangent point de viandes de porc, & sont circoncis. Ils craignent les Blancs des Matatanes qui sont Zafferamini: d'autant qu'ils apprehendent d'estre charmez & ensorcelez par eux, à cause de l'escriture qu'ils sçauent, ayans croyance que par les caracteres & escritures lesdits Matatanois les peuuent faire languir de maladies & mourir ainsi qu'ils leur font accroire.

Manatengha a quatre bouches, sçauoir Vinang-adsimo, Manauaza, Sagandacan & Vinangauarats, à vne lieuë l'vne de l'autre, quatre lieuës au delà est la riuiere d'Auiboule, qui est tousiours desbouchée, où il y peut entrer vne barque; c'est celle que Rezimont a nommée la riuiere sainct Gilles, il n'y a maintenant aucuns habitans que de pauures Ompizées & pescheurs: le païs ayant esté ruiné par la guerre, quoy que ce soit vn tres-excellent païs. La coste est bordée de tres-hautes montagnes depuis Manghafia iusques à Sandrauinangha, que l'on nomme les montagnes de Viboulle, ou autrement les Vohitsbans, ce sont païs hauts, remplis de bois & de fertilles vallées, copieuses en miel; c'est de là où l'on tire la plus grande quantité de miel.

A deux lieuës il y a vne riuiere qui se nomme Andraghinta, puis à vne lieuë de là est la riuiere de Sandrauinangha, bouchée, qui vient desdites montagnes. C'est en ces lieux où l'on m'a dit qu'il y auoit de l'or.

Puis suit Manambondrou riuiere bouchée à 3. ou 4. lieuës, & apres suit la riuiere de Massianach, où il y a vne bonne Ance que les François ont nommée l'Ance du Borgne, d'autant que le Seigneur du païs qui s'appelloit Ontanha-

B ij

lera, eſtoit borgne, où peut moüiller vne barque. Ce païs ſe nomme Manacaronha: cette riuiere eſt diſtante de 15. lieuës d'Auiboule. A quatre lieuës au Nordnordeſt, ſuit la riuiere de Mananghare, qui a ſept embouchures: mais toutes ſont bouchées, & ſont remplies de roches. Cette riuiere deſcend du païs d'Itomampo, qui en eſt à l'Oüeſt, & ſe forme de trois autres aſſez belles riuieres, ſçauoir de celle d'Ionghaïuou, de celle d'Itomampo & de la riuiere de Mangharac, leſquelles trois riuieres eſtans aſſemblées, perdent leur nom, & forment la riuiere de Mananghare.

CHAPITRE V.

Pays d'Itomampo, Anradſahoc, Iongbayuou, & Anachimouſſi.

LA riuiere d'Itomampo deſcend des montagnes d'Auiboule, ou eſt ſa ſource en la meſme montagne d'où ſourd Sandrauinangha, & court au Nordoüeſt, trauerſant le païs, auquel elle donne le nom d'Itomampo, qui eſt vne vallée bordée de hautes montagnes, laquelle a bien quatre lieuës de large: mais elle eſt tres-fertile en ris, Ignames, Cannes de ſucre, legumes, & beſtiaux. Les habitans y ſont ruinez par les guerres. De là elle va rendre en vne contrée qui ſe nomme Houdra, au deſſus du païs qui ſe nomme Iuonrhon, qui eſt au long de la riuiere de Manghara; c'eſt où ſe fait le meilleur acier. La riuiere d'Ionghaïuou, c'eſt à dire, la riuiere du milieu, parce qu'elle eſt entre Itomampo & Mangharac, elle deſcend des montagnes du païs d'Icondre, trauerſe le païs de Manamboule, & la prouince des Anachimouſſi, courant droit au Nord quart de Nordoüeſt, eſtant à l'Oüeſt, vne iournée de celle d'Itomampo, & apres auoir couru ainſi enuiron 4. à 5. iournées, elle retourne & court à l'Eſt vne iournée, pour ſe joindre à la riuieré de Manharac, qui à vne lieuë au deſſous, ſe joignent à Itomampo, & forment la riuiere de Mananghare, qui court à l'Eſt Sud-eſt enuiron ſix bonnes iournées, pour se rendre à la mer, se diuisant en sept bouches.

Le païs d'Icondre est vn petit païs fort montagneux, & fertille en sucre, bons plantages & pasturages en hauteur de 22. degrez 30. minuttes, separé à l'Est, & Est Nordest de grandes montagnes d'auec le païs d'Itomampo. Au Sud d'iceluy, est la terre de Vattemanahon & le païs des Machicores, ayant au Nord & Nord-nord-oüest, la terre de Manamboule, & au Nord les montagnes qui sont entre Iongh-Ainou, & Itomampo.

Vattemanahon, c'est le païs qui d'vn costé vers l'Est, vers le Nord, & Nordest, joint à Icondre, & aux sources d'Itomampo & de Mandrerei, d'où sort la riuiere de Maropia, qui va rendre dans Mandrerei, laquelle est signalée par le massacre du sieur le Roy, & de 18. François auec luy, commis par les gens d'Icondre, comme ie diray en autre lieu, & à l'Oüest, & au Sud, est contigu aux Machicores, c'est vn païs desert & ruiné par les guerres.

Manamboule est vn païs montueux, fertille en ris, sucre, ignames & legumes, & en bons pasturages pour le bestial, en fer & acier, il est tellement cultiué, comme aussi les païs qui suiuent, que le bois y est rare, & il le faut aller chercher dans les montagnes bien hautes. Le grand de ce païs s'appelle Dian Panolahé, agrandy par les guerres qu'il a faites contre ses voisins, par l'assistance des François: dont il a esté si ingrat, qu'il a permis à Dian Mitouue de trahir & massacrer le sieur le Roy & dix-huict François en venant auec eux à la guerre contre les grands d'Androbeizaha ? il a tué son pere : mais par vn accident, il poursuiuoit vn de ses esclaues pour le tuër, & comme il luy ietta vne sagaye, son pere se trouua au droit du coup en passant à costé d'vne case dont il en mourut sur le champ. Son païs est bordé de la riuiere & d'Itomampo, à l'Est & à l'Estnordest, & au Nord des Anachimoussi, à l'Oüest du païs d'Alfissach où sont les vignes & la soye en quantité & au Sud des grandes montagnes d'où sort la riuiere d'Yonglahé qui court à l'Oüest dans la mer de Mozambique.

B iij

Le païs des Anachimouſſi, eſt vn païs au trauers duquel paſſe la riuiere d'Iongh-aiuou bordé à l'Eſt par cette riuiere, au Sud du païs de Manamboule, & à l'Oüeſt de grandes montagnes. C'eſt vn païs riche en beſtial, ris, ignames & autres viures & fort peuplé. Le grand s'appelle Ratſilia, au Nord il y a la riuiere de Mangharac & les Eringdranes, au trauers deſquels la riuiere prend ſon origine: C'eſt vne prouince qui n'eſt pas beaucoup grande, contenant ſeulement quatre petites iournées de long.

CHAPITRE VI.

Riuiere de Mangharac & pays des Eringdranes & Vohits Anghombes.

La riuiere de Mangharac eſt vne riuiere qui ſort des grandes montagnes qui ſeparent les Eringdranes d'auec le païs des Antauares & Ambohitſmenes; ſa ſource eſt enuiron par les 20. degrez & demy, elle court à l'Oüeſt trois journées ou enuiron, puis fait vn demy cercle & s'en va courir à l'Eſt-ſudeſt enuiron quatre journées, & ſe joint au païs de Houtre auec Yongh-aiuou.

Le païs des Erindranes eſt vn grand païs qui ſe diuiſe en grandes & petites Eringdranes, les petites Eringdranes ſont au Sud, & c'eſt d'où ſort la riuiere de Mangharac. Les grandes Eringdranes ſont au Nord & finiſſent au pays des Vohits-Anghombes dont la riuiere de Manſiatre fait la ſeparation. C'eſt vn pays tres-peuplé & qui peut fournir plus de trente mille hommes en vn beſoin. Le pays eſt tout plain, & eſt bordé à l'Eſt de grandes montagnes fertiles en beſtial. Au Oüeſt il y a trois grandes riuieres qui courent & ſe vont rendre dans vne grande Baye qui eſt ſituée ſous le 20. degrez latitude Sud ſur la mer de Mozambique & Æthiopique. Ces riuieres s'appellent Manatangh,

Zoumando & Sahanangh, lesquelles sourdent des montagnes qui sont à l'Est des Eringdranes & trauersent tout le pays.

Manfiatre vne grande riuiere qui separe le pays des Vohits-Anghombes & des Eringdranes, c'est vne tresgrande riuiere, comme pourroit estre la riuiere de Loire & se va rendre dans la susdite Baye, elle sort du pays des Vohits-Anghombes d'enuiron par la hauteur des 19. degrez latitude.

Le pays des Vohits-Anghombes est vn pays tres-peuplé où les villages sont plus beaux qu'en aucun endroit de cette terre, les maisons de charpenteries mieux basties. Le pays le plus peuplé de cette terre qui peut fournir plus de cent mille hommes en vn besoin, tres-riche en ris qu'ils sement dans les plaines comme l'on fait le bled en France, riche en bestiaux & pasturages & en mines de fer & d'acier. En ce pays on y fait des Pagnes de fil de Bananier, qui semble de la soye & des pagnes de soye aussi, qui y sont à bon comte. Ce sont les ennemis iurez des Eringdranes, les François y ont esté à la guerre pour ceux des Eringdranes qui y furent iusques au nombre de dix mil hommes sous quarante François.

Ce pays de Vohits-Anghombes a au Nord le pays d'Ancianactes, à l'Est le pays de Sahauez à la hauteur de 19. degrez & demy & les hautes montagnes des Ambohitsmenes & s'estend du costé de Loüest iusques à la mer de Mozambique. Au Sud il est borné des Eringdranes.

Chapitre VII.

Du pays de Manacarongha & de Matatana.

CES pays sont entre les riuieres de Mananghara & de Mananzari du costé de la mer, bornez à l'Ouest des mötagnes qui les separét des pays des Anachimoussi & Eringdranes & enferment auec soy les petites prouinces d'Iuonrhon & de Saca; dont les habitans suiuent tous vne mesme façon de viure & comme ils sont voisins de celuy de Matatana, ils sont aussi remplis de leurs superstitions & adonnez aux charmes & sorts que leur font à croire les Matatanois, qui leur vendent bien cher des papiers escrits en caracteres Arabes, qu'ils nomment Hiridzi, Masa abou, & Talissimou, les vns sont pour estre preseruez du tonnerre, de la pluye, des vents, d'estre blessez en guerre, d'estre tuez en trahison, d'estre empoisonnez, pour garantir leurs villages d'estre pillez & bruslez par accident, ou par la malice de leurs ennemis, d'estre c̃oseruez en santé, exempt de maladies. Pour chacune desquelles vertus ils vendent chaque papier escrit à tous ces pauures idiots de Negres, & aux Blancs mesme plustost qu'aux autres: C'est pourquoy ils en portent pendus au col, cousus dans des ceintures, cousus en certaines couronnes, ou cordons d'estoffe & pendus en grande quantité à leur col; mesme ils en grauent sur de l'or, sur de l'argent & sur de petits morceaux plats de canne nommée Voulou, ils en donnent pour estre hardis au combat, pour vaincre leurs ennemis, pour gagner beaucoup de butin, pour faire venir les sauterelles, le tonnerre, la pluye, & la tempeste; pour rendre leurs ennemis coüards & immobiles, & aussi pour les mettre en fuite, pour se faire aymer des femmes & aux femmes pour se faire aymer des hommes, pour rendre inutiles au combat d'amour ceux qui se voudroient iöuer à leurs femmes, pour rendre leurs plantages feconds, & pour rendre heureuses les maisons qu'ils bastissent, croyans que ces Hiridzi ont la force de diminuer ou augmenter la vertu de la bonne ou mauuaise constellation, soubs laquelle la maison auroit esté bastie: & pour cet effet, ils ne trauaillent iamais à leurs maisons és iours qu'ils estiment malheureux, en obseruant exactement les iournées suiuant le rapport de leurs Ombiasses qui leurs sont Prestres, Medecins, Astrologues, Deuins, & Magiciens, lesquels ils consultent en toutes choses.

 Les Ombiasses & la pluspart des Maistres de villages, se
seruent

seruent d'vne tablette sur laquelle ils estendent du sable blanc, & auec le doigt ils marquent de certaines lignes à ondes, & de ces lignes ils en forment de certaines figures, sur lesquelles ils font leur iugement, en obseruans l'heure, le iour de la Lune & l'année, ainsi que ie diray au Chapitre du Squille ou Geomance.

Les Blancs de Matatane qui sont Zafferahimina, ont esté raualler en sorte par les Zaffecasiambou, ou Casimambou, qui sont Blancs aussi : mais tous Ombiasses & escriuains, qu'ils ne sont plus que leurs esclaues. Et depuis 25. ou 30. ans que les Zaffecasimambou, voyans que les Zafferahimina les vouloient maistriser, ils les tuerent tous, & conseruerent les enfans auec les femmes, ausquelles ils donnerent de certaines Isles & prairies pour habiter, où ils plantent, cultiuent & nourrissent des bestiaux, & sont appellez maintenant Ontanpasemaca, comme qui diroit hommes venus des sables de la Mecque, parce qu'ils sont Arabes de la mer Rouge. Les Casimambou sont venus en cette Isle dans de grands canots, & y ont esté enuoyez par le Califfe de la Mecque à ce qu'ils disent, pour instruire ces peuples, depuis cent cinquante ans seulement. Et le principal & commandant se maria à la fille d'vn grand Seigneur Prince du païs de Matatane, & Negre, à la charge que la lignée qui en prouiendroit se nommeroit du nom de cette fille, qui se nommoit Casimambou. Car c'est la coustume que dans toute cette Isle du costé du Sud, le nom de la lignée se prend de la femme. Ainsi qu'aux Machicores les Zaffeanrauoule, les Zaffe-en-renauoulle, les Zaffelauanounou & autres; Ces Zaffecasimanbou ont beaucoup multiplié, enseignent à lire, & l'escriture Arabe, en tiennent Escholle dans tous les villages, où les enfans masles vont pour apprendre. Ceux-cy sont plus bazanez que les autres Blancs : mais toutesfois ils sont les maistres, & les autres Blancs n'oseroient pas couper la gorge aux bestes, ny mesme aux vollailles, quoy qu'elles soient a eux, mais il faut que ce soit vn Casimanbou qui le fasse, lequel ils mandent chez eux pour cet effet, quand ils veulent faire tuer vn bœuf ou autre

C

animal pour manger. Lesdits Ontampassemaci s'adonnent fort à la pesche, & y sont tres-adroits.

La riuiere de Mananghara entre à la mer par sept bouches qui contiennent bien quatre lieues de distance, qui sont Caloumanga, Mananghiuou, Mananbatou, Mananpatran, Onghamira, Manansingha & rentofoa : cette riuiere se forme des riuieres d'Itomampo, Onth-aïuou, & de Mangharac, & de plusieurs autres ruisseaux qui prouiennent des montagnes, lesquelles trois riuieres iointes ensemble, perdent leur nom, & prennent ce nom de Mananghara. Ces bouches ne sont point nauigables, à cause qu'elles sont toutes bordées de roches, comme aussi toute cette riuiere laquelle, quoy que bien large, n'est nullement nauigable, n'estant qu'vn grand Torrent qui passe au trauers d'vne infinité de grosses roches.

Tout le païs qui est és enuirons de ces bouches & de la riuiere, se nomme Manacaronha, ils sont a present subjets des grands de Matatanes, & ont eu souuent guerre contre eux, & contre ceux des Vohits-Bans. C'est vn païs semblable à celuy de Matatane.

Le pais de Matatane est vn païs plat, tres-fertille en cannes de sucre, ris, miel, ignames & bestial, enrrecouppé de ruisseaux & riuieres poissonneuses. Il prend son nom de la riuiere qui se nomme Matatana, & sort en mer par deux bouches, lesquelles sont esloignées l'vne de l'autre de sept lieuës, entre lesquelles il y a de grandes prairies qui forment vne isle tres-fertille, où sont ceux que l'on nomme Ontanpassemaca, ou Zafferahimina, ou Ramini.

Les cannes de sucre y sont en si grande abondance, que pourueu que l'on eust de bons engins à faire le sucre, & des hommes capables à le cuire & à le faire, l'on pourroit tous les ans en cette isle en charger plusieurs Nauires.

Cette riuiere descend des montagnes du pays de Vattebei. Dans la Prouince de Matatane, à esté tué il y a plus de cent ans, le nommé Antoniobei Capitaine Portugais, auec quatre-vingts de ses compagnons, à cause qu'il auoit beaucoup d'or, qui fut cause de sa perte, & ce fut par lesdits Zaffecafimambou. Il faut estre fort pour habiter cette prouince, qui est la meilleure, la plus fertile & la plus cultiuée de l'Isle, & aussi la plus peuplée. Les grands ont pluralité de femmes, & iusques a 20. & 25. enfermées à part dans vn enclos de grands pieux, comme vn village fort, elles ont chacune leur petite maison, & chacune vn magazin. Les Negres n'osent y entrer sur peine de la vie, ils n'ont aucun Temple ny Mosquée.

Manghasiouts ou Manghasies est vne mediocre riuiere qui est à quatre lieuës de celle de Matatana, sur laquelle riuiere il y a eu habitation de François, il y a abord difficile d'vne Chalouppe, à cause des grands Brisans.

Manancare est vne autre riuiere à quatre lieuë de là, qui est mediocre.

Mananhane est vne autre riuiere fort poissonneuse, qui est bien nommée, car Mananhane signifie qu'elle a beaucoup de victuailles.

Itin à deux lieuës est vn estang qui est petit.

En suite il y a Itapoulobei, Itapoulosirire, & Itapoulomainthiranou, ce sont trois petites riuieres à trois ou quatre lieuës les vnes des autres qui viennent des montagnes voisines.

Pharaon est vne riuiere qui est à quatre lieuës d'Itapoulomanthi Ranou, en laquelle l'on dit qu'il y peut entrer vne Barque, c'est vne riuiere qui est grande au droit de son emboucheure; c'est là où se sont retirez les Blancs de la Manouffi, & où demeure vn nommé Dian Nong, apres le Massacre du sieur Bouguier, & de ceux qui estoient auec luy.

Ce Dian Nong est de la lignée de Dian Rhahazi, dont nous parlerons cy-apres; cette riuiere vient des montagnes qui sont à l'Oüest, & qui font la separation des Eringdranes & de ce pays icy.

Lomahoric ou Morombei est vne grande riuiere distante de Pharaon de quatre lieuës, mais bouchées deuers la mer. Elle sort des hauts païs qui sont à l'Oüest à 10. ou 12. lieuës.

Mantarauen est vne petite riuiere distante de Moronbei de 8. lieuës.

C ij

Chapitre VIII.

Riuiere de *Mananzai*, & pays des *Antauares*, & *Vohitsmenes*.

Mananzari est la principalle riuiere du pays des Anta-uares; c'est vne grande riuiere dans laquelle il y peut entrer des barques: Il y a eu autres-fois habitation de François, qui toutes les fois y ont esté massacrez par la trahison de ceux du pays, & par les menées de ceux d'Anossi & de ceux de Matatane. C'est vne riuiere qui est tres-belle, arrousant vn pays tres-fertille, elle descend des montagnes qui sont au Nort, & à l'Oüest distantes d'enuiron 20. lieuës, & court à l'Estsuest, & à l'est. En ce pays quelques François ont veu de l'or en poudre entre les mains de quelques Negres qui leur ont apporté à vendre; mais faute de connoissance certaine, ont negligé de l'acheter pour des Rassades bleües. Le pays est tres-fertile en Ris, Ignames, Bœufs, Cabrits, volailles & Bananes, & de toutes choses necessaires à la vie, de Cannes de sucre & du miel dont ils font du vin; c'est vn lieu propre à vne bonne habitation: Harangazauac à vne lieuë de là est vne petite riuiere où eschoüa le Nauire de Racouuatsi Chef des Zaferamini d'Anossi.

La Manouffi est vn Cap dont toute la Prouince prend le nom depuis Mananzari iusqu'à Manghourou. C'est le pays où peupla Rahazi, & son Nauire eschoüa dans la riuiere de Manghourou, entre laquelle & ce Cap, il y a trois petites riuieres nommées Andrasadi, tentamamou, Tentamami, puis ladite riuiere de Manghourou à 15. lieuës dudit Lamanouffi. Cette riuiere & celle de Mananzari descendent des hautes montagnes des Ambohitsmenes qui est à dire montagnes rouges dont tout le pays prend le nom. Ces montagnes sont veuës de la mer de plus de 15. lieuës & ressemblent à la montagne de la

Table du Cap de bonne esperance. Elles sont a 19. degrez & demy ou 20. degrez latitude sud : C'est en ces montagnes que demeurent les Zafferahonh au pays de Famantara qui sont riches en or, fer & bestiaux, ris, cannes, ignames, pagnes de soye & autres choses propres à la vie. Ces pays peuuent estre voisins des Vohits Anghombes, ou bien ce sont eux mesmes ayans vne tres-grande estenduë de païs, c'est où ceux de Ghallenboulou vont traiter leur bestial, & ceux de Matatane aussi.

Ces montagnes sont à plus de 25. lieuës deuers les terres, & entre-elles & la mer ce sont des pays bas, remplis d'estangs & de grands marescages : Il y a mesme vn lac que quelques vns de nos Matelots ont veu en s'en venans par terre du port aux prunes apres la barque perduë qui contient plus de vingt lieues de long & large, remply d'Islets.

A 20. lieuës de Manghourou il y a la riuiere nommée Auibahé où il peut entrer vne barque, laquelle ne se bouche point, ce peut estre le degorgement de ces estangs, entre Manghourou & celle-cy, il y a vne riuiere qui se nomme Sacauille.

Puis il y a Tsatsac à cinq lieuës, & Foutchiuaro à cinq autres lieues, à deux lieuës est la riuiere d'Ivonrhon dans vne grande Baye que l'on nomme au pays Tametaui, c'est ce que les Matelots nomment le Port aux prunes. Il y a bon moüillage pour vn Nauire ; c'est l'à où vne de nos barques a esté perduë l'année mil six cens quarante-sept, faute de bons cables, elle estoit toute neufue & toute chargée de ris blanc, & de cocquillages dont tout a esté perdu.

C iij

CHAPITRE IX.

Le pays du Port aux Prunes, ou Tametaui, Sahaueh, Voulouïlou, ou Longue-pointe; Ghallenuoblou. Manghabei & Noßi Hibrahim.

CE pays commence au Port de Tametaui qui est situé soubs le 18. degré & demy, latitude Sud. Il s'estend le long de la coste de la mer jusqu'a la Baye d'Antongil nommée Manghabei qui est située par les 15. degrez, il est bordé du costé de la terre des montagnes & prouinces des Vohits Anghombes, & Ansianach, c'est vn pays riche & tres-fertile en ris, & tres-excellens pasturages, les habitans sont bons & point adonnez aux meurtres & volleries, sont fort soigneux de trauailler & cultiuer la terre, & s'en vont le matin à leur plantages & n'en retournent point que le soir: Ils nourrissent des Taureaux & Vaches seulement pour laictage, & pour sacrifier lors qu'il y a quelqu'vn d'entr'eux de malade.

Il n'y a que ceux qui sçauent vne certaine priere qu'ils nomment Minoreche, qui ont la faculté de coupper la gorge aux bestes, en quoy ils sont si scrupuleux qu'ils mourroient plustost de faim, que de manger de la viande d'vne beste qu'vn Chrestien, & vn homme du costé du Sud auroit tuée; ils sont tous prouenus d'vne mesme lignée qu'ils nomment Zaffehibrahim, c'est à dire race d'Abraham: Ils ne connoissent point Mahomet, & nomment ceux de sa secte Cafres: Ils reconnoissent Noé, Abraham, Moïse & Dauid; mais ils n'ont aucune connoissance des autres Prophetes, ny de Nostre Sauueur I. C. Ils sont circoncis, ils ne trauaillent point le Samedy, ils ne font aucunes prieres ny jeusnes, mais seulement des sacrifices de Taureaux, Vaches, Cabrits & Cocqs. Ils ne chatrent point les Taureaux ny autres animaux, ny mesme n'arrestent point le tabacq, à cause que les Chrestiens appellent cela chastrer, cela leur estant defendu par leurs coustumes. Ils se sentent vn peu du Iudaïsme, ils sont fort hospitaliers, & assistent vn chacun, il n'y a point de pauures & faineans parmy eux, chacun trauaille à la terre, les esclaues ne sont point auec eux en qualité d'esclaues, mais leurs maistres les nomment leurs enfans, ils leurs donnent librement leurs filles en mariage, quand ils s'en rendent dignes par leurs seruices. Ils se gouuernent par villages, dont les maistres se nomment Philoubei, d'entre lesquels ils eslisent vn ancien de la lignée pour estre l'arbitre des autres Philoubei, & chacun fait la iustice dans son village ; ils s'entre-assistent quand ils ont guerre contre ceux qui ne sont pas de la lignée, mais si entre eux quelques Philoubei ont guerre, il s'entremettent seulement pour les accorder, sinon ils les laissent combattre, leurs villages sont mieux disposez & situez qu'en aucun autre païs, & sont tous sur le haut des montagnes qui sont petites & tres-fertiles, & le long des riuieres, entourez de pieux, où il n'y a que deux portes ou entrées, l'vne pour aller & venir ordinairement, l'autre vers les bois pour s'enfuir quand ils sont les plus foibles, estans attaquez de leurs ennemis.

Ils plantent leurs ris dans les montagnes & vallées, apres auoir couppé les bois qui sont la pluspart de certaines Cannes creuses que l'on nomme par toute l'Isle Voulou, & dans les grandes Indes Bambu, ou Mambu, estans seiches, ils y mettent le feu, lesquelles en bruslant font vn si grand bruit que la terre à vne lieuë à la ronde en tremble ; car, comme ces Cannes sont toutes creuses & separées par certains nœuds à vn pied l'vn de l'autre, & que chasque canne contient plus de quarante nœuds, & qu'elles s'entretouchent presque toutes, il y en a vn nombre infiny de grandes & petites : lors que le feu vient à les eschauffer, l'air qui est enfermé entre ces nœuds venant à se rarifier, fait faire autant de bruit entre chasque nœud comme vne Couleurine ; si bien que le bruit est aussi grand comme si vn nombre infiny de Canons, Couleurines, Fauconneaux,

Mousquets & pistolets, venoient à tirer ensemble. Cela est si surprenant à oüir, qu'vn iour ne sçachans pas ce que c'estoit, estant allé au village d'vn Grand, i'entendis en chemin, ce bruit qui se faisoit de l'autre costé d'vne vallée, ie ne sçauois que penser. Lorsque ces bois sont bruslez, toute la terre est couuerte de cendre, lesquelles se detrempent par la pluye, & au bout de quelque temps, ils sement le ris d'vne façon estrange; c'est que toutes les femmes & filles du village assistent au plantage d'vn chacun, & marchent de front ayans vn baston pointu à la main dont ils font vn trou en terre sans se baisser, iettent deux grains de ris dans ce trou, & couurent le trou auec le pied, en le bouchant de terre & le tout en cadence; en sorte que toutes ensemble font la mesme chose en vn instant, & font cette action en dançant & chantant. Cela se fait si promptement & adroitement, que rien plus. Lors que les bois sont abatus, bruslez, & le champ fermé, les femmes en ont le seul soing. Ainsi ils s'assistent les vns & les autres. Les femmes nettoyent le champ des mauuaises herbes, & font la recolte. Et les hommes cependant recommencent à deserter en vn autre endroit. Apres le port de Tametaui, il y a quatre petites riuieres qui se nomment Fautac, Faha, Faho, & Maroharats, a vne lieuë les vnes des autres: puis il y a Anacchinquets dans vne Ance que l'on nomme Sahauez, ou il y a bon mouillage, fond sableux; mais exposé au vent d'Est Sudest, iusques au quart d'Est Nordest.

A quatre lieuës de là il y a la longue pointe dont le pays est nommé par les habitans Voulouilou, & la riuiere Onghebei. Le port est tres-seur pour vn Nauire à l'abry des cayes ou roches, qui auancent vn grand quart de lieuë vers la mer. Cette Ance est a 18. degrez de latitude Sud.

A huict lieuë au delà il y a vne riuiere qui se nomme Ambato, bien nommée pour les roches & pierres qui s'y trouuent, elle est grande & se bouche.

Et à deux lieuës tirant au Nord le long de la coste, est l'Ance de Ghallenboulou à 17. degrez & demy latitude Sud, qui est tres-grande, où il y a mouillage d'vne Barque à l'abry

bry d'vn Iflet : mais bien dangereux pour les roches qui font foubs l'eau, & pource que la mer y eft fort rude, à moins que l'on ne fe touhe iufques au coing de l'Ance, où il y a feureté pour vne petite Barque : mais fi l'on y veut toucher vne grande Barque, il faut qu'elle foit legere de fon Laiftage, & qu'elle ne tire pas plus de quatre pieds d'eau, de crainte que la houle ou vague ne la fift toucher au fond.

C'eft à Ghallemboulou où l'on va charger de ris, où il s'en cultiue en abondance. Tout le pais y eft tres-fertile en ris qui fe recueille deux ou trois fois par an.

Ils font adonnez à la geomance qu'ils nomment Squille, ne font rien & n'entreprennent aucun voyage ny aucune chofe à faire, qu'ils n'ayent premierement Squillé. Ce font les meilleures perfonnes qui foient en cette Ifle, ils ne font nullement traiftres ny adonnez à tuer ny maffacrer, s'il y a quelque Negre qui aye defrobé, ils le rachetent pluftoft que de permettre que l'on le tuë, leurs veftemens font de pagnes, d'vne herbe nommée Moufia dont ils en font grande quantité.

La riuiere de Mananghourou eft à l'extremité de la mefme Ance à quatre lieuë de Ghallemboulou, c'eft vne belle grande riuiere qui ne fe bouche point, & où il peut entrer vne petite barque. C'eft le long de cette riuiere qu'il y a de belles pierres de criftal, telles qu'il y en a qui ont plus de quatre pieds de groffeur.

En outre i'ay ouy dire qu'il y a vne petite Ifle nommée Amboulnoffi dans cette riuiere, où il y a de l'aigue marine, & d'autres pierres de couleurs, il y a auffi le Bafaltes.

Cette riuiere defcend d'vne grande montagne qui eft au milieu de l'Ifle, de laquelle defcend vne autre riviere du mefme nom, qui court deuers l'Oüeft dans vne grande Baye frequentée par ceux des Ifles de Comoro, dont l'habitation fe nomme Taulangh, ou Itolle. Cette montagne eft dans le pays des Ancianactes, qui font riches en or, bœufs, & ris. Toutes-fois ils plantent leurs ris dans des Horacs.

Là il fe trouue vne befte qui a vne grande corne au milieu du front, qui est plus grande qu'vn cabrit, qu'ils nomment Brech.

En suite le long de la mer de l'Oüest, le païs se nomme Andouuouche, qui signifie Baye; d'autant que c'est qu'il y a de grandes Bayes, comme celle d'Antongil. Ceux des Isles Comoro frequentent auec des Barques, & y viennent acheter du ris, des pagnes de soye & des esclaues; & troquent de l'argent pour de l'or ainsi que i'ay apris.

La riuiere de Maraugourou courant deuers l'Est, se separe en quatre fameuses riuieres; sçauoir celle-cy qui ne perd point son nom depuis sa source iusques à son emboucheure, & celles qui suiuent.

Manansatran qui en est distante de quatre lieuës : ne se bouche point: dont l'entrée est difficile, à cause de la barre qui est dangereuse.

C'est dans cette riuiere qu'a esté tué le sieur de la Forest, en voulant y traitter du cristal de roche en l'an 1655.

Marimbou distante de trois ou quatre lieuës de Manansatran se bouche, & est iustement deuant l'Islet de l'Ance de l'Isle de saincte Marie.

Simiame, qui est à trois lieuës de cette derniere, est grande & spacieuse à son ouuerture, ne se bouchant point, & est de facille entrée pour vne Barque, y ayant tousiours au moins 6. ou 7. pieds d'eau à sa bouche, dedans la riuiere on peut nauiguer plus de dix lieuës haut.

Toutes ces quatre riuieres sont peuplées de gens semblables à ceux de Ghallemboulou, & ont les mesmes coustumes, se disans tous Zaffehibrahim depuis là iusques à la riuiere de Onghebei ou la longue pointe, & de Simiame, iusques à Antongil, où ils ont la mesme coustume.

La riuiere de Mananghare est encore vne belle riuiere qui ne se bouche point, où il peut entrer vne grande Barque, elle est au droit de la pointe du Nord de l'Isle saincte Marie, & au coin du sud de la Baye d'Antongil, autrement nommée dans l'Isle Manghabei. Car ce mot d'Antongil est vn mot Portugais, qui vient du nom du premier Capitaine Portugais qui la descouurit, qui se nommoit Antonio Gillo.

Chapitre X.

La Baye d'Antongil.

CETTE Baye a enuiron quatorze lieuës de profondeur, & est à 15. degrez de latitude Sud, elle a bien 9. lieuës d'ouuerture, elle court droit au Nord, au fond de laquelle est vn Islet fertile au possible en toutes sortes de viures, où il y a de belles eaux & bel abry pour des Nauires. Cét Islet est à 14. degrez de latitude; l'Aiguille y varie iusques à 22. d. 30. m. Nordoüest. C'est en cette Baye qu'ont frequenté les Hollandois, y allans negotier pour acheter des Esclaues & du ris. Ils ont eu vne habitation de douze Hollandois, qui vne partie sont morts de maladie, pour le lieu qui est tres-mal sain; les autres ont esté massacrez pour auoir esté trop insolens aux gens du païs, des 12. 8. sont morts de maladies, les quatre restans alloient à la guerre pour Rabecon Seigneur du païs.

Vn iour il les mena à la guerre auec huict cens hommes en cinquante Piraugues ou Batteaux, contre vn Grand dans la riuiere de Mananghare, lequel Grand tint bon, & deffit les gens de Rabecon, qui fut contraint de se sauuer auec le reste de ses gens, & laissa là les Hollandois qui furent pris par ce Grand, lequel ne les voulut point mal traitter; d'autant qu'ils estoient estrangers, & leur remonstra qu'il ne leur auoit iamais rendu de desplaisir. Il les pria de ne venir plus contre luy, & qu'ils laissassent faire ses ennemis qu'il ne craignoit point: & ainsi apres leur auoir fait bonne chere, les renuoya auec presens à Rabecon, & auparauant les fit iurer qu'ils ne viendroient plus à la guerre contre luy.

Quelque 2. ou trois mois apres Rabecon s'en alla encor pour surprendre ce Grand, & mena les quatre Hollandois auec luy, attaqua son village, lequel le repoussa vaillamment, & le contraignit de regaigner ses Pirauguespour s'enfuir, ayant laissé plusieurs des siens tuez, & les 4. Hollandois furent prisonniers. Ce Grand leur fit reproche de leur desloyauté, & leur dit qu'il ne les vouloit pas tuer, qu'il leur donnoit la vie, & les sitiurer derechef de ne venir plus contre luy, d'autant qu'il craignoit leurs armes, lesquelles il ne se pouuoit pas parer, si bien qu'apres luy auoir fait faire promesse de ne venir plus contre luy, il les renuoya encores auec presens. Estans arriuez à Antongil, ils firent reproches à Rabecon de sa lascheté, de les auoir ainsi abandonnez. il leur fit response qu'ils estoient bien mal adroits, d'auoir des mousquets & ne pouuoir pas tuer vn homme, lequel s'ils auoient mis bas, ils seroient maistres de tout: & feroient vn grand butin. Les Holandois luy dirent que quand ce viendroit à se battre, qu'ils leurs monstrassent le Grand, & qu'ils tireroient sur luy. Si bien que pour la troisiesme fois ils s'assemblerent encore, & menerent ces quatre perfides Hollandois. Qui estans arriuez auec l'armée au village de l'ennemy, ce Grand les repoussa comme de coustume: mais il fut tué d'vn coup de mousquet. Ses gens le voyant mort, prirent la fuite, & ainsi le village fut bruslé & tout saccagé, tous ses gens, femmes, enfans, & esclaues, furent ou tuez, ou prisonniers. Apres quelque temps ces quatre Hollandois ont esté tuez par Rabecon, à cause de leurs insolences & yurongneries. C'est ce que i'ay apris estant en l'Isle de saincte Marie.

Chapitre XI.

L'Isle saincte Marie, autrement Nossi-Hibrahim, ou l'Isle d'Abraham.

L'ISLE saincte Marie gist soubs le seize à dix-sept degrez latitude Sud, & variation 22. degrez Nordoüest,

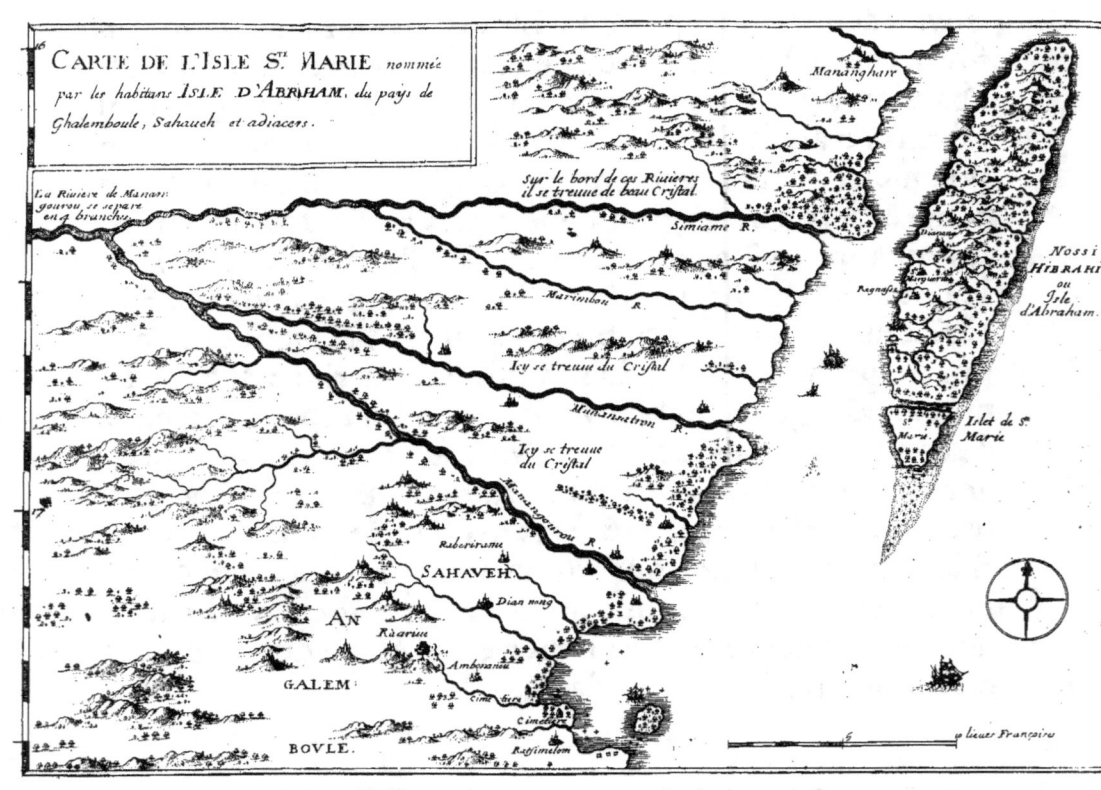

DE L'ISLE MADAGASCAR.

sa longueur s'estend du Sud au Nord dix-huict lieuës, sa largeur d'Est au Ouest trois lieuës au plus large, distante de la terre de deux lieuës au plus pres, & de sept au plus loing. Elle se diuise par vn petit destroit de terre au droict de la Baye où l'on a accoustumé de mouiller, en laquelle il y a plusieurs petits Islets, cette Baye separe l'Isle en deux peninsulles, & au droict de l'Isthiue, il n'y a pas plus de vingt toises de terre iusques à la mer, où il y a vne petite riuiere qui sourd & se va rendre dans la Baye. Au Sud de l'Isle il y a vn Islet en triangle separé par vn canal de la largeur de trente thoises & profond de deux pieds en des endroits, & en d'autres plus : cet Islet est plein de pasturages où les Bœufs de l'Isle vont paistre par fois, & au bout d'iceluy sont des Cayes ou Roches qui auancent en pointe plus de demy lieuë à la mer, où elles brisent horriblement. Toute l'Isle est bordée de Roches sur lesquelles à mer haute vont les canots, & à mer basse il n'y a pas plus de demy pied & vn pied d'eau ; C'est en ces Cayes où l'on voit les plus beaux rochers de corail blanc qui se puisse voir au monde, où il se trouue vne infinité de beaux cocquillages que les negres vont chercher pour vendre aux François.

Sur le riuage du costé de l'Est se trouue frequemment de l'Ambre gris que les Negres ne laissent pas perdre ; car ils le bruslent quand ils font des sacrifices aux Oemounouques ou sepulcres de leurs Ancestres.

Il se trouue dans ceste Isle diuerses sortes de gommes, dont ils font des parfums, du cacamacha en quantité aussi. Toute cette Isle est remplie de collines, de petites riuieres & de fontaines, la terre y est tres-feconde, les habitans y sement le ris par tout, & le plantent deux fois par an, les cannes de sucre y viennent en abondance & tres-grosses, les bananes & les Ananas qui ont tres-bon goust qu'ils nomment manassi, ce sont ceux d'Antongil qui en ont donné depuis dix ou douze ans de la race ; l'air y est tres-humide, & il n'y a guere de jour en l'année, que le iour ou la nuit il n'y aye quelque ondée de pluye, par fois il y pleut quinze jours sans cesser, le bestial y est extremement bon, & deuient bien gras, il ne le parquent point, mais les laissent aller libre par toute l'Isle. Il n'y a que les veaux des vaches dont ils veulent auoir le laict, qu'ils parquent pour obliger les meres à venir donner à tetter à leurs veaux, & ainsi ils les tirent. Quand les vaches n'ont plus de veau elles perdent leurs laict.

Il y a bien maintenant dix ou douze villages qui s'y sont habitués depuis que les François y ont demeuré; d'autant que le Grand d'Antongil qui venoit y faire la guerre n'ose plus y venir à cause des François. Il y a bien cinq ou six cens habitans dans toute l'Isle qui se disent tous Zaffehibrahim, & le Grand s'appelle Raignasse ou Raniassa fils de Ratsiminon, c'est le Chef qui est reconnu de tous, & chef de la race d'Abraham de cette Isle, & de la grande Terre, ces habitans plantent du ris, des Ignanes, des bananes, ananes, cannes de sucre, pois & febves dont ils viuent. & sont fort adonnez à pescher des Hourites qui sont vne espece de seiche qu'ils portent vendre à la grande Terre, le Grand tire la cinquiesme partie de la pesche des Hourites pour tribut, & quelque tribut sur le ris & sur les plantages; ils cherchent aussi des bourgaux (ce sont gros cocquilages ou limaçons de mer) qu'ils vont vendre à Ghallemboulou à ceux des Ambohitsmenes qui y viennent vendre des fafes & villangues qui sont des pots & plats de terre. Le tabacq qui s'est fait à saincte Marie par les François surpasse en bonté & suauité tous les tabacs qui se font en ce païs icy. C'est pourquoy il faut necessairement y passer des François habitans, qui y soient pour leur compte; il n'y a lieu en ce pays où ils puissent mieux faire leurs affaires.

Depuis la Baye d'Antongil jusques au bout de l'Isle, les François n'ont point encor frequenté. Mais i'ay apris qu'il y a vne Prouince, ou bien tout ce traict de terre & de coste de mer, qui s'appelle Vohemaro, & dans la carte par le Portugais Boamaro, où il y a des Blancs des long-temps: La le ris se cultiue comme à Ghallemboulou: Il y a

DE L'ISLE MADAGASCAR. 31

à Anoſſi vn Orfévre autrement dit Ompaneſa Voulamena nommé Rafare Voulamena fils d'vn nommé Radam, qui m'a dit que ſes Anceſtres ſont venus de Vohemaro & qu'en ce lieu il y a bien de l'or que l'on trouue au pays, c'eſt l'origine des Orfevres du païs d'Anoſſi, c'eſt celuy qui a inſtruict tous les autres aux Matatanes.

Ce païs de Vohemaro ou Boamaro eſt vne Baye qui eſt ſituée ſoubs le 13. degré de latitude Sud, ſur la coſte de l'Eſt de l'Iſle. La coſte depuis Antongil court droict au Nord.

C'eſt tout ce que i'ay peu reconnoiſtre de cette Iſle, en tirant le long de la coſte vers le Nord-Nordeſt.

Chapitre XII.

Du pays de Carcanoſſi, Adcimou iuſques à Mandrerei, du Maſſacre de Macinorbei & de l'enleuement de Dian Ramach.

REſte maintenant à deſcrire la coſte & pays adjacent, depuis la bouche de la riuiere de Franshere, en tirant vers l'Oüeſt; car ainſi court la coſte en arondiſſant juſqu'à venir à la riuiere d'Onghelabé, autrement nommée par les Chreſtiens ſainct Auguſtin.

Depuis l'embouchure de la riuiere de Franshere il y a quatre grandes lieuës de ſable, pour paruenir à vn Cap que l'on nomme Moncale; & depuis Moncale il y a deux lieuës juſqu'à l'Ance de Ranoufoutchi, que l'on a nómé autrefois l'ance aux galions. Le long de cette coſte de ſable, il y a quelques bois qui font ſeparation de deux grãds eſtangs que nous nõmons eſtangs d'Ambouue, le long deſquels vers la terre, il y a grande abondance de bois d'aloës que l'on nomme icy Tetech.

Depuis Moncale juſqu'à Ranoufoutchi il y a vne region qui ſe nomme Mozambique, & le village principal de Ranoufoutchi ſe nomme Italie.

L'Ance de Ranoufoutchi est fort bonne pour vne barque, non pour vn grand nauire. Les vents de Sud-Est, & Sud y sont fort dangereux, qui sont les plus mauuais vents de ces contrées, qui ne viennent iamais que par foudre & tempeste.

En cette Ance ont autres-fois abbordé les galions de Portugal, il y a cent dix ans, où ils auoient fait habitation soubs la conduite d'vn certain Portugais nommé Macinorbei par les gens du païs; ce qui veut plutost dire Monsignorbei, comme qui diroit le grand Seigneur, ne pouuans prononcer les nom propres des Chrestiens qu'auec peine, & comme les habitans voyoient tous les Portugais s'entr'appeller Miosignor, & qu'ils disoient que leur Commandant estoit grand, que l'on dit Bei en cette langue, ils le nommoient Macinorbei. Ce commandant ayant fait bastir vne maison de pierre dans l'Islet d'Anossi (que nous nommons l'Islet de Portugais ou de Tranghvate) dont les murailles subsistent encor. Les Grands l'inuiterent à faire vne missauats ou resioüissance de sa maison, & firent contribuer tout le pays a apporter du vin du miel de present à Macinorbei, & se trouuerent en vn lieu nommé Imours sur le bort de la riuière, soubs vn bel ombrage, ou Dian Missaran, & Dian Bohits freres & les grands de cette terre vinrent auec cinq ou six cens hommes pour se resioüir auec les Portugais; là ils prierent Macinorbei de faire apporter sa marchandise, son or, son argent, & les autres denrées qu'il auoit pour se resioüyr, (disoient-ils) de voir tant de richesses. Les Portugais auoient quantité d'or qu'ils auoient fait foüiller dans la Prouince d'Anossi, & m'at-on dit que c'estoient les peres ou padres qui faisoient foüiller deux mines, dont on m'a donné aduis. Comme ils eurent fait venir les coffres & desployé tous leurs tresors, ils se mirent à boire de ce vin de miel, & a faire bonne chere, & en vn clin d'œil ou signal de Dian Missaran, & de Dian Bohits, tous les Negres & Grands se ruerent sur les Portugais qu'ils massacrerent auec leur Chef, & les padres; &

ainsi

DE L'ISLE MADAGASCAR.

ainsi finit Macinorbei auec 70. Portugais. Il y en eut cinq qui resterent dans la maison de pierre, auec trente Negres leur Marmites, ou esclaues, ausquels ils donnerent des fusils à tirer, qui de temps en temps faisoient des courses dans le païs, où ils mirent en feu tous les villages, en vengeance du massacre commis enuers leurs maistres & compagnons, & ainsi reduisirent le païs à faire vne trefue, & leur fournir des viures, tant qu'ils en ont eu besoin, iusques à ce qu'il vint vn Nauire de Portugal. Les habitans firent accroire au Capitaine & aux Matelots, que les Portugais, estoient tous morts du flux de sang: mais eux ne se contentans de cela, voulurent voir l'habitation des Portugais, où ils trouuerent ces cinq Portugais qu'ils emmenerent, & depuis n'y sont plus venus, & l'ont abandonné.

D'autres disent que Macinorbei & les siens eurent guerre contre d'autres Portugais, qui s'estoient venus placer proche de Siliua & Maughafia, en vn lieu nommé Varabei, & qu'ils se seruirent des forces de Dian Missaran, & Dian Bohits, pour les deffaire & qu'apres les auoir subiuguez & exterminez, Macinorbei voulut faire vne resioüissance de sa victoire, en laquelle il fut trahy, comme il est dit cy-dessus.

Soixante ans apres vint vn Nauire de Mozambique, qui enleua le fils de Dian Tsiamban, nommé Dian Ramach, & le mena à Goa: où ayant esté instruit par les Iesuites, baptisé par eux & tenu sur les fonds par le Vice-Roy, fut nommé Don André de Susa de Sahauedra. Trois ans apres fut amené à son Pere par deux Peres Iesuites, qui demeurerent en la maison de Pierre auec six autres Portugais, ou Espagnols: mais Dian Ramach estant auec son pere, prist aussi-tost la pagne: & quitta la Religion Chrestienne, & a vescu ainsi iusques à la mort, qui luy est arriuée, à cause de sa perfidie, ayant voulu massacrer les François sans aucun sujet, & moy qui en estoit le chef, soubs feinte d'amitié, m'en ayant voulu faire autant que ses ancestres auoient fait à Macinorbei: mais comme ie suis venu aduisé par l'exemple du passé, Dieu m'en a preserué; à la reserue de

E

cinq ou six qui estoient escartez, qui ont esté tuez en trahison, & vingt autres François qui ont esté massacrez par apres, pour ne m'auoir pas voulu croire, & s'estre trop fiez aux Negres; ainsi que l'on verra dans la suite de ceste Histoire. Depuis l'Ance de Ranoufoutchy, iusques à la riuiere de Mandrerei, il y a huict lieuës, en chemin il y a les estangs que l'on nomme Anhongh, où il se fait quantité de sel: si les salines estoient bien soignées, ce sont les meilleures salines du monde.

En toute cette contrée il ne se seme aucun ris, la terre y estant trop sablonneuse, mais il se cultiue grande quantité de cotton, & se nourrit bien du bestial, se fait de l'huille de Palma Christi, qui sert à oindre les cheueux & la teste des habitans; & à plusieurs maladies.

Chapitre XIII.

De la riuiere de Mandrerei, du pays de Mananghare, des Ampatres, & Caremboulle.

LA riuiere de Mandrerei vers son emboucheure, gist sous le 26. degré, elle est comme vn torrent, fort rapide, & le plus souuent bouchée : elle separe le païs de Carcanossi d'auec les Ampatres, elle descend de la montagne d'où sort celle d'Itomampo, elle court au Soroüest quelque espace de pays, & apres elle vient descendre droit au Sud dans la mer, d'ans icelle descendent plusieurs petites riuieres: comme Maropia, Manamboulle & Mananghase; Maropia est proche d'Icondre, & est celle sur le bord de laquelle fut Massacré le sieur le Roy & ses compagnons. Manamboulle est vne riuiere qui descend de la montagne d'Hiele, & par le pays des Machicores, court au Nordoüest rendre dans Mandrerei. Mananghare est vne autre riuiere, qui descend de la dite montagne du costé du Sudoüest, & va tomber dans la mesme riuiere de Mandrerei. Le long de cette riuiere la terre y est tres-fertile, le pays tres-beau: mais inhabité, à cause des guerres, d'autant que chaque Grand des pays circonuoisins en pretend estre le maistre, & ainsi personne n'ose entreprendre de la cultiuer, de crainte de la guerre. Ce pays demeure desert, & sert de repaire aux cochons & aux bœufs sauuages qui y sont en quantité.

La montagne d'Hiela est vne tres-haute montagne, de laquelle descend aussi la riuiere de Mananpani, qui laue la vallée d'Amboulle, elle est tres-peuplée selon le pays, elle separe la vallée d'Amboulle, les Machicores, & le pays de Carcanossi: d'ou le pays d'Encalilan sert de frontiere. Le Grand s'appelloit Dian Voulamene, qui est mort, & son fils aisné s'appelle Diam Mamdimbi, entre Encalilan & Amboulle, est le pays de Caracarac.

Apres Mandrerei suit la Prouince des Ampatres, qui contient vingt lieues de longueur le long de la coste de la mer, & douze lieuës de large, depuis la mer iusques au pays des Machicores: c'est vn pays sans riuieres & sans eau, iusqu'à Mananbouue, excepté quelques mares çà & là, il y a tel village qui est esloigné de l'eau de trois & quatre lieuës. La coste est toute droite sans aucune Ance, iusques aux Caremboulles. Le pays est fort fertile, rempli de bois, dans lesquels les habitans font leur villages, bien enclos de pieux & d'arbres espineux: en sorte qu'il est impossible d'y entrer que par la porte.

Le peuple est gouuerné par les Grands qui sont maistres des villages: toutesfois il y en a tousiours vn qui est par dessus les autres, & tous les autres Grands sont ses parens. Ils sont frequemment en guerre les vns contre les autres, & le plus souuent, à cause des femmes qu'ils s'entrerauissent les vns aux autres; ce sont aussi des hommes fort adonnez à voller & piller leurs voisins, à cause de quoy ils leur sont tousiours ennemis, & les estrangers y sont tres mal venus. Ainsi qu'il est arriué il y a enuiron vingt ans à vn Nauire Hollandois, qui eschoüa à la coste de Caremboulle dans vne grande Baye bordée de roches & d'Isles: mais sans au-

E ij

cune eau douce à la coste iusques à la riuiere de Manambouue, d'où il y a trois ou quatre lieuës. Il y auoit bien cinq cens hommes dans ce Nauire qui s'en alloit à Batauia : là estans eschoüez, ils bastirent vne Barque longue, & cependant firent vn Fort de bois, vne partie s'en alla de costé & d'autre, traiter du bestial pour viure. A mesure qu'ils en auoient acheté, les gens du païs les enleuoient dans les pasturages, & ainsi les harcelloient de toutes parts, si bien qu'ils furent contraints de leur faire la guerre, où en vne rencontre le Capitaine fut tué, & plusieurs autres aussi auec luy.

La Barque faite, les Officiers s'embarquerent dedans auec cent hommes, & tirerent à Batauia, ou bien ils furent perdus en mer : car depuis l'on n'en a appris aucunes nouuelles, & des quatre cens restans, vne partie mourut de maladie & disette ; l'autre partie se separa en petites troupes de costé & d'autre, qui ont tous esté tuez ou morts de misere, excepté deux François, qui s'en vindrent du costé de Carcanossi chez Dian Machicore, & à Fanshere, dont il y en eut vn qui mourut de maladie, & l'autre qui repassa en France dans le Nauire du Capitaine Rezimont au retour de son voyage de la mer rouge en l'année 1636. ou 1637. Ceux des Ampatres se mettoient en embuscade dans les bois, & les tuoient en trahison, pour auoir leurs vestemens & leur argent, dont ils auoient grande quantité : Car auant que la Barque partist, les Officiers leur repartirent grande quantité d'argent, iusques à donner à chacun deux cens & trois cens pieces de Huict : mais comme ils furent en mes-intelligence les vns auec les autres, ils perirent tous par trahison en diuers lieux, où ils s'escarterent, c'est de là où il y a tant d'argent en ce païs, & principalement aux Ampatres, Caremboulles & Mahafalles.

Les deux François cy-dessus demeurerent quelque temps chez Dian Mammori, qui les vouloit obliger à faire de l'or, & pour ce leur faisoit de grandes menaces. C'est pourquoy ils se retirerent à Anossi chez Dian Machicore, & en chemin ils enterrerent cinq ou six cens pieces de huict, qu'ils n'ont pas voulu aller chercher de puis, de crainte d'y perdre la vie.

Dian Machicore m'a raconté que ces Hollandois ont esté reduits en vne telle misere, qu'ils estoient contraints pour la faim & la soif de presser certains arbres tendres qui rendent grande quantité de laict, ainsi que le resueillematin en France, ou titimales, en laissoient distiler plein leur main, puis le beuuoient, & ainsi ils estoient subitement estourdis, en sorte que la pluspart sont morts de cela, & les autres tuez en trahison par les Ompilampes, qui sont volleurs demeurans dans les bois. Toute la Prouince des Ampatres peut bien fournir trois mille hommes de guerre.

Enuiron l'an 1618. vn grand Nauire Hollandois retournant des grandes Indes perit en mer, non loin de la coste de Caremboulle, il ne se sauua du naufrage, qu'vn ieune homme nommé Pitre fils du Capitaine du Nauire sur vne fustaille vuide, & fust trois iours à flotter en mer, iusques à ce qu'enfin la vague le ietta sur le sable, du riuage sur lequel il y auoit plusieurs Negres qui ramassoient quelque chose du debris du vaisseau, que la mer y auoit poussé, & voyoient venir de loin ce Pitre, qu'ils ne sçauoient si c'estoit vn fantosme ou non. Comme il fut sur le bord du sable, il estoit si foible, qu'à peine se pût-il trainer hors de l'eau, & comme il vit tous ces Negres à l'entour de luy, il leur fist signe auec les deux mains comme s'il eut voulu boire, eux ne l'entendant point estoient estonnez de le voir, & consideroient vne Carabine qu'il auoit penduë à son costé, & de l'autre son espée. Ils estoient en suspens s'ils le deuoient tuer, ou s'ils deuoient luy donner la vie. Ils en aduertirent le Seigneur du païs nommé Dian Mammori, lequel y vint aussi-tost, & fist porter & conduire Pitre dans son village, le logea chez luy, luy donna vne pagne, pour mettre sur luy, afin de seicher son habit, luy fist apprester à manger, & le traitta du mieux qu'il pût. Pitre n'ayant aucune des marchandises que l'on porte en ce pays, sinon deux diamants enchassez, lesquels son pere luy donna à serrer lors du naufrage, afin qu'il en fist son profit, s'il se sauuoit, ayant esperance que Pitre, qui estoit ieune & vigoureux, se sauueroit pluftost que luy qui estoit vieil. Pitre donna à Mammori vne de ces pierres enchassées en vn anneau d'or, & conserua l'autre pour luy. Son pere luy auoit dit que c'estoit tout le profit qu'il esperoit de son voyage des Indes. Pitre demeura deux ans auec Dian Mammori, durant lesquels il apprist la langue. Et en se diuertissant à la pesche à la mer & dans les riuieres, & à la chasse, se mist à faire des fillets, & se rendit si adroit, qu'il se fit aymer d'vn chacun.

Diam Tsiamban qui estoit pere de feu Dian Ramach Roy de la Prouince de Carcanossi, ayant sceu qu'il y auoit vn Chrestien aux Caremboulles, enuoya à Diam Mammori treize bœufs de present, & le pria de le luy enuoyer. Ce qu'il fit; ainsi Pitre s'en vint à Carcanossi demeurer auec Dian Tsiamban, qui luy donna aussi-tost vne maison, & vne de ses filles ou parentes pour luy tenir compagnie, & le diuertir, luy donna des esclaues pour le seruir, & tout ce dont il luy estoit necessaire pour viure & pour ses commoditez. Pendant cinq autres années, il apprist parfaitement la langue du pays; & comme il estoit quelquefois le soir à se diuertir, il mettoit son anneau à son doigt, & faisoit couurir & cacher le feu, sa pierre iettoit si grande clarté qu'elle esclairoit la caze, ainsi que i'ay appris de Dian Machicore, qui l'a veu. Il dit qu'elle estoit transparente comme vn christal, & quelle estoit grosse comme le poulce d'vn homme de mediocre stature, & fort haute esleuées sur le chatton, il falloit que ce fust vn diamant.

Il suruint au port de Manghafia encor vn Nauire Hollandois en vn autre temps. Dian Tsiamban y enuoya complimenter le Capitaine, & luy conduire des presens par Pitre, accompagné de trente ou quarante Negres, & luy donna cinquante bœufs pour faire present au Capitaine du Nauire, auec cinquante paniers de ris, cinquante pieces de vollailles, du miel, du vin de miel, & des racines à manger, & ce de sa part. En donna la moitié autant à Pitre pour faire present de son costé. Estant arriué au Nauire, les Hollandois furent estonnez d'entendre Pitre parler leur langage.

DE L'ISLE MADAGASCAR. 39

d'autant qu'ils croyoient que ce fust le fils du Roy, iusques à ce que Pitre leur donna à entendre qui il estoit. Le Capitaine en reuanche luy donna cent pieces de huict, six pieces de toille de cotton, quelques couuertures des Indes, & quelques pourcelaines & estoffes de soye, pour faire present à Dian Tqamban, il fist aussi present de la moitié aurant à Pitre, & enuoya de ses gens visiter Dian Tsiamban, & le remercier du bien qu'il auoit fait à Pitre. Puis au bout de quelques iours Pitre s'en retourna dans le Nauire en Hollande.

Le païs de Caremboulle est vn petit païs qui est sur le bord de la mer, & commence du costé de l'Oüest à cette Ance ou Baye, & finit aux Ampastres, qui l'enferment du costé de la terre, se ioignant aux Mahafalles; ce pays peut contenir enuiron dix lieuës de long, & cinq ou six de l'arge, le Grand est ce Dian Mammori qui s'est enrichi de la perte des Hollandois, c'est celuy qui vouloit faire faire de l'or aux deux François, le pays est sec & arride pour l'Agriculture, mais assez bon pour pasturages: car le bestial y est tresbeau, & il y en a grande quantité, les habitans viuent de pois, fefues, mil, laictages, & bœufs, plantent grande quantité de cotton, ainsi que ceux des Ampastres, c'est là où est l'abondance des pagnes & du cotton.

La riuiere de Manambouue est profonde, court vers Caremboulle, & la separe des Ampatres en descendant du pays des Machicores & à quelque quinze ou vingt lieuës de cours, le long de laquelle il y a grande quantité de bœufs, qui dés long-temps à cause des guerres qu'il y a eu continuellement depuis plus de cinquante ans, se sont rendus sauuages en l'espace de plus de ving-cinq lieuës de pays qui en est rempli. Cette riuiere est esloignée de Mandrerei d'enuiron trente lieuës, la coste est establie Est & Oüest, qni est l'extremité de l'Isle Madecasse ou Madagascar. A vingt lieuës est la riuiere de Manamba qui descend des Machicores où sont les bœufs sauuages, elle a quelque douze lieuës de cours, petite riuiere qui court au Sud. La coste commence à decliner au Nordoüest quart d'Oüest, c'est le commencement des Mhafalles.

Menerandre est vne autre petite riuiere à deux lieües de Manamba, qui descend des Machicores, elle coule vers le Sudsudoüest, la coste continuë au Nordoüest quart d'Oüest.

Manomba & Marchicora, sont deux petites riuieres à demie lieües l'vne de l'autre, distantes de Menerandre de quatre lieües, qui descendent des petites montagnes prochaines. La coste s'estend au Nordouest.

Chapitre XIV.

Du pays des Mahafalles, Houlouue Siueh, & Vouronheoc.

LE pays des Mahafalles est remply de bois, les habitans ne cultiuent point la terre, si ce n'est le Grand qui se nommoit Dian Manhelle, mort en l'an 1653. & quelques-vns de ses parens. Le pays est le plus riche en bestial qui soit en cette terre, & s'est enrichy de vols & larrecins qu'il a fait sur les Grands des Machicores qui estoient ses maistres : mais comme il les a veu diuisez en guerre, s'est rué par plusieurs fois sur eux, dont il en a rapporté de grands butins : & ainsi il s'est agrandi, en sorte que luy & ses freres sont tenus riches de plus de trente ou quarante milles bestes, sans les moutons & cabrits qui y sont sans nombre, outre l'or & l'argent qu'il possede, toute leur subsistance & nourriture se tire du bestial qu'ils mangent, de laictage, & de racines qu'ils trouuent à foison dans les bois. Ils n'ont aucuns villages & lieux asseurez de demeure : car ils changent à mesure que les pasturage manquent dans vne estenduë de trente-cinq ou quarante lieües de pays qu'ils ont à se camper. Ils font leurs huttes ou cabannes dans les bois, esloignées les vnes des autres, suiuant les parcs où ils retirent leurs bestiaux. Ce Dian Manhelle estoit tres riche en

menilles

DE L'ISLE MADAGASCAR.

menilles d'or & d'argent, & en toutes sortes de marchandises. Les femmes y font de tres-bonnes & tres-fortes pagnes de cotton & de soye, & d'vne autre espece d'escorce qu'ils appellent Try, qui approche de la douceur de la soye: mais ne dure pas tant que le cotton. Il s'en fait aussi dans les Ampatres & Caremboulles, là il y a grande quantité de soye.

C'est en ce pays qu'il y a vn arbre nommé Anadzahé, qui est monstrueusement gros, il est creux dedans, & son vuide est de douze pieds de diametre, il est rond se terminant en voute, au milieu de laquelle il y a comme vn cul de lampe, & sa voute est bien de vingt-cinq à trente pieds de haut. Sa porte est de quatre pieds de haut, & de trois de large. Le reste du corps de l'arbre est espois d'vn bon pied, & esgallement taillé dedans, & le dedans & le dehors sont esgallement lissez. L'arbre porte bien trente-cinq pieds de haut, & il n'y a que quelques petites branches par cy par là sur la sommité de l'arbre, qui est vne merueille à voir, il est fait comme vne Tour Piramidale.

Le pays des Mahafalles s'estend iusques à la riuiere de Sacalite, esloignée des riuieres de Manomba & Machicora d'enuiron quinze lieuës. Elle descend du païs de Houlouue dans la mer, en vne certaine Ance, où les François n'ont point encores frequenté.

Le païs d'Houlouue est vers la terre à deux iournées de l'emboucheure de cette riuiere, qui est riche en bestial, ainsi que les Mahafalles. Dans ce païs, comme aux Mahafales & Caremboulles, l'on tient qu'il s'y trouue force Aiguemarines, Amethistes de couleur de fleurs de pescher & beaux cristaux. L'emboucheure de Sacalite est par les vingt-quatre degrez vingt-cinq minuttes. Le païs de Siuch est le long de la coste de la mer qui est toute droite, il est fort pauure & sterile, où il n'y a point d'eau douce, si ce n'est par cy par là dans les bois. Il y a grande quantité de Tamarinds, du fruict duquel les habitans viuent & de certains fruicts & racines, ne plantans que rarement quelques pois & febves, & viuans de laictage, lesquels, afin d'empescher

F

que le Tamarind ne leur agaſſe les dents, & qu'il ne leur nuiſe, à cauſe de ſon acidité, ils broyent ce fruict auec des cendres, & en font des pelottes qu'ils auallent. Quand ils veulent manger du Citron, ils le ſallent, ainſi l'acidité ne leur eſt point faſcheuſe. La pluſpart font cuire le Citron dans le feu, comme nous faiſons vne pomme, & le mangent auec du ſel. Apres ce païs qui contient ſix ou ſept lieuës en lõgueur le long de la meſme coſte, eſt le païs d'Yuouron-hehoc, ou terre de la Baye ſainct Auguſtin. Ce pays d'Yuouron-hehoc eſt tres-pauure en victuailles, & fort ſterile, c'eſt pourquoy il n'eſt pas peuplé : mais le long de la riuiere d'Yongh-lahé, le païs eſt tres-beau, & les habitans y cultiuent du ris & autres choſes neceſſaires à la vie.

Les Tamarinds y ſont ſans nombre, comme auſſi vn arbre qui eſt tres-haut, qui produit de tres-belles fleurs, & ſon fruict eſt comme vne groſſe noix verte, qui eſtant meur, eſt remply de pulpe ſemblable a la caſſe noire, & de meſme gouſt & faculté purgatiue, ainſi que la caſſe, & auec autant de douceur. Comme ce païs eſt tres-eſtoigné d'Anoſſi, ie n'en ay peu recouurer que la graine, qui n'a point reüſſi.

Chapitre XV.

De la Baye & de la riuiere d'Yonghelahé, nommée ſainct Auguſtin, & du pays des Machicores.

LA riuiere d'Yonghelahé eſt vne grande riuiere comme la riuiere de Loire, qui deſcend des montagnes de Manambouile, & court à l'Oüeſt quart du Sud-oueſt, & apres douze ou quinze journées de cours, elle deſcéd dans la mer dans vne tres-belle Baye que les Portugais ont anciennement nommée ſainct Auguſtin, en laquelle moüillent d'ordinaire de grands Nauires. Enuiron l'an 1644. vn Nauire Anglois miſt à terre quelques quatre cens Anglois, où ils trouuerent vn fort de terrasse, qui auoit esté basty il y auoit long-temps par les compagnons de François Pirard, où apres trois ou quatre années de temps, vingt-deux François s'en estoient allez, qui s'estoient debauchez du Fort Dauphin, en esperance d'y trouuer vn Nauire Anglois, pour repasser en Europe: mais ils ne trouuerent aucun habitant, sinon ce Fort & vn Cimetiere où il y auoit apparence qu'il y auoit eu plus de trois cens hommes enterrez, & apprirent par vn Grand nommé Dian Maye, qui alloit ordinairement traiter du bestial pour la fourniture des Nauires Anglois, que le Capitaine estoit mort de maladie auec la pluspart de ses gens, & qu'vn Nauire estoit venu qui auoit tout enleué le reste des Anglois.

Les gens du païs ne leur vouloient rien vendre, pendant qu'ils y demeuroient, ils enuoyoient leurs femmes qu'ils auoient amenées auec eux acheter des viures, n'en voulans point vendre aux hommes, à cause qu'ils estoient si lasches, qu'ils ne vouloient pas aller à la guerre pour eux contre leurs ennemis; Ce que ne firent pas nos François: car ils furent sous la conduite du sieur le Roy à plus de cent lieues vers le Nord à la guerre contre vn Grand qui s'appelloit Dian Tsimamelou, qui y fut pris & tué par le nommé Dian Daue, pour qui les François s'employerent, & gagnerent bien du bestial, dont les François subsisteret iusques à ce que ie les aye enuoyé querir, & m'amenerent encor cinquante bestes, outre cinquante que Dian Daue leur deuoit de reste. I'ay apris que vers le Nord de la riuiere d'Yonghelahé, il y a vn pays où l'on foüille de l'or. Et i'ay tousiours ouy dire par les Grands d'Anossi, que c'est vers ce païs là qu'est la source de l'or, ou bien il faut qu'il y en aye eu par tout: car il n'y a aucun Grand de cette terre qui n'en aye beaucoup: mais ils le tiennent caché en terre, & en sont adorateurs, luy portans honneur comme à vn Dieu.

Reste maintenant à parler du grand païs des Machicores, qui s'estend depuis la terre d'Yuouronhehoc, iusques à Carcanossi, & est bordé de la riuiere de Mandrerei du costé de l'Est, & est Sudest : du Sud du païs des Ampatres & Mahafalles: du Oüest, du pays de Houlouue, & Vouronhehoc: de l'Est, du païs des Manamboulles & Alfissach, & du Nord, du païs de Concha. Dans la riuiere d'Onghelahé, du costé du Nord, descendent outre plusieurs ruisseaux, trois riuieres, sçauoir Ranoumainthi, onghelahé Massei, & Sacamassei, ou Sacamarei, dans lesquelles, & aux enuirons, se trouue quantité de pierreries, comme Topazes, Aiguemarines, Esmeraudes, Rubis, & Saphirs, & quantité de Cristaux tresdurs & excellens, les eschantillons desquels ont esté perdus au massacre des François à Maropia. Tout ce païs des Machicores est ruiné des guerres, & autres-fois le Grand qui s'appelloit Dian Baloüalen, c'est à dire, maistre de cent mille parcs, estoit le maistre de tous ces païs des Machicores, Concha, Manamboulle, Alfissach & Mahafalles, ainsi que mesme encor les habitans le confessent. Tout viuoit en grande paix, le pays & les enuirons estoient tres-florissants & riches: mais ses enfans apres sa mort, se sont tellement fait la guerre qu'ils se sont tous ruinez, & chacun a tiré de son costé : tellement que Dian Manhelle & les Zaffeenrenauoulle s'en sont enrichis, & les autres sont à present ruinez, qui sont Dian Sorats, Dian Raual, Dian Rahotty, Dian Mananghe, & quelques autres qui au lieu de se maintenir les vns & les autres, se sont entre-ruinez, massacrez, & tuez, iusques aux enfans masles & filles, & coupé par pieces, ainsi qu'ils ont accoustumé de faire en guerre.

Ce païs des Machicores dure autant, que la riuiere d'Anghelahé est longue, depuis l'Est Nord'est ou Oüest Sudoüest où il y a bien 70. lieuës, & de l'Est au Oüest, il dure autant, du Nord au Sud, il y a enuiron cinquante lieuës depuis Onghelahé iusques aux Ampatres & Mahafalles : maintenant dans tout ce païs, il ne se fait aucune culture de la terre, & les habitans y viuent de racines & de bœufs sauuages, & se tiennent cachez dans les bois, à cause des guerres.

Dian Baloüalen auoit laissé plusieurs enfans masles, desquels l'aisné s'appelloit Dian Mandre-andanghits, qui en venant attaquer Dian Manhelle auec beaucoup de gens, fut deffait & tué par luy, son corps fut cousu dans la peau d'vn Taureau, transporté dans les bois du costé de la mer, & mis sur vn fourchet d'vn grand arbre en vn lieu caché au plus espois de la Forest, son fils nommé Dian Raual, a offert à Dian Manhelle vne grosse rançon pour le corps de son pere, sans l'auoir peu obtenir depuis. Il luy a fait la guerre, pendant laquelle il a esté tué en vne embuscade que l'on luy dressa proche son village en l'an mil six cens cinquante trois, & fut trahi & vendu par son cousin nommé Dian Mahe de la sorte. L'on vint aduertir Dian Raual qu'il y auoit des Negres des Mahafalles qui luy enleuoient du bestial, il courut aussi-tost apres auec peu de gens, ceux lesquels il poursuiuoit, faisans feinte de fuir, l'attirerent en vne embuscade, où il parut quatre cens Negres qui se ietterent sur luy, & apres s'estre deffendu genereusement, fut tué; apres sa mort son cousin le fist honnorablement enseuelir, & inhumer à la façon du païs.

Depuis l'emboucheure d'Onghelahé en tirant droit au Nord, il y a deux grandes riuieres, l'vne nommée Ranoumainthi, dont i'ay parlé cy-dessus, qui entre dans Onghelahé à vingt lieuës de son emboucheure, & descend de la terre d'Alsisach, apres suit la riuiere de Ranoumene, qui vient des Anachimoussi, & entre dans la mer en vne Ance qui est par la hauteur de vingt-deux degrez de latitude. Il y a vne autre riuiere nommée Ranoumainthi, qui arrouse vn païs tres-riche en bestial, laquelle courant a l'Oüest Sudoüest, s'escoule dans vne belle Baye, qui est enuiron par les vingt degrez de hauteur.

Il y a trois autres riuieres qui courent à l'Ouest, l'vne nommée Sahananh, l'autre Zonmaudo, & l'autre Manatangh, qui entrent toutes trois en vne grande Baye, qui est par les dix-neuf degrez à l'Oüest de l'Isle, lesquelles riuieres descendent des Eringdranou, Sinaïpati & Sinaïvalalles.

En suite il y a la grande riuiere de Mansiatre qui descend dans la mesme Baye, qui vient des Vohitsanghombes. De là en auant n'ayant jeu aucune connoissance, ie n'en diray dauantage; nul François n'y ayant encor esté voyager ny en guerre, ny en marchandise : c'est pourquoy dans la carte generale ie me suis seruy des noms qui sont dans les cartes Portugaises aux lieux qui n'ont point encor esté visitez des François.

CHAPITRE XVI.

Origine des Zafferamini, ou Roandrian d'Anossi & de la diuersité des Habitans de l'Isle Madagascar.

LA Prouince d'Anossi autrement dite Carcanossi ou Androbeizaha située depuis Manatengha qui est soubs le tropique de Capricorne iusqu'a la riuiere de Mandrerei qui est par les ving-six degrez Sud, estoit gouuernée par les Zafferamini ou Kahimina auant que d'estre conquis par les Francois, & recognoissoient vn Prince auquel ils rendoient honneur, non seulement comme à leur Roy : mais mesme comme à vn Dieu lequel honneur il souffroit. Il s'appelloit Andian Ramach, duquel i'ay parlé cy-dessus, & apres sa mort Andian Maroarine : Il a esté Chrestien & baptisé à Goa, nourry chez les peres Iesuites, & entretenu par le Vice-Roy de Goa, puis ramené en son pays & remis entre les mains de son pere, qui s'appelloit Andian Tsiamban. Il sçauoit toute sa croyance, sçauoit les prieres Chrestiennes, escrire & lire en caracteres de l'Europe, non en Arabe, parloit bon Portugais, & rendoit raison de la croyance des Chrestiens. Mais si tost qu'il fut auec son pere il quitta la profession du Christianisme, & embrassa plus qu'aucun les coustumes & superstitions du païs. Il fut tué par les François lors qu'ils furent attaquer le Village de Fans-here, où estoit sa demeure, & frappé d'vn coup de fuzil entre les espaules ; lors qu'il s'enfuit laschement & vn sien fils aussi nommé Dian Tsanzoa ; apres auoir fait auparauant plusieurs menaces, &

s'eſtre fiez par trop aux Ombiaſſes, & à leurs caracteres ridicules, ſorts, & charmes, deſquels nous nous ſommes touſiours mocquez.

Dans cette Prouince il y a de deux ſortes de genre d'hommes, ſçauoir les Blancs & les Noirs. Les Blancs ſont diuiſez en trois ſortes, ſçauoir en Rhoandrian, Anacadrian, & Ondzatſi. Les Noirs ſont diuiſez en 4. ſortes ſçauoir en Voadziri, Lohauohits, Ontſoa & Ondeues; Les Roandrian ſont ceux qui ſont comme les Princes & de la race des Princes. Les Anacandrian ſont deſcendus des Grands, mais ont degeneré, & ſont comme deſcendus des baſtards des Grands, ils s'appellent auſſi Ontampaſſemaca, c'eſt à dire hommes de ſables de la Mecque, d'où ils ſe diſent venus auec les Roandrian. Les Ondzatſi ont la peau rouge auſſi, & les cheueux longs comme les Roandrian & Anacandrian, mais plus vils & plus bas, eſtans deſcendus des Matelots qui ont amené en cette terre Dian Racoube ou Racouuatſi leur Anceſtre, Ceux-cy ſont peſcheurs pour la pluſpart & gardiens des cimetieres des Grands.

Les Voadziry ſont les plus grands & les plus riches d'entre les Noirs & ſont maiſtres d'vn ou pluſieurs Villages, ayans les priuileges dans iceux de couper la gorge aux beſtes qui leur appartiennent, à leurs ſubjets, & à leurs eſclaues. Ceux-cy ſont de la race des Maiſtres de cette Terre, auant que les Zafferamini y vinſſent, & depuis leurs Anceſtres ſe ſont ſoubmis ſoubs eux.

Les Lohauohits ſont grands auſſi entre les Noirs; Mais ils ne peuuent pas coupper la gorge à vn bœuf ou vne vache qui leur appartienne, il faut qu'ils aillent querir vn Roandrian ou Anacandrian pour luy coupper la gorge quoy qu'il y en aye qui poſſede plus de huict cens beſtes.

Les Ontſoa ſont au deſſoubs des Lohauohits & leurs parens. Les Ondeues ſont les eſclaues de pere & de mere, acheptez ou pris en guerre, tant les Anacandrian, Ondzatſi, que Voadziri, Lohauohits & Ontſaa. Quãd ils meurent ne peuuent rien laisser à leurs enfans ; d'autant que les Grands, soubs qui ils sont, rauissent tous les Bœufs, & tout ce qu'ils possedent, ne laissans à leurs enfans simplement, que les terres pour planter des viures, & les horacs pour planter du Ris. Il est licite à ces Voadziri, Lohauohits, & Ontsoa de se mettre, soubs lequel ils veulent de Grands; lors que le Grand ou Roy vient à mourir, duquel pour s'assuietir sous eux, ils reçoiuent le lasic douue, c'est à dire vn engagement pour la succession, c'est vn present que le Grand leur faict, affin qu'ils se mettent soubs sa protection, & le Grand à leur mort herite de tout ce qu'ils possedent en vertu de ce lasic douue qu'il leur a donné; Mais les Ondeues ne peuuent quitter leurs Maistres, si ce n'est que pendant la famine y refuse de les assister au besoin, en ce cas ils vont librement s'engager soubs d'autres Maistres.

Quelques vns disent que les Roandrian s'ppellent Zafferahimina du nom de la mere de Mahomet qui s'appelloit Imina, d'autres qu'ils se nomment Zafferamini, c'est à dire lignée de Ramini qu'ils disent auoir esté leur Ancestre, ou de Raminia femme de Rahourod pere de Rahazi, & de Racouuatsi ; ils en parlent de la sorte : ainsi que le nomme Andian Manhere m'a luy mesme recité.

Du temps que Mahomet viuoit & estoit resident à la Mecque. Ramini fut enuoyé de Dieu au riuage de la mer rouge proche la Ville de la Meque, & sortit de la mer à la nage, comme vn homme qui se seroit sauué d'vn naufrage. Toutesfois ce Ramini estoit grand Prophete, qui ne tenoit pas son origine d'Adam comme les autres hommes ; mais auoit esté creé de Dieu à la mer, soit qu'il l'aye fait descendre du Ciel & des Estoilles, & qu'il l'aye creé de l'escume de la mer. Ramini estant sur le riuage s'en va droit trouuer Mahomet à la Mecque luy conte son origine, dont Mahomet fut estonné, & luy fit grand accueil, mais lors qu'il fut question de manger il ne voulut point manger de viande qu'il n'eust couppé la gorge luy mesme au bœuf, ce qui donna occasion aux sectateurs

DE L'ISLE MADAGASCAR

de Mahomet de luy vouloir mal & mesme furent en dessein de le tuer, à cause du mespris qu'il faisoit de leur Prophete; Ce que Mahomet empescha, luy permit de coupper la gorge luy-mesme aux bestes qu'il mangeroit, & quelque temps apres il luy donna vne de ses filles en mariage, nommée Rafateme. Ramini s'en alla auec sa femme en vne terre dans l'Orient nommée Mangadsini ou Mangaroro, où il vescut le reste de ces iours, & fut grand Prince. Il eut vn fils qui s'appelloit Rahouroud, qui fut aussi tres-puissant & vne fille nommée Raminia, qui se marierent ensemble, & eurent deux fils, l'vn nommé Rahadzi, & l'autre Racoube ou Racouuatsi.

Rahadzi estoit l'aisné & Roy de la terre de Manghadsini ou Mangaroro, il n'auoit point d'enfans & eut dessein de faire vn grand voyage par toutes les Indes; & pour cet effet fit esquiper vne flotte de soixante vaisseaux; cependant donna ordre à l'education de son frere qui estoit ieune, & le donna en charge à vn Anacandrian bien sage & bien sçauant nommé Amboulnor, qui entre autre estoit grand politique & vniuersel en toutes les sciences. Auant son depart, il fit conuocquer tous les Grands de son Royaume, leur proposa son dessein, & leur dit, que si dans certain temps il n'estoit point de retour, & que l'on n'eust pendant son voyage aucunes nouuelles de luy, que l'on mist son frere sur le Trône, que l'on luy prestast serment, & que l'on le recogneust pour Roy. Et pour mieux designer le temps, il fit apporter certaine sorte de Bananes, qui estans foüies dans terre, peuuent durer dix ans sans se corrompre, & les fit mettre en terre, fit emplir sept vases de terre de ius de citrons, & fit aussi enfoüir en terre vne espece de canne de sucre, & dit lors que ces Bananes seront pourries, que ce jus de citron sera par la chaleur du temps dissippé dans les vaisseaux, & que ces Cannes seront corrompuës, & que pendant ce temps-là ie ne sois de retour, & que vous n'ayez nouuelles de moy, vous pouuez eslire mon frere, & le reconnoistre pour Roy; & aussi si vous voyez arriuer mes Nauires auec des voilles rouges, lesquelles seront tousiours durant mon

G

voyage en allant, vous pouuez vous asseurer de ma mort. Il part auec sa flotte, il demeura plus de dix ans sans reuenir, n'y sans enuoyer nouuelles. L'on regarde dans les cruches, on tire les Bananes de la terre, & les cannes de sucre. Le suc de citron estoit desseiché, les Bananes & les Cannes de sucre estoient corrompuës. L'on esleut aussi-tost Racoube Roy. Huict iours apres son election, la flotte de Rahadzi arriua au port de Mangnadsimi & le nouueau Roy estoit à Manguelor ou Mangaroro autre port. Les voilles paroissoient rouges, d'autant que les Matelots n'auoient pas pensé de mettre les voilles blanches pour faire connoistre de loing que Rahadzi viuoit: ains auoient laissé les rouges. La flotte arriuée, Rahadzi enuoye sçauoir des nouuelles de son frere, Racoube nouueau Roy, ayant peur de s'estre trop hasté de se faire eslire, & apprehendant que son frere ne le fist mourir, fait promptement esquiper vn grand Nauire, (d'autres disent trente Nauires) & se met en mer auec trois cens hommes, entre lesquels estoient ses plus confidens amis & domestiques, embarque tout ce qu'il auoit de richesse, or, argent, & autres choses met la voile au vent, & s'en vient le long de la coste de la mer vers le Sud. Rahadzi sçachant la fuite de son frere, ne voulut point desbarquer, & se met en mer à le suiure dans vn autre grand Nauire, où il y auoit trois cens hommes, & furent ainsi trois mois en mer tant que Racoube arriua à l'Isle de Comoro, qu'il trouua habitée: de là tire vers l'Orient, & passe au Nord de l'Isle Madagascar. Il suit en apres la coste iusques à ce qu'il arriuast à l'emboucheure d'vne riuiere nommée Harengazauac, à deux lieuës de Mananzari, dans la Prouince des Antauarres, & là il eschoüa son Nauire, desbarqua tout son monde, & toutes ses richesses & meubles. Treize iours apres Rahadzi arriua à Lamanouffi, terre des Ambohitsmenes, & là echoüa aussi son Nauire, là où il apprit que son frere estoit arriué à Mananzari. Il luy enuoya vn nommé Geofarere auec quelques siens seruiteurs, pour luy faire sçauoir sa venuë, & pour luy tesmoigner qu'il ne le poursuiuoit point pour le perdre;

DE L'ISLE MADAGASCAR.

mais au contraire, pour le faire reuenir & l'asseurer de son amitié. Geofarere aperceut des Chrestiens sur le bord de la riuiere qui lauoient leurs chemise, il les aborde, & s'enqueste d'eux de Racoube & des siens. Ils luy dirent qu'ils estoient bien loin, & qu'ils s'en estoient tous allez dans la terre vers les montagnes. Il fut bien accueilly des Chrestiens, qui luy donnerent à manger de ce qu'ils auoient, & luy firent present de quantité de marchandise pour s'en retourner. (Il est à remarquer que ces Chrestiens, estoient d'vn Nauire qui auoit esté eschoüé à la coste, & que quelque temps apres ils bastirent du debris du vaisseau vn autre Nauire, dans lequel ils s'en retournerent) Geofarere s'en retourne vers Rahadzi, & luy rapporte que son frere estoit allé loin dans la terre. Rahadzi dit, que puis qu'il auoit suiuy son frere si loin en mer, qu'il n'estoit pas obligé d'en faire dauantage. Il se tint à Lamanoussi, se maria à la fille d'vn Grand du pays, de laquelle il eut des enfans, & vid mesme des enfans de ses enfans: puis fit refaire vn autre vaisseau ou fit radouber le sien qu'il auoit conserué, & s'embarqua dedans auec cent hommes pour s'en retourner au lieu de Mangaroro, sa patrie. de Rahadzi sont descendus tous les Blancs, qui se nomment Zafferamini, qui demeurent aux Ambohitsmenes, Antauarres, & aux Matatanes.

De Racoube on monte le long de la riuiere de Mananzari iusques à Hombes, de là à Sandranhante, de là s'en va à Mananboudrou, de là à Saafine, de là à Somenga, de là aux Anachimoussi, de là à Azonringhets, là où il se maria à la fille du Grand du pays. En ce temps-là dans la plus grande partie de la terre de l'Isle Madagascar, il n'y auoit qu'vn Roy absolu qui y commandoit, & auoit sous luy en chaque Prouince des Gouuerneurs qui estoient grands Seigneurs. Racoube espousa sa fille, laquelle l'aima fort, iusques là mesme qu'elle l'aduertit de la mauuaise volonté qu'auoit son pere qui le vouloit faire mourir pour auoir son or & ses richesses. Racoube commanda à ses gens & à ses Esclaues qui gardoient 400. bœufs & vaches qu'il auoit acheté, d'accoustumer les bœufs à porter des

G ij

pacquets, ce qu'ils firent, & comme ils furent en eſtat de porter des pacquets, il pria Dieu d'enuoyer vn ſommeil à ſon beau-pere pour trois iours, d'autres diſent qu'il luy fiſt prendre quelque drogue, ce qui arriua, & pendant ce temps il ſe retira auec ſa femme & tous ſes gens en diligence du coſté du Sud de l'Iſle. Et apres pluſieurs iournées, il arriua à Bohits Anrian, où il mourut. Ce Roy nommé Azonringhets eut pluſieurs enfans qui eurent de grandes guerres les vns contre les autres, & ainſi ſe ſeparerent, & par meſme moyen les Prouinces eſlurent leurs Gouuerneurs pour leurs Princes. Il euſt vn fils nommé Maaſzoumare qui euſt vn fils nommé Dian Aliué, Dian Aliué eut vn fils nommé Rahomado, Rahomado euſt Dian Bahohac Ragomma, Ragomma eut Dian Sauatto, Sauatto eut Dian Pangharen, Pangharen eut Dian Boamaſſo, Boamaſſo eut Dian Pangarzaffe, Pangarzaffe eut Dian Bohits, Bohits eut Dian Miſſaran, Miſſaran eut Dian Rauaha, Rauaha eut Dian Nong, Nong eut Dian Arriue, Arriue eut quatre fils, qui eſtoient Dian Raual Dian Maſſinpelle, Dian Beuoulle, Dian Tſiamban, pere de Dian Ramach, Dian Raual a eu Dian Siraua pere de Dian Tſcrongh, Dian Maſſimpelle a eu Dian Manghalle, pere de Dian Tſiſſei, & vn autre nommé Dian Marual pere de Dian Rauel, femme du ſieur Pronis, Dian Beuoulle, ou Beuouloü, a eu Dian Mihalle, pere de Dian Marpene, lequel Dian Beuoulle fut tué à Iuoulle auec quarante Negres & Anacandrian, en faiſant la guerre contre Dian Tſiamban, Dian Mihalle fut empoiſonné à Fanshere par le commandement de Dian Ramach; & ſa femme de deſplaiſir ſe couppa la gorge deux ou trois iours apres la mort de ſon mary. Dian Ramach a eu deux fils & quatre filles, la premiere de ſes filles eſtant mariée à vn Grand, accoucha d'vn Crocodille, & comme l'on luy fit accroire que ſon enfant eſtoit mort, de crainte que cela ne luy fiſt horreur, d'auoir accouché d'vn monſtre; elle toutesfois deſirant voir ſon enfant mort ou vif, ſe mit en colere, en ſorte qu'elle voulut que l'on luy fiſt voir, l'on fuſt contraint de luy dire ce

DE L'ISLE MADAGASCAR. 53

que c'eſtoit, elle en conceut vne telle faſcherie, qu'elle en mourut de deſplaiſir, & elle dit que ſi toſt apres qu'elle eut conceu, elle s'en alla ſe lauer dans la riuiere le matin (ainſi que c'eſt la couſtume du païs) elle vid vn Crocodille pres d'elle qui luy fiſt vne telle peur & frayeur que c'eſt ce qui cauſa cette mauuaiſe impreſſion à ſon fruict. Vne autre fille nommée Dian Ramiſe, a eſté mariée à Diã Raſouzefinarets, laquelle fut bleſſée d'vn coup de fuzil, lors que les François attaquerent Fanshere, où Dian Ramach fut tué d'vn coup de fuzil, & vn de ſes fils nommé Dian Tſanzoa, fut tué auſſi. Cette Ramiſe mourut au bout de ſix mois. Dian Ramiſema ſa ſœur a eſté mariée à Dian Machicore, qui en a vn fils nommé Houlouue, & a eſté baptiſé à Fanshere par Monſieur Naquart, & nommé Ieroſme par Dian Ramac ſon Parain, du nom du Parain de Dian Ramac, qui eſtoit autrefois Viceroy à Goa. Vne autre ſœur nommée Dian Racaze, a eſté mariée à Dian Bel, & l'aiſné de ſes fils ſe nommoit Dian Panolahé, qui a eſté tué au Fort Dauphin, auec Dian Machicore, deux de ſes fils & quatre de ces neueux. Ieroſme ſon fils, trois de ſes neueux ont eſté amenez en France, dont il y en a trois petits fils ou neueux de feu, Dian Ramach Roy de Carcanoſſi, & le dernier qui a regné, Dian Mandombouc & Dian Raſſouze, ont eſté auſſi tuez auec Dian Voanghe ſon fils, & ce en l'année mil ſix cens cinquante-ſix.

Dian Siraua a eu Dian Tſeronh & Dian Radam Finarets, pere d'vn autre petit garçon qui eſt en France, eſt à Paris. Dian Tſeronh eſt chef maintenant de cette lignée, & eſt auec ſon frere, & tous ceux de ſa parenté & famille retirée à la vallée d'Amboulle, & a pris à femme celle qu'auoit le ſieur Pronis de laquelle il a eu vn fils.

G iij

CHAPITRE XVII.

Religion & croyance de la Creation du Monde, des Anges & des diables.

Tous ensemble croyent qu'il y a vn Dieu qu'ils honorent, & en parlent auec respect, qui a tout crée, le Ciel; dont ils en comptent sept, & la terre; dont ils en comptent aussi sept, & toutes les creatures & les Anges qui sont sans nombre. Ils croyent qu'il y a vn Diable, & plusieurs de sa suite; Que c'est Dieu qui fait tout le bien, & ne fait aucun mal, que c'est luy qui donne la vie aux hommes & aux creatures, tant animées qu'inanimées, & qui leur oste aussi quand il luy plaist. Que le diable est autheur de tout mal, que c'est luy qui enuoye les meschans, les maladies, & toutes les calamitez qui arriuent dans le monde, qu'il cause les dissentions, les larcins, les meurtres, & est autheur de tout mal; c'est pourquoy ils le craignent, ils luy font des offrandes, & parmy leurs sacrifices, comme pour l'appaiser, ils luy presentent le premier morceau auant que de le presenter à Dieu. Ils adorent vne troisiesme puissance sous le nom de Dian Mananh, c'est à dire, le Dieu des richesses qu'ils recognoissent par l'or, lequel, quand ils le voyent ou le tiennent, ils le passent par dessus leur teste en grande reuerence, le baisent, & mesme il y en a plusieurs qui croyans auoir commis quelque faute, trempent vne menille d'or dans vn gobelet plein d'eau, & boiuent cette eau; & par ainsi ils croyent leur faute leur estre pardonnée. Ils croient vne infinité d'Anges ministres de Dieu, qui font mouuoir les Cieux, les Astres, & les Planettes qui gouuernent l'air, les meteores, les eaux, la terre, & les elemens, qui conseruent les hommes, leurs vies, leurs demeures, & qui les preseruent de tous accidens dans toutes les entreprises qu'ils font, soit des voyages sur mer,

& furt]erre, foit dans leurs domiciles ordinaires. Ils diuifent les efprits ou demons en fept fortes, tant bons que mauuais. Les premiers font les Anges dont ie viens de parler qu'ils nomment en leurs langue Malaingka, qui font bons & ne font jamais de mal. Ils les nomment comme nous, Michel, Gabriel, Anael, Rafael; par ces noms Ramichaïl, Ragibouraïl, Ranaïl, Rafil, & ainfi des autres.

Les feconds font les Coucoulampou, qui font d'vne nature au deffoubs de l'Angelique, qui font inuifibles aux hommes; mais corporels qui habitent dans les lieux les p'us folitaires, fe rendent vifibles quand ils veulent à ceux pour qui ils ont quelque amitié particuliere. Ils font mafles & femelles, contractent le mariage entr'eux, procréent des enfans, meurent au bout d'vn grand efpace de temps, encourent mefme forte que les hommes apres la vie, ou la beatitude, ou la damnation: felon qu'ils ont bien ou mal vefcu. Mangènt indiferemment de toutes fortes d'animaux & d'infectes, fans crainte qu'ils puiffent nuire à leurs corps ou fubftances corporelles. Ne font fujets à aucunes maladies, comme eftant denuez de la plufpart des accidens, aufquels nos corps font fujets. Le terme de leur vie eft borné d'vn certain temps prefcript; fçauent la vertu de toutes fortes d'herbes, d'arbres de pierres, & toutes chofes propres à la guerifon des maladies, fçauent les chofes futures, & en aduertiffent les hommes & femmes qu'ils affectionnent, connoiffent où il y a des mines d'or, de fer, d'acier, & autre mineraux. Ils ne rendent jamais aucun defplaifir aux hommes. Ils ont des fangliers dans les bois, aufquels ils couppent les oreilles, affin qu'ils foient conneus par les Negres qui chaffent apres le fanglier, aufquels les Negres ne font point de mal quand ils les voyent. Ils enfeignent où il y a du miel à leurs amis, & mefme leur en amaffent pour leur donner. Ie crois que ces Couloulampou font ce que l'on nomme Lutins, qui s'adonnent à feruir certaines familles, ainfi que l'on raconte de l'Ifle d'Islande, & des pays de Norwegue, & que sont ceux que l'on nommoit anciennement Fées.

Il y a vne troisiesme espece d'esprits qu'ils nomment Dzini, qui sont ceux qui reuiennent dans les maisons dans les Villages abandonnez, lesquels battent, frappent & tuent quelques fois les hommes; c'est ce que nous appellons esprits qui reuiennent, ou Rabasteurs qui gardent les tresors, & qui tourmentent ceux qui vont pour les chercher.

Il y a vne quatriesme sortes d'esprits ou d'hommes qui reuiennent apres la mort, qui sont Loulouvoçarts: Ce sont des hommes qui apres leurs mort reprennent vie, & ceux là parroissent dans les cimetieres proche de leurs sepulcres, comme langoureux, qui ont les yeux reluisans comme deux chandelles, & au bout de quelques iours ils prennent vigueur, vont courir dans les bois, & dans les lieux les plus solitaires, & se font voir la nuict aux hommes. Les Negres disent que ce sont ceux qui ont habité auec leurs enfans leurs sœurs & freres, qui sont maudits de Dieu, & qui reuiennent ainsi faire penitence, estant indignes que la Terre les couure.

Lors qu'il y a quelqu'vn dont le pere ou la mere reuiennent, ils enuoyent aussi tost des hommes pour les tuer & les remettre dans le tombeau, les enfans estans honteux que cela arriue à leurs pere & mere. Si cela est vray, ie n'en sçay rien que ce que m'en ont rapporté plusieurs Negres, qui me dirent en auoir veu asseurement, & dont les playes au lieu de sang ne jettoient que du pus.

La cinquiesme espece, ils l'appellent Angats, comme qui diroit la figure d'vne anatomie. Mais ceste espece est plûtost imaginaire que réelle, c'est ce que nous disons fantosme & spectre.

Il y a vne sixiesme espece qui les nomment Saccare; c'est vn esprit malin qui tourmente les hommes, femmes & filles, qui les obsede, possede & tourmente. Ils le voyent venir comme vn dragon de feu qui les possede huict,

dix

DE L'ISLE MADAGASCAR.

dix & quinze iours: Et lors que cela les tient l'on leur donne vne Sagaye à la main, puis ils vont touſiours danſans & ſautans, en faiſans des poſtures eſtranges. Les hommes & femmes du village ſont à l'entour de la poſſedée ou du poſſedé, qui danſent auſſi, en faiſant les meſmes poſtures, au ſon des tambours, afin diſent-ils, de ſoulager la patiente. Et quelquefois il y en a de l'aſſemblée qui ſe trouuent poſſedées, deſquels cet eſprit diabolique s'empare, & quelquefois ils s'en rencontrent beaucoup: Cecy arriue pluſtoſt vers les Ampatres, Mahafales, & Machicores, & en pluſieurs Prouinces de l'Iſle. Ils font des ſacrifices de bœufs, de cabris, de moutons, & de cocqs pour appaiſer Saccare, qui n'eſt autre choſe que le diable.

La ſeptieſme eſpece, c'eſt ce qu'ils nomment Bilis, dont il y en a vne infinité à leur dire: mais vn Superieur ſous lequel les autres ſont ſous-ordonnez. Celuy-cy eſt autheur de tout mal auec ſes dependances. C'eſt ce que nous nommons Sathan, Lucifer, & le diable.

Ils croyent qu'apres que Dieu eut creé le ciel & la terre, & toutes les creatures, il créa Adã de terre, & le miſt dãs le Paradis, qu'ils croyent eſtre dans la Lune, ou dans le Soleil, & qu'apres l'auoir logé dans le Paradis, il defendit à Adam d'y boire & d'y manger: d'autant qu'il n'en auoit là nul beſoin. Quoy qu'il y euſt quatre riuieres, l'vne de laict, l'autre de vin, l'autre de miel, & l'autre d'huille, que toutes ſortes de fruicts y abondaſſent, le diable qui eſtoit ruſé dit à Adam. Pourquoy ne manges-tu pas de tous ces bons fruicts là? Que ne bois-tu de ce bon vin, & de ce laict? Et que ne mange-tu de ce miel qui eſt ſi doux & ſi ſauoureux, & de cette huile? Adam luy reſpondit que Dieu luy auoit deffendu, & qu'il ne vouloit pas luy deſobeïr: & de plus qu'il n'auoit beſoin d'aucune nourriture pour viure. Le diable ſur ce refus s'en va ſe promener enuiron l'eſpace de deux heures; puis s'en vint trouuer Adam, & luy diſt, qu'il venoit de la part de Dieu demander permiſſion pour luy, de manger de tout ce qui luy viendroit en fantaiſie. Adam qui eſtoit tenté d'en manger, en mangea tout ſon ſaoul: Apres

HISTOIRE

que la digestion en fut faite, il luy prist enuie de faire ses necessitez naturelles, qu'il fut contraint de faire dans le Paradis. Le diable aussi-tost alla accuser Adam deuant Dieu de son ordure. Ce qui fut cause que Dieu le chassa du Paradis, & l'enuoya en terre, où estant il luy arriua vn abscés au gras de la iambe, qui luy dura dix mois, à la fin desquels l'abscés s'ouurit, & en sortit vne ieune fille. Adam enuoya l'Ange Gabriel à Dieu pour luy demander ce qu'il feroit de cette fille, il luy fit dire par l'Ange qu'il la nourrist soigneusement, & que quand elle seroit grande, & en aage, il en fist sa femme, laquelle il nomma Rahauua, c'est à dire Eue. Apres quelque temps elle accoucha de deux fils, lesquels estans grands, le diable (qui estoit malin) trompa de la sorte. Il leur donna vne Sagaye, autrement Iauelot ferré par les deux bouts, & leur suscita vne querelle en sorte qu'ils se ietterent tous deux sur cette Sagaye, & la tirerent chacun par vn bout pour se l'entre-arracher l'vn à l'autre: mais comme les fers ne tenoient guere fort, ils eschapperent à force de les tirer, & les blesserent tous deux dans le ventre, desquelles playes ils moururent, ces deux freres estoient Cain & Abel.

Adam eut plusieurs enfans qui multiplierent beaucoup: mais comme les hommes deuindrent meschans, & ne vouloient plus connoistre Dieu en aucune façon du monde, Dieu enuoya le deluge sur la terre, & dit à Noé qu'il fabriquast vn grand Nauire auquel il se retirast, tous les amis & domestiques, femmes & enfans, & plusieurs animaux de chaque espece, masles & femelles. Toute la terre & le reste des animaux furent inondez, excepté quatre montagnes; la premiere se nomme Zaballicaf au Nord: la seconde Zabellicatoure au Sud: la troisiesme Zaballiraf au couchant, & la quatriesme Zaballibazani au Leuant: Sur lesquelles personne ne se pût sauuer. Le deluge fini, Noé descendit de ce Nauire, le laissa en Ierusalem; & luy s'en vint à la Mecque.

Dieu donna quatre sortes d'escrits à Noé, où estoient contenuës les loix; le premier se nommoit Alifurcan, ou

Alcoran pour Noé: le deuxiesme se nommoit Soratsi pour Moyse: le troisiesme se nommoit Azonboura pour Dauid, & le quatriesme se nommoit Alindzini pour Iesus-Christ, qu'ils nomment Rahissa. Ils disent aussi que Iesus Christ a esté mis au monde de Dieu, sans estre engendré d'aucun homme, nay de la Vierge Marie, qui l'a enfanté sans douleur, & est demeurée Vierge, ils la nomment Ramariama, qu'il fust homme & Dieu, & grand Prophete: Et qu'il a esté mis en Croix par les Iuifs: que Dieu ne permit point qu'il y mourut, mais qu'il voulust que le corps d'vn malfaicteur se treuuast à sa place. Qu'il y a eu quatre mille quatre cens quarante & quatre Prophetes.

Pour ce qui regarde la Religion, ils n'en ont aucune, ils ne font aucunes prieres, n'ont aucun Temple; ils ont seulement en vsage la Circoncision, leurs Mitaha ou sacrifices, soit aux entrées de leurs maisons, soit auãt que de cueillir leurs viures, soit pour leurs maladies, ou pour leurs femmes quand elles sont enceintes, soit pour la prosperité de leurs plantages, pour les enterremens de leurs morts, leurs mariages, leurs iesusnes. Ils ont aussi en vsage la Confession de leurs pechez, ils ne se gouuernent pas par Loix ny Ordonnances, toute leur religion ne consiste qu'en certaines coustumes & superstitions, à quoy ils s'attachent extremement.

S'ils veulent entreprendre quelque voyage ou quelque chose d'importance, ils consultent leurs Squilles, ou bien les autres consultent leurs Oli, que les François nomment Barbiers, d'autant que quand ils sont malades ils en prennent dans de certaines petites boëtes pour s'en frotter quand ils sont malades.

Les femmes estans prestes d'accoucher, inuoquent la Vierge Marie, en la priant d'obtenir de Dieu, qu'elles puissent accoucher auec peu de douleur. Cependant elles se cõfessent à quelque femme confidente des pechez qu'elles ont commis depuis leur derniere couche & pédant leur grossesse, en luy nõmans les hommes auec qui elles ont eu affaire. Ce qui est facilement sceu par les autres femmes, ausquelles la confidente ne la peut tenir de le reueler.

Les hommes aagez proche de la mort auant que donner la benediction à leurs enfans, font vne confession generale de toute leur vie, en nommans tous les pechez qu'ils ont commis, en demandent pardon à Dieu, font faire tuer des bœufs en sacrifice pour l'expiation de leurs pechez, pour en obtenir la remission, & remonstrent à leurs enfans, en leurs persuadans de bien viure, & les imiter en ce qu'ils ont bien fait, en fuyans le mal & les pechez qu'ils viennent de confesser.

CHAPITRE XVIII.

Certaine fable que content les gens du pays, sur l'origine des pechez.

Autresfois le Diable estoit marié, & auoit vne femme qui estoit tres-mauuaise, qui luy donna sept enfans masles, lesquels estans deuenus grands, s'adonnerent aux vices; Entr'autres, il y en eut vn qui s'addonna à l'orgueil, à mespriser les hommes, & à mille meschancetez, comme à faire des empoisonnemens, & sortileges à faire venir la gresle, les pluyes, les vents, & tourbillons, les sauterelles ou locustes, le tonnerre, & gaster aussi tous les biens de la terre. Et par ce moyen vouloit obliger les hommes à le reconnoistre pour vn Dieu, quoy qu'ils sceussent bien qui il estoit.

L'autre se mist à voller, desrober, & prester à grand vsure, & par ainsi ruinoit tout le monde.

L'autre s'adonna à toutes sortes de meschancetez, & de paillardise, enleuoit les femmes & filles, & en iouïssoit, soit de force ou de gré.

L'autre s'addonna à l'enuie, medisance, & à inuenter mille sortes de meschancetez & menteries contre les honnestes gens, à susciter querelles, noises & guerres, si bien que par son mauuais esprit il mettoit tout le monde en combustion & trouble, estant fasché quand il voyoit les hommes en paix & en repos. Et quand il voyoit quelqu'vn en prosperité, aussi-tost il inuentoit contre luy mille calomnies, afin de luy troubler son repos, & sa prosperité.

L'autre s'addonna tellement à la gourmandise, que non content de luy seul, il incitoit chacun par son mauuais exemple à l'imiter en ses despences & gourmandises; si bien qu'il estoit cause qu'vn chacun deuenant mauuais ménager, se mist a prodiguer tout son bien pour se saouller & enyurer sans cesse.

L'autre deuint si cholere qu'a tous propos il tuoit & massacroit les vns & les autres sans suiet, & suscitoit querelles, & combats entre les hommes, pour des choses de peu d'importance : En sorte que par son mauuais exemple & ses mauuaises mœurs, celles de tous les hommes ont esté corrompuës, qui ont causé toutes les guerres qu'il y a eu sur la terre iusqu'à present.

L'autre estoit si paresseux qu'il aimoit mieux laisser ses terres en friche que de les cultiuer, & incitoit tous les hommes à faire de mesme que luy ; en sorte que tous les Ompilampes ou voleurs dans les bois Ompizées ou sauuages & faineants l'ont imité, de façon que les esclaues ne vouloient plus rien faire, ny trauailler, ny seruir leurs Maistres, ainsi les ieunes hommes imitans ces sept freres, & chacun suiuant son inclination, s'attachoit tellement a toute sortes de vices & meschancetez, que les hommes par vn conseil general deputerent l'Ange Gabriel, pour presenter leurs plaintes à Dieu & le supplier de les deliurer de ces sept si abominables freres. Dieu dist à Gabriel qu'il permettoit aux hommes de les destruire & les exterminer. Les hommes surprirent ces sept freres & les tuerent. Dequoy le Diable estant au desespoir s'en alla trouuer Dieu pour luy demander Iustice contre les hommes qui auoient tué ses enfans, & en portoit grand dueil demanda à Dieu qu'il fist pleurer la mort de ses enfans, & qu'il luy donnast moyen de cela. Dieu sçachant que ses enfans estoient les autheurs de toutes meschancetez qui se commettoient sur la terre, luy dit que les hommes auoiēt bien fait d'exterminer ses enfans & que c'estoit la mere qui les auoit ainsi mal instruits & nourris, qui estoit la cause de leur mort. Que toutesfois il luy donnoit la mer pour les pleurer. Depuis ce temps là le Diable a tousiours esté sur les riuages de la mer, où il fait sa demeure, & le bruit que fait la mer contre le riuage, c'est le Diable & sa femme qui pleurent leurs enfans.

CHAPITRE XIX.

La fable de Rasoanor.

LEs joüeurs d'vn instrument que l'on nomme Herrauour, qui est vne espece de Monochorde, racontent vne fable qui a quelque rapport à nostre Histoire de Ionas & de la fable de Leandre & Hero: mais d'vne autre façon & toute differente.

Ce Rasoanor estoit le fils vnique d'vn Roy tres-puissant & riche. Son pere le voulut marier à la fille d'vn autre Roy son voisin qui estoit tres-belle. Rasoanor refusa ce party, & plusieurs autres que l'on luy offrit, d'autant qu'il estoit amoureux de la femme d'vn grand Seigneur, Roy d'vne Isle qui estoit bien esloignée de cette terre, où elle habitoit. Il en estoit tellement passionné, qu'il se delibera de faire bastir plusieurs grands canots ou batteaux pour s'en aller voir ce Grand, & luy offrir son seruice; afin de prendre son temps de gagner les bonnes graces de sa Maistresse, & attendre l'occasion de la pouuoir enleuer. Son pere estant aduerty de son dessein, fist tout ce qu'il peût pour l'en diuertir, en luy remonstrant la difficulté qu'il auroit à en venir à bout, le danger auquel il se commettoit, si il estoit descouuert, & le mal qu'il faisoit en voulant executer vn si pernicieux dessein. Il luy en fist parler par ses parens & par ses plus confidens, il luy offrit d'autres partis tresauantageux : enfin comme il ne peut rien gagner sur son esprit, il fist rompre & brusler tous les batteaux, & deffendit d'en fabriquer jusques à ce que son fils eust changé de dessein. Toutes-fois Rasoanor continuoit tousjours dans sa volonté, & comme il vist qu'il ne pouuoit auoir aucun batteau, il dit à son pere qu'il s'en vouloit aller à la nage dans cette Isle où estoit sa chere Maistresse. Il en aduertit son pere & sa mere, tous ces parens amis & tous les subjets de son pere. Il leur designe le iour, il vient sur le bord de la mer auec vne grande affluence de peuple pour le voir partir, prend congé de son pere & de sa mere & de tous ses parens tous esplorez, & leur donne esperance qu'ils le verroient venir auec sa maistresse. Se iette à la mer, nage jusques à ce que l'on commence à le perdre de veuë, vne baleine le reçoit sur son dos, le porte l'espace de trois mois jusques en cette Isle & assemble à lentour d'elle grande quantité de petits poissons, desquels Rasoanor viuoit, arriue en cette Isle, où le Seigneur d'icelle le receut amiablement. Et pendant quelque temps qu'il y fut il gagne les bonnes graces de sa Maistresse, laquelle il enleua dans vn grand canot, auec vingt esclaues, qui s'en vindrent auec luy, & vint le long de la coste jusques en son païs, d'où il estoit party il y auoit six mois, & fust receu à bras ouuerts de son pere & de sa mere.

Ce joueur d'Herrauou raconte cette histoire en termes poëtiques assez plaisamment & amplifie son comte qui dure l'espace d'vne nuit.

Chapitre XX.

Circoncision.

Cette ceremonie se fait dans le mois de May le plus souuent, qu'ils nomment Valascira, & l'année du Vendredy. Tous les parens & amis des enfans que l'on doit circoncire, s'en viennent dans le village où se doit faire la ceremonie, là les peres des enfans font apporter du vin, ou bien auparauant ont apporté du miel pour en faire, & donnent vn Taureau pour chaque enfant, les pauures donnent moins. Et la furueille de la Circoncifion fe paffe en refioüiffance, qu'ils appellent Miffauatfi. Les hommes font l'exercice de la Sagaye, cependant que les tabourineurs qu'ils nomment ompivango, iouënt de l'Azoulahé ou tambour, qui eft fait d'vne fouche d'arbre proprement creufée, & de deux parchemins, l'vn de peau de bœuf, & l'autre de peau de cabrit; d'vn cofté ils frappent auec vn bafton, & de l'autre auec la main. Les femmes & filles parentes de celuy qui fait l'exercice, danfent à l'entour de luy, en faifant de certaines geftes & poftures d'admiration, comme fi par leur contenance elles vouloient tantoft appaifer fa fureur, & tantoft auffi l'encourager, lequel de fon cofté fait des poftures & grimaces de la bouche, des yeux, & des grincemens de dents les plus terribles qu'il peut; afin de montrer qu'il fçait bien efpouuanter fon ennemy; ce qui eft plaifant & ridicule à voir. Tous ces exercices acheuez, tous les ieunes hommes, femmes & filles, dancent & chantent des chanfons, puis apres le maiftre du village qui deuoit circoncire, les conuie de boire du vin de miel, qu'ils font, qui eft tres-bon, & qui a gouft de vin d'Efpagne, où ils en boiuent tant qu'ils n'en peuuent plus; en forte que ceux qui font les plus yures font plus d'honneur à l'affemblée, qui ne feroit pas bonne, fans qu'il y euft bien du vin refpandu, & le foir l'on tuë les beftes deftinées pour eftre mangé ce jour là.

L'an 1650. le iour du Miffauatfi qui fe fit à Fanshere, il fut mangé deux cens bœufs ou taureaux auec le cuir; ainfi qu'il fe fait en ce païs, n'efcorchans point les beftes fi elles ne font maigres, & fi ce font de vieux taureaux. Le lédemain qui eft la veille de la Fefte, chacun fe tient coy, les peres & meres appreftent leurs enfans pour le lendemain, la nuit les meres couchent auec leurs enfans dans le Lapa, qui veut autant à dire qu'Eglife, qui fe baftit vn mois auparauant auec certaines ceremonies par les peres & oncles

des

DE L'ISLE MADAGASCAR.

des enfans que l'on doit circoncire, & le pere n'oſeroit s'approcher de la mere cette nuit là, ny connoiſtre aucune femme, ny la femme connoiſtre aucun homme. Et nulle femme, ny fille, ny homme, qui auroit habité auec vn autre, n'oſeroit ſe trouuer preſent à la circonciſion : car ils ont cette ſuperſtition que le ſang ne s'eſtancheroit point du prepuce de l'enfant; & qu'ainſi il mourroit. Nul n'oſe ſemblablement porter ſur ſoy rien de rouge, & ce qu'il y a de rouge ſur leurs pagnes ou habits, ils le cachent, ſi ils n'en ont d'autres de rechange.

Le matin au cocq chantant, les hommes, femmes, filles & tous ceux du village s'en vont ſe baigner, & au ſoleil leuant, ils font ſonner leurs tambours, antſiues & cors, & en ſe baignans ils chantent ces paroles, Iſſahotsbé, Roehotsbé telloubots bei effatshots bei, Limihotsbei, enemhots bei, firouhotsbei, valouhots bei, ſiuihots bei, Et le Maiſtre qui doit circoncire dit auſſi ces mots, Salama, Zahanhare, Zahomiſſahots, anau hanau Namboüatſi tangho, amini tombouo, Zahomitouloubouzonh aminau, Zaho mamore enghe zaza anrou aniou, qui veut dire, je vous ſaluë mon Dieu, je vous adreſſe ma priere, vous auez creé les mains & les pieds, je vous demande pardon de mes fautes (ou ſuiuant la lettre) je flechis ou preſte le col deuant vous, je vas circoncire ce jourd'huy ces enfans, & diſent encor autres choſes qui de ſoy n'ont rien de mauuais.

Et apres s'en viennent au lapa, où ils apportent leurs enfans, que leurs meres amuſent en leur mettant au col ce qu'ils ont de corail, cornalines, & autres verroteries, puis ſur les dix heures de ma meſme matinée à cœur jeun, ils diſpoſent & appreſtent toutes choſes pour accomplir cette ceremonie. Laquelle heure ſe connoiſt par l'ombre de l'homme au Soleil, qui ſe tient droit, ils meſurent l'ombre par les plantes des pieds qu'ils nomment liha ou pas, & quand l'ombre eſt de neuf plantes de pied ou ſemelles, il eſt temps de circoncire : lors les tambours ſonnent, & celuy qui doit circoncire, ſe pare de ſa plus belle pagne, en cache ce qu'il y a de rouge, fait retirer ceux qui ont des pagnes rouges, &

I

les filles & garçons qui se sont jouez la nuict ensemble, se fait vne escharpe auec vn grand escheueau de fil de cotton blanc, & vn à l'entour de son bras gauche pour essuyer le coutteau qu'il tient. Les peres prennēt chacun leurs enfans entre les bras & font vne procession au trauers de leur lapa, ils entrent par vne porte qui est au couchant & en sortent par vne autre porte qui est au leuant, & vont de dix en dix les vns apres les autres.

Apres auoir fait deux processions, ils en font deux autres deuant les bœufs, que l'on doit sacrifier, en faisans prendre la corne droite de chaque bœuf ou taureau, qui sont couchez par terre, les quatre pieds liez ensemble, par la main gauche de l'enfant, & le font asseoir vn moment sur la louppe, apres on fait retirer le monde, & faire place; & l'ancien s'en va auec son cousteau couper le prepuce de chaque enfant, l'oncle duquel enfant reçoit le prepuce, & l'auale auec le iaune & blanc d'vn œuf de poulle qu'il tient expres en sa main, & le Roandrian ou Anacandrian qui est là pour tuer les bestes, couppe la gorge d'vn cocq pour chaque enfant, & luy fait distiller du sang du cocq sur la playe, & vn autre exprime sur icelle le suc de l'herbe nommée Hota, qui est vne espece de trefle, qui a la feüille semblable à l'herbe au charpentier, nommée prunella ou consolida minor, s'il y a quelque esclaue qui n'aye point d'oncle, l'on jette son prepuce par terre.

Ce iour chacun est sage, on ne fait point de bruit, on ne s'enyure point. Les mesmes ceremonies se pratiquent par les Roandrian: mais il y a plus d'apparat, de despence, & de fast, plus de monde, & est plus agreable à voir, faisans tout de meilleure grace que les Negres. La Circoncision d'ordinaire se fait l'année du Vendredy par les Roandrian ou Zaffe-Ramini: Les Negres n'y prennent pas de si pres garde.

DE L'ISLE MADAGASCAR.

CHAPITRE XXI.

Ieufne ou Ramauaha, autrement dit Miafoutche.

CE jeufne n'a point de mois reglé, & fe fait tantoſt en vn mois tantoſt en vn autre, ſuiuant la Conſtitution & qualité de l'année, ce qu'ils obſeruent par le cours de la Lune & des eſtoiles, j'en deſcriray la façon que l'on a veu pratiquer à vn Roandrian nommé Dian Machicore qui fut le premier iour de la Lune de Nouembre qu'ils nomment Sacauei. Dés trois heures du matin Dian Machicore auec toute ſa famille mangea du ris cuit à la façon du païs, & d'vne eſpece de confiture faite auec miel & ris nommée Toubibé. Il ne fit aucun repas toute la journée iuſques à minuit. Le long de laquelle il fut aſſis ſur ſon angarate, qui eſt vne eſpece de table deuant ſa principale porte, où perſonne n'oſeroit s'aſſeoir que luy, ayant tous ſes gens à l'entour de luy, aſſis à terre ſur des nattes, & les entretenant comme ſes anceſtres auoient accouſtumé de celebrer les iours de jeuſne, puis il fit venir le joüeur d'herrauou, qui eſt vn violon à vne ſeule corde, lequel chante en joüant du violon, les hauts faits de ſes anceſtres & de tous les Grands du païs. Deux heures apres tous ſes gens s'en allerent querir vne braſſée d'herbes, qu'ils jetterent deuant ſa porte & crierent tous d'vne voix, *Dria, Dria, Dria, Roandrian Tacalonnau*, & luy s'eſcrie ſemblablement, *Tacalounareo coa Hanareo*. Cela fait ils firent ſonner toutes les anſiues ou cors du village, & trois Azoulahé ou tambours qui ſonnerent enſemble vne eſpece de ſon qui a quelque cadence. Sur l'entrée de la nuit ils eſcouterent tous l'herrauou deux heures durant; apres cela tous les Anacandrian vindrent s'aſſeoir ſur l'Angarate, & luy eſtant dans ſa maiſon leur diſtribua du toubibé, lequel apres auoir mangé ils dirent ces mots, *Dria bilis aminanhahare*. C'eſt

I ij

à dire, saluons le diable & Dieu: car ils font tousiours passer le Diable deuant Dieu, puis ils se retournerent deuers Dian Machicore, & luy dirent *Dria, Dria, Dria, Roandrian:* Nous vous saluons, Seigneur. Minuit estant venu ils firent chauffer de l'eau bien chaude & s'en lauerent auec vne herbe pillée nommée tamboure ou bethel, & d'vne autre herbe puante, appellée Zamalo: puis en mascherent pour se rendre les dents, genciues & levres bien noires selon la coustume de tous les grands & petits: mais le tamboure se masche auec la chaux viue, & vne graine qui s'appelle Voafontsi, ou Voadourou, & les Matatanois auec l'Arreca qu'ils appellent Fourou, Fourou. Ils firent apporter de l'eau chaude, dont ils se lauerent les iambes & les pieds. Dian Machicore se fist apporter vne poulle cuitte au ris & fit sortir tous ceux qui estoient dans sa maison, & demeura tout seul, il prit vne cuillerée de ris, & auant que la manger il dit, que les François & autres estrangers me puissent bien apporter de l'or, de l'argent, du corail & autres d'enrées, à la deuxiesme cuillerée, il dit que Dieu m'enuoye bien du ris, des Ignames, des feues & autres fruits de la terre, à la troisiesme cuillerée, il souhaitta qu'il vint bien souuent des nauires luy apporter bien des richesses. Apres il fit venir sa femme & ses enfans manger auec luy, & s'alla coucher. Cependant qu'il dormoit tous ceux de sa maison chantoient, & l'Herrauou iouoit toute la nuit. Le lendemain matin il s'en alla à Fanshere qui est le village du Roy nommé Dian Ramach, pour le visiter, & pour luy rendre hommage ainsi que firent tous les autres Roandrian du païs qui sont de la lignée des Zafferamini, & luy firent des presens de vin de miel, d'ignames, de volailles & autres fruits de la terre, & ainsi que Dian Machicore, s'en allerent tous se presenter deuant luy, & luy crierent *Dria, Dria, Dria, Roandrian*, & Dian Ramach leur respondit, *Tacalounarreo, Falinafaree Aho,* c'est à dire ie vous souhaite du bon-heur, ie me recommande à vous autres, Et ne mangerent de tout le iour. Ils couperent la gorge à vn bœuf, & celuy qui le tua, arrosa tous les Roandrian du sang de la beſte, qui dirent, *Dria*, *Dria*, *Dria*, prirent leurs enfans & les firent toucher à la gorge du bœuf, croyans que cela les exempteroit de maladies toute l'année. Celuy qui tailla toute la beſte en morceaux, en prit vn morceau qu'il ietta à coſté droit, & dit, c'eſt pour le diable, & vn autre morceau qu'il ietta à gauche & dit, c'eſt pour Dieu. Il diſtribua toute la viande aux Roandrian qui en prirent du poil qu'ils attacherent à leur col, ou ſur leurs teſtes, & dirent, *Iſſa, roé, tellou, effats, limi, onem, fitou, valou, ſiui, foulou,* & le repeterent par trois fois, puis chanterent par trois fois, *mialeazaho, mialeazaho, mialeazaho.*

Le lendemain Dian Machicoré s'en retourna en ſon village qui s'appelloit Cocombe, (comme firent tous les autres Roandrian, chacun dans leurs villages) où eſtant il fit apporter deux ſines ou cruches de vin de miel, & en reſpandit deux taſſées ſur ſon Angarata, & dit pareillement: voilà pour le diable, & de l'autre voilà pour Dieu, apres en fit boire à tous les Roandrian, & Anacandrian qui eſtoiét preſens, & à tous les Negres & eſclaues. Cela fait, il s'en alla auec tous ſes gens dans le champ de ris le plus proche, & dit que Dieu luy auoit bien fait naiſtre du ris, & derechef tua vne beſte & en couppa vn morceau qu'il ietta dans le champ en diſant que ce n'eſt que pour Dieu qui luy a bien donné du ris, & en fit cuire en ſalaza, ou carbonnade vn autre petit morceau qu'il donna à vn ſien captif, lequel le paſſa par deſſus la teſte de ſa femme & de ſes enfans, en diſant par cinq fois, *Iſſa, roé, tellou, effats, limi-euem, fitou, valou, ſiui, foulou,* cela fait, il le pendit à vn baſton de trois pieds de long, & ſon fils aiſné l'alla ficher au milieu du champ de ris en diſant auſſi cinq fois, *Iſſa, roé, tellou, effats, limi-enem, fitou, valou, ſiui, foulou,* puis il s'en vint, & dit à ſon pere ces mots, *Dria Racoüa zah, tay vare izo Ri ſoüa,* c'eſt à dire, ie vous ſaluë mon pere, ie viens de voir le Ris qui eſt beau, lors que le ris commença à grener, il dit *Terac*, c'eſt à dire, il eſt germé. Et quand le Ris fut grand, & preſt à cueillir, il fit mener vne vache noire dans le champ, la ſacrifia & la fit manger à ſes eſclaues, & en fit ietter vne partie dans le champ, en ostant celle qui y estoit auparauant, & fit dire sur le Ris, *Dria, Dria, Dria, roandria ahi tombouc anahanhare:* c'est à dire, nous te saluõs Seigneur, toutes choses croissent de Dieu, puis apres les Negres apporterent pour le tribut chacun 4. paniers de ris & 30. ignames, les vns plus, les autres moins. Tous ces iours de ceremonie acheuez, qui durerent toute la Lune, ils s'assemblerent au village, soit Roandrian, soit esclaues, où ils firent l'exercice de la Sagaye, qu'ils nomment Mitauan: ce fait chacun s'en alla chez soy manger tout le saoul pendant trois iours & trois nuicts, lesquels finis, ils firent encor le Mitauan, & derechef chacun s'en retourna chez soy, en disans comme par action de grace, que Dieu leur auoit bien donné du ris, & respandirent tous chacun d'euãt leur porte, vn peu de ris, & ainsi se finit le Miafouche ou Ieusne, pendant lequel si quelqu'vn a merité la mort, ils ne le tuent point, mais le menent à la riuiere, & l'estouffent dans l'eau, ainsi que Dian Ramach fit faire à vn de mes Negres au commencement de la guerre, ne voulant pas ce mois là espandre du sang, crainte de souiller le Ramauaha; ce que les Turcs & Arabes nomment Ramaddan.

Chapitre XXII.

Missauatssi & entrée de la nouuelle maison.

IL n'y a que les Roandrian qui vsent en cecy de grandes ceremonies, & les riches Anacandrian qu'ils nomment entre eux Anacandrian, Miandrian, les Lohauohits, & Ontsoa, se contentent de faire chere à leurs amis.

Les Roandrian apres auoir esté deux, trois iusques à quatre années à bastir leurs maisons, qui sont de charpenterie assez proprement faites pour le païs en obseruans par leurs Squises les iournées & les heures heureuses pour y trauailler pour couper du bois, pour les couurir. La maison estant

Un Rohandrian auec sa Femme portée par ses Esclaues Lors quelle va en Visitte par le Païs.

achevée, il faut attendre la Lune & le iour heureux, pour en faire le Miſſauatſi, & pour ce faire, le grand à qui appartient la maiſon, fait conuoquer tous les gens qu'il a ſoubs luy, & en aduertit tous ſes parens & amis, leſquels ſoit Roãdrian, ſoit Anacandrian, ſoit Lohauohits, font amener les vns ſept beſtes, les autres cinq, les autres trois, les autres vnes, ſelon leurs moyens & facultez, iuſques au moindre captif meſme qui apporte des paniers de nattes, des plats, des villangues, ou pots de terre, qui du miel, qui du vin, qui des bananes, qui des ignames, qui du ris; ſi bien que ce iour on apporte de tous coſtez, & pas vn ny vient les mains vuides : ainſi qu'au Miſſauatſi de la maiſon neufue de Dian Tſerongh, meſme Dian Ramach luy fit preſent d'vn collier de grains d'or, eſtimé dans le païs cent beſtes, & de dix-huict paniers de ris, & d'autant de paniers d'ignames; ainſi firent tous les autres Roandrian & Anacandrian à proportion de leurs moyens : ſi bien qu'en ce Miſſauatſi, Dian Tſerongh a amaſſé la valleur de plus de mille beſtes. Tous les preſens eſtant venus & aſſemblés, le iour de l'aſſemblée, Dian Tſerongh parut ſur ſon Angarata le ſoir, couuert d'vne pagne de ſoye, orné de menilles d'or, de placques d'or, & autres marchandiſes, ayant vn couteſas à coſté de luy, & vingt Ondzatſi, ce ſont peſcheurs, porterent dans ſa maiſon quatre-vingts paniers vuides, & huict femmes ſuiuirent portans les inſtrumens de bois à faire les pagnes : puis neuf Roandrian porterent chacun trois cannes de ſucre, & huict Ondzatſi huict torches de cire, & tous les principaux Roandrian firent trois tours à l'entour de la maiſon. Eſtans entrez dans la maiſon neufue, ils firent vn grand bruit tous enſemble d'vne voix, crians, hà, & frappans des pieds contre terre, & trepignans, s'eſcrierent encor, *hic, hac, ha,* tous les aſſiſtans auſſi-toſt crierent, *dria, dria, dria roandria tacalounaho, faliſſanaho,* & Dian Tſerongh reſpondit *Vellom coüa anareo;* c'eſt à dire, Seigneur, nous vous ſouhaittons bon-heur & proſperité, & luy reſpondit, Viuez auſſi vous autres : & eux encor reſpondirent *Tacaloutenghanau;* que vous puiſſiez vous conſeruer vous-mesmes. Apres il departit les cannes de sucre aux Roandrians, & luy se mit à en manger.

Le lendemain matin vn Roandrian couuert d'vne belle pagne, croisa vne ceinture sur son estomach en façon d'vne estolle, s'en alla auec vn grand couteau couper la gorge à douze tres beaux bœufs, qui estoient couchez contre terre, les iambes liées ensemble, & fit auparauant trois tours a l'entour, & du sang il s'en appliqua auec les doigts sur le front & sur l'estomach, & en porta à Dian Tserongh & aux autres Roandrian: puis fit allumer du feu auec vn fossaire ou fuzil, & fit brusler le poil des douze bœufs, ainsi que l'on fait en France quand on grille les cochons, & apres que les bœufs furent coupez par morceaux, en distribua à tous les assistans, le matin s'employa à boire du vin, & le soir à manger de la viange & du ris, qui dura huict iours, esquels il se tua autant de Voussits ou bœufs, sans les autres bestes qui distribua aux maistres de village, & Lohauohits; en sorte qu'il s'est mangé plus de quatre cens bœufs en ce Missauatsi, si bien que nonobstant cela, il luy demeura bien du profit pour recompenser la despense qu'il auoit faicte en bastissant sa maison, au trauail de laquelle il n'y auoit eu que des Roandrian qui y auoient mis la main, pour faire les mortaises, rabotter toutes les pieces de bois, & faire tout ce qui a esté le plus de consequence: mais ce sont les Lohauohits qui luy auoient apporté le bois. Cette maison auoit enuirō quatre toises de largeur sur huict à neuf toises de longueur. Le bas de la couuerture estoit à hauteur d'homme depuis les parois & se terminoit en Angle aigu, iusques au faiste. Il y auoit six portes, deux deuant, deux derriere, & deux aux costez, il y auoit des separations de grandes pieces de bois qui seruoient de liaison à la couuerture, la maison à vn plancher seulement, & les parois estoient de planches de deux poulces d'espois, elle estoit esleuée de terre d'enuiron deux pieds & demy, les portes estoient basses, & la principalle où est l'Angaratta, n'estoit pas plus grande que les autres, la couuerture estoit de fueilles, que l'on appelle Rattes, qui sont à peu pres comme les

fueilles

DE L'ISLE MADAGASCAR

fueilles de Palmier, qui eſtoient couchées en trauers les vnes ſur les autres, & liées auec du mahault, qui eſt vne eſcorce d'arbre, & des ambouzes, qui ſont eſpeces de cannes ou perches droites, le tout aſſez proprement. Cette façon de couurir eſt aſſez belle & de duree, il n'y a que le feu qui eſt bien dangereux. Il y en a d'autres qui couurent leurs maiſons d'herbes, ainſi que l'on fait en France auec le chaume, & d'autres qui couurent auec des fueilles larges, que l'on nomme *Rauenpandre*: mais cette façon de couurir ne dure pas plus d'vn an. I'en ay inuenté vne autre façon de couurir, qui ſera plus de durée dont i'ay fait couurir noſtre grand magazin au ris, c'eſt auec des *Aniues*, qui eſt vn arbre grand & droict, ſans nœuds, moüelleux au dedans, qui a ſeulement vn poulce d'eſpoiſſeur de dureté, que ie fais coucher de haut en bas ſur la couuerture, ainſi qu'on fait les thuilles creuſes en France, & les iointures ſe couurent par vne autre *Aniue* pardeſſus, en ſorte que la pluye n'y perce point la couuerturure, & ſi elle n'eſt pas ſi dangereuſe au feu.

Chapitre XXII.

Arts & exercices & de trauail.

Ette nation n'ayant beſoin de beaucoup de choſes dont nous nous ſeruons en Europe, ne s'eſt pas appliquée à la recherche & inuention de tant d'Arts & Meſtiers comme nous. Pour leurs meubles, pour le veſtement, pour le logement, pour les vſtanſiles de trauail, & du meſnage, pour l'ornement, & pour la defenſiue, ils n'ont ambition d'auoir autre choſe, que ce qui eſt neceſſaire à leur vſage & bien-ſeance, à la façon du païs. Pour cet effet, les vns s'appliquent à forger du fer & de l'acier, & en font meſtier & marchandiſe; ce ſont les *Ompaneſa Vihe*, qui fondent la Mine de fer, en forgent les vtenſiles, comme haches, mar-

K.

teaux, enclumes, couteaux, hanfards, befches, qu'ils nomment Fanghali, Rafoirs, Pincettes à arracher le poil, grils à
rotir la viande, crochets à la tirer du pot, haires ou chauffes-
trappes pour bleffer leurs ennemis, & toutes fortes de iauelots, dards, dardilles, & grand couteaux à couper la gorge
aux bœufs. Les Orfevres s'adonnent à fondre l'or en lingot,
à faire des menilles d'or, des oreillettes, grains, anneaux, &
autres garnitures d'or: des menilles d'argent, & de cuiure
pour l'ornement d'vn chacun.

Les potiers & potieres à choifir, peftrir, & preparer la terre, à la fabrique des Villangues, fines, pots plats, fafes, louuies, tant grandes que petites, qu'ils cuifent auec vn feu de
brouffailles, qui apres les auoir frottées auec vne terre noire
reffemblante à de l'antimoine, deuiennent claires & relui-
fantes, comme s'ils eftoient vernies.

Les faifeurs de plats de bois, dont les vns les font fans tour,
d'autres les tournent, font des boiftes de bois qu'ils nôment
Vara, des efcuëlles, des cueillers de bois & de corne, des pai-
les & autres vtenfiles, des tangouri que nous appellons Ruf-
ches des cercueils, des canots à nauiguer, & autres brouil-
leries, dont ils fe feruent dans leur mefnage.

La plufpart font charpentiers, en quoy excellent les Zaferamini & Rohandrian & Anacandrian. Ils fe feruent de la
Regle, du rabot, de cifeaux à faire mortaife, pour ce faire
ils n'ont l'vfage de vilbrequins, ny vrilles: ils fe feruent de
petits gouges, ou bien d'vn poinfon de fer tout rouge,
pour percer leurs bois. Il n'y a point en leurs maifons de
chambres hautes ny caues ny greniers: ils n'y a que le plancher qu'ils nomment Vareraï, & vn petit plancher fous la
couuerture qu'ils n'omment farafara. Leurs foyer eft au
bout qui contient enuiron quatre pieds en quarré, rempli
de fable, furquoy ils mettent trois pierres pour fouftenir
le pot, ils n'ont ny chenets ny cheminée, la fumée fe pert
dans la maifon; c'eft pourquoy il n'y a pas de plaifir d'eftre
dans leurs cafes, quand il y a du feu, qui n'y efteint gueres,
quelques chaleur qu'il y aye. Ils font des magazins pour
mettre leurs Ris, qui font fur des pilliers de bois, afin que

les Rats n'y puissent monter. Les Pescheurs ont des Rets, que nous nommons Sénes, des nasses, des lignes, & des hameçons, & mesme ont des Sagayes, au bout desquelles il y a des harpons. Ils peschent dans les estangs, dans les rivieres, & à la mer, & sur le rivage. Quand ils ont grande quantité de poisson, ils le portent vendre de costé & d'autre pour du Ris, des ignames, du cotton, & autres commoditez de la vie, ou bien le font boucaner & cuire sur vne espece de treillis de bois, sous quoy ils allument du feu, pour le garder. Les chasseurs de cochon chassent apres le sanglier auec trois ou quatre chiens, ils reçoiuent payement des Maistres de villages leurs voisins pour cela. Ils prennent des oyseaux à la glu & au filet; ils appriuoisent des oyseaux pour faire prendre les autres.

Les Cordiers font des cordes de toutes grosseurs & longueurs iusques à cent trente brasses de long, font de petites cordes pour lier leurs paniers & autres necessitez, font des retz & des lignes à pescher. Leurs cordes sont de diuerses sortes d'escorce d'arbres, dont les vnes sont meilleures que les autres, ainsi que l'escorce d'aui aui, & de fautatsranou. Les femmes fillent & font les estoffes de diuerses matieres & manieres, à quoy les hommes ne touchent point, cecy estant vn ouurage de femme, vn homme seroit declaré infame & effeminé, s'il s'en mesloit, celles qui font les pagnes, qu'ils nomment Lamba, teignent le fil auparauant que de l'ordir. Ils ont de diuerses sortes de teintures; comme le rouge qui se fait auec la racine d'onzits, de vahats, de bois de soumontsoüi, le bleu & le noir auec l'Indigo, le iaune auec le vahats, & le cucurma ou terra merita, & d'autres herbes & racines. Les Ombiasses vont voir les malades, & leurs font des remedes de decoctions d'herbes & racines, pensent les blesseures, ils leurs font des billets d'escritures qu'ils leurs pendent au col, & attachent dans leur ceintures. Ils font des figures de Squili ou Geomance, pour sçauoir le temps de la guerison, & pour choisir les remedes conuenables au mal, & qui s'accordent au iugement de leurs Squili,

HISTOIRE

Ils ont leurs Auli ou Barbiers qu'ils consultent sur la maladie, & par ce moyen ils gaignent leur vie: Les bouffons qu'ils nomment Ompissa les danceurs ou ompandihi, les chanteurs ou ompibabou, les Secats & autres sortes de gens, vont de païs en païs, chez les Grands, donner du passetemps. Ils ne plantent ny ne cultiuent, & quoy que ces sortes de gens soient bien venus par tout, & que c'est à qui les aura, que les garçons & filles les escoutent auec tant de passion, & taschent à les imiter en leurs danses & chansons & qu'ils les voyent de bon œil; toutefois ces sortes de gens sont declarez infames, & n'oseroient faire comparaison auec les autres. Mais les Grands les aiment, & les protegent, par ce qu'ils leurs donnent du plaisir, ils les flattent dans leurs chansons, & en composent sur le champ à leurs loüanges. Et afin d'estre les mieux venus, ils en inuentent souuent, & de temps en temps; à quoy il y en a, qui sont plus experts que les autres. Les ioüeurs d'herrauou ne sont point du nōbre des bouffons & danseurs, ces deux là ne disent aucunes choses qui ne soient tres-serieuses; & leurs discours sont pleins de sentences & similitudes, ce sont ceux qui recitent les haut faits des ancestres, & les histoires les plus serieuses.

Ainsi cette nation s'entre-soulage & s'entre-assiste par diuerses sortes d'Arts & Mestiers, & viuent aussi contens & plus encor qu'en aucun autre païs, n'ayant point en estime les Mestiers que nous auons en Europe. Ils n'ont aucun vsage de chapeaux, de souliers, & de nulles choses dont nous nous seruons. Au lieu de tapisseries, il y a des femmes qui font des nattes de plusieurs façons & couleurs, dont il y en a qui seruiroient bien en France à parer les maisons les plus superbes, à cause de la gentillesse & rareté de la matiere.

Chapitre XXIV.

Meubles.

Leurs meubles sont des nattes; dont ils tendent leurs planchers & parois de leurs maisons, sur lesquelles ils dorment, n'ayans aucun vsage de lits, lodiers, matelats n'y couuertures, les nattes & leurs pagnes leur seruent à cela, pour oreiller & coussin vn morceau de bois, ou bien les Roandrian ont vn sachet rempli de graine de cotton estans accoustumez dés la naissance de coucher sur la dure. Il y a deux sortes de *sihi* ou nattes dont les vnes sont teintes de rouge & jaune assez proprement faites, les autres sont communes, qui sont fort commodes aussi, c'est de diuerses especes de joncs qu'ils font ces nattes.

A Manghabei ils en font qui sont fort mollettes & de durée qu'ils nomment *sihi heref*; ils ont grande quantité de paniers où ils serrent leurs pagnes, leurs ceintures, *sara vohits*, ou haut de chausse, leurs *tafi* & leurs *acanze*, qui sont la iuppe & le corps de cotte des femmes, leur cotton, leur marchandise & tout ce qui sert d'ornement, ils ont de petits sines ou cruches de terre, où ils mettent leurs huilles, dont ils se frottent le corps & les cheueux, sçauoir le *Menachil*, l'huille de palma Christi, l'huille de *oüi vau*, l'huille de *fouraha* auec la gomme dudit fouraha, qui est vne espece de baulme vert precieux, l'huille du fruit du sang de dragon qu'ils appellent Menach Mafoutre, le Menach Apocapouc, qui est le fruit d'vne espece de Laureole, le Menach Vintanb, qui est vne espece de gland. De ces huilles, ils s'en frottent quand ils sont malades qui ont grande vertu.

Leurs batteries de cuisine sont des pots de terre nommez *Villangues, Louuies, Faffes, Monhongue* & *Sines* de terre, des plats & cuilliers de bois, des callebasses à puiser de l'eau, des couteaux qu'ils nomment Antsi, grands &

petits assez bien faits pour le païs, de petites pincettes, à tirer les espines des pieds, & à leur arracher le poil, de grands cousteaux qu'ils nomment Antsilaua pour coupper la gorge aux bestes, de certains crochets de fer pour tirer la viande du pot, & de certains tridens de fer à faire rostir la viande qu'ils appellent salaza, ils ont vn mortier de bois pour battre leur ris & le vanner dans vn plat de bois. Ils ont de grands sines ou cruches à faire du vin de miel qui contiennent jusques à cent pots, ils n'ont ny nappes ny assiettes ny tables ny sieges à s'assoir, la terre & vne natte dessus leur seruant de cela. Et pour assiettes & nappes ils ont de grandes fueilles larges, qui sont tres propres; dont ils font aussi des cuilliers, & des tasses à boire, il y a de ces fueilles qui ont douze pieds de long & quatre pieds de larges, ce qui est admirable à voir, quand elles sont vertes, ce sont les feuilles de rattes ou balizier, lesquelles estans seiches seruent aussi à recouurir les maisons: elles sont si nettes & pollies qu'elles sont plus propre que le linge.

Chapitre XXV.

Vestemens.

Leurs vestemens sont aux hommes vne pagne, vn Sarauohits & vne ceinture, aux femmes, vn corps de cotte ou accanze sans manches, & vn tafi qui est vne pagne cousuë par les deux bouts, qui leur sert de iuppe. Ils ne portent ny coiffure ny linge, ny chausses, ny souliers, tant hommes que femmes, excepté ceux de Manghabé dont les hommes portent vn bonnet carré, & les femmes vne coiffe cornette pointuë, & quelques vnes portent aussi des brassieres. Leurs cheueux aux Grands & aux Rohandrian sont droits & longs, qu'ils nomment Tsonsavoulou, & ne les tressent iamais: mais seulement les huillent, & auec de la cire, les empezent d'vne façon assez bigearre, en les redri-

Philou bej ou Maistre de Village de Manghabej auec sa femme.   Vn Machicorois auec sa femme Noire.

fans en forme de couronne. Les Negres les treſſent aſſez proprement. Il eſt difficile de diſtinguer par la teſte vn homme d'auec vne femme, car les hommes portent & accommodent leurs cheueux ainſi que les femmes. Les pagnes ſont diuerſes & de pluſieurs noms, les vnes ſont toutes de ſoye, les autres de ſoye meſlée auec du cotton pur, les autres ſont de Try, les autres d'afoutche, qui ſont des eſcorce d'arbres, les autres de Fautatsranou, les autres de Mouffia, les autres de Couraue qui ſont ſimplement vne eſcorce d'arbre battuë, les autres ſont de fil de Bananier, celles de ſoye qui ſe font dans les Machicores & Maafalles, ſont groſſieres, celles des Eringdranes ſont tres-fines & deliees, tiſſues ainſi que de la toille, mais les mieux faites & les plus belles ſont celles d'Anoſſi, faites par les Zafferamini, comme ſont celles de cotton. Entre les pagnes les plus cheres ce ſont les pagnes miſſiues qui ſont de cotton : mais aux extremitez il y a de la broderie de ſoye d'vn pied de large, & le fond eſt blanc, & rayé de noir, & les lizieres de cotton teinct en noir, & de ſoye teincte en rouge, il n'y a que les Grands Rohandrian qui en oſeroient porter, encor c'eſt en grande ceremonie, leſquelles ils gardent pour enſeuelir les Grands eſtans morts. Les Soatſmifili ſont toutes rouges & toutes de ſoye. Les Vohitſampi ſont rouges & d'autres couleurs meſlées de ſoye & de cotton auec des rayes blanches. Les Azontho-&-tontaminthi, qui ont demy pied de broderie aux extremitez, & ont les lizieres moitié fil & moitié ſoye, puis les pagnes de Varo qui ſont toutes de cotton. Il en eſt de meſme des Sarauohits, des ceintures & Acanze. Les pagnes de Fautatſranou ſe font du coſté de Manatengha Manghafia, Sandrauinangha & Anoſſi, ils en couurent leurs plus chetifs eſclaues, c'eſt l'eſcorce d'vn arbre qui vient le long des eaux, ils font boüillir cette eſcorce, apres l'auoir reduite en fillamens dans vne lexiue tres forte iuſques à deux fois, & apres l'auoir lauée, lient les fils les vns au bout des autres de la groſſeur qu'ils veulent faire leur fil, le tordent au fuzeau, & en font leurs pagnes. Ce fil reſſemble ſi bien au chanure & au lin, qu'à moins de l'auoir veu faire, on ne croiroit pas que ce fuſt autre que chanure ou lin. Si les pagnes de cotton durent vn an, ces pagnes durent trois ans. De cette eſtoffe, i'en ay fait faire des voilles pour ma Barque que i'ay enuoyée à Moſambique, comme auſſi des cordages, n'ayant plus de voilles ny toille de France pour en faire. Les pagnes de Try ce ſont les fillamens d'vn arbriſeau qui iette du laiƈt, dont il y en a aux Ampaſtres ; c'eſt de ce laiƈt que beuuoient les Hollandois perdus de ce vaiſſeau eſchoüé aux Caremboules, ces pagnes ſont fort douces : mais elle ne durent pas tant que celles de cotton. Les pagnes d'Afoutche ſe font communement aux Matatanes, elles ſont fort douces à porter : mais elles ſont de peu de durée, ce ſont des eſcorces d'arbres d'vn certain Mahaut nommé Avo, dont ils font auſſi le papier ; le bois en eſt blanc & leger, plus que le Saule en France. Le charbon en eſt excellent à faire la poudre à canon : car il eſt fort leger. Les pagnes de Mouffia ſe font à Ghallenboullou, à Manghabei & à Antongil. Elles ſe font de l'eſcorce ou pelliculle des fueilles tendres qui repouſſent du cœur de l'arbre nommé Mouffia, qui ne conſiſte qu'en grandes fueilles picquantes & eſpaiſes de la longueur de douze & quinze pieds qui ſortent de ſa bouche. Il porte vn fruiƈt ſemblable à vne pomme de pin, dont en France les Merciers en font de petites poires à mettre du Tabac en poudre ; ces pagnes ſont tiſſuës, ainſi que l'on fait la toille en France : ils en font des Sarauohits, des Acanzes & des bonnets carrez, ainſi que des bonnets de Preſtres. Les pagnes de fil de Bananier ſont ſemblables aux pagnes de ſoye des Eringdranou : mais elles ne durent pas long-temps.

CHAPITRE

Chapitre XXVI.

Ornemens.

Sans ornemens de marchandife, colliers & verrotteries, ces nations-cy ont mauuaife grace : mais lors qu'ils font parez à leur mode, ils ont affez bonne façon. Leurs ornemens qu'ils nomment *firauach*, font colliers ; dont il y en a de diuerfes façons. Les *Saraues* font colliers faits auec grains de corail, perles fines, grains, & canons d'or, grains de criftal de roche, Agathes, Cornalines, & Sardoines, lefquelles *Saraues* font deux & quatre tours de col, il y en a d'autres qui fe nomment *Salantes*, qui font les vnes compofées de grains de corail, agathes, & criftal de roche, les autres de verrotteries, & de raffades, les autres fe nomment *Endach*, qui font de quatre, fix, huict & douze tours de petite verroteries ferrées fur le col, ils ont des braffelets qui font de mefme marchandife aux bras, aux poignets, aux iambes & pieds, qu'ils nomment *Matahots an pautac*. Ils portent des oreillettes d'or, ayans les oreilles percées à mettre la groffeur du poulce. Les autres comme aux Eringdranou, ont le trou de l'oreille fi grand, que l'on y pafferoit vn gros œuf de poule : ceux-cy ne portent que des oreillettes de bois & de corne. Du cofté des matatanes ils en portent d'or, comme les Zafferamini, il y en a de deux fortes, les vnes font toutes d'or, qui fe nommêt *Soamitoulie* les autres font placques d'or minces appliquées fur vn morceau de cocquille orientée, ce qui eft tres-bien trauaillé pour le païs : car quoy que les Orfevres n'ayent point de borax, ils ne laiffent pas de fouder affez gentiment quantité de petits grains d'or deliez, les vns proche des autres, qui rendent leur ouurage affez recommandable, ils ont auffi de certaines placques d'or qu'ils pendent à leur col, qu'ils nomment *Vereuhere*, qui font ouurées de la mefme façon que font leurs oreillettes, & ont des menilles

L

d'or, d'argent, & de cuiure jaune, qu'ils estiment plus que le rouge pour mettre à leurs bras, & des anneaux d'or, d'argent & de cuiure pour mettre à leurs doigts. Les Grands & Zafferamini & grands Anacandrian peuuent porter de l'or pour ornement: mais les Noirs n'en oseroient porter, excepté les Voadziri & Lohauohits, qui peuuent porter de petites oreillettes d'or, & quelques grains d'or & leurs femmes & enfans aussi: mais pour des menilles d'or, ils n'oseroient en porter. Ils peuuent se parer de menilles d'argent & de cuiure. Toutes leurs richesses consistent en ces sortes de marchandises cy-dessus nommées; comme aussi en serpes, couteaux, haches, petites besches de fer & d'acier, en pagnes, bœufs, terres à planter des ignames & horacs à semer du Ris, en la quantité de leurs suiets & esclaues. Les Zafferamini sont les plus riches en or qu'ils tiennent caché, & n'en font paroistre que le moins qu'ils peuuent à nous autres François: de crainte que venans encore à nous faire la guerre, nous ne leur en fissions beaucoup payer pour amende, & iamais nous n'eussions sceu rien de cela sans la guerre: Ce qui est de remarquable, c'est qu'il n'y a nul Grand dans toute cette Isle, qui n'aye de l'or de ses ancestres, & cet or n'est en aucune façon semblable à l'or que nous auons en Europe, estant plus blassard: mais presque aussi doux à fondre que du plomb; Il n'y a aucun Nauire qui en aye apporté de mesme; & de plus il n'y auroit pas de profit aux Nauires de leur porter de l'or. Les verroteries estans plus propres à debiter parmy eux, que l'or & l'argent. Leur or a esté foüillé en cette terre en diuers lieux & diuerses Prouinces: car tous les Grands en possedent, & l'ont en grande reuerence & estime, comme leur Dieu. A Manghabei ils en ont: mais il est caché dans leurs Cimetieres, & n'en oseroient porter sur eux, disans qu'ils en sont indignes, ayans mesme cette superstition, que s'ils en auoient porté, que la premiere maladie qu'ils auroient, ils mourroient, & ce seroit Dieu qui leur auroit enuoyé, à cause de cela. Ceux-cy estiment l'argent le plus rougeastre d'auantage que le plus fin, mais à Anossi ils sçauent bien connoistre & l'or & l'argent: toutesfois les Orfevres du païs ne sçauroient employer nostre or, disans qu'il est trop dur à fondre, nommans nostre or *voulamena, voutroua*; & le leur *ahetslaua*, & *litearongha*, ou *voulamena madecasse*.

Chapitre XXVII.

Mœurs des Habitans, vertus & vices.

S'Il y a nation au monde adonnée à la trahison, dissimulation, flatterie, cruauté, mensonge & tromperie, c'est celle cy, & principalement depuis le païs de Manghabei, iusques au bout de cette Isle en tirant vers le Sud: mais la nation de Manghabei n'est pas de mesme, ce sont gens de peu de discours, mais de plus de foy, qui ne sont point si cruels, & n'vsent point de trahison enuers les estrangers: aussi ils tiennent vne autre loy & coustume, se disans de la lignée d'Abraham. Pour les autres nations, ce sont les plus grands adulateurs, menteurs, & dissimulez qu'il y aye au monde, gens sans cœur, & qui ne font vertu que de trahir & tromper, promettans beaucoup & n'accomplissans rien, si ce n'est que par la force & par la crainte, ils accomplissent leurs paroles, gens qu'il faut mener & gouuerner par la rigueur, & qu'il faut chastier sans pardon, tant grands que petits, estans trouuez en faute; autrement estant eschappez d'entre les mains de ceux qui les tiennent, & qui leur auroient pardonné, ils n'en sçauent aucun gré: mais attribuent leur deliurance à leur bonne fortune, ou à leur *Auli*, & font pis encor qu'auparauant: ainsi que i'ay experimenté plusieurs fois. C'est la nation la plus vindicatiue du monde, & de la vengeance & trahison ils en font leur deux principales vertus, estimans ceux-là niais, & sans esprit qui pardonnent. Quand ils ont la force, ils ne laissent point eschapper l'occasion d'exercer la cruauté sur ceux qu'ils ont vaincus en guerre. Ce sont leurs delices, que de rencontrer des enfans, qu'ils fendent en deux tout en vie, & defchirent en morceaux, & des femmes à qui ils fendent le ventre, & les laiffent ainfi languir à demi mortes. Enfin ils tiennent cela pour vne grande vaillance que de commettre telles cruautez: mais iamais ils ne combattent que par furprife: car quand ils font armes à armes, ils s'entrechantét iniures, & les plus foibles en nombre cherchent leur falut par la vifteffe de leurs pieds. Enuers leur nation les plus foibles quittent & abandonnent le païs, n'efperans aucun pardon ny mifericorde du vainqueur, qui fait tout ce qu'il peut pour exterminer la race des plus Grands: mais vaincus par les François, ils ont bien la hardieffe, que de fe venir foumettre foubs leur puiffance, ayans efprouué que les Chreftiens François ont plus de commiferation, que ceux de leur nation, ce qu'ils fçauent fort bien dire; toutefois quelques graces qu'ils ayent receus de nous autres François, il leur refte en leur cœur toufiours le defir de chercher l'occafion de fe vanger, quoy qu'ils fcachent bien que la guerre a efté commencée par eux, que les François ont efté attaquez, trahis & maffacrez par eux. Ils ont cette maxime entre eux, que s'ils ont commis iniure à quelqu'vn, il faut qu'ils luy oftent la vie & à fa race, craignans que quelque iour quelqu'vn de la lignée n'en vueille prendre vengeance fur la leur; ainfi du plus grand des vices, ils en font la plus grande vertu, qui eft la vengeance & cruauté. Quãd ils font domptez, ils promettent par vn grand difcours des merueilles, en difans qu'ils n'ont plus d'autre meres & d'autres peres que ceux là qu'ils flattent, qu'ils ne tiennent la vie que d'eux, en les appellans Dieu, Ange, & Prophete; bref, il n'y a forte de flatterie, dont ils ne fe feruent pour fe mettre dans les bonnes graces du vainqueur. Au refte ils font grands menteurs, ne s'appliquans à autre chofe qu'à inuenter des menteries. Ils fçauent bien qu'il y a vn Dieu: mais ils ne le prient, ny ne l'adorent, n'ayans ny Temples ny Autels, ils facrifient des bœufs quand il font malades, & qu'ils ont fait quelque fonge que leur fait peur. Où quand ils ont veu en dormans leur pere ou leur mere, ils sacrifient proche leur tombeau quelque beste; dont ils en iettent vn morceau pour le diable & vn autre morceau pour Dieu : tous leurs sacrifices ne sont vne partie que pour manger de la viande : car ils n'adressent à Dieu aucunes prieres, si ce n'est quelque particulier qui sera plus sage & aduisé que les autres, comme sont les Zafferamini & les plus grands d'entre les Noirs, qui par quelque sorte de tradition de leurs ancestres font quelques prieres à Dieu en luy demandant des richesses, des bœufs, des esclaues, de l'or, de l'argent & des choses temporelles; mais pour les spirituelles ils n'y pensent point, ils sont fort adonnez à la paillardise & estiment aussi celuy-là malheureux, qui n'a point de femme, & plus encor celuy qui n'a point de mignonne. Ils ont pluralité de femmes suiuant les moyens qu'ils ont de les nourrir, ce qu'ils appellent *Maupirase*, comme qui diroit faire des ennemis : car les femmes d'vn seul mary s'entre haissent à mort, & par le mot de *mirase*, elles s'entre-appellent ennemies, sans pour cela s'entre-injurier. Si les hommes sont sensuels, les femmes ne le sont pas moins, & ne laissent escouler aucune occasion de passer leur temps, ayans tousiours outre le mary vn ou plusieurs amis, auec qui elles se iouent; & si leur mary les faschent, elles le quittent fort bien, & s'en vont passer leur temps auec qui bon leur semble. Le mary estant trop heureux de les aller chercher.

 Auant que d'estre mariée, elles se iouent tant qu'elles veullent, & se prostituent à tous venans pourueu qu'ils payent, & si vn homme a manqué à les payer elles vont effrontement luy oster sa pagne sans qu'il ose se deffendre: mais il tasche aussi-tost d'appaiser celle qui luy demande le payement, de peur de receuoir affront; Ainsi c'est la coustume de ce païs, que la simple fornication, entre ceux qui ne sont pas mariez, n'est point peché enuers Dieu ny enuers les hommes. Les filles ne voudroient espouser vn garçon qu'elles ne l'eussent esproüué plusieurs fois, & long-temps auparauant. Entre ceux qui sont mariez, l'adultere est seulement reputé vn larcin, & vne injure envers les hommes, dont l'amende se paye comme pour auoir commis vn larcin : mais cette amende n'est point ignominieuse.

La crainte de Dieu n'est aucunement connuë de cette nation qui ne vit que selon la loy naturelle & bestialle: Les petits garçons & les petites filles, se jouent en presence de leurs parens qui s'en rient & qui mesme les incitent à cela. Quelques-fois les petits garçons commettent certaines dissolutions auec des veaux & cabrits en presence de leur parens sans en auoir honte. Les esclaues qui n'ont pas moyen de payer des filles s'accouplent auec des vaches sans punition & sans estre repris. La sodomie n'est point en vsage par cette nation, & leur est inconnuë. Il y a bien quelques hommes qu'ils appellent Tsecats, qui sont hommes effeminez & impuissans, qui recherchent les garçons, & font mine d'en estre amoureux, en contrefaisans les filles & se vestans ainsi qu'elles leurs font des present pour dormir auec eux, & mesmes se donnent des noms de filles, en faisant les honteuses & les modestes.

I'ay interrogé ces sortes de Tsecats & leurs ay demandé pourquoy ils viuoient de la sorte, ils me firent responce qu'en leurs pays ils se vouent dés la ieunesse à exercer cette sorte de vie, qu'ils faisoient vœu de virginité, & que ce qu'ils recherchoient la compagnie des ieunes hommes n'estoit point à mauuaise intention, sans rien commettre de des-honneste: ce que mes Negres & leurs femmes m'ont asseuré. Ils disent aussi qu'ils seruoient Dieu en viuans de la sorte. Ils haïssent les femmes & ne les veulent point hanter.

Les Negres ne font aucune ceremonie de mariage : Il n'y a que les Zafferamini qui font quelque ceremonie ce jour là lors qu'ils se marient auec leur principale femme, & nomment cela par ce mot *Mirachebau*.

Pource qui regarde l'hospitalité, ils l'ont entre-eux, s'entre-assistent de viures les vns les autres, & ne denient point à manger à ceux qui leur en demandent, quand ils en

DE L'ISLE MADAGASCAR

ont le moyen, s'ils mangent, ils departent ce qu'ils ont à tous les autres, & le plus souuent ils ne gardent rien pour eux, estimans cela à honnesteté; ce que pratiquent tant grands que petits, par vne coustume ou inclination naturelle.

Ils sont pour la pluspart paresseux, & pour la moindre infirmité qu'ils ayent, ils demeurent long-temps sans rien faire. Ce qu'ils font & trauaillent, c'est auec grand temps & loisir, le temps ne leur coustant rien; ils plantent des viures la plus part, ce qu'ils en ont affaire pour leur viure, & passer vne partie de l'année, quand ils sont meurs, ils se despeschent de tout manger, & en vendent vne partie: enfin ils ne cessent nuict & iour qu'ils n'ayent tout expedié; puis apres dans la necessité, ils en ieusnent, & en achetent, les payans au quadruple de ce qu'ils les ont vendus, & s'engagent en sorte qu'ils ne peuuent pas deuenir riches: Mais les Roandrian, Anacandrian, & grands Lohauohits n'en vsent pas de mesme: car apres auoir recueilly, ils en gardent pour leur prouision, & en vendent à d'autres pour des bœufs. Et ainsi en peu d'années ils deuiennent bien riches, tel possedent deux & trois milles pieces de bestial.

Ils ont en certaines choses de la vergongne & honte, comme quand leurs filles & femmes sont adonnées par trop à la lubricité, cela leur fait grand honte de leur en parler, & leur reprocher quelque faute qu'ils ayent fait, comme aussi de leur demander combien ils ont de femmes, & si elles sont ou belles ou laides, & comme quoy ils peuuent satisfaire à tant de femmes, c'est leur faire grand affront que de leur dire cela: ainsi qu'il est arriué au fils du Capitaine Rezimont qui fut tué par vn Roandrian, pour luy auoir fait la mesme question. Que l'on passe le temps auec leurs filles, auec leurs femmes mesme, ou leurs parentes, ils n'en sont pas faschez; pourueu qu'on garde le secret, & que l'on ne s'en vante point: au contraire ils aiment vn homme discret, qui en public ne fait pas semblant de regarder la fille, la femme, ou la parente qu'il voit & connoist familierement en secret & en particulier.

Ils se plaisent à railler & gausser, & à faire milles bouffonneries, ayment à entendre des comtes & fables du temps passé, & passent la nuict à les escouter & entendre.

CHAPITRE XXVIII.

Des nombres, poids & mesures, & de leurs manieres de trafiquer.

LEs habitans originaires de Madagascar, comptent ainsi que les Nations de l'Europe depuis vn iusques à dix, & depuis dix, ils adioustent l'vnité & le reste des autres nombres iusques à vingt, & de vingt iusques à cent. De cette sorte *Issa*, ou *iraiche*, vn *roe'* deux, *telou*, trois, *effats*, quatre, *Luui*, cinq, *Enem*, six, *fitou*, sept, *Valou*, huict, *siui*, neuf, *Foulo*, dix, *Iraic Foulo ambi*, ou *Iraiche Amanifoulo*, onze, *Roefoulo ambi*, douze & *Roepoulo*, vingt, *Teloupoulo*, trente, *effats poulo*, quarante & *Zatou*, cent, *ariuou*, mille, *alen*, cent mille ou vn million. Il y a quelques autheurs qui ont escrit qu'ils ne sçauoient compter que iusques à dix; c'est qu'ils n'en ont pas esté bien informez. Il y a bien quelques Negres des Montagnes où deuers le païs des Machicores, ou ils ne plantent ny cultiuent, qui ne sçauent point compter, ainsi que parmy nos païsans en France, il s'en trouue beaucoup qui surpassent les Madecases en rudesse & ignorance. Lors qu'ils veulent comter les hommes d'vne armée, ils obligent les hommes de passer vn à vn par vn passage estroit en presence des principaux chefs, & de poser vne pierre chacun en vne place, & quand ils ont tous passé, ils comptent toutes les pierres de dix en dix, qu'ils adioustent ensemble : puis les dixaines de dix en dix, & les centaines iusques à ce qu'ils soient à la fin de leur nombre, ainsi que nous comptons de l'argent sur vne table de cinq en cinq pieces.

Les poids, dont il se seruent, sont à la façon des nostres. Ils ne passent point la dragme ou gros, ils ne se seruent de l'once ny de la liure, ces poids ne sont que pour peser l'or & l'argêt. Pour les autres choses, ils ne les pesent point. Le gros, ils le nomment *Sompi*, le demi gros, *Vari*, la scrupule ou denier *Sacare*, la demi scrupule ou obole, *Nanqui*, les six grains, *Nangue*, le grain ils ne le nomment point.

Les mesures sont diuerses, la mesure de Ris, qu'ils nomment *Troubahoüache*, (comme qui diroit le boisseau du Roy) Et *Moncha*, ou *Monka*, qui est vne mesure qui contient six liures de Ris Mondé. *Voule*, c'est vne mesure qui en contient demi liure. Il y a encore vne mesure qu'ils nomment *Zatou*, comme qui diroit vn cent, qui contient cent voules de Ris, dont on mesure le Ris entier. Et ces cent voules peuuent bien reuenir à vingt-cinq liures de Ris Mondé, lors que la mesure est bonne; d'ordinaire le cent de Ris ne reuient qu'à vingt liures de Ris Mondé; d'autant que ce qui en est cassé & rompu, c'est pour la femme qui le bat dans le mortier de bois, ce qu'ils nomment *Mongue*, & nous du son.

Il y a vne autre mesure qu'ils nomment *Refe*, ce que nous appellons brasse, dout ils mesurent leurs pagnes, leurs cordes, & autres choses qui se mesurent par la longueur. Ils n'ôt aucun vsage d'aulne, & moins encor de pied de Roy, ils se seruent de la main pour mesurer les empans.

Ils ne mesurent point les terres par arpens: car celuy qui veut planter en deffriche suffisamment ce qu'il en a besoin dans l'espace du païs qui luy appartient. Les prairies ou lieux marescageux propres à semer du Ris, se mesurent par la quantité de Ris que l'on y peut semer; Ce qu'ils nomment *Horrac*, ce sont les terres les plus cheres vers le païs de Carcanossi. Du costé de Manghabé & Ghalemboule, ils ne sement point de Ris dans les marescages, mais dans les montagnes & vallons, où il vient bien meilleur & est de bonne garde, & plus nourrissant, & n'en sement point dans les *Horracs*. La cause de cecy est que le climat est attrempé de pluyes, & là les terres ne sont suiettes aux seiche-

M.

resses contraires aux Ris, qui ayment les eaux & l'humidité. Le païs de Carcanossi qui est hors de la Zone-torride, est sujet à la seicheresse; ce qui fait que les riss y sement dans les *Horracs*, & non dans les plaines & montagnes.

Quand au traficq & commerce qu'ils ont les vns auec les autres, il ne se fait que par eschange, ils n'ont aucun vsage de monnoye: les merceries & verotteries que les Chrestiens leurs portent, leurs seruent de monnoye; quand ils vont en païs long-tain acheter des bœufs, du cotton, de la soye, des pagnes, du fer, des Sagayes, des haches, des coutteaux, & autres choses dont ils ont besoin. Ils eschangent du cuiure pour de l'or & de l'argent, & du fer, & font ainsi leur negotiation par eschange. S'ils ont quelques pieces de monnoye d'or & d'argent, ils les font fondre pour en faire faire des menilles ou brasselets, ils n'ont pas encores la connoissance du commerce: ainsi que les Indiens, Arabes, & Europeens; c'est pourquoy ils negligent de rechercher les choses qui sont chez eux, que l'on y va chercher de si loing. Ils estiment plus vne menille de cuiure, que la plus belle piere brute. Et ils se mocquent des François quand ils leurs disent d'en chercher & d'en apporter, ce qui fait que l'on n'a pas encor descouuert grande chose, quoy que par quelques eschantillons que i'ay veu, il y a des Saphirs, des Rubis, des Esmeraudes, & de belles Aiguemarines, des premiers ie n'en ay veu qu'vn meschant Saphir brut, qui ne vaut pas cinq sols, & quelques petits Grenats, Rubis & Esmeraudes parmy le sable d'vne riuiere. Dans la pluspart de ce païs ils mangent la cire auec le miel, les bœufs, les moutons, & les cabrits auec leurs cuirs. Et vers le Nord de l'Isle, ils jettent la soye, & en mangeut le ver, lors qu'il est en febue. Ils bruslent l'ambre-gris dans leurs sacrifices, & vers le Sud ils ne daignent pas le chercher ny le ramasser sur le riuage de la mer.

Celuy qui a affaire de cotton porte du ris ou mene du bestial au lieu où on en cultiue, & celuy qui a du cotton & a besoin de ris, va porter du cotton autre part vendre, si on ne le va chercher.

Celuy qui a besoin de quelque chose le va chercher où il y en a en abondance & à bon marché il n'y a ny foire ny marché, la foire est où il y a abondance de quelque chose plus qu'en vn autre païs; là le cours y est, là chacun en enuoye faire sa prouision; les vns s'addonnent à faire de l'huille de Palma Christi, qu'ils nomment *Tanhetanhe*, les autres celuy de Sesame, qu'ils nomment *Menachil*, les vns s'adonnent à planter du cotton en abondance, les autres à forger du fer & de l'acier, les vns à faire des plats de bois, les autres à faire des plats & pots de terre; & ainsi chacun s'entre-ayde par son industrie & par son trauail.

Chapitre XXIX.

Des auortemens d'enfans, delaißemens, & abandon aux bestes sauuages.

DE toutes les superstitions qui se pratiquent par les plus barbares nations du monde, celle par laquelle la nation de Madecasse reiette, delaisse, & abandonne cruellement ses enfans, est la plus impie & abominable: Cecy se pratique en beaucoup de façons, tellement que ie ne m'estonne pas, si cette Isle, la plus grande & la plus fertile du monde, n'est pas si peuplée; d'autant que dès le ventre de la mere, ou dès la naissance, ces pauures innocentes creatures sont condamnées à perdre le iour, auant que de l'auoir veu ny connu; & ainsi sont subjettes aux folles fantaisies, & superstitions des *Ombiasses*, ou *Ompisichilts*, qui conseillent aux peres de delaisser leurs enfans, & les faire porter par quelque esclaue malheureux, loing du village dans les broßailles & buißons, ou dans les bois à l'iniure du temps, du froid, & à l'abandon des chiens, cochons, ou autres bestes, qui les deuorent; qui sont quelquefois vne iournée à crier & se plaindre; & meurent le plus souuent de froid ou de faim, où sont cruellement deuorées. Le sujet pourquoy les peres & meres abandonnent ainsi leurs enfans ; c'est lors qu'ils naissent en vn mauuais iour, mauuais mois, ou mesme mauuaise heure, & le plus souuent, lors que le miserable Ombiasse à Squillé, s'il void que la figure de Squille ne soit pas à son gré, il dit que l'enfant sera meurtrier de son pere & de sa mere, sera malheureux toute sa vie, & enclin à toute sorte de mal, & que par ainsi il le faut abandonner ; quoy qu'il soit né en bon iour & en bon mois. Les mauuais mois sont principalement le mois d'Auril qu'ils nomment *Saffare*, & le mois qu'ils nomment *Ramauaha*; lors qu'ils ieusnent : & dans tous les mois le huitiesme iour de la Lune, qu'ils nomment *Assarouta*, & le dernier quartier qu'ils nomment *Alacossy*: & de toutes les sepmaines, le Mercredy & le Vendredy, & des heures, celle qui est gouuernée par vn mauuais *Vintang*, c'est à dire, signe & par vne mauuaise Planette. Ainsi ces nations-cy comptent plus de la moitié de l'année de mauuais iours. Il y a quelques vns plus humains, & qui ont plus de tendresse pour leurs enfans, qui les ayans abandonnez, donnent charge à leurs esclaues ou à quelqu'vn de leurs parens, de les aller aussi-tost prendre pour les faire allaicter. Ils ne les tiennent plus pour leurs enfans, & appartiennent à celuy qui les esleue ; ainsi que i'en ay veu plusieurs ; d'autres se contentent de faire des *falis*, sur lesdits enfans, sacrifient des bestes & des coqs, & les enferment quelque demie iournée dans vne caze à poule ; afin, disent-ils, d'oster la malignité de la constellation qui domine sur l'enfant, autrement, si on le laissoit viure ; ou si on ne faisoit ces ceremonies, l'enfant feroit quelque iour parricide & volleur, addonné à toutes sortes de meschancetez, si bien, disent-ils, qu'il est meilleur de l'estouffer désa naissance, que de le laisser viure, & croyēt asseurement qu'en faisant cela, qu'ils gaignent autant, que s'ils tuoient vn serpent ou vn scorpion, ou la beste la plus dangereuse.

Si aussi vne miserable esclaue, qui n'est point mariée accouche, & qu'elle soit negligée de son Maistre, elle ne feindra point de jetter son enfant à la riuiere ou l'enterrer tout en vie ou l'estrangler, pour s'en deffaire, ne voulant pas auoir la peine de le nourrir; si la femme a esté bien malade en sa grossesse, & en accouchant, le plus souuent en accuse l'enfant, elle commandera qu'on l'estrangle, & qu'on l'enterre, disant, qu'il faut que son enfant soit meschant, d'auoir esté cause qu'elle a esté ainsi malade. Si la fille d'vn Roandrian, auant que d'estre mariée, se joüe auec vn Negre, ainsi qu'elles font toutes sans exception, elle se fait auorter estant grosse, ou bien estant accouchée; elle fait mourir son enfant, ou bien si l'enfant est noir comme le pere qui l'aura engendré, ou qu'il aye les cheueux frizez, il est aussi-tost condamné à mourir, ou si la miserable a peur que ses mamelles soient trop grandes, qu'elles soient cause que son galand ne l'aime plus tant elle se fait auorter, ou bien fait incontinent mourir son enfant ne voulant pas auoir la peine de le nourrir.

Il y en a quelques vnes qui n'en font pas de mesme, mais peu, qui les donnent à nourrir secrettement au loing à quelque Negresses qui leur sont sujettes; toutesfois peu eschappent. A Manghabei, ces sottes coustumes se pratiquent de mesme & par tout cette Isle, & ont d'auantage, que si vne femme meurt en mal d'enfant, ils enterrent l'enfant viuant auec la mere, disans, qu'il vaut mieux qu'il meure, puisqu'il n'a plus de mere pour le nourrir & esleuer: Ainsi le diable à son Empire amplement estendu en ce païs qui se fait par cette nation rendre autant d'honneur qu'à Dieu: mais, encor par preference en se faisant faire la premiere offrande.

Chapitre XXX.

Milice du pays & façon de faire la guerre, auec leurs manieres de juremens, quand ils font quelque accord, paix, ou alliance.

EN guerre cette nation ne sçait ce que c'est de se battre en champ de bataille, ny moins d'assigner le iour du combat à son ennemy, ne voulant rien entreprendre qu'à jeu seur, lorsqu'ils ont quelque entreprise à faire, ils s'assemblent secrettement, & taschent à surprendre leur ennemy au despourueu, quand il n'y pense pas sur le point du iour apres auoir marché toute la nuit ; & quelquesfois huit iours auparauant par des chemins destournez dans les bois, ils attaquent le village de leur ennemy en l'enuironnant de tous costez, en faisans tous des cris horribles & effroyables, & entrent ainsi dans le village, en tuans grands, petits, femmes, filles, & vieillards, sans espargner les enfans qui sont à la mamelle, qu'ils deschirent en pieces comme bestes enragées, puis quand la grande fureur est passée ils emmenent esclaues tout ce qu'ils trouuent, & peuuent prendre : mais les enfans du grand sont tous tuez, obseruans cette maxime, d'exterminer la lignée de leur ennemy, de peur que les descendans ne se puissent quelque iour venger sur les leurs, s'ils en laissoient viure quelques vns. Si dauanture celuy qui est attaqué à loisir d'assembler ses gens, & s'il se sent du courage, il viendra se ruer auec eux sur son ennemy, & là il se fait vn grand carnage, si celuy qui est attaqué ne prend la fuite, ce qui arriue le plus souuent.

En temps de guerre ils enuoyent souuent chez leur ennemy des espions pour sçauoir en quel estat, où est le principal village, & où sont les bœufs, (car en ce temps là ils changent leur ancienne demeure, & mettent leurs bœufs dans les montagnes en des lieux de difficile accez.) Ils enuoyent des coureurs de vingt, trente & quarante hommes pour piller des petits villages, & enleuer du bestial, & des prisonniers, ce qu'ils appellent *Souuoue*, & font mettre le feu aux villages qu'ils surprennent, quelquesfois non, de peur que la fumée, & le feu qui se voit de loin, ne soit cause de faire assembler ceux du païs, qui en les poursuiuans leur pourroient coupper chemin, ce qu'ils appellent par entr'eux *Tafichemantbi*, c'est a dire armée noire, ou secrette. Ces coureurs d'ordinaire sont ceux qui portent les *Auli* & *Moussaues*, c'est à dire charmes & carracteres dans le païs de l'ennemy, ayans croyance que ces sornettes, donneront bien du mal à leur ennemy, leur osteront le courage de se deffendre, les feront mourir de maladie: enfin seront la cause principale de leur perte & deffaite, & à eux leur donneront du courage, & leur apporteront toute sorte de bon-heur: ainsi qu'à nous autres François ils ont fait par l'espace de quatre ans, ayans empoisonné nostre puits, & remply de mille ordures & vilennies, si bien que la puanteur de l'eau nous la plutost fait delaisser, que la crainte de leurs sortilleges, dont nous nous sommes tousiours mocquez. Ils ont apporté proche de nostre habitation de petits cercueils pleins de papiers escrits, & de mille ordures meslées parmy des œufs pondus le Vendredy tous couuerts d'escritures Arabesques (que quelque François n'ont point fait de difficulté de manger, estans tous frais pondus) & milles autres badineries, jusques à des pots de terre cruds & remplis d'escritures, dehors & dedans, lesquels ils laissoient, ou au milieu du chemin, ou dans nostre cimetiere, où jettoient dans nostre puits. Toute cette nation a si grande croyance à cela, tant ceux qui s'en seruent, que ceux sur qui ils les employent hormis nous. que si dans dix ans apres il leur arriue maladie, cheute, ou accident, ils l'attribuënt aussi-tost aux sortilles de leurs ennemis.

Il y a beaucoup de grands en cette terre qui ne font point la guerre à leurs voisins pour auoir esté par eux offencez:

mais seulement à cause qu'ils ont bien des bœufs, & qu'ils sont riches, disans hautement que ceux là sont leurs ennemis qui ont beaucoup de bœufs. C'est ce qui m'a meu d'enuoyer des François à la guerre pour des Seigneurs du païs, afin de les deffendre contre leurs ennemis, qui les opprimoient & inquietoient pour semblable sujet.

Ainsi c'est par ce moyen, que cette terre est si depeuplée: Car si le païs estoit gouuerné par police & loix, & qu'il y eust vn Seigneur puissant & redouté qui eust le moyen & la force de faire obseruer la Iustice, cette Isle-cy en peu de temps deuiendroit la plus peuplée du monde, estant aussi fertile qu'il y en aye sur terre. Elle n'est pas cultiuée à la milliesme partie qu'elle deuroit estre.

Leurs armes sont differentes selon les Prouinces. A Androbeizaha ils se seruent d'vne grande Sagaye de large fer & long, bien affillée, & portent dix, douze ou quinze d'ardilles qu'ils nomment *Fitorach*, & la grande sagaye se nomme *Renelefo*, comme qui diroit mere sagaye ou iaueline. A Manghasia, ils se seruent d'vne rondache & d'vne grosse sagaye forte qu'ils nomment *Coubahi*, comme tous ceux qui sont jusques à Manghabei ou les sagayes sont longues côme demies picques de France, & la rondage vne fois plus grande & plus forte que deuers le Sud. Aux Ampatres, Mahafalles & Machichores, ils sont armez comme à Androbeizaha, & aux Manamboules, ils portent la rondache & vne grosse sagaye à large fer, auec cinq ou six autres dards ou iauelots nommez *Sembelahé*, & ceux-cy sont les mieux armez & les plus hardis de tous, comme aussi aux Anachimoussi, Eringdranou, & Vohits-Anghombe.

Vers la riuiere de Manangourou quatre lieuës de de-là Ghallemboulou, il y a vne lignée qui se sert de l'arc & de la fléche, ils sont quatre ou cinq cens hommes qui sont fort redoutez. I'en ay apporté vn arc & vne trousse de fléches. Quand ceux qui portent des dardilles, se battent, comme font ceux du costé du Sud: c'est de loing en iettant leurs dardilles. Ceux de Manghasia, & en allant vers le Nord, iusques au bout de l'Isle, se battent

battent pied à pied, auec vne seule Sagaye, se parent de la rondache, & attendent leur ennemy de pied ferme. Ce que craignent ceux qui portent des dardilles; car ayans tout ietté, ils n'osent en venir aux mains, n'ayans pas dequoy se parer, comme ceux qui portent des rondaches; & ainsi ils cherchent leur salut par la vitesse de leurs pieds. Ceux de Manamboulle se battent de loing & de prés, y ayant tel qui aura quelque fois cinq ou six *Sembelahe*, ou jauelots fichez dans sa rondache. Ceux-cy sont les plus forts de tous, & les plus hardis: mais auec toute leur hardiesse, il faut qu'ils cedent aux armes à feu, qui les tuent bien au trauers de leurs rondaches. En ce battans, ils n'obseruent ny bataillon, ny rang, ny aucun ordre, ils se battent en confusion, suiuant l'animosité & caprice en laquelle ils sont, en faisans milles gambades & grimaces, en chantans iniures à leurs ennemis: en le menaçant pour l'espouuanter, & lors qu'ils ont tué quelqu'vn, ils font des cris espouuentables, & il n'y a pas iusques au plus chetif esclaue qui ne trempe sa Sagaye dans le corps du mort qui demeure gisant percé ainsi qu'vn crible.

Lors qu'ils ont querelle ou dispute, ils s'entre-embrassent & luitent à qui se renuersera par terre, & se serrent auec les bras de telle façon, que quelquefois ils s'entre-estouffent, ce qui s'appelle *Mitoulou*. Les femmes & enfans en vsent de mesmes, quand ils ont dispute ensemble.

Dans la Prouince d'Anossi ou Androbeizaha; Amboule, Machicores, Mahafalles, & és enuirons, les villages ne sont point clos; afin disent-ils, qu'estans attaquez, ils ayent meilleur moyen de fuyr & de s'eschapper de l'ennemy, ie croy que c'est plustost par paresse qu'autrement: mais aux Ampastres, Matatanes, Manamboulle, & tous les autres Prouinces de l'Isle, ils sont clos & fermez de bons pieux: en sorte que l'on n'y peut entrer que par la porte.

Cependant que les hommes sont à la guerre, iusques à ce qu'ils soient de retour, les femmes & filles ne cessent iour & nuit de danser, ne couchent & ne mangent dans leurs cases. Et quoy qu'elles soient tres-enclines à leurs voluptez ; ce neantmoins elles ne voudroient pas pour quoy que ce soit au monde auoir affaire à vn autre homme, pendant que leur mary est en guerre, croyans fermement, que si cela leur arriuoit, leur mary y seroit ou tué ou blessé. Elles croyent qu'à force de danser, cela donne des forces, courage & bon-heur à leurs maris; ainsi elles ne se reposent gueres durant ce temps-là, qu'elles obseruent tres-religieusement.

Lors que quelque Grand se sent foible, ou qu'il n'a pas dessein de continuer la guerre, il enuoye quelques-vns de ses gens vers son ennemy pour luy demander la paix auec quelque present qu'il luy enuoye, & là il luy demande le iour pour s'entre-voir, ou bien l'autre enuoye aussi de son costé de ses gens pour luy faire sçauoir sa volonté, en enuoyant les Ambassadeurs auec presens. Le iour assigné, ils se rencontrent sur le bord d'vne riuiere auec chacun tous leurs gens & soldats, comme estans prests à se battre, tuent chacun vn Taureau, & s'entre-enuoyent chacun vn morceau de foye, qu'ils mangent, en presence des deputez de part & d'autres, en faisant de grandes protestations, & disans, que s'ils ont dessein de plus faire la guerre, de s'entre-enuoyer prendre des bœufs, trahir leurs gés & manquer à leurs paroles, faire porter des sorts & empoisonnement dans leur terre, que le foye qu'ils mangent presentemens l'vn & l'autre, les puisse faire creuer, que Dieu ne les assiste iamais, qu'ils puissent estre reduits à neant par leurs ennemis, & que leur lignée puisse faillir en eux : mais si c'est vn autre qui ne puisse pas soustenir contre son ennemy, & qu'il demande la paix, il faut qu'il se soumette sous luy, & apres auoir enuoyé de ses gens chez l'autre pour luy demander sa parole, il s'y en ira luy-mesme, & le vainqueur donnera à manger du foye au vaincu, pour l'obliger à luy demeurer fidelle, & ainsi ils se mettent en repos les vns & les autres ; & toutes-fois le plus souuent ils font ces sermens pour s'entre-mieux trahir par apres ; c'est pourquoy nonobstant leurs iuremens ; ils se tiennent tousiours sur leur garde.

Il y a diuerses manieres de iuremens entr'eux, les vns donnent à manger du foye de Taureau seulement, les autres donnent auec le foye, du *Manrecketse*, qui est de quelque sorte d'herbe ou racine, qui est poison, & fait mourir celuy qui en mange, & donnent cela à manger à quelque esclaue qui a desrobé, quand il n'y a point de preuue : mais quand il y a grande coniecture & soupçon. En certains lieux, ils font des aspersions d'eau sur ceux qui iurent, pour intimider les plus simples, qui croyent, que s'ils manquoient à leurs sermens, il leur arriueroit malheur. A d'autres qui sont soupçonnez d'auoir desrobé, ils touchent la langue sept fois auec vn fer tout rouge, & tout en feu, & s'il n'est bruslé ils le croyēt innocent. Ils en contraignent d'autres de prendre auec la main vne pierre au fond d'vn grād pot sur le feu plein d'eau boüillante ; & c'est vne espece de question pour descouurir la verité de ceux qui sont soupçonnez d'auoir vollé, ou d'auoir eu affaire aux femmes des Grands.

Il arriue encor souuent des procez, differens & querelles entre les particuliers, soit pour le bestial qui entre dans les plantages ou *Horracs*, qui sont plantez & semez, soit pour auoir eu affaire aux femmes d'autruy pour les auoir débauchées pour des paroles, faux rapports mesdisances, & iniures ; dont de tout il y a amende qu'ils nomment *Saze*, pour auoir emprunté, soit beste par *Timbouheme*, soit ris par *Sintac*, soit pour auoir cueilly des ignames : & mesme si vn Negre passe par dessus vn autre qui est assis à terre, ou par sur ses iambes sans luy parler, ou s'il crache par mesgarde sur autruy, il sera *Koasaze* c'est à dire, amendable.

Ce qu'ils appellent *Timbouheme*, c'est que quand vn Negre tuë vne beste grasse, il la partage en six, sept, huict, ou dix parts, & en donne vne part à chacun qui en veut, & au bout d'vn an celuy qui en a eu donne au maistre de la beste, vn veau de six mois, qui aura les cornes grandes comme le petit doigt qu'ils nomment *Vari*, & ce suiuant la conuention qu'ils auront fait ensemble, ceux qui ont mãgé de la beste sont solidairement responsables les vns pour les autres.

Et s'il arriue qu'vn ou plusieurs meurent sans auoir moyen

de payer, La femme & les enfans demeureront esclaues du creancier, & d'an en an, la debte croist iusques à ce qu'ils se soient rachetez en acquittans la debte auec les interests.

Le *sintac* de ris est de payer quand le ris est meur, quatre paniers dans la saison du ris pour vn que l'on a emprunté. Cette nation a perpetuellement des differens & procez les vns auec les autres, si bien que s'il y auoit en ce païs des chicaneurs bien adroits, ils y feroient bien leurs affaires, & se sçauroient aussi bien ruiner en procez les vns les autres, ainsi qu'en Europe.

Il arriue assez souuent qu'ils se battent dans les villages: mais à coups de poing, & font le *mitoulou* qui est la luite tant hommes contre hommes, que femmes contre femmes, & ce seulement les gens de basaloy.

Les Grands, s'ils ont des differens ensemble, il y a aussi-tost des amis de part & d'autre qui s'entremettent pour les accorder.

CHAPITRE XXXI.

Funerailles.

LEurs funerailles se font de la sorte. Les parens plus proches du mort lauent le corps bien soigneusement, le parent de menilles, oreillettes & colliers d'or, garny de corail & autres ornemens. l'enseuelissent auec deux ou trois, iusques à sept pagnes des plus belles qu'ils ayent selon leurs qualitez ; puis l'enueloppent d'vne grande natte, lors qu'ils le portent dans le tombeau. Auparauant tous les parens, amis, suiets, & esclaues du deffunct, viennent pleurer dans la maison à l'entour du corps, aux pieds duquel & à la teste, ils allument vne chandelle nuict & iour. Cependant les ioüeurs de tambours iouent, & plusieurs femmes & filles dansent vne danse serieuse au son des tambours, lesquelles à leur tour, vont pleurer dans la maison, puis retournent à la dance, & tour à tour les hommes viennent faire l'exercice : ainsi se passe la iournée. Ceux qui pleurent dans la maison, recitent les loüanges du deffunct, en tesmoignans estre bien faschez de sa perte, & luy parlent comme s'il estoit viuant, en luy demandant le sujet pourquoy il s'est laissé mourir, s'il auoit manqué de quelque chose, s'il n'auoit pas de l'or & de l'argent, du fer, des bœufs, des plantages, des esclaues, & de la marchandise à souhait, (comme si la mort estoit dependante de sa volonté) & apres auoir pleuré le corps iusques au soir, on tuë les bœufs, dont on distribuë la viande à toute l'assemblée. Le lendemain l'on transporte le corps enfermé dans vn fort cercueil, fait en forme de coffre de deux souches de bois creusez, bien iointes, le portent au cimetiere, dans vne maison faite de charpenterie assez bien faite, & le mettent six pieds auant en terre sous cette maison, en mettans aupres de luy vn panier, vn cassot à prendre du tabac, vne *Louuie* ou escuelle de terre, vn petit rechaut de terre à brusler du parfum quelque pagne & quelque ceinture, & ainsi ils ferment la maison, deuant laquelle ils plantent vne grande pierre de la hauteur de douze à quinze pieds ; puis sacrifient plusieurs bestes, dont ils en laissent la part au deffunct, au diable, & à Dieu ; & l'espace de huict ou quinze iours les parens enuoyent par des esclaues à manger au deffunct, & luy faire des recommandations comme s'il estoit viuant, ils attachent à l'entour du tombeau sur des pieux les testes des bestes qu'ils ont sacrifiées, & de temps en temps les enfans y viennent sacrifier quelque beuf, demander aduis au mort de ce qu'ils ont affaire, en luy disans. Toy qui est maintenant auec Dieu, donne nous conseil de cecy & de cela. Les sermens les plus solemnels qu'ils font, sont sur les ames de leurs ancestres : s'ils deuiennent malades, & qu'ils tombent en frenaisie, aussi-tost les plus proches du malade, enuoyent vn Ombiasse querir de l'esprit au cimetiere, qui y va la nuit, & fait vn trou à la maison qui sert de sepulchre, en appellant l'ame du pere du malade, il luy demande de l'esprit pour son fils ou sa fille qui n'en a plus, & tend vn bonnet au droit du trou, r'enferme ce bonnet, & s'en court promptement au logis du malade, en difant, qu'il tient vn efprit & s'en vient promptement mettre le bonnet fur la tefte du malade, qui eft affez fol, pour dire par apres qu'il fe fent bien foulagé, & qu'il a recouuert fon efprit qu'il auoit perdu dans fa maladie, & commande que l'on donne recompence à l'Ombiaffe.

Lorsqu'vn grand meurt loin de fon pays ils luy coupent la tefte pour la porter en fa patrie, & le corps ils l'enterrent où il eft mort, & s'il eft tué en guerre ils l'enterrent fur le lieu où il a efté tué : quand il y a paix, ils le defterrent pour le transporter en vn *Amounoucque*, ou cimetiere proche de fes anceftres, ils tondent les grands eftans morts & aux femmes ils mettent vn bonnet.

Chapitre XXXII.

Loix, Police & Couftumes.

LA nation Madecaffe n'a aucune loy efcrite. Tout ce qui fe fait, & ce qui fe pratique, c'eft par vne loy naturelle : dont elle en nomme trois fortes, fçauoir, *Maffindili*, qui eft la loy du Prince, *Maffinpoh*, la Loy naturelle d'vn particulier, qui n'eft autre chofe que fa façon d'agir, & *Maffintane*, qui eft la loy où la couftume du païs. La Loy du Prince qui s'explique par ce mot de *Maffindili*. C'eft vn mot compofé de *Maffin*, qui fignifie loy ou Couftume, & de *Hadili*, qui fignifie deffence. Les Princes, Seigneurs, ou grands du païs ont des hommes ou officiers qui font deftinez pour les foulager dans les commandemens qu'ils ont à faire à leurs fujets, foit pour retirer leurs droits, *Fahenze*, ou tributs, foit pour commander aux maiftres des villages de faire faire les couruées, pour faire labourer leurs *Horrach*, pour faire baftir leurs maifons qu'ils renouuellent au moins de dix en dix ans, pour auertir vn chacun de fe tenir preft, pour aller à la guerre en deffenfiue ou en offenfiue, pour fe treuuer aux affemblées, festes & ceremonies, & au conseil du Prince quand il veut deliberer quelque chose d'importance. Ce sont ceux que l'on nomme *Ompanghaics*, qui sont d'ordinaire les riches *Voadziri* ou *Lohauohits* qui ont cette charge.

Ceux que l'on envoye pour faire quelque Ambassade l'on les nomme *Ompitoh*, & ceux que l'on commande pour faire quelque harangue qui sont *Ompizacque*, se sont les plus sages & les plus advisez qui sont ou *Rohandrian* ou *Anacandrian*, ou bien quelques riches *Voadziri*, ceux qui ne vont faire que quelque message, l'on les nomme *Ompanghalalan*.

La loy du Prince est sa volonté fondée toutefois sur la raison, qui est de rendre la Iustice à vn chacun, en jugeant les differens luy mesme, ou bien par quelqu'vn de ses plus proches, de chastier ceux qui font tort aux autres, par les facultez & par des amendes, de punir les larrons au quadruple, en cas qu'ils ayent moyen de payer ou de trouuer quelque personne qui payent pour eux ; sinon de mort, si c'est pour chose d'importance ou bien d'estre esclaues de celuy à qui on a derobé, le plus souuent ils tüent les larrons sur les champs, quand ils sont attrappez sans forme de procez. L'interessé luy-mesme en fait la Iustice, sans qu'il soit besoin de le mener au Prince : car ils tiennent qu'il n'y a non plus de mal de tuer vn volleur qu'vn serpet venimeux, qu'vn rat, qu'vn scorpion, & qu'vn animal qu'ils nomment *Farase*, qui est vne espece de renard qui ne se contente pas de manger les poules : mais il tuë aussi toutes celles qui ne peut pas manger.

Les adulteres sont punis de grosses amendes, & les femmes sont quelques fois tuées par leurs maris ou bien chassées : mais cela n'empesche pas qu'elles ne se seruent de l'occasion, quand elle la treuuent, & elles sont assez adroites pour cacher leurs amours, ayant des femmes esclaues confidentes qui sont au guet.

Ils ont souuent differens pour leurs terres & *Horras*, lesquels se decident par le Prince, & aussi pour les dommages que les bœufs des autres dans leurs Ris, mil, ou champs labourez. Cette amende, ils la nomment *Tacobane*. Ils saisissent les bœufs & vaches pour en faire payer le dommage du tort qu'ils auront fait. Si vn esclaue a esté voir la femme d'vn autre esclaue, qui ait vn autre Maistre, il faut qu'il en paye partie du *saze* ou amende au mary & autant au maistre de l'esclaue. Les femmes mariées & qui ont fait diuorce auec leur maris, si cependant qu'elles sont hors d'auec luy elles viennent à auoir des enfans d'vn autre homme, ces enfans sont reputez appartenir au mary iusqu'à ce que la femme se soit remariée à vn autre du consentement de son mary, qui ne permet point qu'elle se remarie qu'elle ne luy ayt rendu son *tacq*, qui veut dire le doüaire qu'il a payé au pere de sa femme, lors qu'il l'a prit en mariage.

Massinpoh, c'est la façon d'agir d'vn particulier en ses actions, en son parler, en son marcher, en ses gestes & en sa maniere de viure, comme aussi en toutes les choses qu'il fait & entreprend, surquoy ie ne m'estendray point d'auantage, en ayant traitté quelque chose aux chapitres precedens.

Massintane, c'est la Coustume d'vn païs en general & en particulier, qui passe pour loy tres-asseurée dans tous les euenemens qui y arriuent dans la façon de planter les viures, de bastir les villes, les magazins & maisons dans la maniere de viure, de faire la guerre; des resiouïssances publiques, des danses, exercices & autres choses qui sont aussi diuerses, comme il y a de Prouinces dans toute l'Isle, dans laquelle il n'y a qu'vne langue; & toutefois de differentes prononciations & manieres de parler.

Cette coustume est si ancienne, que celle du Prince n'est fondée que sur celle-cy, en sorte qu'il ne la peut pas mesme changer. Si le Prince commandoit quelque chose à ses subiets qui fust contraire à celle-cy, ils luy remonstreroient incontinent que ce n'est pas la coustume de leurs ancestres. Et qu'ainsi ils ne pourroient pas executer ce commandement, à quoy le Prince n'a point de replique. Cette coustume est tellement enracinée qu'ils ne la changeroient pour quoy que ce soit au monde. Ce qu'ils ont
apris

apris de pere en fils, ils l'eſtiment plus que ce que l'on leur pourroit enſeigner, comme en la façon de cultiuer la terre, ſi l'on leur dit qu'il la faut beſcher bien profond, ou la labourer auec la charruë, ils ont pour repartie que ce n'eſt pas la couſtume de leurs anceſtres. Comme auſſi en la façon de ſe veſtir, il leur eſt impoſſible de ſe ſeruir de chauſſes, de ſouliers, de pourpoint, auec le collet: ils eſtiment plus la pagne, & la ceinture, que noſtre façon de ſe veſtir. Il y a quelque mauuaiſe couſtume qu'ils ont, qu'ils changeroient bien, comme celle d'abandonner leurs enfans quand ils ſont nez en vn mauuais iour, celle meſme d'auoir pluſieurs femmes, ils la quitteroient facilement, en receuant le Chriſtianiſme, qu'ils deſirent tous ſans exception, qui eſt la meilleure choſe que l'on y puiſſe eſtablir. C'eſt pourquoy l'on deuroit enuoyer ſouuent des Nauires en cette Iſle, auec des Preſtres zelez & affectionnez à cet eſtabliſſement qui n'euſſent autre ſoing, ny autre penſée qu'à cela, ſans ſe meſler du commerce, ny des choſes temporelles, ſous quelque pretexte que ce ſoit, auſquels on donnaſt des terres pour faire cultiuer pour l'entretien de leurs maiſons. Ce qui eſt tres-facile à faire, d'autant qu'vn Gouuerneur auroit grand plaiſir à voir aduancer la Religion, & contribueroit de ſon coſté à l'eſtabliſſement d'vne maiſon & d'vn ſeminaire pour inſtruire les ieunes enfans, auſſi bien que ceux qui ſont vieux & aduancez en âge. Comme il y a quelques grands Maiſtres de villages & Seigneurs des Prouinces qui ont pluſieurs femmes, leſquelles ſont filles d'autres Seigneurs leurs voiſins, qui ne pourroient pas les renuoyer, ſans qu'ils euſſent grande guerre contre eux, qui ſeroit cauſe de beaucoup de maux qui arriueroient dans leurs païs, Ie penſe qu'il ſeroit à propos de les laiſſer viure ainſi, pourueu qu'il n'y euſt que cela qui les peuſt empeſcher de receuoir le Bapteſme, d'autant qu'ils aiment eſgalement leurs femmes, dont ils ont le plus ſouuent des enfans de toutes. A l'aduenir ils prometroient de n'en plus prendre d'autres, & que leurs enfans quitteroient cette couſtume d'auoir pluſieurs femmes, laquelle ſeroit bien-toſt non ſeulement

O

abolie: mais en horreur parmy eux.

Les femmes ne leurs couſtent pas ſeulement à auoir, à conſeruer, & à maintenir dans leur deuoir: mais bien dauantage à appaiſer quand elles ſont en ialouſies les vnes des autres: pourquoy elles ſont en continuelles querelles, leſquelles il faut que le mary appaiſe par preſens, qui faut qu'il face aux vnes & aux autres, qu'il face de la deſpenſe tant à ſacrifier des bœufs, qu'à payer les Ompiſichilles, & à les faire iurer pour les rendre bonnes amies à l'aduenir, lors qu'il n'y a qu'vne femme, il n'en eſt pas ſi empeſché, & le meſnage en va bien mieux.

Chapitre XXXIII.

De la Chaſſe & de la Peſche.

Cette nation ne prend plaiſir à aucun exercice violent du corps, ny meſme à la promenade, ſoit au ſuiet de diſſiper les humeurs ſuperfluës, ſoit pour le paſſetemps, ayant deuant les yeux cette maxime, que les choſes qui donnent de la peine & de la fatigue, ſont pluſtoſt ſuiets de deſplaiſir & faſcheries, que de paſſe-temps & contentement. Ils ſe mocquent de nous, quand nous nous promenons les vns auec les autres, diſans que nous ſommes bien fols de nous laſſer ſans ſujet; & quand ils voyent vn François ſeul ſe promener ils croyent qu'il eſt bien faſché, & qu'il a quelque mauuais deſſein. Si on les voit aller à la chaſſe, ce n'eſt pas pour le plaiſir & contentement, qu'ils en puiſſent prendre: mais pour l'vtilité qu'ils en peuuent receuoir; ainſi les voit-on aller à la chaſſe aux ſangliers, non pas pour en manger: car la plus part n'en mangent point; (ſi ce ne ſont les chaſſeurs, encores rarement:) mais pour ſe vanger, & pour taſcher d'exterminer ces beſtes qui leur mangent & gaſtent leurs viures; & quoy qu'ils ſoient bien clos auec de forts pieux, le cochon ne laiſſe pas de ſauter par deſſus, s'ils ſont bas, ou paſſer par deſſous, en faiſant vn trou dans la terre auec son groin. C'est le fleau des ignames, *oumines* & ris, & quand ils sont en maturité, ainsi que ie l'ay esprouué aux miens. Les chasseurs de cochon sont ordinairement des esclaues ou des ontsoa : car ces Grands ne s'amusent point à cela, reputás cet exercice pour des esclaues. Le chasseur a deux ou trois petits chiens qu'il a instruicts à poursuiure le cochon, & lors qu'il en a apperceu les fouillures, il suit à plus pres sa piste auec ses chiens, qui courent deuant, lesquels l'ayans rencontré, l'arrestent à force d'aboyer & de le mordre par la queuë, le cochon s'arreste sur son cul, en leur monstrant les dents, le chasseur vient aussi-tost qui les tuë à coups d'vne grosse Sagaye. Lors qu'il a de grands chiens il n'en manque point : mais le plus souuent nos chiens qui sont hardis y sont attrapez par ses deffences, ainsi qu'il y en a eu desia plus de douze qui y ont passé : les petits chiens de ce païs, qui sont comme des renards, s'en sçauent bien donner de garde.

Il y a des Negres qui prennent des pintades auec des fillets, des cailles, & des perdrix dans des bruyeres, & haziers, des canards, des cercelles, des poulles d'eau, & des sirires, dans les eaux, & sur le bord des eaux, auec des fillets ausquels ils en attachent d'appriuoisées, pour appeller les autres (ils appellent ces oyseaux appriuoisez Mamitac, qui signifie, traistres.) Ils prennent d'autres oyseaux à la glu, comme sont les petits *foulimenes*, & les *sarauaza*, qui font bien du tort à leurs ris & à leur mil. Le tout se fait plustost pour l'vtilité que pour recreation : car ils prennent fort peu de plaisir à cela, si ce ne sont de petits garçons en se joüant, qui mesme sont assez adroits pour prendre les cailles à la course.

La pesche s'y fait dans les riuieres, dans les estangs, & dans la mer. Celle qui se fait dans les riuieres se fait auec des rets en forme de seine, & aussi auec des paniers en forme de nasse, auec quoy ils prennent grande quantité de poissons, comme Zombon, Anguerres, & autres excellens poissons, dont les riuieres, foisonnent en abondance. Ceux qui peschent à la mer s'en vont à vne lieuë vers l'eau dans de petits canots & auec des panniers, prennent quantité de petits poissons qui leur seruent d'amorce à prendre les gros; quelquefois aussi ils en prennent auec la Sagaye, à quoy ils sont fort adroits. Ils peschent aussi à la ligne dans leurs canots & sur les roches qui sont sur les bords de la mer, ils en prennēt facilement, & en grande quantité. Ces pescheurs m'ont dit qu'au temps passé leurs ancestres peschoient des Baleines: mais qu'à present il ne se trouue plus d'hommes qui osent & sçachent l'entreprendre.

CHAPITRE XXXIV.

Ieux, Passetemps, Chansons, & Danses.

Ils ont le Ieu d'*Androuue* & le Ieu du *Fifangha*. Celuy d'Androuue, c'est auec de certaines coquilles fortes qu'ils trouuent au bord de la mer, qu'ils font pirouëtter en les poussans d'vn peu loing contre d'autres qui sont en Ieu. Tous les hommes grands & petits sont fort aspres à ioüer à ce Ieu, & ils y perdent bien quelque fois des bœufs.

Le *Fifangha* est vn Ieu d'esprit, comme l'autre est d'adresse, il tient du Ieu de Dame & du Tricquetrac, on iouë auec de certain fruits ronds qu'il nomment *Bassy*, sur vne tablette de bois, où il y a trente-deux trous en quatre rāgs, seize seruans à vn ioüeur, & seize à l'autre. Il faut auoir chacun trente-deux Bassi : Ce Ieu est assez recreatif. Les premiers trous ou cases marquez A, sont les premiers *Chibou*, dont il y en a quatre. Ces cases marquées B, sont les seconds *Chibou*, dont il y en à aussi quatre. Celles qui sont marquées D, sont les cases de derriere ou de dehors, qui sont seize.

L'on iouë auec soixante & quatre boulettes que l'on nomme *Bassy*, lesquelles on met en vn ou deux reseruoirs qu'il y a à vne ou aux deux extremitez du Ieu, l'on peut iouër aussi auec des iettons.

L'on garnit premierement les douze cases du milieu de

Reservoir *Jeu du Fifangha.* des Bassi.

Reservoir des Bassi.

DE L'ISLE MADAGASCAR.

chacun vn *Baſſy*, auec les quatre ſeconds *Chibou* : puis le premier ioüeur porte vn *Baſſy* dans vne des caſes du milieu des deux ſeconds *Chibou* qui ſont de ſon coſté, & prend le *Baſſy* dans la caſe oppoſite à celle ou il a placé ſon *Baſſy*, & le porte dans vn des deux premiers *Chibou*, qui ſont de ſon coſté. L'autre ioüeur a vn baſſi en ſa main & le place dans vn des deux *Chibou*, ou vne des quatre caſes du milieu, qui ſont de ſon coſté, & prend le *Baſſy* de la caſe oppoſite, & le porte à vn des deux premiers *Chibou* qui ſont de ſon coſté.

Le premier ioüeur prend vn baſſi dans le reſeruoir & le place dans vne des caſes de ſon coſté, & prend le baſſi oppoſite, & le porte au premier chibou de ſon coſté, & s'il y a vn baſſi dans le chibou oppoſite, il le prend auec ceux qui ſont dans ſon premier chibou; puis en porte vne dans le ſecond chibou, qui eſt de ſon coſté, & porte vn autre dans vne caſe & le dernier qu'il a en ſa main dans la caſe qui ſuit, & ſi en l'oppoſite il y a vn baſſi, il le prend & le porte dans le premier chibou qu'il a de garny.

Le ſecond ioüeur en fait de meſme de ſon coſté, & quand les chibou & caſes de voſtre coſté ſont degarnies, vous auez perdu, & de meſme à l'oppoſite, & cela s'appelle *Camou*.

L'on ne peut iamais porter de baſſi dans vne caſe où il n'y a rien, comme auſſi quand il y a à prendre, on eſt obligé de prendre : mais ſi les caſes à l'oppoſite de celles où vous auez des *Baſſi*, ſont degarnies, & que les autres caſes de voſtre aduerſaire qui ne ſont pas oppoſites à celle qui ſont garnies deuant vous, ſoient garnies, vous faites lors *Mamoueatſrha* : c'eſt que vous portez vn *Baſſi* dans vne de vos caſes garnies, & vous prenez auec celuy que vous y auez mis tous les *Baſſi* qui y ſont, & en portez vn à droict ou à gauche, comme voudrez dans la caſe prochaine, l'autre enſuiuant, iuſques à ce que le dernier *Baſſi* ſoit poſé s'il y a vn *Baſſi*, ou pluſieurs dans cette derniere caſe, vous enleuez encores tout, & en garniſſez vne caſe enſuiuant, comme vous auez commencé : & ſi vous eſtes au premier

Chibou de ce costé là, & qu'il vous en reste dans la main, vous les portez aux cases de derriere, & s'il y en auoit tant en vostre main, que toutes les cases de derriere fussent garnies chacune de ceux que vous y auriez mis, vous porterez le reste au premier *Chibou* suiuant, en continuant iusqu'a ce que vous ayez trouué vne case vuide où vous laissez le dernier *Bassi*, & cela s'appelle *Mandre*, c'est à dire dormir ou se reposer.

Le jeu est assez recreatif, & s'apprend plus facilement en iouant que de parole.

L'on peut au lieu de *Bassi* iouer auec des jettons.

Les chansons & danses sont autant differentes comme sont les Prouinces, & par tout le païs cette nation aime fort à chanter & danser; & ce qu'il y a de remarquable en eux, c'est qu'ils ne chantent rien de dissolu, & leurs danses aussi sont assez serieuses, quoy qu'ils fassent en dansans des postures assez ridicules. Toutes leurs chansons sont ou en se gaussans de quelque homme ou femme, ou bien en loüans d'autres, ou en chantans les hauts faits de leurs ancestres.

Ils chantent, ou en dansans ou en tenans vn *valihan*, qui est vn petit monocorde, ou bien en iouans d'vne *voulle* ou grosse canne où il y a six cordes, ou en iouans sur *l'herrauou*, qui est vn monochorde auec vn archet.

Leurs chansons ne sont aucunement musicales: mais du costé de Manghabei leurs airs ont quelque sorte de melodie aux Matatanes, ils se seruent d'vne certaine sorte de fluste.

Ils dansent en Garcanossi en tournoyans & marchans les vns apres les autres, en obseruans vne certaine cadence & demarche; soit au son des tambours, soit aux chansons en respondans tous à deux ou à quatre qui commencent la chanson: & les hommes qui sont les danseurs font milles postures de balet qui incitent à rire vn chacun, & le tout en obseruans la cadence de la chanson; en d'autres endroits ils tiennent vn baston à la main, & se manient d'assez bonne grace; à Manghabei ils ont vne autre façon de danser assez ridicule, & ne dansent que deux femmes à la fois, les hom-

DE L'ISLE MADAGASCAR. 111

mes ny dansent point à ce que i'ay obserué.

Le joüeur d'*herrauou*, c'est celuy qui est le plus escouté, lequel ne recite que des choses serieuses, & le plus souuent des fables du temps passé, & sera vne nuit entiere à discourir & chanter sans hesiter : Toutes les femmes aiment fort à chanter, & sur quelque action ridicule de quelque personne font incontinent vne chanson.

CHAPITRE XXXV.

Viures du pays & de la culture de la terre.

LEs habitans du païs tant blancs que noirs sont tresmal propres en mangeans, quoy que leurs viures & viandes soient tres-nettement & proprement apprestées. Les Roandrian & Anacandrian seuls dans le païs d'Anossi, & aux autres païs qui ne sont point Zaferamini les grands seulement coupent la gorge aux bestes. Les Roandrian mangent auec les Roandrian, les Anacandrian auec les Anacandrian ; les Lohauohits auec les Lohauohits, & les Ontsoa auec ceux de leur sorte, & les esclaues mangent leurs restes, & ne m'angent iamais auec leurs maistres : Les Roandrian ne mangent iamais auec les Anacandrian, ny mesme vne femme Roandrian mariée auec vn Anacandrian ne voudra pas que son mary mange auec elle & ainsi des autres. A Manghabei c'est vne autre coustume, car les esclaues mangent auec leurs Maistres, & les Maistres, ne font point de difficulté de manger auec eux.

Leurs viures ordinaires sont ris, feves *voanzourens* ou petits pois, *voenzou, ou mimes*, autrement *voamitsa, osecque* : Ignames de plusieurs sortes, choux caraibes qu'ils nomment *sonzes, varuattes*, bœufs, moutons, cabries, poules, chapons, poules de guinée qu'ils nomment *acanga, strires*, , canards, *rassanghes, tendracs*, qui sont petits porcs espics ; jamais de cochon, si ce n'est les chasseurs du païs qui en mangent auec toute leur famille ; poiſſons de mer & d'eau douce de diuerſes ſortes, huilles de ſezame, & d'ouï au des fruicts de diuerſes ſortes comme bananes de diuerſes façõs, *voxtaca*, *lamouttes*, *voarots*, *wounattes*, *lataſſés*, *facoh*, des fruicts de *ſatre*, cocos, & des cannes de ſucre : Ils viuent auſſi dans la famine de certaines racines qui croiſſent dans les eaux & dans les bois comme ſont les *Ouuirandre*, les *Ouuienpaſſo*, & *Ouuirouzes*, qui ſont aſſez agreables à manger. Tout ce païs eſt tres-fecond & produit extremement ; mais les habitans ſont ſi pareſſeux, ainſi que i'ay dit cy-deſſus, pour la pluſpart qu'ils ne plantent pas plus qui leur faut pour leurs viures ; leurs repas ſe font d'ordinaires le matin & le ſoir. Mais les Zaferamini n'en ſont pas de meſme ; car ſouuent ils font de petits repas & ragouſts 5. ou 6. fois le iour ; ce ſont d'ordinaire les femmes qui ont le ſoin de faire appreſter le boire & le manger.

Leur boiſſon ordinaire eſt de l'eau chaude ou le boüillon de leur viande quand ils en mangent ; ils font du vin de miel, dont ils en ont en tres-grande abondance en Carcanoſſi : mais ils n'en boiuent qu'en leur Miſſauatſi & Ceremonies. Vers les Matatanes & en tirant vers le Nord ils font du vin de cannes de ſucre qui eſt tres-excellent : mais il n'eſt pas ſi agreable que le vin de miel ; d'autres en font de cannes de ſucre & de miel tout enſemble : En Carcanoſſi ils mangent ſeulement les cannes de ſucre n'en ayans pas beaucoup, quoy que s'ils en cultiuoient elles viendroient à merueilles & ſeroient tres-excellentes. Ils aſſaiſonnent leur viande auec le gingembre & les fueilles d'ail ; ils ont du poiure blanc qu'ils ne connoiſſent pas bien encor, ayans opinion du commencement qu'il a eſté connu que ce fuſt poiſon, maintenant ils commencent à en eſtre deſabuſez.

L'agriculture de cette nation eſt d'autre façon qu'en Europe : ils ne ſe ſeruent, ny de charuë, ny de bœufs à labourer, vne ſerpe & vn *fangali* ou petite beſche de fer leur ſuffit à cela. La hache pour coupper les grands arbres, la ſerpe pour les eſbrancher, & le *fangali* pour peler la terre :

en

en couppans simplement les racines des petites herbes, & renuersans les racines contre-mont. Apres auoir couppé les arbres & buissons, ils y mettent le feu, quand ils sont secs, & qu'il fait grand vent: puis apres quand la pluye vient, ils plantent leurs ignames & viures. Le ris du costé de Manghabé se plante par tout, grain à grain, & le recueillent espy à espy, mais du costé d'Anossi, le ris se plante d'vne autre façon, & les terres se labourent par les pieds des bœufs, c'est dans des lieux marescageux qu'ils appellent *Horracs*, où les bœufs enfoncent iusques au ventre, pour renuerser les herbes, & quand elles sont pourries, l'on seme sur la bourbe le ris qui y vient à merueilles. Il y a de deux sortes de ris, sçauoir le *Varemanghe*, & le *Vatomandre*. Lesquels se sement ensemble l'hyuer: mais sur dix paniers de *Varemanghe*, l'on ne mesle qu'vn panier de *Vatomandre*. Le *Varemanghe* est meur au bout de cinq mois, qui est en esté, & lors le *Vatomandre* commence à pousser: puis au bout de cinq autres mois il est meur. Si bien qu'en vne mesme semaille l'on fait deux moissons, & le plus souuent le *Vatomandre* produit plus que le *Varemanghe*. Du *Varemanghe*, il y en a de plusieurs sortes, sçauoir du ris qui est barbu comme l'orge, d'autre qui n'est point du tout barbu, d'autre qui est rougeastre, d'autre qui est bien blanc; celuy qui est rougeastre, a vn goust aigret, comme le seigle, & le blanc est plus agreable au manger. Toutes les especes de ris sont tres-bonnes à manger, d'vn bon goust, & sont vn bon aliment.

Des ignames il y en a de plusieurs sortes, sçauoir les *Ouuifoutchi*, qui sont les plus excellentes. Les *Soabés*. Les *Campares*, & les *Ouuiare*, toutes se plantent de mesme façon les vnes que les autres, en couppans vne grosse *Ouuifoutchi* en dix ou douze morceaux, ils la plantent à trois pieds l'vn de l'autre dans terre, les autres se plantent de mesme, plus elles sont grosses, plus ils font de morceaux, chaque morceau n'en produisant qu'vne ou deux le plus souuent.

Les *Oumimes* sont petites racines grosses comme le pouce, qui sont fort bonnes à manger, vne en produisant plus de cinq cens. Celles-cy se plantent à trois pieds l'vne de l'autre, & toutes entieres, elles sont huict mois en terre ainsi que l'igname.

Les *Voandzou*, se sont especes de feves qui viennent sous terre, vne semée en produira pour en manger plein vne grande escuelle chacune à son escorce.

L'agriculture de ces gens-cy n'est pas si difficile qu'en France, chaque plantage a son maistre, ainsi que les *Horracs*, pour lesquels ils ont quelquesfois bien des differends; comme aussi des bonnes terres à planter des ignames. Les pauures Negres plantent dans les Costeaux des montagnes, où ils ont bien de la peine à cause du cochon qui leur mange leur racines. Pourquoy empescher, ils les gardent nuict & iour, & leur font la chasse aussi, aux despens de la vie de leurs petits chiens qui arrestás le cochó à force d'abboyer, le Negre vient aussi-tost auec vne grosse Sagaye, dont il le tuë, & le couppe en morceaux pour le donner à manger à ses chiens. Le ris ne donne pas moins de peine à garder pour les oyseaux & les cochons : c'est pourquoy il y a tousiours des Negres qui gardent, soit les ris, soit les autres viures. Il n'y a aucune terre dans toute l'Isle qu'elle n'ait maistre, & c'est vn abus de croire, qu'il n'y a qu'à y choisir de la terre pour la cultiuer. Les Grands & Seigneurs des Prouinces sont aussi ialoux de leur honneur qu'autre part, qui ne permettent iamais que l'on s'approprie le moindre coin de leurs terres, sans leur demander de bonne grace.

Chapitre XXXVI.

Description des Plantes.

POur descrire les Plantes qui croissent dans l'Isle de Madecasse, ie commenceray par les Plantes qui seruent à la nourriture, & premierement par le ris.

Il y a deux especes de ris, l'vn qui se nomme *Varemanghe*, & l'autre *Vatomandre*. Le *Varemanghe* se diuise en

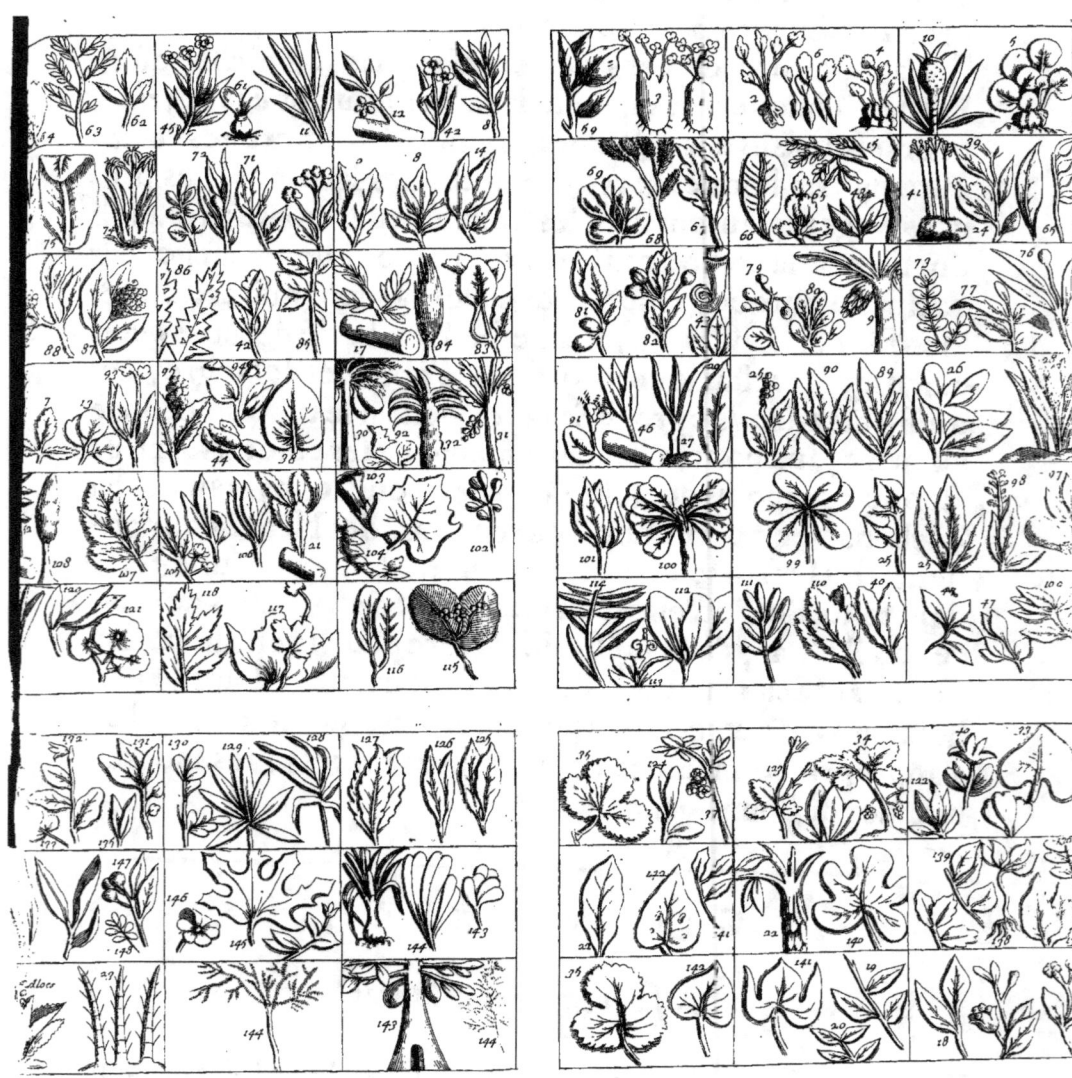

quatre sortes, dont de deux sortes, l'vn est barbu, l'autre ne l'est point, & des deux sortes, le ris est fort blanc. Des deux autres sortes, le ris est couuert d'vne petite pellicule rouge, qui le rend rougeatre estant cuit, & ce ris est vn peu suret, ainsi que le seigle en France, & vne sorte est barbuë, & l'autre ne l'est point.

Le Vatomandre est vne espece de ris, qui ne vient qu'en hyuer, & qui est plus menu que l'autre, & a vn goust de suret.

Il y a encor vne espece de ris qui se nomme *Varehondre*, c'est le *Varemanhe* mesme: mais il change de nom, à cause du temps auquel on le plante, qui est en esté, pour le recueillir en hyuer, mais il ne produit pas tant, & il ne se cultiue que lorsque le ris a manqué, ou que les Sauterelles ont gasté le ris.

Il y a plusieurs especes d'ignames qu'ils nomment *Ouui*. Il y a des *Ouuifoutchi*, des *Soabei*, des *Cambares*, des *Ouuiharen*, les *Ouuifoutchi* sont les meilleures de toutes, & les plus cheres. Les *Soabei* suiuent apres, qui sont aussi blanches, & les *Cambares* aussi, dont il y en a de deux sortes, les vnes violettes, & les autres blanches, qui sont tres agreables au goust.

1. Les *Ouuifoutchi* viennent tres-grosses, quand elles sont en bonne terre, & il y en a qui viennent aussi grosses que le corps d'vn homme. Autresfois Dian Tseron m'en a enuoyé vne que deux Negres portoient en *Tacon*, & en estoient bien chargez, communement elles viennent grosses comme la cuisse; & de celles là il en faut cent ou cent cinquante pour vne vache. Les *Soabei* ne sont qu'à la moitié grosse de *Louuifoutchi*.

2. Les *Cambares* & *Ouuihare* sont de mesme grosseur, & il en faut cinq cens pour cent *Ouuifoutchi*, d'vn morceau d'*Ouuifoutchi* planté, il en viendra quelquefois deux, & d'ordinaire vne seulement: mais des *Cambares* & *Ouuihare*, il en viendra trois & quatre dans vne mesme piece.

3. Les *Ouuihare* sont les moindres & les moins cheres qui sont bonnes aussi: mais elles multiplient dauantage que les

autres, & portent plus de profit au maistre qui en nourrit ses esclaues. Pour les planter, on les couppe en 4. en 8. ou 10. & 12. morceaux que l'on met en terre dans vn trou à 3. pieds l'vn de l'autre, & au bout de 8. mois elles sont meures.

Il y a vne autre espece de racine qui s'appelle *Offeque*, se sont espece d'*Ouui*, mais qui sont fort ameres, ces gens-cy les font tremper & boüillir pour oster leur amertume; puis les vendent ainsi. Les Negres en sont fort friands, quelques-vns apres en auoir osté l'amertume, les font seicher au Soleil iusques à ce qu'elles soient dures comme du bois; & ainsi elles se gardent vn an & deux ans & plus, sans se gaster, & estans cuittes, elles reuiennent dans l'eau & se ramolissent en sorte qu'elles sont tres-agreables.

4. Il y a d'autre espece d'Ouui qui s'appellent *Mauondre*, qui sont tres-agreables au goust, dont en vne plante il y aura quelquefois dix & douze racines. L'on ne les couppe pas pour les planter non plus que les *Offecques*, elles sont grosses comme vn œuf de poulle, elles ont le goust de marons, mais plus sauoureuses, & chargent moins l'estomach, elles ont vne petite peau qui est amere pardessus.

Il y a d'autre espece d'Ouui qui se nomment *Valeue*, ou *Triats*, qui sont comme les *Soabei* & les *Ouuiharen*.

Il y a encores d'autres sortes d'*Ouui*, lesquelles viennent naturellement sans cultiuer, comme sont les *Ouuienpasso*, *Ouuirandre*, *Ouuidambou*, les *Fanghits*, *Valaye*, *Fandre*, *Hombouc*, & autres sortes de racines que ces gens cy mangent, & cherchent quand ils ont la famine, ou que leurs viures sont manquez.

Les *Ouuienpasso*, ce sont des racines grosses comme le bras, & longues d'vne brasse, elles sont aussi bonnes au goust que les *Cambares*, quand elles sont en maturité, elles se trouuent dans les bois sur le bord de la mer.

Les *Ouuirandre* se sont petites racines grosses seulement comme le poulce, qui sont aussi tres-bonnes à manger, elles se trouuent dans les estangs, c'est vne herbe dont la feuille est longue comme la main, & large de deux doigts.

Les *Ouuidambou*, c'est la racine d'vne sorte de vigne come

celle qui croiſt à ſainte Marie elle porte des raiſins noirs approchãs du gouſt du muſcat; mais aſpres à la bouche, le bois en meurt tous les ans, ce n'eſt qu'vne herbe, les feuilles ſont ſemblables aux feuilles de vigne. Le gouſt de la racine en tres-mauuais, & de dure digeſtion, il n'en mangent qu'en la grande famine.

Vahalaye, c'eſt vne eſpece de racine d'vne rampe qui vient dans les pays des *Ampatres*, *Machicores* & *Maafales*. Elles deuiennent groſſes comme la teſte d'vn homme; elles ont le gouſt de poire de bon-chreſtien, l'eſcorce griſe, elles ſe mangent crües & cuittes. Les *Ompilampes*, les Machicorois & Maafallois ne cultiuent point la terre. Ils n'y a que les Grans; Mais le peuple ne vit que de ces racines, & d'autres que ie diray apres, & de laittages, ils en trouuent à ſuffiſance pour leur nourriture, elles viennent tres-groſſes.

Les *Fanghits* ſont d'autres racines qui viennent monſtrueuſement groſſes, quelques vnes ont le gouſt doucereux: mais moins agreable que la *Vahalaye*, & ſont plus humides. Elles appaiſent, & la faim & la ſoif tout enſemble, il s'en trouue de plus groſſes qu'vn homme: Elles ſe mangent crües & digerent facilement, en prouoquant les vrines, elles ont l'eſcorce rougeatre, & elles croiſſent ſoubs vn petit buiſſon.

Fandre eſt vne rampe dont la racine eſt bonne à manger, comme auſſi celle du *Hombouc*, de ces racines viuent les *Ompilampes Ompezles* qui ſont gens qui ne cultiuent ny ne plantent point, ce ſont proprement ſauuages qui viuent dans les bois, & fuyent la conuerſation des autres hommes, ce ſont pauures gens qui ont eſté ruinez par les guerres, qui ayment mieux viure comme cela, que de planter & faire des maiſons & villages. Il y a beaucoup de ces gens-cy en cette terre: mais ils ſe cachent & fuyent la compagnie des autres hommes. Les Negres les tuent quand ils les attrappent: Car ils diſent qu'ils derobent leurs beſtiaux & mangent leurs viures.

Sonzes ce ſont les choux *caraibes* dont les fueilles ſont rondes, & si larges que de quelques vnes l'on en pourroit faire vn parasol, ces fueilles estant cuittes auec de la viande ont goust de choux, la racine a aussi bon goust que le cul d'artichaut en France.

6. *Houmimes* ou *Voamitsa*: ce sont petites racines grosses comme le pouce qui multiplient extremement, car d'vne plante, il en viendra plus de deux cens, elles approchent le goust de naueaux.

Tantamou est la racine de l'herbe nommée *Nenuphar* en France, dont celle-cy a la fleur violette, le goust en est tres-bon, & les hommes & les femmes en sont fort friands, par ce qu'elles prouocquent à luxure, au lieu que celle du *Nenuphar* blanc, la reprime, qui s'appelle en ce païs-cy *Lazelaze*, celuy qui a les fleurs jaunes s'appelle *Talifouc*, des racines de trois especes cette nation cy fait sa nouriture, & les font cuire dans l'eau ou dans la braize, ainsi que nous faisons les chastaignes.

Ampembe c'est le grand mil qui vient d'vne picque de haut, il s'en cultiue icy en quantité, qui vient en maturité au mois de Iuin il est de dure digestion.

Voaughenbe ce sont petites feves lesquelles estant vertes sont assez agreables, & en maturité aussi: mais de dure digestion, l'on les seme en Iuillet, & trois mois apres elles sont meures, & apportent trois fois & en grande abondance, ce son especes de phaseoles, *Voandsourou*, ce sont petits poix qui ne sont guere plus gros que de la vesse. Ils sont aussi bons que les meilleurs poids verts de France, ils multiplient fort, & se plantent & recueillent en mesme temps que les feves.

Herb. p. — *Antac*, ce sont espece de phaseoles qui sont assez bons.

Herb. p. 13. — 7. *Vaandzou*, c'est vne espece de feves qui multiplient fort, mais le fruict est dans la terre, & est dans chacune sa gousse ou coque. Les fueilles de l'herbe sont trois à trois comme vn trefle, il n'y a point de souche ny tiges, ny branches, si ce n'est la tige des trois fueilles, ie les nomme feves souterraines.

Herb. p. 23. — 8. Les *Varuattes* que l'on nomme *Ambaruatsi*, C'est vne

DE L'ISLE MADAGASCAR. 119

plante qui reſſemble au geneſt d'Eſpagne, & fleurit de meſ-me, & porte vne gouſſe dans laquelle eſt enfermée vne pe-tite graine ſemblable à la veſſe, & a aſſez bon gouſt ainſi que les *Voandſourouc*; cette plante rapporte ſept ans: des fueilles de cette plante ſe nourriſſent les vers à ſoye; vers le pays d'Alfiſſach, & elle vient haute ainſi qu'vn petit ceriſier de France.

9. Les Bananes en pluſieurs païs ſeruent d'vne grande nourriture ainſi qu'aux Manambouſles & Icondre. Il y en a de pluſieurs ſortes. Il y en a qui ont le fruict gros & long comme le bras, qu'ils nomment *Ontſi*, à Mang-habei *Fontſi*, d'autres qui ont le fruict gros comme la moitié du bras, d'autres qui ne ſont pas plus groſſe qu'vn bon pouce, d'autres qui ſont petites qui ſe nomment *Acondre*, dont tel regime ou grappe en apportera bien vn cent, & ſont vertes en couleur, ſoit nouuelles, ſoit en-ciennes; d'autres qui iauſniſſent en meuriſſant: d'autres qui jauniſſent, ſoit vertes, ſoit meures, & elles ſe mangent cuittes. Dans la famine & en tout temps les racines de Ba-nares ſeruent à ces gens-cy de nourriture. Aux *Eringdranou* ils font des pagnes de fil de bananier qui ſont les fillamens de la tige: Ces pagnes ſont aſſez belles & ſemblent eſtre de ſoye. Le ſuc qui ſort de la queuë du regime teint les mains en noir comme de l'ancre: il eſt fort attringent, l'on cueille le plus ſouuent les Bananes hors de l'arbre auant qu'elles ſoient meures, puis on pend le regime au plancher de la maiſon, & au bout de quinze iours les Bananes ſont meures. C'eſt vne bonne manne en ce païs: car il y a bien des gens qui ne viuent que de Bananes & de laict. Ce fruict eſtant meur & roſti eſt fort nourriſſant. & eſt tres-bon à ceux qui releuent de maladie, ainſi que l'on fait en France des pommes cuittes; Mais il n'eſt pas ſi venteux.

10. L'*Ananas* ſe nomme par ceux de ſaincte Marie, & d'Antongil *Manaſſi*, & dans les Indes orientales par les Eſpagnols *Pignas*, d'autant que ce fruict reſſemble en figure à vne pomme de pin. C'eſt vn fruict tres-agreable

Herb. p. 37.

& qui a le goust de l'abricot quand il est meur. Il est aisé à reconnoistre quand il est meur a son excellente & suaue odeur. C'est le Roy de tous les fruicts; en la contrée du Fort-dauphin il ne vient pas si beau ny si gros qu'à sainte Marie; Mais ie crois que c'est le terroir qui est sablonneux qui en est cause, n'en ayant encor fait planter dans les bonnes terres du païs, où ie crois qu'il viendroit tres-beau, & ce à cause de la guerre que nous auons eu auec les habitans du païs.

Le *Voamanghe* c'est le melon d'eau, dont il y en a de deux especes, l'vn qui a la graine noire & l'autre a la graine rouge, ce fruict est meur en esté, & bien à propos, à cause qu'il est excellent pour estancher la soif pendant les grandes chaleurs.

Le *Voatanghe* c'est le vray melon qui est assez bon, mais vn peu pasteux, cependant mangé auec le miel il est tres-bon. Le melon de France semé en ce païs est tres-excellent, mais à la fin il degenere en pasteux, qui toutes-fois retient vn peu de sa bonne nature.

Il n'y a point de concombres en ce païs.

Voatauefrance c'est la citroüille, il y en a eu grande quantité semblables à celle de France qui sont prouenües de la graine de France que l'on a laissé perdre à cause de la guerre. *Voataue* c'est la gourde ou courge dont il y en a de deux especes comme en France, sçauoir la ronde & la longue. La longue ils la mangent cuitte auec de la viande ou auec du laict lors qu'elle n'est pas encor meure. Estant seiche elle leurs sert de flacons & bouteilles.

11. *Fare* c'est la canne de sucre, il y en a grande abondance aux Matatanes, Manamboulles, Antauares, Ghalemboullou & sainte Marie où l'on pourroit faire bien des sucres; Mais il faudroit des François en grande quantité qui le sceussent cuire. Les habitans s'en seruent seulement à faire du vin tres-fort, moins agreable que le vin de miel, & n'est pas de garde, car au bout de trois iours il est meur: Ce vin a si grande force que si on en laisse du soir au matin dans vn bourgau ou tasse de bourgau

gáu, il la percera & confommera de part en part, ce que ne fera pas le plus fort ius de citron.

12. *Voanato* c'eſt vn fruict d'vn gros arbre qui vient ſur le bord de la mer. La chair de ce fruict eſtant meur eſt paſteuſe, & toutesfois nourriſſante, les habitans la mangent ou ſeule, ou auec du laict, ou auec du miel. L'arbre qui porte ce fruict eſt tres-ſolide & eſt excellent à baſtir, & a vn tres-beau poliment, il eſt rouge & tres-dur, & incoruptible, mais fort pezant.

13. *Vontaca* c'eſt vn fruict qui vient gros comme vn coing, à vne coque de meſme dureté que la gourde ou callebaſſe. Il eſt remply de groſſes graines plattes ſemblables à la noix vomicque, & plus petite. Le ſuc & la chair moüilleuſe qui dedãs eſtant meur, eſt aſſez agreable, & de bonne odeur: Mais n'eſtant pas meur, il eſt deſagreable & dangereux à l'eſtomach, c'eſt ce qu'aux Indes on appelle Cydonium Bengalenſe. I'en ay fait autresfois du vin qui a le gouſt de biere, qui laſche le ventre auec vne grande douceur, & ſans aucune trãchée: quand il meurt le cochon s'en nourrit. *Herb. p. 2.*

14. *Voarots* c'eſt le fruict d'vn grand arbre qui eſt tresbeau à voir, d'autant qu'il eſt tres-haut & branchu depuis le bas en formant vne oualle longue: La fueille eſt ſemblable à l'Oliuier, le fruict eſt d'vn gouſt tres-aigret, & approchant de celuy des ceriſes il eſt gros comme vne ceriſe, ſon noyau eſt gros, ſi bien qu'il y a fort peu de chair. Il y en a de trois couleurs, de blanches, de rouges & de noires, ainſi que les guignes noires: La queuë eſt tres-courte & vient par bouquets. *Herb. p. 29.*

15. *Monte*, c'eſt le Tamarind qui vient tres-grand & tresgros, c'eſt l'arbre le plus beau à voir de ce païs, à cauſe de l'ombrage agreable qu'il rend. Il apporte du fruict en tresgrande abondance, en des gouſſes auſſi grandes que ſont celles des féves de France, l'eſcorce du bois & le bois meſme eſt vn ſingulier remede contre l'enflure & obſtruction du foye, eſtant boüilly dans l'eau, & beüe au repas. Pour la qualité du fruict elle eſt aſſez connuë par les Medecins. *Herb. p. 7.*

Q

16. *Voauerome*, c'est vn fruit violet, menu comme la groiselle rouge, qui est doux & tres-agreable. Il teinct en noir & en violet.

17. *Voalelats*, c'est la meure blanche: mais elle est si sure & si aigre, qu'elle escorche la langue, & fait seigner les genciues. l'arbre n'est pas semblable ny la fueille au meurier blanc de France. Le fruict seulement luy ressemble en figure, il est nommé Voalelats, à cause qu'il blesse la langue de ceux qui le mangent.

18. *Voanounoue*, c'est le fruict du figuier d'Inde qui se nomme *Nounoue*, ses fueilles sont semblables au poirier de France: mais son fruict a le goust & la forme des figues de Marseille, l'arbre couppé iette du laict, l'escorce est bonne à faire des cordages; cet arbre croist extremement haut, & jette de certaines branches qui touchans à terre, prennent encor racine: si bien que i'ay veu vn de ces arbres qui est proche le fort Dauphin, qui a rejetté quatre grosses tronces, chacune estant plus grosse de deux brasses de tour, & de chaque souche il y en a vne autre faite en arc qui est distante de plus de 4. toises de l'autre, chaque souche estant vn arbre des plus hauts & des plus beaux qu'il y aye dans le bois, il y a tel de ses arbres qui a plus de cinquante reiettons qui montent aussi haut que le principal, en sorte que si vne branche touche à terre, elle reprend racine.

Il y a vn autre arbre à saincte Marie sur le bord de la mer, qui iette vn fruict qui n'est pas si tost tombé, qu'il prend aussi-tost racine, & forme vn bois si espois, qu'il est impossible d'y passer, cet arbre se nomme *thiouts*, & le fruict *Voathiouts*. Le *Nounoue* estant cultiué en fait bien de mesme, son bois est mol, & ne vaut rien à bastir: car il est aussi-tost corrompu.

Il y a vn autre espece de figuier dont le fruict est bon, mais petit, ainsi que des cerises, il s'appelle *Nounoue issaye*.

19. *Voaualouts*, nommé *Durion*, dans les Indes il est de tres-bon goust, mais fort pierreux, ainsi que certaines poires en France.

20. *Azonualala*, c'est vn petit fruict rouge, agreable au

DE L'ISLE MADAGASCAR.

goust, gros comme la groiselle rouge, mais non si suculent, c'est vn arbrisseau qui vient en buisson.

21. *Voasoutre*, c'est vn petit fruict gros comme vne poire de muscat qui estant rosty ou bouilli, a le goust d'vne chastaigne, les fueilles sont longues comme celle d'vn Amandier: mais chiquetée de six ou huict chicquetures, à chacune desquelles il y a vne fleur de la mesme sorte & couleur qu'vne fleur de romarin, sans odeur, à la place de laquelle succede le fruict ; ce qui est admirable à voir, que le fruict croisse à l'entour & à l'extremité des fueilles. L'arbre vient haut & est le plus dur bois qui soit en ce païs, & qui prend tres-beau poliment, & la couleur en est tannée, il peut passer pour hebeine grise.

Herb. p. 21.
et p. 53.

22. *Entsasacale*, fruict d'vn arbre grand comme vn Amandier, l'arbre est droit & peu branchu, les fueilles sont semblables à celles du noyer, le fruict est long comme vn baston de casse, & diuisé ainsi par petites cellules, mais tendre, & l'escorce aussi. Il est iaune dehors & dedans, le suc qui en sort est doux & vn peu odorant. Ie croy qu'il peut auoir quelque faculté laxatiue, il y en a de trois especes, sçauoir celuy-cy, l'autre qui est noir dessus, & l'autre gris-blanc, qui ont quatre especes de neruures sur l'escorce. Ce fruict ne naist, ny des branches, ny des fueilles: mais naist sur l'escorce de la souche tout à l'entour d'icelle, depuis le haut iusques en bas, & tient à vne petite queuë, cela est merueilleux à voir, & il semble que la nature se joüe en la procreation des plantes : car ces arbres iettent leur fruict le long de la souche, d'autres de l'extremité des fueilles comme le soutre, d'autres au milieu de la fueille, d'autres iettent leur fruict soubs terre, adherans aux racines comme la *Voandzou*.

23. *Voafontsi*, ou *Voadourou*, c'est le fruict de la plante du balizier, des fueilles duquel on couure les maisons. Ces fueilles estans seiches sont nommées *rattes*, des tiges de ces fueilles que l'on nomme estans seiches, *Falasses*, l'on en fait les parois des maisons, & les *Falasses*, & les *Rattes*, durent six ans, sans se pourrir, les fueilles estans vertes, ser-

Q ij

uent de nappe, d'affiette, de cuilliers & de gobelets à boire. Elles font grandes d'vne braffe, & large de deux pieds. Il y en a quelques-vnes qui ont plus de huict & dix-pieds de haut, fans la tige, qui a quelquefois plus de douze pieds. La plante eft fort belle à voir: car elle croift en forme d'vn pennache, fon fruict vient en façon d'vn grand trochet ainfi que les dattes qui eft long comme vn efpi de bled de Turquie: mais eft enfermé dans vne efcorce dure, & chaque grain gros comme vn poix: eft enveloppé dans vne certaine chair bleuë, dont ils font de l'huille, & du grain il en font de la farine, qu'ils mangent auec du laict. Ce grain ils l'appellent *Voafontfi*, & vient en forme d'vn regime de banane.

Herb. p. 48.

Alamotou, c'eft vne efpece de prunes qui eft de couleur noire, ayãt le gouft de prune quand elle eft meure. C'eft ce qui a fait appeller vne Baye qui eft par le dix-neufiefme degré, & demy à l'Eft de cette Ifle, le Port aux prunes par les Mattelots, à caufe de la grande quantité des *Lamouttes* C'eft en ce Port où nous auons perdu vne Barque chargée de foixante & dix poinçons de ris blanc, les cables, manœuvres, anchres, cordages, & voiles, le tout ayant efté pillé par les habitans du païs. Ce fruict d'*Alamoutou* vient d'vn arbriffeau efpineux, ainfi que la ronce, & a la fueille d'vn prunier, & le gouft de prunelles, il n'y a point de noyau: mais au lieu il y a dix ou douze pepins en forme de noyaux plats fort petits.

Il y a encor vne efpece d'*Alamoutou*, qu'ils nomment *Alamoutou iffaye*, qui font petites comme de groffes finelles: mais ont le gouft de figues, ayans feulement de petits pepins menus & point de noyaux, elles caufent mal de cœur à ceux qui en mangent beaucoup.

Les Grenades douces & aigres viennent icy en quantité: & font dans leur maturité au mois de Nouembre & de Decembre. Elles fe nomment *Voa Romani*.

Les oranges font meures en May, Iuin, Iuillet & Aouft: il s'en trouue auffi en 'autre faifon: mais plus rarement: il y en a comme en France de bigarrades, de liffées, & de pe-

DE L'ISLE MADAGASCAR.

tites qui sont douces & tres-excellentes à manger, que l'on nomme *Voangissaye*, qui sont comme vne grosse prune, & de la plus belle couleur orengée que l'on sçauroit voir; elles viennent par boucquets de dix & douze, & l'arbre en est prodigieusement chargé, quand elles sont bien meures, l'on oste l'escorce qui est mince & tendre, & sa chair a le goust de raisin muscat, toutes se nomment *Voangha*.

Il y a de sept sortes de citrons, les vns sont doux qui se nomment *Voasaremami*, & sont tres-gros & tres-beaux. Il y a le citron commun, le *Voasecats*, qui est vn petit citron, gros comme vne prune, & est aigre, dont l'escorce sent bon; il y a de deux sortes de *Voatoulong*, ce sont citrons musquez & longs, les vns sont gros & les autres petits, puis il y a le *Voatrimon*, c'est vn citron à grosse escorce, qui est cornu & vient gros comme la teste d'vn enfant, l'escorce de celuycy est bonne à confire, comme aussi celle des *Toulongs*. Le citron se nomme *Voasara*.

24. *Voarauendsara*, c'est le fruict de l'arbre nommé *Rauendsara*. L'arbre vient haut & grand comme fait le Laurier en France & plus haut. La fueille ainsi que le Laurier, & plus petite, le fruict est comme vne noix verte dont l'escorce & le dedans ont goust de giroffle, ainsi que l'escorce des rainceaux, & les fueilles aussi ; c'est vne des meilleures espices qui soit en ce païs. L'arbre ne fructifie que de trois en trois ans, & ce qui le rend rare, ce sont les habitans de ce païs, qui pour n'auoir pas la peine de monter dans l'arbre, le coupent par le pied pour en auoir le fruict, & les fueilles, pour mettre cuire auec du gingembre & de la fueille d'ail auec le poisson. Il y a le masle & la femelle, la fleur ressemble au giroffle, & en a le goust, l'odeur & la force. Il croist sur le haut des montagnes.

25. *Lale vitsit*, c'est le vray poiure blanc qui vient sur vne rampe, dont la tige & les fueilles sentent tout à fait le poiure, il y en a si gande abondance en ce païs, que sans la guerre, & s'il y eust eu vn bon establissement de François, l'on eust peu auec le temps tous les ans en charger vn grand

Herb. p. 24.

herbier. pag. 1.

Nauire: car les bois par tout & à Manghabei en sont remplis, c'est la pasture des tourterelles & des ramiers, il est meur au mois d'Aoust, Septembre & Octobre.

L'Isle de Bourbon ou Mascareigne, en est toute pleine: mais ie n'ay point encor aperceu de poiure noir, à Mascareigne il y a des arbres de *Cubebes*, que l'on nomme aux Indes poiure à queuë ou musqué.

26. *Longouze*, c'est le fruit que l'on nomme en Medecine, *Cardamomum maius*. Le fruict est rouge comme escarlate, a vne chair blanche & aigrette qui est tres-agreable, & la graine qui est noire est nommée par nous grande Cardamome, il y en a vers Ghalemboullou & Saincte Marie vne si grande quantité que l'on en pourroit faire la charge d'vn Nauire en vn an de temps, en le traittant par gamelées ainsi que le ris.

27. *Sacauiro*, c'est le vray gingembre qui vient tres-beau & bon: mais non en si grande quantité que l'on croiroit, à moins que l'on ne le cultiuast ; au bout de trois ou quatre ans, ils s'en pourroit faire grande quantité.

28. Il y a vne autre *Sacauiro* qu'ils nomment *Sacauiro d'Ambou*, comme qui diroit gingembre de porc, ce que l'on nomme en Medecine *Zedoaria*, il s'en pourroit charger grande quantité par an: car il multiplie fort, & vient par tout dans les montagnes.

29. Il y a le *terra merita* nommé *tametame*, c'est le *cucurma* ou *crocus Indicus*, la racine est comme le gingembre, & est jaune comme le saffran, elle sert aux teintures, est bonne dans les sausses, & a goust de gingembre, non si fort. Il s'en peut beaucoup cultiuer, c'est bonne marchandise pour la France.

Tongoulou, c'est l'ail qui vient tres-bien icy, comme aussi fait l'eschalotte aux Matatanes & à Mananzari.

Le pourpié sauuage vient en grande quantité qu'ils nomment icy *Taicombelahe*.

Le pourpié de France, la laictuë, & la chicorée, viennent & grainent bien.

L'Oignon ny les nauets ne grainent point, c'est pourquoy

nous en auons perdu la race.

Les choux n'y grainent point; l'on prouigne les rejettons, les reforts viennent & grainent bien aussi.

La moutarde vient en grande quantité, & se nomme thonguet, l'aneth y vient aussi, & le bled de Turquie.

30. Le Cocos que l'on nomme icy *Voaniou*, n'est pas icy en grande abondance. Les habitans de cette terre content vne histoire sur la nomination de *Voaniou*. Ils disent que cet arbre autrefois n'estoit point connu icy: mais que par cas fortuit la mer ayant ietté sur le sable vn de ces fruicts, qui ayant pris racine dans le sable au bout de vingt ou trente ans, crût en vn bel arbre qui estoit agreable à voir. Et qu'vn iour le Roy du pays où la mer auoit ietté ce fruict, s'estoit endormy sous cet arbre, qu'en dormant vn de ces fruicts s'estant meur, luy estoit tombé sur la teste, & l'auoit tué, si bien que ses sujets le pensans resueiller, le trouuerent mort, ce fruict estant aupres de luy, qui estoit nouuellement tombé de cét arbre. Ils se demanderent aussitost l'vn à l'autre en disans qui est-ce qui l'a frappé, & apres auoir bien parlé entr'eux, se prirent à dire *Voantou*, c'est à dire il a esté blessé de cecy: car *Voa* signifie blessé, *ny* signifie de, & *tou* signifie cecy, & ainsi nommerent ce fruict *Voaniou*, & l'arbre *Niou*. Il y a quelque apparence de verité en cette histoire: car de temps en temps on trouue sur le bord de la mer quelques fruicts de Cocos; lors qu'il a fait vn grand vent d'Est-Nordest, & crois que ces fruicts peuuent estre poussez de quelques Isles, qui sont sous la ligne Equinoctialle: car à Mascareigne, il n'y en a point qu'vn qui a pris racine depuis quatre ou cinq ans, à ce que les François qui y ont demeuré, m'ont rapporté.

31. Le *Voazatre*, c'est vn fruict qui vient comme vn trochet d'oignons, d'vn arbre moyen qui a les fueilles fort longues & larges, en forme d'vn esuantail, de ces fueilles on en fait des nattes, des cordages, & des panniers. Le fruict est gros comme vn œuf, contient en soy vne humeur comme le Cochos, & son escorce estant seiche est bonne à manger, & a le goust de pain d'espice. Ie ne dis rien dauantage du

128 HISTOIRE

Cocos: car il y a assez d'autheurs qui en ont parlé, & dit tout ce qui s'en peut dire.

32. Il y a vn grand arbre nommé icy par les François Palmite, qui du haut de sa tige pousse vn reietton des fueilles qu'il doit produire, ce que l'on appelle chou de Palmite, qui a le goust de chardons, ou du cœur de tige de choux.

Herb. p. 44.
& p. 66.
33. *Voachits* est le fruict d'vne rampe, qui se nomme *Achith*, & est vn espece de vigne dont le raisin est comme le gros verjus de France, & a le goust semblable. Cette rampe en produit beaucoup, la fueille est ronde & point chiquetée, semblable à la fueille de lierre; le bois est tousiours vert: ne meurt point l'hyuer. Il produit son fruict vers les mois de Decembre, Ianuier & Fevrier.

Herb. p. 62.
34. La vigne du pays d'Alsissac est vraye vigne, il y en a par tout le pays, i'en ay planté au Fort-Dauphin, ou dans peu de temps, l'on en fera du vin en bonne quantité: pourueu que l'on continuë à en cultiuer. Elle fructifie fort, & i'en ay mangé le premier raisin au mois de Ianuier de l'an 1655.

35. *Ambouton*, c'est vne petite herbe qui vient dans les prez & dans les *Horracs*, qui est faite comme le *Linaria*, en France, qui est d'vne saueur vn peu austere, auec vn peu d'amertume. Les habitans la maschent pour noircir les dents, les lèvres & genciues, pour auoir bonne haleine & agreable: cette herbe est fort cordialle, & quand il y a famine dans le païs, ils en mangent pour soustenir leurs forces.

36. *Lengou*, c'est le fruict d'vne rampe qui est gros comme vne noix, & a plusieurs angles. Il a le goust de noix vertes, l'on le mange pour noircir les levres, la bouche & les genciues, & pour auoir l'haleine suaue. Si les habitans de ce païs estoient en France, ils mangeroient infailliblement des noix vertes pour ce suiet.

37. *Zamale*, c'est vne rampe qui est extremement puante, & toutesfois bien recherchée par les habitans pour le mesme effect, & pour guerir les vlceres des gensiues, ceux qui en ont mangé sentent si puant, qu'il est impossible de souffrir

frir leur haleine, qui sent plus mauuais que la fiente humaine la plus corrompuë, & ce neant-moins entre eux ils ne sentent point cela ; ainsi qu'en France ceux qui ont mangé de l'ail, ne sentent point ceux qui en ont mangé aussi. Les Nourrices maschent cette herbe pour en frotter les genciues des petits enfans, afin de leurs appaiser la douleur des dents qui commence à leur sortir.

38. L'herbe *Tamboure*, nommée par les Arabes *Tamboul*, & par les Indiens *Betel*, ou *Bethre*, dont i'ay parlé cy-dessus, laquelle on masche auec vn peu de chaux viue en ce pays, auec vn fruict nommé *Voadourou*, & aux Matatanes auec le fruict nommé *Foureufourou*, qui est l'*Areca* des Indes. *Herb. p. 16.*

Fanshaa, arbre dont le bois a la fueille de feugere, il est tout marqueté d'ondes noires, & est fort dur par les dites ondes, il est fort moüelleux au milieu. C'est le *filix arborea*, il croist haut comme les plus grands arbres, & quand il est couppé, il iette vne liqueur rougeastre.

Le *Rauier* est vn arbre dont les fueilles sont de la longueur d'vne aulne, & larges comme celles de la plante de l'Aloés, & non pas si espoisses, ses fueilles seruent à couurir les cases, il s'appelle *Faudre*.

39. *Latacanghomme lahe* c'est à dire, *testiculus Tauri*, d'autant qu'il en a la ressemblance, c'est le fruict d'vne rampe qui porte les fleurs blanches, & qui ont l'odeur de Iasmin, mais plus grandes & en bouquet. *Herb. p. 25.*

Singofau, est vne grande fueille longue de trois palmes espoisse & large comme quatre doigts sortant d'vne plante qui s'attache au tronc des arbres, ils broyent cette fueille & s'en frottent à l'entour des yeux : en la chauffant auparauant, ils disent qu'elle esclaircit la veuë.

40 *Rhomba* odorante à grandes fueilles, c'est vne espece de Menthe franche, que l'on nomme Baume, elle a auec cela vne odeur de girofle, & de canelle ensemble, elle vient de deux coudées de haut. *Herb. p. 40. & 64.*

41. *Mouyta*, c'est le *Cyperus* [...]*lis*, dont il y en a quantité le long des eaux & des lieux marescageux, ils s'en ser-

R

ment lors qu'ils ont mal à la teste.

Herb. p. 10.
& p. 23.

— 42. *Tongue*, herbe ressemblante au *Saponaria*, qui a la fleur comme celle du Iassemin, l'vne est blanche, l'autre est de couleur de pourpre, la racine est fort amere, de laquelle ils se seruent contre le mal de cœur, & est bonne contre les poisons, elle approche du vincetoxicon, ou asclepias, & ne vient pas plus haute. Celle qui a la fleur blanche a plus de vertu.

— 43. *Anramitaco*, c'est vne plante qui vient haute de deux coudées, qui apporte au bout de ses fueilles qui sont longues d'vne paulme, vne fleur ou fruict creux semblable à vn petit vase, qui a son couuercle, cela est tres-admirable à voir, il y en a de rouges & de jaunes, les jaunes sont les plus grandes, les habitans de ce païs ont vn scrupule de cueillir les fleurs: disans que quiconque les cueille en passant, il ne manque pas la mesme iournée de pleuuoir; ce que i'ay fait & tous les françois, il n'en a pas pleu pour cela. Quand il a pleu ces fleurs sont pleines d'eau, & il en tiendra bien en chacune vne demie verrée.

Herb. p. 19.

— 44. *Voamene*, sont de petits pois rouges qui viennent à vne petite rampe, ces poix seruent aux Orfevres pour souder l'or, n'ayans point l'vsage ny connoissance du chrysocola ou borax, il se nomme dans les Grandes Indes Condure. L'on pille ces poix & on les mesle auec vn peu de ius de citron, & l'on trempe l'or que l'on veut souder auec le suc, qui deuient visqueux, & l'on met dans le feu l'or que l'on veut souder.

Herb. p. 23.

— 45. *Fionouts*, autrement *Voulibohits*, c'est vne herbe qui a les fleurs jaunes par petits mouchets, dons les fueilles sont fort grasses, en sorte que les femmes se les appliquent aux parties honteuses pour en arracher le poil. L'herbe a l'odeur du melilot & camomille, les fémes bruslent cette herbe toute verte pour en tirer les cendres, qui se mettent toutes en pain estans bruslées, cette cendre sert à mesler dans la lexiue, & pour faire leur teinture, & principalement la bleüe & la noire, qu'ils font auec l'herbe dont on fait l'indigo, ils nomment la lexiue *Ranoufoufouts*, du nom de ces

DE L'ISLE MADAGASCAR.

cendres qu'ils nomment *Foufouts*.

— 46. *Fimpi*, est vn arbre grand comme vn Oliuier, dont l'escorce est grise, & sent le muscq, & a le goust plus picquant que le poiure, c'est le *Costus Indicus*, cette escorce se seiche comme la canelle, & est blanche, elle sent fort bon estant bruslée, & sans estre bruslée, le bois en est tres-blanc & dur, & sent aussi fort bon, les fueilles ont mesme odeur que l'escorce & que le bois de Tetech. A Ghalemboulle, cet arbre rend vne gomme tres-odorante qu'ils emploient dans leurs parfums, qu'ils nomment Litemanghits, elle est noire, mais quand on la rompt, elle est blanche & grise. *Herb. p. 8.*

Mandrise, bois marbré, violet dans le cœur, il a les fueilles petites comme l'hebenier.

— 47. *Mananghamette*, bois rouge, brun, qui noircit comme l'hebeine. *Herb. p. 75.*

— 47. *L'hebeine*, est le cœur du bois d'vn arbre nommé Hebenier, par les habitans Hazon Mainthi, c'est à dire bois noir. C'est vn grand arbre qui porte de petites fueilles, comme le grand Mirthe, lesquelles sont d'vn ver obscur, l'escorce du bois est noirastre, il y en a de deux ou trois especes. *Herb. p. 70.*

— 48. *Tetech*, c'est l'arbre appellé *Agallochum*, ou bois d'aloës. Les Portugais le nomment *Paodaquilla*, cet arbre vient haut comme vn Oliuier, les fueilles estant vertes & pressées, ont l'odeur de nostre mirthe & prouocquent l'esternuëment, elles sont vn peu plus grandes que les fueilles du grand Mirthe, qui porte les Mirthilles. *Herb. p. 29.*

— 49. *Souirsafa*, herbe ressemblante au *Faba crassa*, mais chicquetées, elle est bonne aux fiévres, broyée & appliquée sur la region du foye & du cœur, & est tres-raffraichissante, elle est vn peu acide, & a le goust du *Trifolium acetosum*, dit alleluya. *Herb. p. 53.*

52. *Anacomptis*, arbre portant vn fruict de la longueur du doigt & plus, mais non si gros, de couleur grise, brune, tacheté de gris blanc la fueille est comme le poirier, le fruict iette du laict doux qui sert à faire cailler le laict.

HISTOIRE

Herb. p. 53. — *Tendrocoſſes*, arbre portant des gouſſes comme celle de veſſe qu'ils mangent.

Herb. p. 59. — 53. *Tarantantille*, eſpece de buis.

Herb. p. 35. — 59. Figuier qui a le fruict amer.

60. Immortelle du Cap de bonne eſperance qui a les fleurs gris de lin.

Herb. p. 26. — 62. *Hota*, herbe à trois fueilles bonne pour eſtancher le ſang des playes.

65. *Sanzene.* 65. Rampe qui fait grand ombre.

Herb. p. 26. — 65. *Sanzene lahé*, *Sanzene vaue*, c'eſt vn bois qui ſent fort & approche de l'odeur du Cumin, mais plus forte, l'eſcorce ſent meilleur que le bois, & elle eſt de la meſme façon que l'eſcorce du ſureau, les mouches à miel en mangent les fleurs, les habitans ſe ſeruent du bois pour la fiévre qu'ils appellent *maricoulits*, qui eſt proprement le friſſon des fiévres. De plus ils s'en ſeruent pour les bleſſeures faites par le fer, en frottant le bois ſur vne pierre auec de l'eau; *Sanzedevaue* eſt le meilleur.

Encaſatrahé, bois qui a le cœur vert, & eſt marbré, & ſent le bois de roze, il eſt bon pour les maladies de cœur, frotté auec de l'eau ſur vne pierre.

Mera, c'eſt vn arbre qui a la fueille comme l'Oliuier, mais l'arbre a le cœur jaune, & ne ſent rien, il eſt dur comme le buis.

Azonorouts, arbre dont le bois eſt beau, bon à faire des peignes.

Tomboubitſi, arbre dont le cœur du bois eſt de couleur orangée, & ne peut teindre en orangé.

Fatra, l'arbre qui porte la litemente, ou le benjoin.

Sandraha, c'eſt vn arbre qui eſt fort haut & droict, qui eſt plus noir que l'hebeine, & n'a dedans aucun filamens, & eſt vny & poli comme de la corne, il y en a grande quantité à Ranoutfoutchy, & aux environs. Il y a vne petite riuiere, dans laquelle y faiſant vn batteau plat, l'on peut conduire ce bois iuſques au bord de la mer; ce bois n'a point d'hobel: mais la plus groſſe piece ne donne pas plus de ſept poulce de diametre.

DE L'ISLE MADAGASCAR

Cocombe, c'est vn autre bois noir, comme le Sandraha, mais il est la plus part tortu, il croist dans les lieux pierreux, il est fort espineux, & a peu de fueilles, qui sont toutes tres petites, ses fleurs sentent tres-bon, & le bois mesme estant bruslé rend vne assez bonne odeur, il y a des arbres qui sont assez gros, mais ils sont courts, il n'a point aussi d'hobel.

Enuilasse, c'est encor vne autre espece d'hebeine, qui a peu d'hosbel, & qui ressemble au sandraha.

— 66. *Zaa*, c'est vne rampe du bois duquel l'on a fait les manches de sagayes.   *Herb.*

— 67. Espece d'absinthe. — *Herb. p. 31.*

— 68. *Fiou*, petite herbe qui n'a que des filamens. — *Herb. p. 28.*

— 69. *Tamboure cissa*, il apporte de certaines pommes qui s'ouurent en quatre des quand elles sont meures, dont la chair est remplie dés grains couuerts d'vne peau espoisse & tendre, de couleur orengée dont on en peut faire vne teinture semblable au Rocou, d'ont il y en a beaucoup à l'Amerique.   *Herb. p. 9.*

— 70. *Voanane*, c'est vn fruict qui est long comme demy-pied qui a quatre quartiers, il ce mange, il a le goust d'vne poire bien pierreuse. C'est vn remede contre le flux de ventre.   *Herb. p. 33.*

— 71. *Tsimandats*, herbe bonne pour guerir la grosse verolle.   *Herb. p. 34.*

— 72. *Rangante*, bonne pour guerir la grosse verolle. — *Herb. p. 34.*

— 73. *Banghets*, aux Indes *Auil*: c'est dont on fait la teinture que l'on nomme *Indigo*. L'on amasse grande quantité de cette herbe lors qu'elle commence à fleurir, l'on la met pourrir dans vn grand vaisseau plein d'eau, & chaque iour l'on remuë cette herbe dans l'eau auec vn baston.   *Herb. p. 10.*

Lors qu'elle est pourrie (ce qui ce fait au bout de trois ou quatre iours) l'on oste toutes les tiges, & filamens: & apres auoir bien remué le tout, & desbouché vn trou par en bas du vaisseau pour en tirer toute l'eau qui est teinte en violet brun, & l'on la voit dans vne futaille ou cuue en la passant au trauers d'vne toille de sas. Puis apres l'on iette dans cette eau ainsi teinte enuiron vne chopine d'huille d'olif, si la cuue contient quatre ou cinq

R iij

HISTOIRE

muids,& l'on bat bien fort & ferme ceste eau que l'on brouïllelong-temps auec vn espece de moulinet, en sorte que toute l'huile se mesle auec ceste eau, puis l'on la laisse rasseoir iusques à ce que la teinture s'en coulle au fond ainsi qu'vne lie, & que l'eau se separe de la teinture que vous escoulerez par vn fosset: ou bien vous passerez cette eau dans vne chausse de toille semblable à vne chausse à hypocras: ceste lie qui restera vous l'estendrez sur vne grande pierre large, à l'ombre, & prendrez garde qu'il ne s'y mesle des ordures, c'est le vray *indigo*.

74. *Vahon Ratiou* ou *Linghirouts*. C'est vne plante qui vient d'vn gros oignon, sa fleur est belle à voir, elle croist sur le bord des estangs, & elle vient bien estant fraiche plantée en lieu secq. Sa racine est tres-grosse: elle est tres-bonne pour chasser les vers des petits enfans en la meslant auec la boüillie apres l'auoir rapée en forme de pulpe. Sa fueille estant seiche est bonne à decrasser la teste en frotant la teste auec cette fueille estant broyée auec de l'eau elle mousse comme du sauon.

75. C'est la forme d'vne fueille de bananier quand elle est jeune.

76. Espece de graine à fleur bleüe qui tuë les poules lors qu'elles mangent ceste fleur.

76. Graine à fleur jaune.

77. *Anacau*, ou, *Anaco*, arbre qui vient sur le bord de la mer qui ressemble au ciprez.

79. *Souhisoroüa*, arbre grand.

80. Arbre nommé *Soasumach*, il a la graine comme le sumach.

81. *Mihohats*.

83. *Tocamboa*, fruict d'vn arbre ressemblant a vne petite poire pour faire mourir les chiens.

Azonpassech, arbre portant vn fruict qui est de tres-bon goust, de la grosseur d'vne prune datte.

Voarodoul fruict jaune qui ne vaut rien.

85. *Vahats*, arbrisseaux dont la racine est propre pour la teinture, estant recente, l'on pille auec de l'eau nette

l'efcorce de la racine auec de l'os de feiche, & l'on la met en pains feicher au foleil, puis quand on veut teindre l'on la met cuire doucement à chaleur lente, auec de la lexiue de cendre en y adjouftant la foye ou la leine que l'on veut teindre: elle fait vn beau nacarat & couleur de feu, fi on adjoufte vn peu de ius de citron elle fait vn jaune doré.

— 86. *Anghiue*, il y en a de deux efpeces, la grande & la petite. La racine de la petite beuë en decoction guerit la chaudepiffe, & eft bonne pour la grauelle. Son fruict eft gros comme la groiffelle verte. La grande anghiue croift à Ghalemboule, fon fruict eft gros comme vn œuf de poule, eft tres-beau à voir, car il eft rouge comme de l'efcarlate, il eft bon à manger ainfi que jay appris des habitans du pays; mais ie n'en ay pas voulu goufter.

— 87. *Andian bouloha*. C'eft vn arbriffeau qui croift le long du riuage de la mer qui a la fueille femblable à noftre *cynogloffum*. Ie puis nommer *cynogloffum arboreum maritium*. Il a fa graine par boucquet.

88. *Voauerome* comme à la marque 16.

— 89. *Varaucoco*, c'eft vne rampe qui s'entortille aux grands arbres. Il apporte vn fruict violet qui eft gros comme vne pefche: Dans lequel il y a quatre gros grains ou noyaux, la pulpe eft douce & bonne à manger; mais pafteufe. Son bois fert a faire des cercles pour des feaux & barillets; mais il fe pourrit au bout d'vn an: de l'efcorce de la plante en fort vne gomme rouge comme du fang qui eft vn peu refineufe. Sa moyenne efcorce eft efpoiffe comme vn demy quart-d'efcu, de couleur de nacarat: & quand elle eft bruflée à la chandelle elle fe fond ainfi que de la gomme lacque, & en a l'odeur, ie l'ay experimenté.

— 90. *Rhaà*, c'eft l'arbre qui apporte le fang de dragon, ce mot *Rhaà*, fignifie fang, il y en a vne autre forte que l'on nomme *Mafoutra*, qui iette du fang ainfi que cettuy-cy, dont ie parleray cy apres. Le *Rhaà* eft vn arbre grand comme vn Noyer. Il jette le sang de son escorce, de ses branches & de son tronc, lors qu'il est où picqué, ou couppé, ou blessé, ne plus ne moins qu'vn homme. Ce sang distille de sa playe, aussi rouge que le sang d'vn animal. Son bois est blanc, & bien-tost sujet à la pourriture, sa fueille est comme la fueille d'vn poirier, vn peu plus longuette ; sa fleur est rouge, de couleur de feu, longue comme vn ferret d'esguillette, & de mesme forme, son escorce en decoction arreste le flux de sang.

Herb. p. 15. — 91. *Masoutra*, ou *Voasoutra*, fruict prouenant de l'arbre qui produit le sang de dragon, de la grosseur d'vne petite poire, & de la mesme forme, horsmis que le gros du fruict est du costé de la queuë, & qu'il a cinq cornes, dedans est enfermé vn noyau qui n'a qu'vne simple peau, vn peu ferme, & dedans ce noyau est contenuë vne amande de la mesme forme d'vne noix muscade, de la mesme couleur, & en approche de l'odeur ; de cette amande ils en font vne huille grasse & espoisse, qui est vn tres-souuerain remede aux inflammations, à la bruslure, erisipelles, & demangeaisons de cuir, elle est tres-anodine, au reste c'est vn abus de croire que ce fruict represente sous son escorce vn dragon : car i'ay plusieurs fois ouuert de ces fruicts, & n'ay rien reconnu de tout cela, il y a trois sortes de ces arbres qui ont le fruict different, ie n'en ay remarqué encores que celuy-cy.

Herb. p. 14. — 92. *Lalonda*, c'est le Iassemin, qui a la fueille plus grande que celle du Iassemin de l'Europe, il croist en arbrisseau, & ne rampe n'y ne s'atttache contre les arbres, sa fleur est extremement odoriferante, les femmes le font infuser auec leur huille de sesame, qu'ils nomment Menachil.

Herb. p. 14. — 93. *Honnits Ancazon*, c'est vn arbrisseau qui apporte vne fleur sentant le Iassemin : mais plus grande & fort blanche, dont la queuë de la fleur qui est blanche, est comme celle du Iassemin, qui s'estend plus de six poulces de long, & est fort belle à voir.

Herb. p. 19. — 94. *Voahé*, c'est vn arbrisseau qui porte vne fleur blanche, semblable à celle du Lilium Conuallium.

DE L'ISLE MADAGASCAR. 137

— 95. *Langhare*, c'est vn arbrisseau qui vient d'ordinaire en buisson, ses fueilles sont longues & chiquetées comme celles du Chastaigner : mais plus dures & vn peu plus picquantes par ses denteleures. Son bois est droit, ses fleurs naissent sans queuë sur l'escorce de son tronc & non ailleurs, elles sont rouges comme sang, dont l'escorce est toute couuerte depuis le bas iusques au haut. Cette fleur a vne petite acrimonie, qui prouoque vn peu de saliue en la maschant : elle est fort purgatiue, les Negres disent que c'est vn poison, son bois estant broyé auec de l'eau, & aualé, guerit le hocquet, & aussi porté pendu au col.   *Herb. p. 12.*

96. *Mimbouhe*; c'est vn arbre dont la fueille sent bon, & est cordialle.

— 97. *Harame*, c'est vn grand arbre duquel prouient la gomme que l'on nomme en medecine Tacamacha. Ceste gomme est proprement vne resine qui distile de cet arbre ; ainsi que la terebentine, & qui estant recente, est tres-odorante. Elle a grande vertu à resoudre les tumeurs froides, a arrester les fluxions froides, à appaiser la douleur des dents; c'est vn excellent Baume pour les playes. Son fruict est gros comme nos noix vertes, & est tres-resineux. Son bois est tres-bon à faire de la planche pour Nauires & Barques; ainsi que i'ay fait ; sa gomme faute de bray ou resine, m'a seruy à brayer mes Barques, & est tres excellente pour cela, c'est vn tres-grand & gros arbre.   *Herb. pag. 2.*

— 98. *Seua*, c'est vn arbrisseau dont les fueilles sont verd brun par dessus & dessous elles sont cottonnées & blanches, elles sont grandes comme celles d'Amandier, elles sont astringentes & bonnes pour fomenter les contusions & fouleures, bouillies auec du vin de miel, & pour arrester le flux de ventre.   *Herb. pag. 1. Ip. 63.*

— 99. *Himahauale*; c'est vn arbre dont les fueilles viennent six à six en bouquet, elles sont cordialles, & sentent bon.   *Herb. p. 5.*

— 100. *Endrachendrach* ; c'est l'arbre dont le bois est iaune, & sent comme le santalcitrin. C'est le plus dur bois qu'il y aye, incorruptible, qui estant fouy en terre, ne se corrompra non plus que le marbre. Ce mot *d'endrachendrach* si-   *Herb. p. 21.*

S

gnifie perpetuel & fans fin. Il est grand & gros, le bois en est pesant & dur comme du fer.

Herb. p. 6. — 101. *Tsimandan*, c'est vn arbre dont la fueille est souueraine pour les maux de cœur & contre la peste & maladie contagieuse.

Herb. p. 6. — 102. *Ferocosse*, c'est vn arbrisseau qui porte certaines petites gousses rondes bonnes à manger.

p. 4. Herb. — 103. *Hirare*, c'est ce que l'on nomme en Medecins *Datura*, qui est vne espece de *solanum soporiferum*, sa fleur est blanche en forme de campane ou clochette, vn peu plus longue, son fruict est comme celuy du *strammonium*, & a la mesme vertu.

Herb. p. 20. — 104. *Voatolalac*, fruict dur venant d'vne gousse espineuse, dont les habitans iouent au *fifangha*, c'est vn arbrisseau qui vient en buisson qui est tres-espineux, & son fruict se nomme bassy.

Mandoüauatte, dont le fruict est comme vne auelaine, toutesfois n'a qu'vne escorce lissée, dure & verte, le bois sert aux habitans du païs à faire des manches de sagaye.

Salonta, espece de titimalle qui n'a qu'vne tige à quatre cornes, qui semble estre espineuse, & au bout il porte douze ou quinze fueilles en forme de boucquet, semblables aux fueilles de Laureolle, les fleurs sortent d'entre les fueilles de couleur de chair, elle vient de la hauteur d'vne toise & plus.

105. C'est la fleur & fueille du voauerome, dont nous auons parlé cy-dessus.

Herb. p. 3. — 106. *Sira Manghits*, cet arbre ne vient pas bien gros, les fueilles sentent fort bon, c'est pourquoy il s'appelle *Manghits*, qui signifie odoriferant. Le bois, les fueilles, l'escorce, sentent ainsi que le sental blanc & citrin, il est souuerain, estant broyé auec de l'eau & appliqué en epitheme pour les maux de cœur, & pour fortifier le foye & les parties nobles, comme aussi mis en cataplasme. L'escorce a vne odeur de girofle, & iette vne certaine resine iaune qui sent bon.

Herb. p. 3. — 107. *Aboulaza*. Cet arbre est souuerain pour les maladies du cœur, ainsi que le manghits.

DE L'ISLE MADAGASCAR.

108. *Laheric*, vne espece d'arbre qui ressemble au rauier, dont la souche est droite & creuse, les fueilles croissent à l'entour comme vn escalier en forme spiralle, ce qui est tres-admirable à voir.

109. *Mihohats*, c'est vn arbrisseau qui a vne faculté cordialle & confortatiue.   *Herb. p. 20.*

110. *Sinhahoric*, c'est vne herbe qui ressemble à nostre agrimoine tant en forme qu'en vertu.   *Herb. p. 71.*

111. *Rombaue*, arbrisseau, l'on en fait de tres-bon cercle, il iette vne gomme blanche dont i'ignore la vertu.   *Herb. p. 71.*

112. *Aborach*, c'est vne espece d'*arnoglosum*, & en a la vertu.   *Herb. p. 71.*

113. *Lalonda secats*, c'est vn Iasmin dont les fleurs sont petites & d'odeur du Iasmin, comme qui diroit Iasmin bastard.   *Herb. p. 68.*

114. *Tsangou Manghits*, c'est vne espece de scolopendre, qui a plusieurs fueilles longues & estroites arrengées de costé & d'autres, qui à vne odeur fort suaue. Les femmes en font des couronnes, chapeaux ou guirlandes, à cause de sa bonne odeur qu'elles portent sur leurs testes, elle est cordialle, hepatique, & splenetique, ainsi que nos *Capilli veneris*.   *Herb. p. 72.*

115. *Fooraha*, c'est vn arbre qui iette vn baume vert tres-souuerain pour les playes, coupeures & contusions, les femmes en fondent parmy leurs huilles pour s'en oindre les cheueux, & aussi quand elles ont quelque douleur, le fruict est gros comme vne noix, dont les femmes font vn huille sans odeur, auec laquelle ils fondent de ce baume, qui a vne odeur vrayement balsamique.   *Herb. p. 69.*

116. *Arindranto*, c'est vn arbre dont le bois estant pourri, rend vne merueilleuse odeur estant brusé, & est vn fort bon parfum.   *Herb. p. 73.*

117. *Ouui lassa*, c'est vne rampe dont la racine ressemble au Ialap, elle iette vne gomme ou resine semblable à la scammonée. I'ay voulu esprouuer sa vertu, elle n'a point reüssi, toutesfois les Negres disent qu'estant mangée, elle purge tres-fort, iusques à donner le flux de sang.   *Herb. p. 38. p. 67.*

S ij

Herb. p. 17. — 118. C'est l'*Adianthum album*.

Herb. p. 17. — 119. C'est encor vne espece de scolopendre à plusieurs fueilles.

Herb. p. 18. — 120. *Laffa*, c'est l'arbre dont on tire vne espece de filamens que l'on nomme dans les Indes Occidentale pite, qui sont semblables aux filamens que l'on fait en France des orties, les Negres en font des lignes à pescher, qui sont tres-fortes, & ressemblent à celles de crin de cheual.

Herb. p. 66. — 121. *Vahia*, c'est vne herbe rampante comme *l'hedera terrestris*, qui sent parfaitement bon.

Herb. p. 65. — 122. *Voulivaza*, c'est vn arbrisseau qui porte vn fruict bon à manger, gros comme vne prune imperialle, pleine de petits grains. Sa fleur est la plus suaue que i'aye iamais senty, nous la nommons du nom de Iassemin, elle a les odeurs de Iassemin, de canelle, de fleur d'orenge, & de girofle meslée ensemble, estant flaistrie, elle sent encor meilleur, c'est pourquoy l'on la met dans la pochette, elle est longue comme celle du narcisse, & fort espoisse, blanche & bordée d'vn peu de rouge.

Herb. p. 65. — 123. C'est vne espece de *gentianella*, qui est fort cordialle.

Herb. p. 33. — 124. C'est vne espece de guy. *vid. Herb. p. 62.*

Herb. p. 61. — 125. *Farisaté*, vn arbrisseau qui a sa racine iaune, l'escorce est vn peu espoisse & fort iaune, elle a vn goust vn peu amer & astringent, elle a le goust de *l'Ecupatorium auicena*, les habitans en mangent quand ils ont mal à l'estomach & au cœur & leur sert de contrepoison.

Herb. p. 63. — 126. C'est le *seua* dont i'ay parlé cy-dessus.

127. *Limirauen*, c'est vn arbre dont les fueilles sont cinq à cinq, & sont semblables à celles du chastaigner, elles sont cordialles & confortatiues.

Herb. p. 57. — 129. *Ampalatanghvari*, ou pied de singe, autrement *fitourauen*, comme qui diroit *heptafilon*. Cet arbre est grand, & ses fueilles sont astringentes.

Herb. p. 45. — 130. *Tauebotrech*. Sa decoction auec le *tangoüarach*, qui
& p. 59. est le bois de mer & du miel est excellente contre la toux, & toutes les maladies du poulmon, de la poitrine, & la pleuresie.

DE L'ISLE MADAGASCAR. 141

- 131. *Tanhetanhe anhala*. C'est vne herbe qui est tres-souueraine pour arrester le flux de sang des playes, & tres-astringente. *Herb. p. 60.*

- 132. *Fafara*. La decoction de la fueille de cette herbe est tres-souueraine, beuë, & le marcq appliqué pour guerir la rupture ou greueure, que l'on nomme hergne. *Herb. p. 57.*

- 133. *Lanbingue*. C'est vne herbe souueraine pour le flux de ventre, prise en decoction & appliquée sur le ventre. *Herb. p. 60.*

- 134. *Sanghira*. C'est vne espece d'Indigo, laquelle est tres-souueraine pour la peste, c'est son remede specifique. *Herb. p. 57.*

- 135. *Monteroh*. C'est vne herbe fort visqueuse, qui a vne faculté emolliente, comme la mauue & guimauue. *Herb. p. 58.*

136. *Sanzene*.

- 137. *Raescaughe*. C'est vne herbe qui a pareille vertu que le *consolida maior*. *Herb. p. 56.*

- 138. *Sanresanri*, herbe dont la racine meslée auec vn peu de gingembre est merueilleuse pour exciter au combat d'amour. *Herb. p. 56.*

- 139. *Ampouli*, herbe dont la racine estant broyée & meslée auec de l'eau, est tres-souueraine contre les sincopes & maux de cœur, la fueille bruslée en parfum, chasse & empesche les malefices des sorciers & enchanteurs. *Herb. p. 54.*

- 140. *Halampou*. *Herb. p. 51.*

- 141. *Tendrocosse*, herbe dont la decoction est souueraine pour fortifier le foye, le cœur & les parties nobles, & pour augmenter le laict des femmes, & faire venir celuy qui est perdu. *Herb. p. 53.*

- 142. *Halampou*, arbre dont le bois sent l'eau rose, incorruptible, & a vne vertu alexitere & cordiale. *Herb. p. 55.*

- 143. *Voalacalaca*, arbre dont le fruict ressemble au poiure noir, & n'en a pas le goust, les ramiers & tourterelles en sont fort friandes, il est astringent & dessicatif. *Herb. p. 50.*

144. *Saldits*, c'est vne plante tres-plaisante qui tient de la nature de l'arbrisseau, elle apporte des fleurs rouges d'escarlatte en forme de pennache qui sont tres belles à voir, sa graine n'est pas plus grosse qu'vn pignon & est du mesme goust: mais elle prouocque si puissamment le vomisse-

ment, & cause de si grands maux de cœur, que j'ay veu deux François qui en ont pensé mourir, entr'autres vn Chirurgien. Cependant ils n'en ont eu que le mal, la racine de cette plante est son contre-poison estant mise en poudre, & beuë au poids d'vn escu.

Lalonda, c'est le vray Iasemin: mais il ne vient qu'en arbrisseau, & non en rampe, les fleurs sentent merueilleusement bon, ils les bruslent pour en parfumer leurs pagnes, elles se gardent fort long-temps seiches, & l'odeur en est encor plus agreables quand elles sont flestries.

Pendre, c'est vne plante qui vient comme vn rauier, & aussi haute, & a la fueille picquante de mesme, en façon de l'aloés que l'on void en France: mais vient plus haute & plus picquante, elle iette dix ou douze fleurs blanches qui sentent merueilleusement bon, & parmy vne poudre blanche qui a l'odeur aussi soüefue & odorante, que la poudre de chipre bien parfumée & ambrée, les femmes mettent tremper au Soleil cette fleur parmy leur menachil, ou l'huille de sezame pour s'en huiller les cheueux & le visage, elle iette aussi vn fruit semblable à l'*Ananas*, les fueilles en approchent aussi.

Apocapouc, c'est vn arbre dont la fueille est comme la laureolle, & fleurit de mesme; son fruit est gros comme vne grosse amande, qui est vn grand poison, toutes-fois le noyau est gros comme celuy de l'amande, & de laquelle ils font de l'huille pour se graisser les cheueux.

Ouiuau, c'est vn arbre qui porte vne espece d'amande, dont ils en font vne huille tres-bonne à manger, & dont ils s'en huillent aussi les cheueux.

Voulou, est la canne d'Inde descrite par *Lindschot*, & *Acosta* soubs le nom de *mambu* ou *bambu*, c'est dans cette canne que l'on trouue vne espece d'amidon, que les Medecins Arabes nomment *tabaxir*, & les Indiens *sacar mambu* ou *bambu*, il y a tant de ces *bambu* à Ghallemboulou que le païs en porte le nom, c'est dans ces bois de voulou estans couppez & bruslez que ceux du païs plantent & recueillent tant de ris, les bois en sont si espois qu'il est impossible d'entrer de-

DE L'ISLE MADAGASCAR. 143

dans & il n'y croist autre chose que ladite voulou, il y en a qui excedent la cuisse en grosseur, elle produit vn fruict semblable au grain de seigle, & est gros comme vne petite feve, il feroit d'aussi bonne farine que le froment. La *Voulou* ne porte point son fruict que de trois en trois ans: si ceux de Ghallemboulou vouloient ils en recueilleroient grande quantité de grain: mais ils se contentent de leur ris qu'ils ont en abondance. Cette plante sert à beaucoup d'vsage & i'en pourrois dire autant comme les Indiens du cocos: car elle leur sert de pot à cuire le ris, de vaisseau à puiser de l'eau, de bouteille, de gobelet, de couteau, de plume, de violon ou harpe, de mesure à mesurer le ris, de coffret à serrer les hardes, de casset à fumer le tabac, de calumet, aux Matatanes, de flute, de boiste à serrer le fossaire ou fuzil: cette canne sert à faire des piperies pour passer les riuieres, de couuertures de maisons, des parois, de plancher, de varerais & de pilliers de maisons.

Paludanus, dit que le *tabaxir* est vn mot Persien, qui signifie liqueur laicteuse qui se trouue à la plante nommée *mambu*.

Il y a vne espece de sucre, qui est formé par certains papillons en l'Isle Madagascar, sur les fueilles d'vn arbrisseau, il est dur & doux comme le sucre, les habitans en sont friands, & disent qu'il est tres-souuerain pour la toux & les fluxions sur la poitrine, ce seroit ce sucre que l'on deuroit à meilleur raison nommer *tabaxir* plustost que le *sacarmambu* qui n'est qu'vne espece d'amidon, qui est plustost incipide que doux.

Le mesme *Paludanus* descrit vne autre espece de tabaxir que l'on trouue sur les feuilles d'vn certain arbrisseau, (ce pourroit estre celuy que ie descris icy qu'il veut dire) cet espece de sucre se nomme *tantelle sacondre* du nom du papillon qui le forme. C'est vne chose admirable à voir, que cette bestiolle s'engendre sur l'escorce dudit arbrisseau en forme d'vne mouche noire dont les extremitez des aisles sont blanches, & cette mouche ressemble à vne fleur attachée sur ladite escorce, laquelle au bout d'vn mois se destache & se transforme en vn petit papillon dont les vns sont rouges, les autres verds, & les autres iaunes, qui l'espace d'vn temps vont rongeans les feuilles de cet arbrisseau, puis apres forment cet espece de sucre, ou miel qui deuient dur comme du sucre candi, ce sucre est tres bon pour les maladies du poulmon, de poictrine & pour la toux.

145. *Ampoufoutchi*, ou *afouth*, c'est le bois que l'on nomme à l'Amerique *Mahaut*, dont l'escorce sert à faire des cordages, il n'y a au monde bois si leger, il est fort blanc, & se peut trauailler, Le charbon de ce bois est tres-leger, & fort bon à faire de la poudre à canon.

146. *Manouariue*, herbe cordialle.

43. — 147. *Menavonhe*. 148. *Marointsi*, les deux sont bonnes pour estancher le sang, & arrester le flux de ventre.

42. — 149. *Hanghatsmah*, herbe qui a la faculté du *semperuinum*, souueraine pour la brusleure. C'est vne petite plante qui est belle à voir qui ressemble vn petit arbrisseau, & se maintient long-temps dans sa forme.

150. *Anazé*. C'est vn arbre qui croist aux *Mahafales*, Ampatres, à Anossi, il vient gros par le pied, & se termine en piramide. Il porte vne espece de gourde pleine d'vne pulpe blanche, qui est aigrette, & a le goust de creme de tartre. Il y a plusieurs noyaux durs, gros comme noyaux de pin. Il y a vn de ces arbres dans les Mahafales qui est prodigieusement gros, & qui est creux, & a vne porte duquel i'ay parlé autre part dans la description des Mahafales.

— 151. *Taueuoule*, C'est vn arbre dont les fueilles sont agencées à l'entour des branches, sans queüe: il semble qu'elles y soient collées par le bas, elles sont fort longues & estroites, il est assez beau à voir.

Ouuiuaue est vne espece de canne noüeuse, comme les cannes d'inde, la racine est bonne à manger comme l'igname *Soumontsoüi* bois qui a le cœur de couleur tirant, sur le violet, & est marbré, il teint en rouge.

DE L'ISLE MADAGASCAR.

Herbes remarquées à Madagascar semblables à celles de France.

LA Scolopendre à grandes fueilles que l'on trouue dans les bois attachée aux souches d'arbres & non aux roches, ny dans les puits.

L'*Adranthum nigrum* ou *Capilli veneris*, dans les bois & aux lieux frais entre les roches.

Le jasmin, dans les bois qui a la fueille vn peu plus grande, & d'vn verd vn peu plus passé semblable à celuy de France en forme & en odeur, il ne rampe pas; mais il vient en arbrisseau.

Le *Camæpythis*, vient en quantité dans les plaines & campagnes steriles.

L'*Atriplex*, vient dans les parcs où se retirent de nuict les bœufs.

Il y a du pourpié sauuage par tout dans les villages & jardinages.

Il y a du gramen de plusieurs sortes.

Le Consolida minor; mais il vient à trois fueilles comme le trefle. Il a la faculté de celuy de France.

Le *Sonchus*, laitteron ou *Lactuca leporis*, comme en France, vient dans les iardinages.

L'*Aucthum* vient de Ghalemboule il pulule beaucoup. Les habitans ayment son odeur.

La moustarde ou *Sinapi* vient en abondance elle se nomme *Tsoughes* ou *Auliacalalau*, pour faire mourir des bestioles qui se nomment *Acalalau* que les François nomment en l'Amerique *Ratsvers*. Les habitans ne mangent point de ceste herbe & moins encor de sa graine.

La vigne veritable apportée premierement du païs *Alfissach* par mon ordre. Les habitans n'osoient en manger du raisin, ainsi que du poiure blanc, d'autant qu'ils n'en connoissoient point la faculté ny le goust.

La cheneuiere que l'on nomme en ce païs *Ahetsmangha*

T

Ahetsboule, à Manghabé *Rongogne*, vient en ce païs tres-belle. Sa tige, sa graine & sa fueille est semblable à celle de France. Les habitans la cultiuent soigneusement, d'autant qu'ils prennent sa fueille en fumée, ainsi que le tabac.

Celuy qui en a pris deuient comme hors de son sens, & plus estourdy que si il auoit fumé grande quantité de tabacq. Puis apres il s'endort, & à son resueil il est ioyeux & gaillard, cela le deliure de soucy & de tristesse, le rend guay, & en dormant luy fait voir en songe milles objects qui le resioüissent. Ils iettent les tiges & ne sçauent pas se seruir de son escorce comme nous pour en faire du fil, de la toille & du cordage. Ceux qui n'ont point accoustumez ceste fumée, quand ils en prennent, sont deux ou trois iours hors de leurs sens & comme transportez.

Ceux qui en vsent d'ordinaire ce sont de vieilles femmes & des Ombiasses Negres qui se meslent de predire les choses à venir: Et quelques Negres, quand ils sont obligez de passer plus doucement leurs tristesses & meslancolie. La fueille de la cheneuiere est en vsage dans les grandes Indes pour le mesme sujet elle s'y appelle *Bangue*.

L'herbe *Ros-solis*, se trouue entre les bruyeres de ce païs.

Le petun ou tabacq ou nicotien vient par tout, & il s'en faict le meilleur tabacq du monde.

Chapitre XXXVII.

Des Metaux, mineraux, pierres & gommes.

DAns tout ce que j'ay pû apperceuoir en ce païs, ie n'ay reconnu que le fer & l'acier qui s'y trouue en grande abondance par tout, & se fait plus facilement que l'on ne fait en France ny en autre païs. Les forgerons de ce païs prennent enuiron vn panier de mine telle qu'ils la trouuent ils la pilent & la iettent dans le brasier entre quatre

DE L'ISLE MADAGASCAR.

pierres garnies de terre grasse & souflent auec leur soufflet, fait en forme d'vne pompe de bois, & à force de souffler, au bout d'vne heure ils trouuent leur mine fonduë, laquelle ils font couler: puis ils la chauffent & la battent tant qu'ils en forment vne fonze qui signifie vne barre de la pesanteur de trois ou quatre liures.

Il y a aussi des mines de fin acier, mais ce n'est pas en toutes les Prouinces; aux Mahafalles, aux Anachimoussi, à Iuonrhon, à Icondre & Manamboulle c'est tout acier, à Amboulle, à Anossi, à Matatane, & Manghabei c'est tout bon fer qui approche de l'acier.

L'argent est assez commun en ce pays; mais la plus grande partie prouient du Nauire Hollandois qui fut perdu aux Ampatres, & aussi des Nauires qui sont venus autres-fois qui en ont apporté à Anossi, il n'y en a aucune mine non plus que de cuiure, de plomb ny d'estain.

Il se trouue vn autre espece de metal que les habitans de cette contrée appellent *Voulafoutchesine*, c'est ce que Libauius nomme *Stannum calæm*, & les Allemans *Zainch*. Ce *Voulafoutchesine* obligea le Capitaine Goubert de venir expres en ce pays, croyant que ce fut de l'argent, & qu'il y en eust vne mine; mais ce metal y auoit esté apporté il y auoit trente à quarante ans par vn Nauire Flamand qui en estoit chargé, & qui se trouuant endommagé par vne tempeste, fut degradé à Manghasia, & du debrebis, le Capitaine qui se nommoit *Abertus*, & par cette nation *Alibertau*, fit bastir vne barque, laquelle il enuoya aux Indes, pour donner aduis de sa perte, cependant que luy, & quelque cinquante ou soixante hommes demeurerent à Manghasia auec luy pour conseruer la marchandise qu'il auoit. Apres deux ans de seiour il vint vn Nauire qui l'emmena auec tout ce qu'il auoit.

Pour subsister en ce lieu il donna quantité de ce *Voulafoutchesine*, dont il en fit faire des menilles en payement de ce que les habitans du païs apportoient, il en faisoit faire de cuiure qu'il teignoit en jaune auec ce metal, ainsi que j'ay aussi essayé: qui voudra sçauoir ce que c'est

T ij

que ce metal, qu'il voye André Libauius au Chapitre intitulé *Stanum indicum, calaem nominatum*, & aussi Hugues Linschot dans son voyage des Indes Orientales.

Il y a bien de l'or parmy les habitans de Madagascar lequel n'a pas esté apporté par les Nauires estrangers. Car il ne seroit pas possible que les Nauires en eussent tant traitté qu'il y en a: & de plus il est d'autre nature que celuy de l'Europe qu'ils appellent en ce païs-cy *Voulamene voutroüa*. Il est tres-facile à fondre, dont il y en a trois sortes, sçauoir celuy qu'ils appellent or de Malacasse qui est blafard, & ne vaut pas plus de dix escus l'once: c'est vn or qui est fort doux à fondre, & presque aussi aisé que le plomb.

Il y a de l'or de la Mecque qu'ils appellent *Voulamenemaca* qui est celuy qu'ont apporté les Roandrian de leurs païs, qui est beau & bien raffiné, il vaut bien l'or de Sequin. Le troisiesme est celuy qu'ont apporté les Chrestiens qui est à leur façon de fondre plus dur qui s'appelle *Voulamene voutroüa*, dont ils ont tres-peu. L'or de Malacasse est celuy qui a esté foüillé autres fois, dont il y en a des mines en ce païs d'Anossi, & par tout cette terre au rapport des Negres. A present il est difficile de trouuer où on en a foüillé. De cet or il y en a de trois sortes. Celuy qui est fin s'appelle *Litteharongha*, celuy qui est moins c'est le *Voulamenefoutchy*, & vn autre qui s'appelle *Ahets laua* qui est entre-deux.

Quand aux Mineraux & Pierreries il s'en trouue icy de quantité de sortes comme sont les Christaux, Topazes, Grenats, Amethistes, Girasoles, & Aigues-marines. Il se trouue aussi en quantité de la Pierre sanguine dite par les Medecins *Hæmatites* que les habitans nomment *Rahamanghe*, c'est la pierre dont les Orfévres en France, brunissent l'or. Il se trouue des Agates des Cassidoines, & de diuerses especes de Iaspe, comme aussi le *Lapis lidius* ou pierre de touche.

Si cette Isle estoit aussi connuë comme les Indes, il s'y trouueroit possible pareilles richesses, soit en or & pierreries, que bois odorant, gommes, & autres curiositez: mais comme il n'a pas esté frequenté, l'on n'a pû entrer en cognoissance de ce qu'il y a, i'en ay veu quelques eschantillons, qui marquent combien il y a de bonnes choses & profitables à y rechercher.

Il y a de diuerses sortes d'excellent bol & de la vraye terre sigillée, aussi bonne que celle de l'Isle de Lemnos, & le bol est aussi fin que celuy d'Armenie, le bol rouge se nomme *Tanemene*, & la terre sigillée, *Tanelisse*.

Il y a vne terre blanche comme de la craye, qui est tres-excellente à degraisser & sauonner le linge, elle est aussi bône que le sauon. Elle est grasse & argilleuse, & semblable à la terre de Malthe, que l'on vend en France, à qui on attribuë la faculté de tuer & chasser les serpens, & resister à leurs venins, elle se nomme *Tanefoutchi*.

Il y a bien des gommes produites en ce païs, qui sont de senteur, & d'autres qui ne sentent rien.

Litementa, c'est le benjoin. *Literame*, c'est le *Tacamaca Lite simpi*, gomme tres-odorante de l'arbre de *simpi*.

Lite enpouraha, c'est la gomme ou resine verte du *fouraha*, ayant vne odeur balsamique.

Litte en voulou, c'est la gomme ou suc de la *voulou*, qui a l'odeur d'ambre gris.

Vozoüa, c'est vne autre gomme dont ceux de Saincte Marie se seruent à leur parfumer.

Quizomainthi, c'est vne gomme qui est noire qui sert à emmancher les Sagayes.

La gomme d'*Arendrante*, qui est le vray *Carabé*, ou *succinum*, duquel il y en a de deux especes, sçauoir celuy-cy: & vn autre que l'on trouue sur le riuage de la mer, que les Negres nomment *Ramentaicque*, c'est à dire, resine qui vient de la mer. Lesquelles deux especes sont la mesme chose, d'autant que l'vne & l'autre prouiennent de l'arbre *Arendrante*, qui est frequent au riuage de la mer & aux riuieres.

Hingne, c'est vne gomme noire qui sent bon.

Litinintsi, c'est vne gomme noire comme de l'ancre, d'vn

goust fort astringent, d'vn arbre qui est à *Manghabei*, semblable à *l'Acacia*, cette gomme deuient fort seiche, elle sert aux femmes à se frotter le visage pour l'empescher de rider, & elle est tres-bonne pour la guerison des playes & vlceres.

Litin bitsic, c'est la gomme qui produit vne espece de fourmis dans les Ampatres, elle est blanche & attachée à vne petite branche de bois, l'on voit dedans les petits fourmis attachez ; ie croy que c'est le vray *Cancamum* de Dioscoride. Le vulgaire s'en sert à faire tenir les Sagaies dans leur manche.

Il y a vne espece de poix noire que l'on trouue sur le riuage de la mer, & principalement à Saincte Marie, où il y en a grande quantité, qui est le vray & legitime *Pissasphalthum*, ou *Bitumen Iudaicum*.

L'Ambre gris se trouue sur le riuage de cette mer, & particulierement à l'Isle Sainte Marie, apres qu'il y a eu en mer grande tourmente, c'est vn bitume qui prouient du fond de la mer, se coagule par succession de temps, & deuient ferme ; ainsi que l'on le trouue. Les poissons, les oyseaux les crabes, les cochons l'aiment tant qu'ils le cherchent incessamment pour le deuorer.

Il y a vn animal grand comme vn chat, qui se nomme *Falanoüe*, qui est la Ciuete.

Le musc se trouue au Crocodille, il s'apelle Tartaue.

Il se trouue vn animal rouge en façon d'vne Belette qui se nomme *Vondsira* qui sent le musc.

Vaharanga, c'est vne gomme qui a l'odeur d'encens que produit cette rampe.

Litinrha, c'est la larme du sang de dragon.

Litinmasoutra, c'est la larme d'vne espece de sang de dragon.

Litin Barencoco, c'est vn autre espece de sang de dragon.

La gomme du Lataignier est comme la gomme du cerisier.

Litinpane, est vne gomme ou resine jaune de tres-suaue odeur de l'arbre nommé *Fane*.

L'Aloës se peut faire en grande quantité, il se nõme *Vahon*

DE L'ISLE MADAGASCAR. 151

Litinbintangh, c'est la resine de l'arbre *Vintanh*, bonne pour les coupures.

Litinharongha, c'est vne gomme jaune ressemblante au *Gommi gutta*, ou *gutta gamba* : dont nous n'auons pas espreuué la vertu, elle prouient d'vn arbre qui estant en fleur sert de pasture aux abeilles qui en font du miel extremement doux.

Chapitre XXXVIII.

Des animaux terrestres & des insectes.

IL y a de trois sortes de bœufs en ce païs sçauoir ceux qui ont des cornes; d'autres qui se nomment *Boury*, qui ont la teste ronde, & n'ont point de cornes, & d'autres qui ont des cornes pendantes attachées à la peau de la teste seulement, & tous ont de grosses louppes de graisse sur le chinon du col, de laquelle louppe l'on en fond la graisse pour manger au lieu de beure: d'autāt qu'elle est aussi agreable que le beure. Ces bœufs quelques gras qu'ils soient, ont tres-peu de suif; ce qu'il y en a est tres-bon à faire de la chandelle. Il y a encores dans le païs des Machicores, ruiné des guerres, vne grande quantité de bœufs sauuages qui n'ont point de louppes. Ils sont comme ceux d'Europe: Toutesfois sont hauts de iambe, & courent par trouppe comme des cerfs.

Il y a quantité de beaux cabrits les plus appriuoisez du monde, dont les femelles apportent d'ordinaire trois fois l'année, iusques à quatre petits à chaque fois.

Il y a des moutons qui multiplient de mesme, & ont la queuë tres-grosse, y en ayant telle qui peze iusques à vingt liures. C'est toute graisse, qui toutesfois ne font point, s'en est le meilleur manger ; la viande des ieunes, des femelles & des chastrez, est d'vn excellent goust ; ainsi que celle des cabrits.

Il y a des porcs sangliers vne grande quantité dans les

bois, qui font grand dommage aux viures de ce païs. Ces sangliers (principalement les masles) ont deux cornes à costez du nez, qui sont comme deux callositez, ils sont presque aussi dangereux qu'en France, y ayant souuent des chiens qui en sont blessez: mesme vn François a pensé perdre la vie, ayant esté blessé d'vn sanglier poursuiuy des chiens, lors qu'il estoit à la chasse. La chair de ces sangliers quand ils sont gras, & principalement des femelles ou des ieunes est bien delicate. En l'Isle de Mascaregne il y a du cochon ou porc comme celuy de France : mais leur chair est plus saine & plus sauoureuse que viande que l'on sçauroit manger. Qu'vn homme en mange tant qu'il voudra, il ne s'en peut trouuer mal. Ie crois que ce qui les rend ainsi bons & sauoureux, c'est la nourriture qu'ils ont: car ils ne repaissent pour la pluspart que de tortuës de terre, ou de leurs œufs, ces tortuës y sont en nombre infiny.

Il y a vne espece de porcespy que l'on nomme *Tendrac*, les gens du païs en sont fort friands tant les Roandries que les Negres: mais pour moy ie n'en ay iamais peu manger. Ils sont tousiours fort gras, leur chair est fade, longue & molasse. Ils dorment six mois, pendant lesquels il ne mange point, & pour cet effect s'enterrent assez auant en terre : cependant qu'ils dorment leur poil tombe, & il en renaist d'autre quand ils se reueillent. Ils foisonnent beaucoup ; leur poil est aussi picquant que celuy du Herison.

Il y a quantité de Herisons ainsi qu'en France, qu'ils nomment *Sora*.

Fossa, est vn animal semblable au blereau de France il mange les poulles, il est d'aussi bon goust que le leuraut quand il est ieune, ou que c'est vne femelle.

Saca, c'est vn chat sauuage, il y en a de beaux, ils s'accouplent auec les domestiques ; les domestiques ont la plus part la queuë recortillée.

Farassa, c'est vn animal bien carnassier de la grandeur d'vn Renard, il a la queuë fort grande & longue, & le poil de la couleur de celuy d'vn loup.

Il y a quantité de chiens qui sont petits, ont le museau long

long, les oreilles courtes; ainsi qu'vn Renard, & la pluspart d'iceux le poil semblable au Renard. Il y en a quelques vns qui sont noirs & blancs, lesquels ie crois qu'ils sont engendrez de quelques chiens sortis de la race de ceux de France que l'on y a porté.

Il y a de diuerses sortes de singes, il y en a de grands, qui sont blancs, & ont des taches noires sur les costez, & sur la teste, ils ont le museau long comme vn renard, ils les nomment à Manghabei *varicossy* : ceux-cy sont furieux comme des tigres, ils font tel bruit dans les bois, que s'il y en a deux il semble qu'il y en a vn cent. I'en ay eu deux que ie fis porter dans nostre barque; mais ils se ietterent dans la mer, ils sont tres-difficiles à appriuoiser, si on ne les a de ieunesse.

Il y a vn autre espece de singe gris plus petits qui a le museau fort camus, qu'ils nomment à Manghabei d'vn autre nom que vary, qui n'est pas difficile à appriuoiser, i'en ay eu vn qui tomba dans la mer & se noya en passant à l'Isle de saincte Marie.

Il y a vne espece plus commune qu'ils nomment *vary*, qui est aisée à appriuoiser qui fait assez de singeries, il les faut auoir de ieunesse, autrement ils se laissent mourir de faim, ils sont gris, ont le museau long, & la queuë grande & veluë, ainsi que la queuë d'vn renard, ce qu'ont aussi toutes les autres especes.

Il y a encor vne autre espece de guenuche blanche, qui a vn chaperon tanné, & qui se tient le plus souuent sur les pieds de derriere, elle a la queuë blanche & deux taches tannées sur les flancs, elle est plus grande que le *vari* : mais plus petite que le *varicossy*, cette espece s'appelle *sifac* elle vit de feves & il y en a beaucoup vers Andriuoure Damboulombe & Ranoufoutchi.

Dans les Ampatres & Maafalles, il y a encor des singes blancs en quantité qu'ils nomment *vary*, qui ont la queuë rayée de noir & de blanc, ils marchent en troupe de 30. 40. & 50. ils ressemblent aux *varicossi* de Manghabei.

Il y a vne autre espece de guenuche grise qui seroit fort

V

belle, mais impossible à appriuoiser, à qui les yeux reluisent comme feu, elle a le poil court, elle est tousiours comme enragée, elle se laisse mourir de faim.

Il y a vne espece d'escurieu gris qu'ils nomment *Tsitsihi*, qui se cache d'ordinaire dans des trous d'arbres creux qui ne sont pas beaux ny bons à appriuoiser.

Vondsira, c'est vn petit animal semblable à vne Belette rouge brun grandement amateur du miel sentant le musc, ie croy que c'est le vray musc.

Falanouc, c'est la vraye Ciuette, il y en a grande quantité: Les habitans de Manatengha, Sandrauinangha & de Mananbondro les mangent.

Tretretretre ou *Tratratratra*, c'est vn animal grand comme vn veau de deux ans, qui a la teste ronde, & vne face d'homme: les pieds de deuant comme vn singe, & les pieds de derriere aussi. Il a poil frisoté, la queuë courte & les oreilles comme celles d'vn homme. Il ressemble au *Tanacht* descrit par Ambroise Paré. Il s'en est veu vn proche l'estang de Lipomami aux enuirons duquel est son repaire. C'est vn animal fort solitaire, les gens du païs en ont grand peur & s'enfuient de luy comme luy aussi d'eux.

Antamba, c'est vne beste grande comme vn grand chien qui a la teste ronde, & au rapport des Negres, elle a la ressemblance d'vn Leopart, elle deuore les hommes & les veaux. Elle est rare & ne demeure que dans les lieux des montagnes les moins frequentez.

Mangarsahoc, c'est vne beste fort grande qui a le pied rond comme vn cheual & les oreilles fort longues: quand elle descend d'vne montagne elle a de la peine à voir deuant elle, à cause que ses oreilles luy cachent les yeux, elle fait vn grand cry à la façon d'vn asne. Ie crois que ce peut estre vn asne sauuage. Il y a vne montagne à vingt lieuës du fort Dauphin que les François ont nommée *Mangarsahoc* du nom de cet animal, y en ayans autresfois oüy crier vn.

Breh, c'est vn animal que les Negres de Manghabei disent estre dans le païs des Antsianactes, qui a vne corne seule sur le front, grand comme vn grand cabrit, & est fort sauuage, il faut que ce soit vne licorne.

Tha, c'est le cameleon que l'on dit ne viure que de vent, cela est faux, il vit de mouches aussi bien que fait le petit lezard, il change de couleur suiuant les herbes & les fleurs qui luy sont proches, & s'il est enueloppé d'vne pagne ou estofe noire, il deuiendra noir, si d'vne rouge il deuiendra rouge, la maniere par laquelle il prend les mouches, est qu'il marche si lentement, que la veuë ne s'en peut pas apperceuoir, & ainsi attend que quelque mouche s'en vienne proche de luy, & sans s'élancer il darde vne langue creuse à demy pied loing de luy où est cette mouche & aspire au trauers d'icelle en sorte qu'il attire ainsi la mouche dans son gosier, il tient la teste droite & tourne les yeux en sorte, que sans se tourner, il voit tout à l'entour de luy : de cette façon il ne manque point à prendre des mouches, pourueu qu'elles ne soient point esloignées de plus de la longueur de sa langue.

Psatsac, c'est vne espece de petit lezard gris.

Anoli, c'est vne autre espece de lezard verd fort petit.

Famocantratra, c'est vn petit animal grand comme vn petit lezard qui vit d'insectes, il se tient attaché contre les escorces des arbres, en sorte que l'on ne s'apperçoit point de luy, il tient son gosier ouuert : afin d'y receuoir dedans des insectes comme areignées, mouches & autres petites bestiolles, dont il vit, il a au deffaut du dos, du dessus de la queüe, du dessus des iambes, du dessus du col & aux extremitez du menton comme de petites pattes ou griffes auec quoy il adhere en sorte, où il s'attache que l'on ne voit point presque comme il s'y tient : car il y est comme collé. Il se nomme *famocantratra*, comme qui diroit sauteur en poitrine, d'autant que quand vn Negre s'approche de l'arbre où il est, il saute sur sa poitrine & s'y attache tellement que pour l'en oster, il faut se seruir du rasoir & luy enleuer la peau à laquelle il adhere. C'est pourquoy ils craignent bien cette sorte de bestiolle.

De rats & de souris, il y en a grande abondance qui font du degast dans les maisons & dans les champs de viure, sçachans bien manger le ris, les pois & les feves, le rat s'appelle *valauou*, & les souris *vourouzi*, il n'y en a point à Mascaregne. Il y a aussi des rats d'eau dans les riuieres.

Mandouts, est vne espece de couleuure grosse comme le bras & comme la cuisse d'vn homme. Cette couleuvre mãge des rats & des petits oyseaux dans les nids, elle n'est point venimeuse quoy que les Negres en ayent bien peur. Il y a de diuerses sortes de couleuures ainsi qu'en France qui ont chacune leur nom, comme celles que l'on nomme *Menora*, *Sauuè*, *Meré*, *Tsiondiballe*, *Reneuitsic* & autres.

Il y a des scorpions qui sont veneneux, comme en France, qu'ils nomment *Hal*.

Il y a vne autre espece de scorpion dans les marais & eaux croupies qui fait mourir le bestial, & mesme les chiens lesquels les auallent en beuuant. Ils s'appellent *Tsingala hala anrauou*, c'est à dire espece de scorpion d'eau.

Il y a vne autre espece d'insecte que l'on nomme *Vancoho*, c'est vne araignée qui a vn gros ventre rond & noir qui est la plus dangereuse beste qu'il y aye: car quand elle a picqué vn homme il tombe aussi-tost en sincope, & est pire que le scorpion, Il y a eu de nos Negres qui en ont esté picquez, qui ont esté deux iours en pasmoison, froids comme glace. Le remede est comme pour la picqueure du scorpion. Ils font bon feu & tiennent le malade aupres, & luy font boire des decoctions d'herbes tres-souueraines qui le guerissent. Il y a eu vn de nos Negres des plus fidelles que nous eussions au fort nommé *ahofoutcho*, qui fut picqué d'vn scorpion dans le bois que l'on apporta comme mort: Ie luy fis desserrer les dents & aualler de la Theriaque dissoute auec vn peu d'eau de vie dont il fut incontinent guery.

Anacaliphe est vne beste rampante qui s'engendre entre

les escorces d'arbres pourris, qui a la longueur d'vne paume, & est toute remplie de iambes ainsi qu'vne chenille. Elle est platte & menuë & a la peau tres-dure, c'est vne beste tres-venimeuse qui fait les mesmes effets que le scorpion; si vn homme en estoit mordu ou picqué il en mourroit s'il n'estoit secouru ainsi qu'il feroit aussi estant picqué d'vn scorpion ou du Vancoho.

Il y a des cloportes, des perce-oreilles, des punaises & autres insectes qui sont importunes aux hommes, & aux animaux.

Acolalau est vne petite beste ressemblant à la punaise & comme le barbou, non si puant, qui est bien importune dans les maisons, & cases, & dans les coffres qui rongent les hardes & habits. C'est vn insecte dont on a bien de la peine à se deliurer, qui pulule estrangement, & de tres-petite deuient grosse comme le poulce, & estant bien grosse volle aussi, les cases des Negres en sont pleines.

Vombare, c'est vn papillon dont il y en a de toutes couleurs, & il y en a qui sont dorez, argentez & meslez de si belles couleurs auec la dorure que c'est vne chose admirable à voir. Ces papillons s'engendrent de chenilles de diuerses sortes ainsi que des vers à soye.

Coracore, c'est vn limaçon dont il y en a de diuerses especes qui ont tous chacun leur nom par les Negres.

Il y a bien des sortes de vers, sçauoir ceux de terre qui sont longs qui se nomment *Saho*, ainsi que ceux qui s'engendrent dans le ventre des enfans: ceux qui rongent le bois d'anacau & autres qui ont la teste faicte comme la mesche d'vne tarriere, & va tousiours rongeant & perçant ainsi le bois le plus dur. Ils font vn trou à mettre le pouce de la grosseur de leurs corps; ainsi sont les vers qui rongent le bordage d'vn Nauire; Mais ils ont des escailles & la teste faite comme i'ay dit cy-dessus, ils ne rongent iamais la planche de trauers, mais obliquement, sans sortir de la planche, qui est vne grande grace de Dieu. Car autrement il n'y auroit iamais Nauire qui peuſt nauiger en ces mers, qu'il ne coulaſt auſſi-toſt à fond.

Anacandef, c'eſt vne eſpece de petite couleuure menuë comme vn tuyau de plume qui entre dans le fondement des hommes; lors qu'ils ſont à leurs neceſſitez, elle ſe darde & gliſſe de telle façon, que s'ils ne ſont bien prompts à la retirer, elle entre dans le fondement, & leur cauſe de ſi grandes douleurs en perçant les inteſtins, qu'auſſi-toſt ils en perdent la vie.

Herechereche, c'eſt vne mouche luiſante ainſi qu'en France les vers-coquins, tous les bois en ſont pleins la nuict; en ſorte qu'il ſemble que ce ſoient des meſches de mouſquets, & quelques-fois ſur les maiſons, il ſemble que ce ſoient des bluettes de feu; ſi bien qu'vn iour ie fus ſi ſurpris que ie creus que le feu eſtoit à ma maiſon, ſi auſſi-toſt ie ne m'en fuſſe deſabuſé.

Tſingoulou voulon, ce ſont toutes ſortes de chenilles dont il y en a de certaines petites qui ſont noires, deſquelles i'ay veu quelques fois la terre toute couuerte en hyuer. Le vent d'aual les ayans chaſſée du bois.

Moca c'eſt la mouche que l'on nomme en France *Maringouin*, ou couſin, il y en a aſſez bonne prouiſion dans l'Iſle; le long des eaux & dans les bois c'eſt où en eſt la ſource. Il il y en a peu au Fort Dauphin. Des mouches, il y en a vne ſi grande quantité & de diuerſes ſortes, que cela ſeroit inutile de les eſcrire.

Des fourmis qu'ils nomment *Vitſic*, il y en a de pluſieurs ſortes, ceux qui hantent dans les maiſons ce ſont petits fourmis qui ſont tres-importuns. Car ils courent ſur la viande, ſur les fruicts, ſur le miel, ſur le laict, & autres choſes qu'ils mangent.

Il y a des fourmis qui font du miel, leſquels ie decriray au Chapitre des miels.

Bouchete, c'eſt le crapaux dont il y en a de tres-gros.

Saonh, c'eſt la grenoüille qui ſe fait aſſez entendre dans les eaux, lieux frais, & mareſcageux.

Sicouroucourou, c'eſt le charençon qui s'engendre dans le

DE L'ISLE MADAGASCAR 159

ris; ainsi qu'en France dans le bled.

Fanou, c'est vne tortuë de terre, dont il y en a de deux sortes, l'vne s'appelle *Hilintsoca*, l'autre *fanou*.

Vers à soye, il y en a de 4. sortes, sçauoir ceux qui produisent vne cocque seule, ainsi que celle de France, sinon qu'elle a de petites espines que l'on nôme *Landeué*, ceux qui produisent de petites cocques enueloppées dans vne grande, dans laquelle il y en aura quelquesfois plus de cinq cens que l'on nomme *Landesaraha*. Ceux qui font leur soye dans l'arbre *Anacau*, qui est vn arbre sur le bord de la mer fait ainsi que le Cyprés; ces cocques sont seules à seules penduës d'vn petit filet, & remplies tout à l'entour de petits festus des fueilles dudit arbre. Cette soye est la plus fine & la plus forte de toutes, on la nôme *Landeanacau*. Ceux qui font leur soye dans le *Vontaquier*, qui est en petites cocques seules à seules, la soye en est tres-fine, elle se nomme *Lande vontaqua*. Ce sont toutes les especes de soye, dont le païs est remply. A Saincte Marie les habitans mangent les vers à soye estant en feve, & iettent la soye.

CHAPITRE XXXIX.

Des miels, vins, huilles, & eaux minerales.

Il y a de quatre sortes de miels en ce païs, sçauoir le miel d'abeilles, nommées *Voatentele*. Le miel de mouches vertes nommées *Sih*. Le miel de fourmis de deux façons, sçauoir celuy que les fourmis aislez composent dans le creux des arbres. Et celuy que d'autres fourmis plus gros font dans des *Vontontane*, qui sont grosses mottes de terre, esleuées en pointe dures & percées de diuers trous remplis de fourmis, où ils font leur miel; tous ces miels sont tres-agreables au goust.

Il y a aussi le *Tentele sacondre* que font de certaines mouches, qui par apres sont conuerties en papillons verts, jaunes & rouges. Ce miel se fait sur les fueilles d'vn arbre de l'espaisseur d'vne piece de huict, il deuroit plustost estre nommé sucre ou sel doux, il est bon à manger, & est vn singulier remede pour les maladies de la poitrine & courte haleine, ces mousches nommées *Sacondro*, au renouueau se forment sur l'escorce d'vn arbrisseau en grande quantité, y sont attachées comme des fleurs blanches, lors qu'ils commencent à esclore; puis au bout d'vn mois elles sont conuerties en vn petit papillon, l'vn rouge, l'autre iaune, l'autre en vert, ainsi de plusieurs couleurs, lequel papillon forme du miel sur les fueilles de cet arbrisseau nommé *Sacondro*. Il y a encor vn autre miel que l'on dit estre venimeux, c'est quand les abeilles mangent les fleurs d'vn certain arbre qui porte grand poison. C'est en la contrée de *Caracarae* qu'il se trouue en la prouince de Carcanossy.

Il se fait en cette Isle de trois sortes de vins, sçauoir le vin de miel le plus commun qui a le goust de vin d'Espagne qu'ils nomment *Sich*.

Le vin de canne de sucre qu'ils nomment *Toüach*, ou *Toüapare*, c'est à dire vin de sucre, qui est vn peu amer, & sent le goust de noyau d'abricot, il est meur en trois iours, il se fait aux Manamboulles, & aux Matatanes, & à Manghabei. Ils font bouillir le ius de canne de sucre iusques à la consomption des deux tiers, & en emplissent de grandes callebasses, & au bout de trois iours il est meur. Ce vin a tant de force que si l'on en laisse dans vne tasse de bourgaux ou coquille du soir au lendemain, il l'aura penetrée & dissoute: il a le goust d'vne forte biere & la couleur aussi.

Il y en a qui font du vin de bananes en mettans force bananes meures dans vn vaisseau, & les faisant bouillir auec de l'eau, au bout de quatre ou cinq iours, il se fait vn vin suret; ainsi que du cidre ou du poiré.

Il y a bien des sortes d'huilles desquelles les hommes & femmes se seruent à graisser la teste & le corps, & le plus souuent fautes d'icelles, les habitans se graissent auec de la graisse de bœuf meslée auec de la cire.

Il y a le *Manach* ou huille de *Tanhctanhe*, qui est l'huille de
Ricinus

DE L'ISLE MADAGASCAR.

Ricinus ou *Palma Christi*.

Le *Menachil*, qui se fait en la vallée d'Amboulle, d'vn petit fruict qu'ils nomment *Voancaze*, c'est l'huille de *Sezame*, il se mange.

Le *Menach oui vau*, c'est l'huille d'vn fruit qui est gros cōme vne amande, cet huille est aussi bon à manger que du beure.

Le *Menachmafoutra*, c'est l'huille du fruict d'vne des especes des arbres qui portent le sang de dragon, ressemblant à la muscade, cet huille est espais cōme l'huille de muscade: mais il ne sent rien, il est bon pour guerir la rongne & gratelle.

Le *Menach voaraue*, c'est l'huille du fruict nommé *Fontsi*, il sert à oindre la teste & le corps.

Le *Menach fouraha* c'est l'huille du fruict du *fouraha*.

Le *Menach apocapouc*, c'est l'huille du fruict *apocapouc*, qui est vn arbre semblable à la laureole ayant ses fueilles & ses fleurs semblables. Ce fruict est vn grand poison.

Le *Menach vintangh*, c'est l'huille d'vn gland produit par l'arbre *Vintangh*: de cet arbre l'on fait de grands canots qui ne sont iamais picquez de ver, cet arbre jette vne gomme ou resine verte, qui est singuliere pour les couppures.

Le *Menach arame*, c'est l'huille que l'on tire de l'amande du noyau du fruict du *Tacamacha*.

Il se trouue en diuerses contrées differentes eaux, qui passent dans la terre, & emportent auec soy quelque suc d'icelle qui lay change son goust & sa qualité suiuant le mineral qui y est contenu. Ce que l'on appelle eau minerale, il y a dans la vallée d'Amboule (ainsi que i'ay desia dit dans la description de cette contrée) vne source dont l'eau est tres-chaude, souueraine pour la guerison des maladies froides des parties nerueuses, & l'eau beüe tres-excellente pour la guerison des astmatiques, & pour les maladies de poictrine, pour ouurir les obstructions du mesentere & du foye, pour euacuer le sable contenu dans les reins, & en empescher la generation, en attenuer les humeurs crasses & visqueuses qui s'y arrestent. Sa bourbe est tres-resolutiue appliquée sur les parties refroidies, & sur lesquelles il se fait quelque fluxion d'humeur froide. Cette eau est sul-

X

HISTOIRE

pharée. Il y a en plusieurs endroits des sources d'eaux ferrugineées, comme à vne lieuë du Fort Dauphin, il y a vn ruisseau que les François & Negres nomment l'eau ferrée. A Domboulombe sur le haut de la montagne, il y a vne fontaine, dont l'eau sent la couperose, en sorte que l'on n'en peut boire. Vers le païs de Mandrerei, il y a des sources d'eau salée, dont les habitans en font du sel pour assaisonner leur manger, quoy qu'ils soient à plus de cinquante lieuës de la mer, & que cette eau descende des montagnes voisines. Vers Manghasia il y a dans la montagne vne source, dont il sort parmy son eau de la poix de terre que l'on nomme en Medecine *Pissasphaltum*, ou *Bitumen Iudaicum*. Ce qui peut faire iuger qu'il y a de toutes sortes de metaux & mineraux dans cette Isle, laquelle est fournie de tout ce qui est necessaire pour la vie & pour ses commoditez; de sorte qu'elle se peut facilement passer de tous les autres païs de la terre, & qu'on la peut à bon droict appeller vn petit monde. Il y a encore dans le païs de *Fanghaterre* & vers l'Oüest de la montagne d'Hiela, des ruisseaux, desquels l'eau est tousiours blanche, & a quelque goust & odeur de soufre; comme aussi vers le païs d'*Houloüue*, & *Vouronhehoe*, il y a des cauernes où il se trouue quātité de salpetre, si bié qu'il ne seroit point d'ifficile d'y faire de la poudre, si l'on s'en mettoit bien en peine, & qu'il y eust suffisamment des François pour maistriser les originaires: ce qui n'est pas bien difficile, m'asseurant qu'auec cinq cens hommes effectifs, ie pourray rendre toutes ces Nations souples, obeïssantes, & tributaires. Ce n'est pas la grande quantité des François qu'il faut, mais la qualité des hommes pour commander: car le païs est assez fourny d'hommes.

DE L'ISLE MADAGASCAR.

CHAPITRE XXXX.
Des Oyseaux Aquatiques & Terrestres.

Toutes sortes d'oyseaux se nomment du nom general de *Vouron*.

Acoho, c'est le cocq qui se nomme *Acoholahé*, & la femelle *Acoho vaue*. Les œufs de poule de ce pays ne sont pas plus gros qu'vn œuf de pigeon : Les vollailles sont icy plus petites qu'en France, il y en a quantité de la race de France, & il y a telle poulle qui peut couuer trente œufs dont il s'esclorra, jusqu'à trente poullets.

Acanga, c'est la poulle de guinée, ditte autrement pintade, il y en a grande quantité dans les bois.

Il y a des especes de petits faizans, qui ont les plumes viollettes, & le bec rouge & sont bons à manger.

Il y a encor le vray faizant dans les bois qui chante ainsi que celuy que nous auons en France, ils le nomment *Acoholahehale*.

Fanou manghe, c'est le bizet ou ramier qui a sa plume violette, il est d'aussi bon goust que le ramier vert. Il y a aussi le ramier vert.

La Tourterelle se nomme *Limonh* ce qui a fait nommer nos pigeons *Limonh* par les Negres à cause du bruit qu'ils font ainsi que la Tourterelle.

Vaza, c'est le perroquet qui est noir en ce pays. Il y en a de petis qui sont rouges brun ; mais on a de la peine a les auoir.

Sarauoza, c'est le petit Perroquet vert gros comme vn passereau, qui siffle & contrefait les autres oyseaux ; ainsi que le *Vaza* imite la parole de l'homme.

Foulimene, c'est le petit oyseau de feu, j'en ay voulu esleuer en hyuer, ils meurent & s'entrebattent les vns les autres continuellement, ils sont tres-beaux à voir, ayans les plumes rouges comme escarlatte.

X ij

Langhourou, c'est l'Aigrette dont il y en a de trois sortes, sçauoir de blanches, de noires & de grises, dont les plumes sont tres-belles, elles viuent le long des eaux, & sur le bord de la mer.

Sambe, c'est l'Oyseau que l'on nomme Flamant à cause des plumes qu'il a rouges, ressemblantes à des flâmes de feu, il se nomme autrement *Phœnicopterus*.

Vourondoule, c'est à dire Oyseau de mort; c'est ce que nous nommons en France Orfrayes ou *Ossifraga* : cét Oyseau sent de loin quelque homme moribond ou attenué de longue maladie, il vient faire des cris auprès ou au dessus de la caze où il est, & ainsi estonne ces gens-cy ainsi qu'en France l'Orfraye.

Vouronchontsi, ce sont des Oyseaux blancs qui suiuent tousiours les bœufs, & viuent de mouches qui suiuent le bestial, elles sont nommées par les François Aigrettes de beufs, d'autant qu'elles ressemblent à des Aigrettes blanches, mais elles n'ont pas de belles plumes, elles sont communement si maigres que l'on ne prend pas la peine de les chasser.

Rassangue, Oye sauuage : Elle a vne creste rouge sur la teste.

Vourongondrou, c'est l'Espatule d'autant qu'il a le becq comme vn espatule de Chirurgien.

Mangarent souy foutchy ou *voula*, c'est vn Oyseau de riuiere grand comme l'Espatule : il est blanc & a le bec long.

Sirire, c'est la Cercelle.

Haliue, c'est vne espece de Cercelle qui a le bec & les pieds rouges.

Tahia, c'est vne espece de Sirire qui a les aisles, les pieds & le bec noir, son cry est comme son nom, car il crie *Tahia*.

Hach, c'est vne espece de Sirie ou Cercelle qui est de couleur grise, & ses aisles sont rayées de vert & de blanc.

Taleua, c'est vn Oyseau de riuiere tres-beau à voir qui est grand comme vne poulle. Il a les plumes violettes, le front, le bec, & les pieds sont rouges.

Haretac, c'est vn Oyseau qui a vne eminence rouge sur

la teste, les plumes & les pieds noirs, grand comme vne Cercelle.

Vouroncobo, grand comme vn pigeon, les plumes rouges & blanches.

Viui, grand comme vn *Vouroncobo*, il est gris & blanc.

Tatach, est vn Oyseau comme vne Haliue, mais plus petit.

Vahouuahon maintchy, c'est le Heron noir.

Vahouuahon fouchy, c'est le Heron blanc.

Houloucoulouc, c'est vn grand Oyseau maritime.

Vouronsambe, c'est vn Oyseau maritime qui s'appelle griset qui pesche le poisson à la mer.

Tacapale, c'est vn Oyseau de riuiere grand comme vn pigeon qui a les pieds tres-grands les plumes blanches sur le ventre, & noires sur le dos.

Mentauaza, c'est vn Oyseau qui a le bec long & crochu grand comme vne perdrix & est gris, il hante le bord de la mer sur le sable, il est de tres-bon goust.

Mentauaza-anghatou, c'est vn Oyseau gris, grand comme le *Mentauaza*, sinon qu'il a le bec droict & plus petit.

Salaleanacondrats, c'est vn Oyseau qui remuë tousiours la queuë que l'on nomme en Latin, *Cauda tremula*.

Salalesoamosson, c'est vn Oyseau qui a les yeux bordez de rouge & est gris, petit comme celuy cy-dessus.

Salalebeloha, gris aussi qui a la teste grosse.

Salalesaramentauaza, c'est vn petit Oyseau fait comme le *Mentauaza*, mais petit dont il y en a grande quantité.

Vouron Fangharac-vohaá, c'est le pilotte du Crocodille, comme qui diroit le gardien du Crocodille, grand comme vn cormorand & luy ressemble.

Oyseaux qui hantent les bois.

Vouron patra, c'est vn grand Oyseau qui hante les *Ampatres*, & fait des œufs comme l'Autruche, c'est vne espece d'Autruche, ceux desdits lieux ne le peuuent prendre, il cherche les lieux les plus deserts.

X iiij

HISTOIRE

Acoholahéhale, c'est vn espece de faisant qui a le bec crochu, vn peu long.

Halalauie, c'est vn petit oyseau gris brun, qui a le bec de perroquet.

Hehoc, c'est vne poulle de bois, qui a la plume violette, & les extremitez rouges.

Haliouts, grand comme vn pigeon gris, & à la queuë grande, & se nomme aussi *harefets*.

Tiuouch, c'est la huppe, il est tacheté de noir & de gris, & a vne belle creste de plume.

Sichetra, il est noir & a vne grande plume longue d'vn pied, toute blanche, il est grand comme vn petit merle.

Hourrouue, c'est vne espece de merle.

Mangoiche, c'est vne espece de canarie ou serain.

Soumangha, violet, a le bec crochu & longuet, grand comme vn passereau.

Crioucriou, c'est vn oyseau vert qui ne chante que l'Esté.

Sipouibei, c'est vne espece de perdrix.

Tsaripouy, c'est vne caille, mais plus petite qu'en France, les petits garçons les prennent à la course.

Hotahota, c'est vn petit oyseau qui hante la superficie de la terre ainsi que la caille.

Coach, c'est la Corneille ou corbeau de ce pays, noir sur le dos, & blanc sous le ventre.

Papangho, c'est le Milan.

Hancha, c'est vn grand oyseau gris.

Fandrasse, c'est vn esperuier.

Oyseaux de nuict.

Vouron amboua, c'est vn oyseau qui prognostique malheur, il crie la nuict comme vn petit chien, ou se plaint comme vn enfant nouueau né.

Fany, c'est vne grande chauue-souris qui est grosse comme vn chapon. Le iour elle se pend par le moyen de deux crochets qui sont au bout de ses aisles a des arbres secqs, il semble que ce soit des bources, & elle s'enueloppe tout le corps auec ses aisles, elle ne couue ny ne pond point d'œufs, mais elle enfante ses petits entre ses aisles, & les allaicte ainsi qu'vne chienne fait ses petits: elle a le corps tout velu & a le museau pointu comme vn renard. De tous les volatilles il n'y en a point de si gras, elle ne mange que des fruicts, & ne vit d'aucun gibbier ny charongne.

Tsifara, c'est vne chauue-souris, ainsi que celles de France.

Il y a quantité d'autres oyseaux de nuict grands & petits de diuerses sortes.

Chapitre XXXXI.

Poissons de Mer & de Riuieres, & autres choses qui se trouuent en Mer.

LA Baleine nommée *Trouze*.

Fossets, le Marsoüin. *Vobé*, la Bonite.

Fiantsara, c'est le *recaha* des Dieppois, vn excellent poisson.

Lamatre, c'est la Moruë.

Lazaro, c'est vn tres-bon poisson, presque grand comme la moruë, & approche de son goust.

Fiantendrouc, la Licorne de Mer.

Faye, c'est la raye dont il y en a de tres grandes.

Antsantsa, c'est le *Tiburon*, ou *Raicquien* des Dieppois le *Lami* des Italiens.

Antsatsasara, c'est ce que les Normands nomment Pantoufflier, il y en a beaucoup au Cap Vert.

Fiantfandoc, vn autre poisson qui a la peau toute offée ; Le Capitaine. La Doradde.

Fianbaza, c'est le perroquet de mer, à cause qu'il à le bec semblable, il y en a de diuerses couleurs, de rouges, de verts de bleus, & de gris, il est fort bon à manger.

HISTOIRE

Il y a des poiſſons vollans.

Il y a des harens, des ſardines, des macquereaux, des ſolles, & de beaucoup d'autres diuerſes ſortes de poiſſons en tres-grande quantité, du meilleur qu'il y aye au monde, la Mer en eſt par tout toute remplie.

Il y a des huîtres à l'eſcale grandes & petites par tout ſur les roches.

Il y a des moules qu'ils nomment *Entali*, ou *Lalau*, tres-grandes, ſauoureuſes, & delicates, elles ſont bonnes au mois de Iuin, Iuillet, & Aouſt.

Leſpada s'y trouue auſſi qui ſe bat contre le Tiburon.

Voaha, c'eſt le Crocodille il vit dans les Riuieres, qui a rude guerre contre le Tiburon. Le maſle ſent le muſc, & ſe tient dans les Riuieres aux lieux moins frequentez, il ſurprend quelquefois des bœufs quand ils vont boire, & les prend par le muſſle, il ſurprend les chiens dont il eſt friand, & quelquefois des hommes auſſi.

Le mulet y eſt tres-excellent, il ſe nomme *Zonpon*.

Vn autre poiſſon qu'ils nomment *Anghere*, qui eſt tres bon, & tous ces poiſſons ont peu d'areſtes.

Il y a des congres.

Il y a vne eſpece d'Anguille tachetée de noir qu'ils nomment *Lamero*, qui n'eſt pas bonne à manger.

Il y a vn poiſſon plein de grands picquons, dont le dos & la teſte eſtant deſcouuert reſſemble à vn Crane humain, & qui ne vaut rien à manger, les habitans le nomment Diable de mer.

Il y a le cocq ou poulle de mer qu'ils nomment *Fianacoho*, d'autant qu'il a le becq ſemblable ou approchant de celuy d'vn cocq ou d'vne poulle.

Vn autre nommé *Hariloha*.

Vn autre nommé *Halalaza*, qui ſont poiſſons ſemblables au Turbot, & autres excellents poiſſons plats, ces derniers ſe peſchent à la mer.

Il y a le Sanglier de mer i'en ay veu vn eſchoüé pres noſtre Fort, qui eſtoit gros preſque comme vn bœuf n'ayant point d'eſcailles; mais velu comme vn Sanglier ou

comme

comme le Loup Marin, il auoit vn trou où esvent sur la teste & vne nageoire sur le dos, les pieds comme ceux d'vn Loup Marin, ou d'vn Crocodille, deux petits yeux & bien cinquante dents de chaque costé de la gueulle, grosses comme les doigts d'vn homme, autant dessus & autant dessous, la queuë veluë qui se terminoit en diminuant de la longueur de plus d'vne brasse, cet animal estoit mort & commençoit à sentir mauuais, ce qui fut cause que ie ne le fis pas escorcher. Ce fut en suite d'vne tempeste qu'il eschoüa sur les roches proche le Fort Dauphin.

Il y a des tortuës de mer prodigieusement grosses, dont il y en a de trois especes, sçauoir la tortuë franche, la cahoüane qu'ils nomment *Fanou*, & la tortuë a belle escailles que l'on nomme en France *Caret*, & a Madecasse, *Ossincare*.

A Mascaregne il y a des tortuës de terre monstrueuses pour leur grosseur, qui sont tres-bonnes à manger.

Il y a des Homars ou Escreuisses de mer.

Des Cancres & autres Crabes qu'ils appellent *Fouza*, qui seruent aux pescheurs à mettre au bout de leur hameçon pour pescher.

Le Poulmon de mer. *Le pudendum marinū* l'Esponge, la seiche & diuers sortes d'excroissances qui semblent auoir vie.

Il y a vne autre sorte de poisson semblable à la seiche qu'ils nomment *Hourite*, il s'en fait grande pesche à l'Isle Saincte Marie, dont les habitans traffiquent auec ceux de Ghalembouille qui en sont tres-friands.

Il y a de toutes sortes de Coquilles & Huistres grandes & petites de diuerses sortes, façons & couleurs, les vnes perlées, & les autres non : celles qui ont des couleurs vnies & en diuersité ne sont point perlées, & il semble que la nature leur ayt laissé assez suffisamment ces couleurs pour les faire admirer, sans y adiouster le lustre de la perle comme aux autres qui n'ont pas les couleurs viues.

Il y en a de grandes qui seruent aux Negres de Cors, ou de Trompettes dont il y en a de plusieurs façons.

Dans les Roches de la mer, il y a grande quantité de

Rocher qui est admirable à voir imitant les arbres, buissons, & excroissances, qu'on void sur la terre; il y en a comme des Champignons, des Esponges, des potirons, des grappes de raisins, des vesses de Loup, & de tant de sortes qu'il est difficile de les nommer, & ce rocher est comme espece de Corail blanc.

Il y a vne espece de Corail noir qu'ils nomment *Tangouaren*, qui est fort beau à faire des Chappelets, & des manches de couteaux, il y en a comme des pennaches, comme des fueillages, & d'autres comme des plumes.

Il y a tant de sortes de poissons, excroissances, & plantes dans la mer que ie ne pēse pas qu'il y aye riē sur terre d'entre les animaux, oyseaux reptiles & plantes iusques aux estoilles, qu'il n'y en aye dans la mer qui en portent le nom, à cause de la figure & ressemblance qui en approche.

Les habitans du païs disent qu'il y a des hommes Marins dans la mer & dans les Riuieres. Et ils content vne Histoire fabuleuse d'vne femme Marine qui accoucha sur le bord du sable d'vn fils qui fut nourry par vne Negresse, & que la femme Marine venoit de temps en temps visiter son fils, qui estant grand a eu lignée, & les Negres disent qu'il y a vne certaine lignée qui en est sortie, dont les descendans sont encores viuans & demeurent proche Manghafia.

Les habitans racontent aussi qu'il y a vn poisson à la mer monstrueux, qui s'appelle *Fanghane*, comme si nous disions Dragon, qui est plus grand de beaucoup qu'vne Baleine, qu'il y a trente à quarante ans qu'à l'ance de *Ranoufoutchy*, il en eschoüa vn qui estoit plus grand trois fois qu'vne Baleine, & qu'il estoit tout velu, & si puant à cause de la corruption que personne n'en pût approcher.

Chapitre XLII.

Des Ombiasses en general & quelque chose de leurs maniere de Squile, & astrologie iudiciaire.

LEs Ombiasses ce sont ceux que l'on nomme au Capverd *Marabous*, qui seruent de Medecins, de Prestres, de Sorciers, & de fourbes, & trompeurs. Il y en a de deux sortes, sçauoir les Ombiasses *Ompanorats*, & les Ombiasses *Omptisiquili*, les *Ompanorats*, ce sont les escriuains qui sont fort adroicts à escrire en Arabe, ils ont plusieurs Liures, dans lesquels il y a quelques Chap. de *l'Alcoran*, ils entendent la plus part la langue Arabe qu'ils apprennent en apprenant à escrire ; ainsi qu'en Europe on apprend les langues Grecque & Latine. Il y a de plusieurs dignitez de ses Ombiasses qui ont sans comparaison, quelque rapport à nos dignitez Ecclesiastiques: *Malé*, c'est comme on diroit Clerc, ou Acolythe, qui apprend encor à escrire, *Ombiasse* vn Escriuain ou Medecin. *Tibou*, vn Soubs-Diacre, *Mouladzi*, vn Diacre, *Faquihi*, vn prestre, *Catibou*, vn Euesque, *Loulamaha*, vn Archeuesque, *Sabaha* Pape ou Caliphe, ils guerissent les malades ils font des *Hiridzi*, *Talismans*, *Massasarabes*, & autres escritures qu'ils vendent aux Grands & riches pour les preseruer de milles accidens, de maladies, de tonnerre, du feu, de leurs ennemis, & mesme de la mort : quoy qu'eux-mesmes ils ne s'en peuuent pas garantir. Ainsi ces fourbes atrappent des bœufs, de l'or, de l'argent, des pagnes, & milles commoditez, par le moyen de leurs escritures qu'ils esleuent iusques au Ciel. Ces Ombiasses sont merueilleusement redoutez du peuple, qui les tient pour sorciers ; ainsi que les Grands les ont employez à l'encontre des François, où ils ont essayé toute leur science qui leur est demeurée inutile: & pour leurs raisons ils ont bien sceu dire que leurs enchantement ne peuuent rien sur les François, parce qu'ils mangent du cochon, & qu'ils sont d'vne autre loy qu'eux. Ils ont enuoyé proche du Fort des François (ainsi que i'ay desia dit ailleurs) des panniers pleins de papiers remplis de carracteres, des œufs pondus le Vendredy couuerts de carracteres & d'escritures, des pots de terre qui n'estoient point cuits couuerts d'escritures dehors & dedans; de petits cercueils, des canots, des auirons tous couuerts de caracteres, des cizeaux, des pincettes à arracher le poil, des fouloirs à battre la poudre dans les canons, tous escrits: bref il n'y a sorte d'ineptie dont ils ne se soient aduisez, iusques à empoisonner le puits, ce leur sembloit, par lesdites escritures, ce qui n'a pas causé seulement vne douleur de teste aux François. Enfin ils ont esté contraints de ietter des testes de bœufs pourries, des cabrits morts, & autres infections dans le puits; ce qui m'a contrainct d'en faire faire vn autre proche du Fort, & sur le bord de la mer, où ils n'ont pas osé venir. Ces Ombiasses sont instruits par ceux du païs de Matatane où il y a des escholes publiques pour apprendre à la jeunesse.

Les *Ompitsiquili* ce sont ordinairement Negres & Anacandries qui s'en meslent, c'est ce que l'on nomme Geomance, les figures sont semblables à celles des liures de Geomance, sinon qu'ils squillent sur vne planchette couuerte de sable, sur laquelle ils forment leurs figures auec le doigt, en obseruant le iour, l'heure, le mois, la Planette, & signe qui domine sur l'heure en laquelle ils squillent, en quoy ils sont tresbien versez: mais rarement trouuent-ils la verité de ce qu'ils cherchent, & quelques-vns adioustans leur coniecture auec le squille rencontrent par fois, & se font admirer & estimer d'vn chacun. Les malades les consultent pour leur guerison, les autres pour leurs affaires, il y en a beaucoup qui ne sortent point de chez eux sans squiller: bref il n'y a point de nation plus superstitieuse que celle-cy, & principalement à Manghabei, où ils n'entreprennent rien, ny affaires, ny achapt, ny plantage, ny voyage, ny bastiment de caze, sans premierement consulter l'oracle du squille. Au païs des Machicores ils squillent sur vne planchette percée où il y a autant de trous qu'il y a de figures de Geomance, & sur le trou où ils arrestent vn petit baston qu'ils tiennent, ils regardent la figure qui y est peinte, & ainsi forment leurs figures & en font leur iugement.

Les noms des squilles ou des figures des Geomance, rapportées à celles des Autheurs de l'Europe & de leur Astronomie.

Alohotsi, *acquisitio*.
Adalou, *amissio*.
Alihiza, *lætitia*.
Alinchissa, *tristitia*.
Alacossi, *caput draconis*.
Cariza, *cauda draconis*.
Alohomoré, *albus*.
Alibiauou, *rubeus*.

Alacarabo, *puer*.
Alicozaza, Alimiza, *puella*.
Adabara, *maior fortuna*.
Alaazadi, *minor fortuna*.
Assomboulo, *populus*.
Tareche, *via*.
Alissima, *coniunctio*.
Alocola, *carcer*.

Toutes ces figures ont mesme signification & vertus, comme celles que les Autheurs de l'Europe leur donnent.

Signes du Ciel nommez par les Ombiasses, Vintans, rapportez aux iours de la Lune du mois, & suiuant les signes des Européens.

AVTOMNE.
Alahemali, *Aries*.
Azorou, *Taurus*.
Alizozo, *Gemini*.
HYVER.
Asarata, *Cancer*.
Alaasade, *Leo*.
Asomboulo, *Virgo*.

PRINTEMPS.
Alimiza, *Libra*.
Alacarabo, *Scorpius*.
Alacossi, *Sagittarius*.
ESTE'.
Alizadi, *Capricornus*.
Adalou, *Aquarius*.
Alohotsi, *Pisces*.

Ces signes se rapportent à tous les iours de la Lune, & ils leurs donnent à chacun des enfans qui president chaque

Y iij

HISTOIRE

jour, & ont leurs vertus & influences qu'ils connoiſſent par leurs ſquilles, & ſi meſmes ils obſeruent la vertu de la Planette qui domine chaque heure, & ainſi ils font iugement ſur leurs figures de Geomance.

3. iours. Alamahali.
Aſoroutin.
Aloboutin.
Azouriza.
2. iours Aſorou.
Adobora.
Alahacha.
2. iours. Alizozo.
Alahena.
Azera.
3. iours. Aſſarata.
Anaſſara.
Ataraſi.
Alizaba.
2. iours Alaaſado.
Hazouboura.
Aſſarafa.
2. iours. Adalou.
Sadaalacabia.
Fara alimou cadimou.

2. iours. Aſſomboula.
Alaauna.
Aſſimaça.
3. iours. Alimiza.
Aloucoufoura.
Azoubana.
Alichilli.
2. iours. Alacarabo.
Acalabili.
Aſaola.
2. iours. Alacoſſi.
Anaïmou.
Alibalado.
3. iours. Alizadi.
Sadazabé.
Sadaboulaga.
Sadazoudi.
2. iours. Alohotſi.
Fara alemoucarou.
Baten alohotſi.

Les Planettes qui preſident à toutes les heures du iour, qu'ils nomment *Cabouc*. Et la valeur de chaque iour pour les nombres: lorsqu'ils veulent Sacrifier, & faire la proceſſion nommée *Malicarah*, ils vont le Dimanche treize hommes. Le Lundy vn ſeul. Le Mardy vnze, & ainſi aux autres iours. Ce mot de *Malicarah*, c'eſt à dire paſſer par deſſus le ſang de la Beſte ſacrifiée; ils s'en marquent le front, & vn Ombiaſſe marque toute l'aſſemblée pour les benir.

Samoutſi.	*Sol.*	Dimanche. 13.	Alahadi.
Azohora.	*Luna.*	Lundy. 1.	Alitinin.

Alotarida.   Mars.   Mardy.   Talata.
Alacamari.   Mercurius.   Mercredy.   Alaroubiha.
Azoali.   Iupiter.   Ieudy.   Camise.
Alimousetsari. Venus.   Vendredy.   Zouma.
Alimareche. Saturnus.   Samedy.   Saboutsi.

Les heures du iour se connoissent par l'ombre de l'homme debout au Soleil, qu'ils nomment *Sad*.

La douziéme heure de nuict qu'ils les nomment *Terac Massouaudrou*, ou *Terac anrou*, c'est six heures du matin.

La premiere heure du iour se connoist par l'ombre de l'homme debout, que l'on mesure par les plantes des pieds ou semelles ; il faut qu'il y en aye vingt-quatre, & se nomme *Faha Sad Irach Valou Ambi Ropoul Liha*, c'est à dire sept heures.

La deuxiéme heures, *Faha Rohe Sad Dalou, amanifoulo, Liha*.

La troisiéme *Faatellou, Sad, Siui, Liha, Marahè*, c'est huict heures, & neuf heures. La quatriesme *Faaeffats, Sad, Emem, Liha, Maraé*, dix heures.

La cinquiéme Faalimi, Tellou, Lia, Tafahilla, vnze heures.

La 6. Faaenne, Hoentou, douze heures.

La 7. Faafitou, Tellou Lia Tafahilla, vne heure.

La 8. Faaualou. Ennelia, Tafahilla, deux heures.

La 9. Faasiui, Siuilia, Alasiri, Andrefou, trois heures.

La 10. Faafoulou, Valou, Amauifoulou, Lia, Andrefou, quatre heures.

La 11. Faairachamanifoulou, Valou, Ambiropoul, Lia Andrefou, cinq heures.

La 12. Faaroemanifoulou, Foulacandrou. six heures.

Les heures de la nuict sont.

Safaha, Irach, Alemangoribi. sept heures du soir.

Safaharoé, Fofoulanghits, Mene que nous nommons crepuscule, huict heures.

Safaha-Tellou, neuf heures.

Safahaeffats.   dix heures.

Safahalimi. vnze heures.

HISTOIRE

Safahaenne, douze heures, minuict, Matonhalem.
Safahafitou, vne heure apres minuict.
Safahaualou, deux heures.
Safahafiui, trois heures.
Safahafoulou, quatre heures Manghainacoho, le Cocq chantant Alefasiri, Maïzi.
Safahairachamanifoulou, Alefasiri, Mazaua, qui est cinq heures ou l'aube du iour.
Terrac Massouandrou, qui est le Soleil leuant à six heures du matin.

Ces Planettes ont leurs heures qui commencent au poinct du iour du Dimanche qu'ils nomment.

Alahadi.	Dimanche.	Samoussi,	Sol.
Alatinin.	Lundy.	Azohora,	Luna.
Alatalata.	Mardy.	Alotarida,	Mars.
Alaroubia.	Mercredy.	Alacamari,	Mercurius.
Alacamissa.	Ieudy.	Azoali,	Iupiter.
Alazouma.	Vendredy.	Alimouzetfari,	Venus.
Alafaboutsi.	Samedy.	Alimareche,	Saturnus.
Eringandro.	Sepmaine.		

Heures ausquelles president chaque planette, pour s'en seruir dans leurs squiles.

La Planette Samoussi, où le Soleil preside à sept heures du matin, du Dimanche qui est, selon ceux-cy, la premiere heure du iour.

La Planette Azoara, où la à Lune preside huict heures du matin, ou bien deux heures.

Puis Alotorida, a neuf ou trois heures.
Alacamari, à dix ou quatre heures.
Azoali, à vnze ou six heures.
Alimouzetfari, à midy ou six heures.
Alimareche, à vne ou sept heures.
Samoussi, à deux ou huict heures.
Azoara, & trois ou neuf heures.
Alotarida, à quatre ou dix heures.

Alacamari

Alacamari, à cinq ou à vnze heures.
Azoali, à six ou à douze heures.
Alimouzetsari, à sept ou à vne heures.
Alimareche, à huict ou à deux heures.

    Et ainsi en continuant le iour & la nuict, tous les iours de la sepmaine.

Le Premier mois commence à la nouuelle Lune de Mars.

Lunes.	Mois
Vatreuate.	Mars.
Saffard.	Auril.
Atsihi, ou à *Soutri*.	May.
Valascira.	Iuin.
Fossa.	Iuillet.
Maca.	Aoust.
Hiahia.	Septembre.
Sacamaßeh.	Octobre.
Saca vé.	Nouembre.
Voulanbitou.	Decembre.
Asaramanghits.	Ianuier.
Asarabé ou Asaramantsi.	Février.

Les années se comptent par les iours de la sepmaine, sçauoir l'année du Dimanche, celle du Lundy, & ainsi en continuant l'année 1650. ils là contoient pour l'année du Vendredy, en laquelle ils faisoient la Circoncision, & non aux autres années principalement à *Anoßy*, & aux *Matatanes*. Pour les autres Prouinces, ils Circoncisent en tout-temps & sans grande ceremonie, le pere Circoncit son enfant lors qu'il iuge qu'il à la force de souffrir la douleur.

Les noms de quelques Liures qui sont entre les Mains des Ombiaße de Matatane.

    Faßiri, qui signiffie Dictionnaire de la langue Arabe & *Malacaßa.*
    Alimarini, Liure des Maladies.

Z

Aliuouazeo, Liure des playes.
Sadeo, des maladies de teste.
Lohamahe, de la Fiévre chaude.
Hourou, du frisson ou maricoulits.
Ramoudoüin, des maladies des yeux.
Sacaleo, *Lalaits*, de la toux.
Sacaleo saboussi, du crachement.
Sacaleo, *lacalé*, de la toux seiche.
Dague alibatane, mal de cœur.
Maneueh mangoussouc, douleur de membres.
Vauca alibatane, hydropisie.
Azaratsi maneueh, douleur de reins.
Domou vaha, ou baha, abscez, aposteme.
Dauca amilou, furoncles ou cloux.
Roarami, galle.
Nahacassi aten. gratelle.
Boabou tendromets, demangeaison.
Zalicait, ambo amainthi, grosse verolle.
Alizazamou, fievre pestilentielle.
Hehetsamou voatanou, gonorrhée aux hommes.
Vahaniou, gonorrhée aux femmes.
Malailatsi manghillihilli, demangeaison.
Bouradan Manare, froid.
Houmabe, chaud en sueur *Mafane*.
Zara, playe *voafero* blessure sanglante.
Zouzihou voa, playe ou blesseure.

CHAPITRE XXXXIII.

Traicté traduict de la langue Madecasse touchant la force & vertu de chaque iour de la Lunne.

LE premier iour de la Lune Dieu à créé Adam. C'est vn iour tres heureux, heureux pour les rejouissances qui se font entre les Princes & entre ceux qui sçauent gouuerner les Royaumes.

Heureux pour s'assembler auec les sages. Ce iour resiouit le cœur, heureux pour visiter les champs & plantages & terres labourées.

Heureux pour voyager car l'on y amassera du proffit & du bien, & ceux qui tomberont malades ce iour seront bien-tost gueris.

Heureux pour se marier, & quiconque sacrifiera ce iour que ce ne soit pas loing de sa maison, & qu'il tuë quatre bestes à quatre pieds.

Le second iour de la Lune est heureux, auquel Dieu créa Eue. Il porte bon-heur, ceux qui tombent malades ce iour sont bien-tost gueris.

C'est vn iour que doiuent solemniser tous les Roys.

Le troisiesme iour est tres malheureux, il à fait pecher Adam ce mesme malheureux iour.

Ne faits aucune affaire ce iour sur la terre, autrement tu ne t'en trouueras pas bié, & tu en seras fasché & pleureras apres.

Ne t'esloignes pas car ce iour t'atristera trop, & celuy qui tombe malade ce iour aura de la peine à guerir quoy qu'il face sacrifice.

Ce iour fait entretuer les hommes, les sortilleges & charmes rendent ce iour plus malin.

Le 4. iour est bon pour les nopces, c'est le iour de la natiuité d'Abel fils d'Adam.

Il est heureux & fortuné pour entreprendre vn voyage en mer.

Heureux pour sçauoir toutes choses.

Heureux pour commencer à bastir vne maison & pour voyager sur le bord de la mer & proche les eaux dangereuses, l'on peut hardiment ce iour aller loing sans crainte de perte, & celuy qui deuiendra malade ce iour qu'il sacrifie sur le riuage de la mer.

Le 5. est vn iour mauuais, celuy qui trauaillera ce iour ne reussira en nulle façon du monde.

Le sacrifice qui se fera ce iour, sera bon & tres aduantageux & agreable à Dieu.

Et celuy qui deuiendra malade en mer, en Riuiere ou proche des eaux s'en trouuera tres mal, & guerira difficillement.

Le 6. iour est heureux pour ses nopces & pour ceux qui entreprennent vn long voyage, car le voyage sera heureux.

Le 7. iour est heureux pour ceux qui sortent de leur maison & pour ceux qui voyagent.

Heureux pour ceux qui conuient leurs amis, & qui assemblent les hommes.

Heureux pour transporter & changer les malades de lieu en autre ce iour car ils gueriront, & le sacrifice en ce iour sera efficace, le bois qui sera dans l'eau pourra blesser.

Le 8. iour sera heureux en touttes choses.

Le 9. iour sera heureux en toutes choses, le malade qui sera ouurage de bois auec du feu en sera malade & offencé.

Le 10. iour sera heureux pour ceux qui voyagent en mer vers l'Orient ils auront du bon-heur.

Fera que le voyage sera bref & que l'on reuiendra bien-tost.

Heureux dans vne premiere feste & solemnité.

Heureux aussi pour ceux qui viennent en conualescence.

Le 11. iour heureux pour les nopces, mauuais pour demander quelque chose à vn Roy ou vn Seigneur.

Le 12. iour heureux & aduantageux car il augmente la santé.

Le 13. iour mauuais & mal-heureux pour ceux qui voyagent, causera dommage en chemin & apportera de la tristesse si l'on entreprend de partir ce iour.

Le 14. sera heureux & multiplie la santé.

Le 15. iour heureux pour festes, solemnitez & reiouïssances n'y bon ny mauuais en autre chose.

Le 16. iour mauuais, desagreable & malheureux.

Le 17. iour heureux, bon, & agreable.

Le 18. iour heureux pour commencer voyage & pour festes & resiouïssance.

Le 19. iour heureux pour festes, resiouïssances, pour voyager, mariages, & fait augmenter & prosperer toutes

DE L'ISLE MADAGASCAR.

choses.

Le 20. heureux en toutes choses & en tout ce que le cœur desire.

Heureux pour voyager, pour mariages, pour resiouyssance & solemnitez.

Le 21. iour, mal-heureux iour, mortel & triste.

Le 22. iour heureux pour solemnité car il augmente son bon-heur, bon pour voyager car il fait retourner à la maison pour y dormir & reposer.

Le 23. iour heureux en toutes choses & pour mariage & pour solemnité.

Le 24. iour mal-heureux & mauuais; & mauuais aussi pour ceux qui cherchent des choses prises & emportées par des hommes qui fuyent.

Le 25. iour mal-heureux pour ceux qui veulent commencer leur voyage ce iour, ils n'en reuiendront point en leurs domiciles.

Le 26. iour heureux & celuy qui entreprendra quelque chose ce iour aura tout a souhait.

Heureux & sain pour mariages.

Le 27. iour, il fera bon de trauailler en toutes sortes d'ouurages, les voyageurs & marchands feront grands profit & gain.

Le 28. iour, le commencement sera heureux; le milieu mauuais, & la fin dudit iour sera bonne & heureuse pour augmenter la santé.

Le 29. iour, heureux & prospere, il fera bon ce iour aller visiter les grands Seigneurs car il est bien-heureux.

Le 30. iour, il fera bon entreprendre voyage; la feste resiouyssance & solemnitez sera bonne, la visite des grands seigneurs sera bien fortunée & aura bonne issuë les malades feront bien-tost gueris & auront bien-tost leur santé s'ils commencent à estre malades ce iour, ce iour est extremement heureux.

Chapitre XLIV.

Traduction d'vn autre traicté en langue Madecasse.

MOnseigneur, ou-estes vous dominateur de vostre Empire, auec la domination de l'Empire, ou estes-vous qui faites tourner le Zodiacque, ou estes-vous qui faites aller ce Zodiacque auec ce Zodiacque, ce Zodiacque tourne & ne souffre point de changement, ou estes-vous Monseigneur Createur de ce Zodiacque d'estournez de moy la malice auec tous ceux-la qui machinent du mal contre moy, d'espoüillez ceux qui me d'espoüillent, soyez plus fort que tous ceux qui sont forts, surmontez ceux qui me surmontent, & iugez ceux qui me iugent, rauagez ceux qui me rauagent, exaltez ceux qui m'exalte, faschez-vous contre ceux mesme qui se faschent contre moy, iniuriez ceux qui m'iniurient, abbaissez ceux mesmes qui m'abbaissent, tuez ceux qui me tuent, regardez ceux qui me regardent.

Où estes-vous Monseigneur qui pouuez vaincre les inuincibles, & mon Dieu renuoyez les orgueilleux auec leur cholere, bonifiez & amandez mon Dieu vos seruiteurs, & choisissez mon Dieu ceux qui peuuent vaincre les inuincibles, la victoire est foible deuant Dieu, moy & c'est ouurier qui est auec Dieu nous pouuons vaincre les inuincibles, comme aussi ceux qui estans morts, s'en-iront auec Dieu, comme aussi les seruiteurs & courtisans de Dieu qui sont placez pres de luy & qui iouyssent de cette ioye & de ce bon-heur. Ce Prince sçait & connoit qu'il n'y a point de force parmy les Medinois ; luy qui est maistre de l'Empire, mon Maistre renuoyez les auec tous ces meschans qui ont accoustumé de me nuire & separez-moy d'auec ses meschans qui ont accoustumé de mal vser enuers moy, & faschez-vous contre tous ceux qui se faschent contre moy, & chassez loing tous

DE L'ISLE MADAGASCAR. 183

ceux qui machinent contre moy des malices, toutes fortes defcripts pernicieux de charmes mefchans, de toutes fortes de paroles mauuaifes, & de difcours tendans à malefice comme aussi de tous mauuais voyages & compagnie d'hommes qui defirent me nuire, de volleurs qui me veulent offencer, & des léurés qui me font la moüe, & de tous ceux qui ont cette mauuaife gefte & habitude, des yeux qui regardent de trauers, & de tous yeux auffi qui font vne clarté affreufe, bien qu'ils foient tous amis, ou celeftes, ou fils des hommes, ou bons hommes, foit feruiteurs, foit chaftrez, foit femmes, foit vierges; mon Maiftre ie vous prie de les rejetter & feparer d'auec moy, mon Maiftre iugez-moy au milieu de la nuict & du iour, ie fuis fils de voftre feruiteur, & fuis fils de voftre feruante, vous eftes Maiftre de la paix vniuerfelle & de ma paix interieure, de ceux qui vous offencent de leurs penfées & parolles dans le millieu de la nuict.

Où eftes-vous Prince puiffant immortel, ou eftes-vous Prince maiftre de liberalité & mon maiftre, maiftre ou eftes-vous, mon maiftre qui me d'efliurez de tout mal, & des l'arrons, foit grands, foit lvtins, foit malings efprits, foit fantofmes, foit Chreftiens Arabes, foit hommes, foit femmes, qu'ils viuent en paix ent'reux auec toutes leurs fautes, leurs mains leurs ongles, leurs pieds, auec leurs oreilles, dans leurs memoires, & leurs yeux, dans le fonge, auec leurs langue dans l'inconftance, auec leur cœur dans le changement & leurs penfées dans la nuict, ou eftes-vous mon maiftre qui vous cachez de moy, vous cachez bié les chofes ocultes vous-eftes fort dans les fept Cieux & fort dãs les fept terres & auec voftre prophete Salomon fils de Dauid voftre amy, & auec milles femmes, & c'eft enuoyé Moïfe fils d'Abraham voftre fidelle & amy, & ceux qui ont appuyé & foutenu voftre party, mon maiftre ie vous prie que mes mains, que mon feruice, que ma féme que mes parens que mes enfans ne foient point fouillés de la malice des enfans d'Adam & d'Eue n'y de celle de tous les forts demons, ny des hommes mal moriginez ny de la mefchanceté de ces dragons pernicieux, ny de ceux qui ne sont pas pernicieux, qu'ils ne facent pas le mesme que font les scorpions dangeureux, qu'ils ne picquent point tous de leur queüe, & comme les crocodilles, qui mordent tous, & qu'ils ne nourrissent en eux aucune malice noire; ie suis au milieu deux tous, les Prophetes sont obscurs dans leurs discours & dans leur vertu & force ceux qui sont fils de Princes, & dans la façon qu'ils ont de chasser les diables, & Gabriel me placera à sa dextre, & Michael à sa gauche, & Seraphin sera derriere moy, & Mahomet instruict de Dieu & son amy & esleu de luy me presentera à Dieu Prince tres-fort, ie seray exalté auec c'est Alcoran. Qu'elles sont puissantes & hautes toutes les demeures de Dieu, ses Anges, ses escrips, & ses commandemens, les parolles publiées occultes & cachées dans la nuict & celles qui sont publiées de iour me serōt cognuës, ce Prince iugera tous ceux qui l'offēcent, eux & moy nous sommes dans ta iustice & dans tes iugemens, ce Prince iugera tous ceux qui m'offencent, Dieu iugera toutes les choses vniuerselles, mon maistre distinguez moy d'auec tous ceux qui font du mal, Dieu est caché enuers ceux qui l'offencent, & cét Alcoran de sa parole me sera propice dans le cœur de ceux qui se seront assemblez pour me iuger, ceux de Medine maistre de l'Empire ne sont ny forts ny iudicieux, Salomon instruict de Dieu & son fidelle amy lors qu'il viuoit n'estoit point expert à l'escriture, mon maistre où estes vous qui cherchez, ce que font ceux qui me cherchent, ou estes-vous mon maistre qui surmontez ce que font ceux qui me surmontent, surmontez tous ceux qui me surmontent, mettez en fuitte ceux qui nous ont mis en fuite, rauagez ceux qui nous ont vaincus, renuersez en terre ceux qui nous ont renuersez, de mesme que vous auez autres-fois culbuté & renuersé tous ces hommes de Medine qui sont tous perdus. Chassez loing de moy les meschans comme vous auez autres-fois chassé tous ces Medinois, faites les fuir comme fuyent les brebis deuant le Loup, ou la Fossa espece de Renard: Bonifiez espurez le mauuais grain comme vous purifiez l'air qui est entre le Ciel & la terre. Dissipez les hommes courageux, aueuglez leurs yeux auec vn feu bruslant

DE L'ISLE MADAGASCAR 185

lant afin qu'ils ne puissent voir. Envoyez a mon secours Mahomet auec toutes les choses qui luy sont amies. Fermez leurs mains en sorte qu'ils ne les puissent plus ouurir, bruslez le cœur en sorte qu'ils ne puissent plus auoir soin de rien: Maistre excellent ayez soin de la conseruation de vostre nom ; Où estes vous mon maistre, qui auez creé ceux qui ne vous ont pas creé, où estes vous mon maistre qui auez tout creé de rien, où estes-vous mon maistre, qui donnez l'immortalité, où estes vous mon maistre qui faites resiouyr ce que fait l'amour auec l'amour vniuersel, ie vous demande ce que vous auez de reste de toutes les choses que vous auez de vostre iustice, & de toutes les choses qui vous restent de vostre amitié & qui sont perduës.

Si tost que vous auez parlé vous m'auez aussi formé à vostre image, où estes vous mon maistre plus beau que toute la beauté mesme, où estes vous mon maistre qui deliberez auec toute la Iustice ; où estes vous mon maistre qui nourrissez & faites viure les pecheurs & ceux qui vous offencent au milieu des forteresses, où estes vous qui estes tres-haut, où estes-vous mon maistre qui estes debonnaire auec vostre excellente Iustice.

Ie vous demande augmentation sans perte, où estes-vous mon maistre qui auez creé ces sept cieux & ces sept terres qui auez la force & la grandeur, & qui possedez vn grand Empire qui faites tout ce que vous voulez, qui sçauez ce qui est caché & ce qui est cognu, vous aymez ceux qui sont heureux sur la terre, & vous aimez les fideles ; où estes-vous mon Maistre viuant & immortel, ou estes vous mon maistre qui pouuez tout faire de rien, vous estes tousiours grand, excellent & liberal. Mon maistre, ie vous demande accroissement de vostre nom, & qu'il soit recherché, vous voyez de vostre demeure supréme toutes les choses les plus esloignées, vous voyez ceux qui vous offencent & qui ne vous voyent pas: vous auez grédeur excelléce & force, vous faites viure & vous faites mourir ; ou estes vous viuant & immortel ? où estes vous qui voyez tous ceux qui vous offensent & qui ne vous voyent point, vous cognoissez & vous sçauez

A a.

ceux qui vous seruent & qui vous offencent au milieu de la nuict & du iour? Où estes-vous mon maistre, vous cognoissez, vous voyez, vous aymez, vous regardez, vous estes caché, vous estes fort, vous estes haut, vous regardez tout ce qui vous ayme. Personne ne sçait la science de vostre escriture que celuy qui l'a apprise & estudiée : ie n'ay iamais negligé vostre amitié, personne n'a eu la cognoissance de vostre liberalle amitié, vous ne me despouillez pas qui suis vostre seruiteur? Où estes-vous mon Maistre, nulle chose ne vous a crée, & rien ne vous a peu faire, vous auez formé toutes les choses qui sont faites, & tous les pecheurs, vous estes seul fort, vous estes doux & debonnaire enuers tout le reste des hommes qui s'entre-ayment tous & demeurent tous confisquez, & vous portez ce qui a formé la vie & ce qui a formé la mort, la fin & la santé, & vous delectez, resiouissez tout ce qui faict voir la subtilité, & vous subtilisez tout ce qui forme le soustien de la subtilité offencée & l'action de la douceur, & vous deffendez & faites deffendre le mal d'auec vous & vous vous cachez & augmentez en bonté vostre iustice, ou estes vous mon Maistre, qui vous resiouïssez auec les humbles & doux & qui sont doux auec vous, & vous estes puissant au milieu de ce qui a formé tout ce qui est ou passé ou futur, ou grand, ou viuant, ou mort, ou entier, ou malade, ou toute nostre ioye à vostre esgard. Que tout s'augméte de la mesme façon que nous qui cherchons sur terre vostre liberalle & heureuse amitié, vous estes doux enuers ceux qui benissent vostre nom auec vostre Iustice & vostre protection? Ou estes-vous mon Maistre, grand dans vostre ioyeuse amitié & vostre misericorde, & de l'excellét chemin pour aller vers vous, afin que ie puisse estre ioyeux : le chemin pour aller à vous n'est point ioyeux, la ioye des gens qui vous offencent ne se voit point durer long-temps; la veritable ioye est puissante sur la terre & puissante au Ciel, est fidelle sur la terre & fidelle au Ciel, fidelle au Paradis, fidelle en Enfer, fidelle aux sept cieux, & fidelle aux sept terres, elle est plus puissante que tous les puissans mesme, & plus exquise & plus recherchée que toutes les choses les plus exquifes que ie vous demande? où estes vous, où estes vous, où estes vous mon maistre misericordieux qui faites misericorde, ou estes vous mon maistre qui faites resiouir sur la terre vos amis & mesme les demons auec vostre amour & vostre charité comme font les peres & meres enuers leurs enfans qui sont à la mammelle, comme aussi tous les autres qui croyent en vous & qui vous sont fideles, & les femmes auec leur conseruation & la liesse de leur face, vous nous distinguerez d'auec toutes les choses condamnées par vostre Iustice, où estes vous mon Maistre, maistre de toutes choses & de tout l'vniuers, où estes vous mon maistre, vous estes seigneur, nous sommes vos seruiteurs : à qui est ce que ie demanderay moy vostre seruiteur à autre qu'a vous mon maistre, vous nous auez créez & nous sommes créez de vous mon maistre, à qui est ce que ie demanderay moy vostre creature à autre qu'à vous qui m'auez creé.

Vous estes inuaseur de ceux que vous auez esprouué, nous sommes enuahis de vous mon maistre qui auons esté esprouuez de vous ? qui est ce que ie prieray moy qui suis en crime & surpris, autre que vous qui estes le surpreneur.

Vous estes exalteur nous sommes des miserables necessiteux abbaissez ? Qui est ce que ie prieray, moy pauure abbaissé autre que vous qui estes exalteur ampliateur.

Vous estes celuy qui receuez les amandes, nous sommes condamnez de vous à l'amende? de qui est-ce que ie demanderay d'estre deschargé de mon amende si ce n'est de vous qui m'y auez condamné.

C'est vous qui faites marcher, nous marchons auec vous, mon maistre? qui est-ce que ie prieray de me faire marcher autre que vous qui faites marcher, autre que vous qui faites aller.

Nous vous demandons, mon maistre, à qui est ce que ie demanderay moy demandeur à autre qu'a vous, vous estes exalteur, nous sommes abbaissez de vous? qui est-ce que ie prieray pauure humilié autre que vous exalteur.

Vous estes pitoyable & misericordieux, nous cherchons de vous le pardon qui sommes demandeurs, à qui est ce que

A a ij

ie demanderay pardon à autre qu'a vous pitoyable & mitigateur?

Vous estes pitoyable, nous sommes vos vrais seruiteurs? à qui est-ce que ie demanderay, moy vostre vray seruiteur à autre qu'a vous doux & pitoyable.

Vous estes seuere à ceux qui ont le cœur double, nous auons le cœur double. Qui est-ce que ie prieray, moy qui ay le cœur double autre que vous qui estes Lœtificateur & le resiouisseur.

Vous donnez la vie, nous sommes submergez? qui est-ce que ie prieray moy qui suis submergé autre que vous qui estes mon Sauueur qui donnez la vie.

Vous estes confiscateur des amandes, nous autres receuons grace de vous? de qui est-ce que ie demanderay la grace d'autre que de vous qui estes le pardonneur des offences?

Vous estes celuy qui remettez les pechez, nous sommes tombez dans le peché contre vous? qui est ce que ie prieray de m'estre propice & remettre mes pechez autre que vous qui estes le propitiateur & qui remettez les pechez. Vous estes vn Prince, nous sommes vos captifs? Qui prieray-ie, moy vostre captif autre que vous qui me soustenez & protegez.

Vous estes Medecin, nous sommes les malades, qui est-ce que ie prieray de me donner guerison autre que vous qui estes le Medecin vniuersel.

Noms de quelques autres Liures.

Alibihar.
Larouui.
Samai.
Samoussi.
Alacamari.
Nozouma.
Zoma.
Alimatari.
Rehon.

Liure de la mer.
Liure de la terre.
Liure du Ciel.
Liure du Soleil.
Liure de la Lune.
Liure des signes du Ciel.
Liure du iour.
Liure de la pluye.
Liure des vents.

Sihabi.
Sarisari.
Labachimou.
Sarabo ou Langoubourou.

Liure des nuées.
Liure du vent.
Liure de Geomáce à la plume.
Liure de Geomance auec le sable.

Chapitre XLV.

Des Ombiaßes, & Medecins & superstitions qu'ils appellent Attuli.

IL y a encores vne autre superstition pour les escritures, que les Ombiasses ont introduittes & entretiennent; C'est lors qu'il y a quelques malades, ils escriuent certains mots particuliers sur du papier, puis lauent l'ancre, destrempent le mot auec de l'eau, & font aualler cette eau au malade, & par ce moyen amassent dequoy. Et quand le malade ne guerit point, il leur font acroire qu'ils ont manqué à quelque chose, & ainsi recommancent de plus belle iusqu'à ce que le malade soit mort ou guery, & tousiours aux despés du malade. Si l'Ombiasse demande de l'or, de l'argent, du Corail, vne vache d'vn certain poil, vne pagne, vne ceinture, & autres choses ils luy donnent : car il leur fait acroire qu'il se sert de cela pour leur guerison, & tousiours cela va au profit de l'Ombiasse.

Il y a encor vne espece d'Ombiasse parmy les Negres, qui vont voir les malades, ceux-cy ne sçauent ny lire, ny escrire : mais ils squillent seulement, & se seruent de pierres de Christal, de *Topazes*, d'*Aiguemarines*, d'*Amethistes*, & de *Girasoles*, qu'ils nomment par vn seul nom, & les appellent *Filah*, ils font acroire que quand il tonne, c'est Dieu qui leur enuoye ces pierres : cette superstition est tellement enracinée parmy tous les habitans de cette Isle, qu'il est bien difficile de leur persuader le contraire. Ils ont de grosses pierres de cristal esclattée, qui sont troubles, lesquelles ils disent qu'elles sont *terach*, c'est à dire grosses, & qu'elles en ont d'autres dans le ventre : si bien que i'enuoyay vn iour vn Negre me chercher quelques pierre de cristal parmy les Negres en eschange de quelque marchandise, il m'en apporta deux assez passables, auec lesquelles il m'apporta vne pierre de cristal grosse comme le poing, & me dit qu'il auoit eu bien de la peine à auoir celle-cy, parce qu'elle estoit *terach*, & que celuy qui l'auoit trouuée, auoit bien fait de la difficulté de la vendre ; c'estoit vne pierre que ie n'aurois pas voulu ramasser. Lors qu'ils squillent, ils ont vne de ces pierres au coing de leurs tablettes à squiller, disans qu'elle a la vertu de faire faire operation à leur figure de Geomance.

Squilly de Dian Manghoube qui s'appelle *Tsimalacharamou*, c'est a dire, qui ne ment point, & qui ne reçoit point de payement pour mentir : mais pour dire la verité. Ce Dian Manghoube est vn *Lohauohits* maistre du bourg de *Vattemalame*, qui s'en vint trouuer Dian Ramach, lors que la guerre fut commancée contre nous, & luy dit qu'il auoit squillé sur le temps de la guerre, qu'il auoit trouué sur son squille d'estranges choses, & qu'il l'en vouloit aduertir; que pour luy, il n'estoit point dans la resolution de faire la guerre aux Chrestiens, ny d'y aller, encores que ce fust vn des plus anciens & plus adroits *Lohauohits* au fait de la guerre qui fût à Anossi. Il dit en ces termes à Dian Ramach. Tu sçais que ie n'ay iamais gauchy, quand tu m'as commandé; que tes ennemis ne m'ont iamais fait peur, & que ie n'ay iamais reculé deuant les hommes ; que si tu auois des ennemis qui fussent de ce païs cy, ie m'y porterois hardiment contre eux, & ne me soucierois pas de mourir à ton seruice : mais pour ce qui est de la guerre presente que tu fais contre les Chrestiens, excuse moy si ie n'y vas pas, & aussi si ie te dis la verité de ce que i'ay trouué par plusieurs fois dans mes figures de squille. C'est que ie te prie de faire la paix auec eux & les contenter : car autrement, si tu continuë la guerre, Fanshere & ta maison, tes magazins, & tout ce que ie voy de maisons à present seront reduits en cendre, & toy & tes enfans y perdront la vie. Dian Ramach, luy respondit

DE L'ISLE MADAGASCAR. 191

aussi-tost. Ie te'prie ne me parle pas de cela, & se tournant deuers le peuple, dit. Sus faisons la guerre à ces engendrez de chiens. Nonobstant cela, pas vn ny voulut aller, & tous les *Lohauohits* s'en allerent de *Fanshere* chacun en son village, quoy que Dian Ramach & Dian Therongh, les eussent tous envoyez querir, pour venir au Fort Dauphin faire la guerre aux François. Cela fut lors que i'enuoyay vn *Ontsou* du village de Lipoumami vers Dian Ramach & Dian Tserongh, à Fanshere (apres auoir enuoyé querir le bestail à Imours) pour parler d'accord, & redemander mes armes qu'ils auoient des François qui auoient esté tuez par leur commandement.

Il y a beaucoup de Negres & de Grands mesmes, qui nourrissent des *Auli*, que nous autres François nommons Barbiers; d'autant qu'ils en prennent pour s'en oindre lors qu'ils sont malades. Ces *Auli* sont dans de petites boistes enjoliuées auec de la Rassade, du verot & des dents de Crocodile, au nombre de six ou huict, il y a quelques manieres de figures humaines le tout de bois, dans chasque boiste ils y mettent de certains bois & racines en poudre auec du miel, de la graisse, & autres ordures; puis attachent cela à leurs ceintures sur les reins, & le portent auec eux en quelques voyages qu'ils facent. Le matin, le soir, la nuict, ils dressent ces *Auli* sur vn baston & leur parlent comme si c'estoit qu'ils eussent raison, leurs demandant conseil & secours : bref en toutes choses ils ont recours à ces *Auli*. Si quelque chose ne leur a pas reüssi à leur gré, ils leurs chantent iniures & les menassent de les quitter, & sont quelques jours sans leur rien dire, puis apres les reflattent derechef, & les prient de ne se point fascher contre eux; d'autres leur portent honneur comme à leur Dieu. Cela a quelque chose de l'esprit familier, mais il n'y en a pas vn qui reüssisse. Ils leurs demandent de la pluye, tantost du beau temps, & tout ce qu'ils ont besoin. Ils les nourrissent de temps en temps, les frottant de graisse, & les oignant de miel, en sorte qu'ils croyroient que leurs *Auli* ne seroient pas à leurs aises s'ils n'estoient bien graissez. Lors qu'ils consultent leurs *Auli*, ils font deux heures à leur parler & insensiblement ils s'efforcent & s'eschauffent de parler comme s'ils deuenoient forcenez & comme extasiez ; puis quand ils viennent à dormir, tout ce qu'ils ont pensé & resué, ils croyent que ce sont leurs *Auli* qui leur ont dicté. Le plus superstitieux en cecy estoit Dian Machicore, puis Dian Tsissei, & quelques autres Roandrian, quelques *Lohauohits* & esclaues. Tous n'en nourrissent point, la plus part se mocquent de cela, & ny adioustent pas foy. Afin de faire voir l'ineptie de cette nation, ie mettray icy les noms & significations des *Auli* de quelques vns dont i'ay eu connoissance, & commenceray par ceux de Dian Machicore, qui sont.

Aandian Baloualy, qui fait venir la pluye.
Taconhétsilalem, qui fait venir le tonnerre.
Mialentsiarapa, qui fait venir les esclairs.
Stirapaendonlle, vn Dieu fol qui fait du mal aux playes.
Taconbénenhare, vn grand Dieu qui se cache.
Silelecamounouco, vn grãd Dieu qui fait trouuer les thresors.
Taconbébilis, vn grand diable qui se cache.
Aulibemarouuets, vn onguent qui guerit les playes.
Lagoynanghombe, le fiel de boeuf qui sert à faire des *falis*.
Talitsimaitou, vne corde qui ne rompt point.

Ils portent ces *Auli* à la guerre, & ils estiment en deuenir plus forts & vaillans.

Les noms des *Auli* des Roandrian d'Anossy.
Tsitrahat sanghombe, pour conseruer les boeufs des mains des larrons.
Sintac-ain, qui arrache la vie de leurs ennemis.
Taferou, qui fait vomir le fiel à leurs ennemis.
Dzinitsinzou, qui les rend inuisibles quand ils veulent.
Laletifou, ou *Laletssitou*, pour ensorceler les hommes de Dian Tsissei.

Hazonmanghe, pour empescher que personne ne luy puisse nuire ny luy apporter aucun sortilege, & pour faire mourir subitement celuy qui le feroit. C'est la racine d'vn arbre qui s'appelle *Tocambaats*, de Dian Mandombou.

Imbahé, pour faire venir la pluye, c'est vne herbe qui s'appelle s'appelle *Anramitaco*, dont les fleurs sont au bout des feüilles comme des Chopinettes, de Dian Mangheue beaufrere de Dian Tserongh.

Farahorouhouts, pour brusler ses ennemis, *Rathourou* pour faire trembler de peur ses ennemis & ceux qui sont à sõ seruice, de Dian Machicore.

Fanghirauà atoulizouma, des œufs pondus le Vendredy couuerts de caracteres Arabes, pour rauager ses ennemis & faire qu'ils n'ayent point de force de se deffendre, de Dian Machicore & des Ombiasses.

Famaquilalam, pour rompre les chemins & faire en sorte que les ennemis ne les puissent attaquer. Ce sont des bastons qu'ils font porter deuant eux en forme (sans comparaison) d'vne Croix, & qu'ils plantent dans les chemins, sur lesquels ils attachent en Croix des poils de bœuf auec des herbes.

Ttretsiuahan, pour se defaire de l'amitié d'vne femme qu'ils ayment afin de ne l'aymer plus.

Fanamemanan, pour estre aymé des femmes.

Ratouuouron sillach, pour estre bien seruy de ses sujets, de Dian Machicore.

Ramahaualle, pour punir ceux qui parlent mal de luy en cachette ou en public: car aussi-tost ils tombent morts.

Mahasala, pour faire venir leurs femmes auec eux lors qu'elle les ont quittez par despit, ou par jalousie.

Fangheffets, pour ne prendre point la grosse verolle encor qu'ils eussent eu compagnie d'vne femme qui en fut entachée.

Fanghilly, pour n'estre point pris des Crocodilles au passage d'vne riuiere, & qu'il ne les puissent pas offencer n'y deuorer.

Fanghereuarats, pour faire venir le Tonnerre, & le foudre.

Poutchy, c'est vn Liure qu'à Diam Mandombouc pour appeller ou chasser les Sauterelles ou *Valalles*, j'en ay vn semblable entre mes mains.

Sahehorac, pour commander aux vents.

Bb

HISTOIRE

CHAPITRE XLVI.

Du Langage, des Lettres dont ils se seruent, du Papier, & de l'Ancre.

POur sçauoir de quelle langue tient la Langue de *Madagascar*, il faudroit estre versé en la connoissance de beaucoup de Langues, & particulierement des Orientalles, auec lesquelles elle a le plus de rapport. C'est vne Langue tres-copieuse, laquelle se parle esgallement par toute l'Isle, où il n'y a qu'vn seul langage : mais elle est differente en ses accens selon la diuersité des Prouinces, où les vns parlent bref, les autres ont vn parler long, il y a des mots de la langue plus affectez en des Prouinces qu'en d'autres, & qui toutes-fois sont entendus par tout, comme *Ray*, qui signifie pere du costé du Sud, & du costé du Nord ils disent *Baba*, ce qui s'entend par tout pour la mesme chose, du costé du Nord, vne femme se dit *Vauaue*. Et *Ampele*, qui signifie la mesme chose du costé du Sud, est vn mot qui offence, en sorte que du costé du Nord, il vaudroit autant appeller vne femme *Hambe*, qui signifie putain, que de l'appeller *Ampelle*. Et du costé du Sud, c'est le contraire ; *Ampelle*, est honneste *Vauaue*, l'est moins.

Ompisafe, signifie aussi vne femme ou fille. *Safe*, signifie le trou par lequel on emmanche vn marteau, vne cognée, ou autre ferrement, & *Ompy*, est vne Diction qui s'adjouste à tous les noms propres d'hommes ou de femmes ausquels on attribuë quelque action comme *Ompanhandrou*, Cuisinier. *Safe*, s'entend pour la partie de la femme. Ce mot est plus vsité vers le milieu de l'Isle, comme aux *Matatanes* & aux enuirons : ce qui est pour faire voir qu'il n'y a qu'vn seul langage par toute l'Isle de Madagascar.

Quand à la façon de parler & des accens, ainsi que j'ay dit cy-dessus, il y a des Prouinces qui proferent les mots comme ceux des *Maafalles* qui ont vn accent comme les Normans. Et en d'autres il y en a qui parlent aussi bref comme les Gascons, & toutesfois ils n'ont qu'vn mesme langage. Cette langue a des mots composez à la façon de la langue Grecque. La coniugaison s'obserue, le verbe passif, & l'actif, & chaque chose se dit & se nomme par l'action & par la maniere qu'elle se fait, comme vn arbre rompu ou du bois rompu. *Hazonfoulac*, vn vestement rompu, *Sichinrota*, vn pot rompu, *Vilangha vacqui*, vn fil rompu, *Foulemaitou*, vne corde rompuë, *Talimaitou*: & ainsi de plusieurs autres choses qui font reconnoistre que cette langue est tres-copieuse, & que ce n'est point vn jargon.

Les lettres dont les Ombiasses se seruent, sont les mesmes que les Arabesques qui se seruent de la droite à la gauche: desquelles il y en a vingt-huict: mais en quelques Lettres, il y a difference de prononciation d'auec la langue Arabe, comme la Lettre ïé, se prononce parmy ceux de Madecase, comme vn Zeta, comme quand on dit *Zaho*, ie, il s'escrit *Iaho* ou *iaho*. La Lettre thé se prononce par les Arabes comme vn T, & les Madecasses la prononcent ts, comme qui diroit *Tsiare*. Les Arabes diroient Tiare, il est vray que vers les Machicores & Mahafalles disent Tiare pour Tsiare : mais dans les Prouinces où l'Escriture est en vsage, qui sont les Matatanes & Carcanossi, ils disent Tsiare, comme aussi *foutsi*, d'autres *foutchi*, pour dire blanc, aux Machicores, ils disent *fouti*. L'vsage des Lettres y a esté apporté depuis deux cens ans par certains Arabes qui sont venus de la mer rouge, qui se disent auoir esté enuoyez en cette Isle par le Caliphe de la Mecque qui vindrent surgir dans leurs Barques aux Matatanes, & s'y sont mariez, ont enseigné & enseignent la langue Arabesque & l'Alcoran à ceux qui le desirent apprendre & en tiennent escholles, ils se sont mariez dans le païs, ont multiplié, & se sont rendus maistres de la Prouince ainsi que i'ay dit ailleurs.

Leur papier se fait auec la moyenne escorce d'vn arbre

Bb ij

qui se nomme *Auo*, laquelle est fort douce, de laquelle aussi les Matatanois font de pagnes pour se vestir qui sont fort douces, & approchent de la douceur de la soye. Le papier se fait presque de la sorte que l'on fait en france, sinon qu'ils n'ont pas mesmes vtensilles pour le faire, ny tant d'appareil. Il est iaunastre: mais il ne boit point, pourueu qu'estant fait, l'on mouille les fueilles dans la decoction de ris pour le coller; puis apres l'on le lisse quand il est secq. L'on fait bouillir l'espace d'vn iour cette escorce dans vn grand chaudron auec vne tres-forte lexiue de cendres; apres l'on laue ces escorces ainsi pourries de cuire dans l'eau bien claire, & on les pile dans vn mortier de bois, iusques à ce qu'elles soient en bouillie, & qu'il n'y aye aucun grumeau; l'on destrempe cette bouillie dans de l'eau bien claire & nette; & auec vn chassis fait auec de certains petits roseaux delicats qui se touchent l'vn l'autre, l'on prend de cette bouillie, laquelle on laisse vn peu esgouter, & on la verse sur vne fueille de balisier frottée auec vn peu d'huille de Menachil on la laisse seicher au Soleil, & aussi-tost chaque fueille estant seiche: on la frotte auec le mucillage de la decoction de ris, & estant resseichée on la laisse pour s'en seruir au besoin.

L'ancre se fait auec la decoction du bois nommé *Arandranto*, qu'on laisse tarir iusques à ce qu'elle soit bien espaisse: cette ancre est fort bonne: mais elle n'est pas si noire que la nostre; toutefois en y adioustant vn peu de couperose, elle deuient tres-bonne & tres-noire, & surpasse celle qui est faicte auec de la noix de galle, elle n'a que faire de gomme: car elle est assez glutineuse d'elle-mesme: est reluisante; c'est de ce bois que les Grands bastissent leurs cazes ou maisons, & de ce bois aussi que sort le *Carabé* ou la gomme d'ambre nommée *succinum*, i'en ay moy mesme tiré vn peu par curiosité par incision de l'escorce.

Leurs plumes sont faites de cannes nommées *Voulou*, & dans les Indes *Bambu*, ou *Mambu*. Ils coupent vn morceau de ces cannes de la longueur de la main, & large comme vne plume, ils taillent le bout & le fendent ainsi que nos plumes, dont ils forment leurs lettres. Leur ancre venant à se seicher, ils y adiouſtent vn peu d'eau & la chauffent, & elle eſt auſſi bonne qu'eſtant fraiſche faite.

Chapitre XLVII.

Prieres Chreſtiennes tournées en langue Madegaſſe.

PATER NOSTER.

Nostre pere qui eſtes és Cieux, voſtre nom ſoit ſanctifié, voſtre Royaume nous aduienne, voſtre volonté ſoit faite en la terre comme au Ciel, donnez-nous auiourd'huy noſtre pain quotidien, & nous pardonnez nos offences comme nous pardonnons à ceux qui nous ont offencez, & ne nous induiſez point en tentation mais deliurez-nous du mal. Ainſi ſoit-il.

Amproy antſica izau hanautangh andanghitſi; angharanau hofiſſahots, vahoüachanau hoaui aminay, fiteiannau hoefaizangh an tane ſoua andanghitſi; mahoumehohanau antrou aniou abinaihane antſica, amanhanau mangbafaca hanay ota antſica; Tonazahai manghafaca hota anreo mauouanay, amanhanau aca mahatetſeanay abin ſiuetſeuetſe ratſi, feha hanau metezahahanay tabin haratſiian abi. Amin.

AVE MARIA.

Ie vous ſaluë Marie pleine de grace, le Seigneur eſt auec vous: vous eſtes beniſte ſur toutes les femmes, & beniſt eſt le fruict de voſtre ventre Ieſus.

Salama Ramadriama, maſimpenou Tompon antſica hotangh aminau, hanau miſſahots rauuanga vaiuaue abi, nare niſſahotſe enghe zanaca nitondanrau Rahyſſa. Amin.

HISTOIRE

SANCTA MARIA.

SAincte Marie Mere de Dieu, priez pour nous pauures pecheurs, maintenant & à l'heure de noſtre mort. Ainſi ſoit-il.

RAmariama maſin, Reine nih zahanhare mitambe-tambeho hanau ahiuri nahonai ompāghota izanheuezābe ama leha tanh zahai hoſate. Amin.

CREDO IN DEVM.

IE crois en Dieu le Pere Tout-puiſſant, Createur du Ciel & de la Terre & en Ieſus-Chriſt ſon Fils vnique Noſtre Seigneur; qui aeſté conceu du ſainct Eſprit, né de la Vierge Marie; Qui a ſouffert ſous Ponce Pilate, a eſté crucifié, mort & enſeueli : eſt deſcendu aux Enfers : & le tiers iour eſt reſuſcité de mort à vie, monté aux Cieux: Eſt aſſis à la dextre de Dieu le Pere tout-puiſſant, d'où il viendra iuger les viuans & les morts.

ZAho macatau abinahāhare rai manghat auuanh abi: nambouatſeri enghe langhit ſe amantane, aman ahin Rahyſſa chririſtou Zananea anri irere tōpon antſica ni nitanaheri tahin maſin panghahénih zahanhare niuelomeri tabin, Ramariama miholé niaret ſeri tambane rapontio Pilato nitſapanri ni mate nalleuenghri, nare niroron anhaſou, Anrou ſahatellou nitambellome tauuangharço ommate nanon ghari andanghiſſi aretoumouetſeri anchauana nih zahanhare rai ommahatauua abi taſara ho auiri manzaca oulon velome amau oulon mate.

CREDO IN SPIRITVM.

IE croy au Sainct Eſprit, la ſaincte Egliſe Catholique, la Communion des Saincts la remiſſion des pechez, la reſurrection de la chair, la vie eternelle. Ainſi ſoit-il.

ZAho macatau abin maſin panghahé, abini ſiuouri nih oulon maſin, abini fanghaſac nihota abi abini fit ambelome nih ounouſou, abini velome tſimate. Amin.

DE L'ISLE MADAGASCAR.

BENEDICITE.

BEnissez, Seigneur, que la dextre de Iesus-Christ nous benisse, & les choses que nous deuons manger, au nom du Pere, & du Fils & du Sainct Esprit. Ainsi soit-il.

SAhore hanareo, tompon, zahai amanraha izau zabai hohouman, homissahots auana nih christou aniangharani rai, amanih zanaca amani masinpanghé. Amin.

AGIMVS.

NOus vous rendons graces, Roy tout puissant Dieu, pour tous vos bienfaits, qui viuez & regnez Dieu par tous les siecles des siecles. Ainsi soit-il.

ZAhai nih manghandrianau andrian bahya ononahaihai abi zahanhare, nahou raharaha abi nahoume hanai, ihanaunih miuelome ama miãdrian auzahanhare anrachizehé ho aui tsitaperse. Alin.

L'AVS DEO

LOüange à Dieu paix aux viuans, repos aux deffuncts. Or vous, Seigneur, ayez pitié de nous. Ainsi soit-il.

HAniriri abinahanhare, fiesa abin oulou velome, mienghe abini mate, ihanaunih tompon mahaferaingho aminai Amin.

MISEREATVR.

DIeu tout-puissant, aye misericorde de moy, & apres m'auoir remis tous mes pechez, qu'il me conduise à la vie eternelle. Ainsi soit-il.

FEse raingho nahé zahanhare manghaihai abi na efa nanghalari enghe otaco abi. Manghatesseri ahé abini velometsimate. Amin.

HISTOIRE
CONFITEOR.

JE me confesse à Dieu tout-puissant, à la bien-heureuse Marie, tousiours vierge, au bien-heureux Michel Archange, au bien-heureux Iean Baptiste, aux Bien-heureux Pierre & Paul Apostres, à tous les Saincts, & à vous mon Pere, parce que i'ay trop peché, en pensées, paroles, & œuures, ma coulpe, ma coulpe, ma tres-griefue coulpe. C'est pourquoy ie prie la bien-heureuse Marie tousiours Vierge, le bien-heureux Michel Archange, le bien-heureux Iean Baptiste, les Saincts Apostres, Pierre & Paul, tous les Saincts, & vous mon Pere, de prier pour moy mon Seigneur mon Dieu. Ainsi soit-il.

Les dix Commandemens de Dieu & ses deffences.

VN seul Dieu tu adoreras & aymeras parfaitemēt. Dieu en vain tu ne iureras, ny autre chose pareillement.
Les Dimanches tu garde-

ZAhomitata abinanharemāghaihai abi abini Ramariama manāzara miholé, abini Ramichailom manoromalainghea miandrian, anih Raican Baptista manoro, anih Rapitre aman Rapaulo onbiraheo massin, abin ommassinhabi, naminau amproy, sea zaho nanghota ambian, n'a enbetseuetse na enboulauh na anhasa hotaco; hotaeo. Hotaco-ma-nassats. Arezaho mitambetambe anih Ramariama mananzara miholé, à nih ramichailou, malainghca, miandrian manoro, anih Raican Baptista manoro, anih rapitro amanrapaulo onhirareo massing, amani ommassinh abi, amanau amproi naho mitambetambe nahohahé aminahanhare tompon antsica, Amin.

Hirahafoulo nih zahanre amin adili.

HAnauho manghandrian zahanhare irere nahanau miteiaha anritacoüa.
Acamisante hanau auau anghara ui zahanhare na raha ase coüaà.
Acamiasa auau alahadi, seharas

ras en seruant Dieu deuotement.

Pere & mere honoreras afin que tu viues longuement.

Homicide point ne seras de fait ny volontairement.

Luxurieux point ne seras de corps ny de consentement.

Les biens d'autruy tu ne prendras, ny retiendras à ton escient.

Faux tesmoignage ne diras ny mentiras aucunement.

L'œuure de chair ne desireras, qu'en mariage seulement.

Biens d'autruy ne conuoiteras pour les auoir iniustement.

Les six Commandemens & deffences de l'Eglise.

TOus les Dimanches Messes ouyras, , & Festes de Commandemens.

Tous tes pechez cõfesseras à tout le moins vne fois l'an.

Et ton createur receuras au moins à Pasques humblement.

Les Festes tu sãctifieras qui te sont de commandement.

Vendredy chair ne mangeras, ny Samedy mesmement.

hanau ma nompoho anih zahanbare anrou izanghe.

Hanau mihaßihi rai nih aman reine nahou hanau miuelome lau ahohats.

Acahanau mamonne oulonto, na anih fiteia coua.

Acahez auho anau na anifitcia, na anuatanb.

Acamanghalats anau rahanoulon na tsiare, mitane, aze anpoh.

Amisahah anau tsito, acamauende hanau.

Acamiteia hanau na mila oulon lehatsi miracheban anau aminri.

Acamibenefiteia raha noulon. acamanrangou anau leha tsimiuiliaze.

Enem hiraha aman hadili nih fiuouri vazaha.

ANrou alahadi abi hanau mitainou la Messe aman nih fißauatse reo iraha abi.

Mitataka anau hotanih abi faha irache abini taun abi.

Hanau bo hazonb vatanh nih rahißa nahohane aze anrou nifißauats ni Pasques.

Acamiaßa anrou fißauatse. Anrou zauma aman saboutsi acahonmanchena na ounouse nih raharab.

Cc

HISTOIRE DE L'ISLE MADAG.

Quatre-temps Vigilles jeusneras, & le Caresme entierement.

Hanauho mia foutche faha reo effapoul anrou aman effats hohats amananrou ni hira abi.

AVANT-PROPOS
du second Liure.

L'On trouuera possible estrange en lisant cette Relation de ce qui s'est passé dans le païs entre les François & les Habitans de cette Isle, qu'vn petit nombre ait pû resister à vne si grande multitude de Barbares. Quelques rencontres sembleront fabuleuses à plusieurs, & il sera encor plus difficile à croire qu'vn si grand peuple ayt esté contraint de venir rechercher pour la paix vne poignée de François, de s'estre venu rendre soubs l'obeïssance de si peu de gens, & se soit soubmis à en reconnoistre le Chef & Commandant, ainsi qu'il faisoit son Prince, qui a perdu la vie en cette guerre, luy payer les mesmes tributs, & luy rendre les mesmes seruitudes & couruées qu'il faisoit auparauant à ce Roy. Que l'on considere aussi ce qu'il y auoit de François bien pourueus de munitions de guerre, de fuzils, d'armuriers & de gens de mestier necessaires à vn Fort, des gens desesperez de leur salut, n'ayans point de porte de derriere pour se retirer d'vn païs enuironné d'vne vaste Mer d'vn costé, & d'autre part d'vn nombre infiny d'ennemis cruels & sans mercy. Ce qui les obligeoit de se resoudre à se bien deffendre, & de se seruir bien à propos de leurs munitions, bien vnis entr'eux pour la cause commune, & bien soubmis au commandement de leur Chef. D'autre costé que l'on regarde vn peuple infiny de barbares perfides, sans foy, & sans parolle, poltron, craintif & nud, qui se sert de dards qu'il jette sur son ennemy, qui n'entend ny ordre, ny maniere d'attaquer que par surprise & trahison. Aussi quoy que ce peuple soit en grand nombre, il n'y a que les Grands & Maistres de Villages qui marchent en teste pour attaquer l'ennemy, lesquels estans morts sont aussi-tost abannonnez de leurs gens. Ce peuple n'entend point ce qu'il faut, & n'a pas l'industrie de porter des prouisions de viures pour assieger, que pour deux ou trois iours, apres lesquels la faim les force à se retirer. Cela conneu par nous autres François, nous auons esté obligez, tantost d'attaquer vn Village, tantost vn autre & de les surprendre à l'escart, & diuisez : si bien qu'ils ont esté contraint, pour euiter nos courses, de se sauuer dans les bois & dans les montagnes, afin de n'estre point surpris à la pointe du jour, ainsi qu'en deux ans plus de cinquante Villages ont esté pillez & bruslez. Et comme ils ont veu qu'ils n'auoient plus de moyen de cultiuer la terre en seureté, & que la faim les pressoit, ils ont esté forcez pour viure en repos, & iouyr en paix de leurs terres & possessions, de venir au Fort Dauphin me demander la paix, & se soubs-mettre soubs moy, en reconnoissans le Roy de France pour leur souuerain Seigneur, en ont presté serment entre mes mains ; & depuis m'ont payé les mesmes tributs, & faict pour moy les mesmes couruées qu'ils souloient faire pour feu Dian Ramach leur Roy, ainsi que l'on peut voir dans la suitte de la Relation.

Comme le Lecteur trouuera quelques fautes qui se sont glissées dans cette Impression, ie le supplie de n'en accuser ny l'Imprimeur, ny moy qui en ay esté le Correcteur ; Mais de passer par dessus, & de suppleer au deffaut qu'il y trouuera. Il ne se peut pas faire qu'il ne s'y trouue quelques lettres d'oubliées, ou de changées, ou mesme quelque mot qui s'y soit glissé pour vn autre : Ce qui arriue d'ordinaire à toutes les Impressions, quelque soin que l'on y apporte. Si le stile ne luy plaist, ie le prie de croire que ie ne fais point profession d'eloquence, n'en ayans iamais eu aucune tache, & que ce que i'en ay fait a esté pour faire connoistre auec verité au mieux qu'il m'a esté possible tout ce que i'ay veu, connu, apris & remarqué en cette Isle durant pres de sept ans que i'y ay demeuré.

RELATION

RELATION
DE LA
GRANDE ISLE
MADAGASCAR,
CONTENANT

CE QVI S'EST PASSE' ENTRE LES
François & les Originaires de cette Isle, depuis
l'an 1642. iusques en l'an 1655. 1656. 1657.

Composée par le sieur de FLACOVRT *Directeur de
la Compagnie Françoise de l'Orient, & Commandant
pour sa Majesté dans ladite Isle &
és Isles adiacentes.*

A TROYES, Chez Nicolas Oudot, & se vendent

A PARIS,
Chez GERVAIS CLOVZIER au Palais, sur les degrez en montant pour aller à la saincte Chappelle.

M. DC. LXI.
AVEC PRIVILEGE DV ROY.

RELATION

de ce qui s'est passé en l'Isle Madagascar depuis l'année 1642. iusques en 1660.

Chapitre I.

De la concession octroyée par le Roy, & enuoy du Nauire S. Louys à Madagascar, commandé par Cocquet.

L'AN mil six cens quarante-deux, le sieur Ricault Capitaine de la Marine, obtint de feu Monseigneur l'Eminentissime Cardinal Duc de Richelieu, Chef & Sur-Intendant General de la Marine, Nauigation & Cōmerce de Frāce, pour luy & ses associez, la concession & priuilege d'enuoyer seuls en l'Isle de Madagascar & autres Isles adiacentes, pour là y eriger Colonies & Commerce : ainsi qu'ils aduiseroient bon estre pour leur traficq, & en prendre possession au nom de sa Maiesté Tres-Chrestienne, laquelle concession leur fut octroyée pour dix années, à l'exclusion de tous autres, sans la permission des associez, qui pour cet effet formerent vne

Dd

Compagnie, & la concession fut confirmée par sa Maiesté Tres-Chrestienne, & fut enregistrée au Greffe de son Conseil d'Estat : & l'année suiuante confirmée derechef par sa Majesté à present regnant.

Le mois de Mars la Compagnie Françoise de l'Orient enuoya vn Nauire dont estoit Capitaine le sieur Cocquet, qui pour son compte particulier, & de quelques Marchands, alloit charger de l'Hebene en l'Isle Madagascar, & y enuoyerent les sieurs Pronis & Foucquembourg leurs Commis, auec douze François pour y demeurer, en attendant vn Nauire qui deuoit partir au mois de Nouembre suiuant. Cocquet arriua en ladite Isle enuiron le mois de Septembre, & en passant alla aux Isles de Mascareigne, & Diego Roïs, desquelles Isles le sieur Pronis prist possession au nom de sa Maiesté Tres-Chrestienne, & passa en l'Isle Saincte Marie, & à la Baye d'Antongil, que l'on nomme au pays *Manghabé*, où ils en firent le semblable. Les sieurs Pronis & Foucquembourg s'establirent au port de Saincte Luce, nommé *Manghafia*, sous la hauteur de 24. degrez 30. minuttes Sud. Le sieur Pronis trouua aussi quelques six ou huict François demeurez audit païs de l'equipage d'vn Nauire de Dieppe conduit par le nommé Goubert, lequel auoit fait bastir vne Barque de quarante tonneaux, & s'en estoit retourné dedans en France, son Nauire estant coulé à fond à l'Ance d'Itapere, soit par sa negligence, soit par la malice de ses Calfadeurs, soit par l'exprés consentement de tout l'equipage; car les Capitaine & Matelots auoient tant pris d'argent auant que de partir de Dieppe à soixante ou quatre-vingts pour cent sur leur voyage, que la crainte de ne faire pas vne charge bastante pour payer l'argent qu'ils auoient tous emprunté, leur fit à dessein laisser couler a fond leur Nauire, qui estoit encor assez bon, sur ses cables, & ce faute de tirer l'eau auec la pompe, & de calfader le Tillac & le bordage : Et ainsi des Marchands qui confient du bien à telles gens, doiuent bien prendre garde à qui ils donnent charge de leurs Nauires & Negociation. La marchandise qu'ils auoient portée leur seruit à en faire largesse aux femmes du païs, & aux Negres, qui de tous costez leur apportoient du vin, & du miel dequoy en faire; & ainsi ils ne firent autre chose, jusques à ce qu'ils eurent acheué leur Barque, qu'yurongner & paillarder, & se mocquer des Marchands qui les auoient enuoyez, & de ceux de qui ils auoient emprunté l'argent à la grosse aduanture, disans que le Nauire rompu, ils estoient payez. De tout cecy, i'en ay assez entendu parler à des gens qui estoient de l'equipage.

Ils passerent enuiron vingt-cinq dans la Barque, & arriuerent à Dieppe assez heureusement. Les François demeurez de l'equipage, se mirent à traitter de la cire, des cuirs, & autres choses, dans le pays pour leur compte.

Chapitre II.

Du Nauire S. Laurent conduit par Rezimont.

LE premier iour de May arriua le Nauire Sainct Laurent appartenant aux Seigneurs de la Compagnie conduit par Gilles Rezimont, Capitaine bien experimenté à la Nauigation. Cependant le Capitaine Cocquet cherchoit de l'Hebene aux Matatanes, & dans le pays d'Anossi pour faire sa charge. Rezimont amena au sieur Pronis soixante & dix François de renfort, qui au bout d'vn mois demeurerent tous malades à Manghafia (dont il en mourut le tiers) qui est vn lieu mal sain, d'autant qu'il est proche des montagnes qui sont fort hautes, & ainsi fort suiet aux pluyes & mauuaises vapeurs des bois, principalement quand il fait vent de terre. Les François estans nouuellement arriuez, les habitans du pays voulurent conspirer contre eux, incitez à la sourdine par les Blancs: mais le sieur Pronis s'en alla trouuer Dian Ramach qui estoit le Roy du païs, & l'appaisa en sorte par presens, que les Negres n'oserent plus rien entreprendre. Quelques quatre mois apres le sieur Pronis enuoya douze François demeurer aux Matatanes pour y faire habitation, où estans, vne partie voulut aller traitter du Ris & d'autres necessitez à trente lieuës Nord du pays de Matatanes nommé Mananzari, du nom de la plus grande riuiere du païs, afin aussi de reconnoistre le païs. Des François il y en eut six de massacrez en passant vne riuiere par les grands du pais qui sont Zafe Ramihina parens de Dian Ramach, & des grands de la Prouince d'Anossi, & dans le pays des Bohitsmenes, six matelots de l'equipage de Rezimont furent aussi tuez en chargeant de l'hébene entre lesquels estoit le fils aisné dudit Rezimont, le tout par l'instigation des grands d'Anossi qui ne vouloient pas ouuertement faire le massacre dans leurs terres: de crainte de n'en venir pas à bout, & qu'il ne leur en prist mal par apres. Rezimont chargea ce qu'il peut d'hebene, & transporta les autres six François du pays de Matatane au pys d'Anossi, & les remit entre les mains du sieur Pronis. Cependant le Capitaine Cocquet faisoit faire sa charge aux Matatanes; Mais estant pris d'vn coup de vent son nauire toucha sur vne roche & s'entrouurit en sorte, que voyant qu'il estoit hors d'esperance de retourner en France dans son Nauire, il mourut de desplaisir. Les Officiers & Matelots furent si malicieux qu'au lieu d'amener le Nauire au Fort-dauphin en l'ance de Tholangharen, ils aymerent mieux le mener eschoüer à Ranaufoutchi ou ance aux gallions, où ils vendirent la poudre, le plomb, & la plus-part de ce qu'ils peurent destourner aux grands d'Anossi, plustost que de remettre le tout entre les mains des sieurs Rezimont & Pronis, qui en eussent bien tenu comte aux marchands à qui appartenoit le Nauire: ainsi ces voleurs de Matelots à l'appetit de peu de chose qu'ils en retirerét, liurerent beaucoup de poudre, munition & ferremens aux Grands. Ce qui par apres à causé la mort de plusieurs François, & leur a donné la hardiesse d'entreprendre la guerre contre nous ainsi qu'il se verra cy-apres.

Enuiron ce temps-là le sieur Pronis auoit changé d'habitation, eſtoit venu demeurer auec tous ſes gens au lieu de Tholangharen nommé depuis par luy le fort Dauphin, lieu qui eſt tres-ſain ſous la latitude Sud de 25. degrez 6. minuttes. Le port y eſt fort bon, & abbrié des plus mauuais vents & l'abord commode, non ſeulement pour les chalouppes; mais auſſi propre à baſtir barques & nauires & facile à les tirer de l'eau, & plus facile encor à les mettre en mer. Le pays cõmode pour recouurer toutes choſes neceſſaires, ſoit à baſtir maiſons, ſoit à trouuer tout ce qu'il faut pour baſtir des barques, & meſme des nauires ; les bois ſont tres-proches, dans leſquels le bois d'arame qui porte la gomme tacamaca ſert a faire les planches pour le bordage, le bois de *Nato* de Vintanh & de Lataffe, à faire les genoux & courbes, le bois de Rombaue à faire les Maſtures, & verges & la quille, bois qui approche en bonté du ſapin & a le meſme grain ou fil que le freſne en France.

Cependant il y arriua vn nauire de Dannemarc, qui venoit des Moluques & de la Chine, qui n'auoit pû paſſer le Cap de bonne eſperance, & auoit relaſché en cette terre. Il y auoit quatre ans qu'il eſtoit party de Dannemarc & eſtoit chargé de riches marchandiſes, il n'eſtoit pas fort d'équipage, & qui plus eſt le Nauire eſtoit vieil. Ce Nauire partit du fort de Tholenharem & paſſa en Decembre le Cap de bonne eſperance, mais comme il commençoit à faire beaucoup d'eau : relaſcha à Fernambouc, où il chargea ſes marchandiſes dans vn Nauire Holandois, qui fut pris par les Biſcayens en s'en retournant ; toutes fois les Dannemarquois ne perdirent rien du leur, & ainſi ils arriuerent à Sainct Sebaſtien, & apres s'en allerent en leur païs.

Le Capitaine Rezimont partit le dix-ſeptieſme de Ianuier du Fort Dauphin, & arriua en France heureuſement au port de Comaret, en Bretagne le dix-ſeptieſme de Iuin, ayant eſté iuſtement cinq mois à ſa trauerſée, il eſtoit chargé d'hebene.

Ce pendant le ſieur Pronis enuoya le ſieur Fouquembourg auec des François du coſté des Ampatres, puis apres du costé du païs des Machicores tant pour descouurir ce qu'il y auoit à faire dans le païs que pour traiter des bœufs pour viure. Pronis auoit pris à femme la fille de Dian Marual grand du païs de la race des Zafe Rahimina, laquelle s'appelloit, Dian Rauellom Manor, & pour cét effect faisoit bien de la despense, d'autant qu'il nourrissoit toute la parenté, le ris, que la barque apportoit du païs de Manghabé estoit bien-tost dissipé par son mauuais soin & de ceux à qui il donnoit charge du Magazin, qui en disposoient aussi de leur costé, ainsi faute d'vn bon ordre les François estoient le plus souuent tantost sans ris, & ne mangeoient que de la viande, tantost sans viande, & ne mangeoient que du ris, ce qui commença à en faire murmurer, disans que le sieur Pronis les faisoit trauailler ainsi que des esclaues, & que quand les grands du païs luy demandoient ce que luy estoient les François, il leur respondoit que c'estoient ses Esclaues, ainsi ce mespris en fascha beaucoup qui commencerent deslors à murmurer contre luy, & mesme comme le sieur Pronis estoit de la Religion pretenduë, ils se plaignoient qu'il meprisoit les François qui estoient Catholiques, Apostoliques & Romains, & qu'il faisoit faire le Presche tout haut, pendant que les François faisoient les prieres dans la Chappelle. La raison que le sieur Pronis a obiecté touchant ce qu'il disoit que les François qui estoient au seruice de la Compagnie estoient ses Esclaues, est que dãs cette langue, il n'y a point de mot qui signifie seruiteur, que le mot d'*Ondeuo*, ce qui est faux : car Ontsinaua est plus honneste.

Il se peut donner aux plus Grands qui quoy qu'ils ne soient pas esclaues, se disent Ontsinaua des autres plus grands ou esgaux par courtoisie ou par ciuilité; ainsi que nous faisons parmy nous. En outre Ompanompo signifie proprement seruiteur : Mais Ondeuo signifie homme perdu, captif, & esclaue acheté, & qui se vend, qui ne peut de rien disposer de ce qu'il a, & tout son bien appartient à son maistre ; comme c'est la coustume des Grands de ce pays de tenir leurs subiets soubs le ioug d'esclauage, luy qui auoit espousé la fille d'vn Grand, eust esté fasché de ne tenir pas les François qui luy estoient soubmis par les Seigneurs de la Compagnie, soubs le titre de ses Esclaues: & comme cela, il eust creu n'estre pas assez estimé par les gens de cette terre.

Chapitre III.

Du Nauire le Royal, commandé par l'Ormeil.

LE vingt-cinquiesme de Mars de l'année mil six cens quarante-quatre, partit vn Nauire de France du Port de Dieppe, appartenant ausdits Seigneurs de la Compagnie, du port de quatre cens tonneaux qui portoit quatre-vingts dix François passagers pour demeurer en l'Isle de Madagascar, & arriua en la Baye d'Antongil au mois de Iuillet, seiourna, tant à ladite Baye qu'a l'Isle Saincte Marie, iusques au mois de Septembre, & arriua dans le mesme mois à Manghasia, & de là au Port Dauphin, pendant le seiour du Nauire, les deux barques firent iusques à sept voyages de Ris, tant aux Matatanes, Antauares qu'Enghalenboulou, & le sieur Foucquembourg par l'espace de dix-sept mois, que seiourna le Nauire à la Radde du Fort Dauphin, fit plusieurs voyages à la traicte du bestial, tant aux Machicores, Ampatres, Mahafalles, Manamboules, que Yongaüe & Anachimoussi, d'où il amena en plusieurs voyages plus de deux mille cinq cens bœufs. Cependant nonobstant la quantité de viures, l'habitation du Fort Dauphin en estoit tousiours en necessité: Le Ris se trouuant bien-tost consommé, & les Bœufs bié-tost dissipez. Ce qui faisoit encor de plus en pl^9 murmurer les Fråçois, & encor plus les nouueaux venus, qui trouuoient bien estrange de faire en ce pays la fonction de portefaix & d'esclaues, & ils voyoient beaucoup de Negres dans l'habitation que l'on ne faisoit point trauailler.

RELATION

Cependant le Capitaine du Nauire nommé l'Ormeil, faisoit faire sa charge, & rechercher de l'hebene par tout auec bien de la peine : car il ne voulut point demarer de la radde qui est assez bonne soit par paresse, soit de peur de se perdre le long de la coste, qui est mauuaise, & en laquelle il n'y a point de Port qui soit depuis Managhasia iusques à l'Isle saincte Marie & Antongil. Ainsi il sejourna dix-sept mois, & partit le mois de Ianuier 1646. chargé d'Hebene, de cuirs, & de cire.

Chapitre IV.

Retour du Nauire Royal en France, auec la mort du sieur Foucquembourg.

LE sieur Foucquembourg passa aussi dans le Nauire qui arriua en France à la Rade de Sainct Martin de l'Isle de Ré, enuiron le mois de May de l'année mil six cens quarante-six, d'où il escriuit aussi tost à Paris, donna aduis de sa venuë aux Seigneurs de la Compagnie, lesquels d'autant que les Fermiers des cinq grosses Fermes, ne voulurent faire aucune composition pour les droicts des entrées, enuoyerent ordre au Capitaine & au sieur Foucquembourg leur Commis, de mener le nauire à Sainct Malo en Bretagne, où il ne se paye pas tant de droicts. Le sieur Foucquembourg apres auoir fait descharger le Nauire à Sainct Malo, se mist en chemin de venir à Paris en Compagnie d'vn nommé le Lieure, natif d'Angers, qui deuoit s'en aller à la Martinique, commander cent soldats. Le Lievre dit en son nom de guerre la Barre, croyant que Foucquembourg fust chargé d'or & de pierreries, en passant dans la Forest de Dreux sur les six heures du soir, donna vn coup de pistolet dans la teste de Foucquembourg, dont il mourut sur le champ, la Barre le despoüilla & le tira à quartier du chemin dans le bois, monta sur le cheual de Foucquembourg,

DE L'ISLE MADAGASCAR

bourg, & mena en main le sien iusques à ce qu'il fust hors du bois, où il rencontra vn petit garçon fils d'vn païsan, qu'il fit monter sur son cheual, & prist le chemin de la trauerse toute la nuict, iusques à ce qu'il arriua auec ce petit garçon à Paris, & alla loger en la ruë Sainct Martin à la Croix de fer, hostellerie où il ne loge que des estrangers, Allemans & Flamans; afin que là il ne se peust descouurir. Le soir il considera tous les papiers de Foucquembourg & les brusla tous, tant les comtes, que les lettres missiues; ainsi il creut que son fait estoit si bien caché, que iamais il ne seroit descouuert. Mais le mal-heureux ne consideroit pas qu'il n'y a rien de caché à Dieu. Lors de l'assassinat il y auoit vn garde Chasse des bois du païs, qui auoit entendu tirer le coup de pistolet, & veid comme la Barre tiroit le corps mort de Foucquembourg pour le cacher soubs des buissons. Il n'osa pas se monstrer de peur qu'il n'y eust encor d'autres voleurs cachez dans le bois. C'est pourquoy il s'en alla aussi-tost donner aduis de cela au Iuge d'vn village tout proche, qui vint sur le lieu faire son procez verbal, & faire enleuer le corps qu'il fit enterrer dans le Cimetiere. Le Iuge de la ville de Dreux pretendant que cela estoit de sa Iurisdiction, alla faire deterrer le corps, & fit aussi vn autre procez verbal, en interdisant la connoissance du fait au premier Iuge. C'est pourquoy dans ce conflict de Iurisdiction, le Procureur du Roy de Dreux s'en vint en diligence à Paris pour auoir vn Reglement du Parlement de Paris, où estant dans la ruë Sainct Martin, il rencontra le petit garçon qui auoit amené le cheual auec la Barre, qui parloit à vn Sergent, son cousin, tous deux de la connoissance dudit Procureur du Roy, lequel demanda à ce petit garçon qui est ce qui l'auoit amené à Paris, & luy dit que son pere estoit en peine de luy, le petit garçon fit responce qu'il auoit rencontré vn Gentil-homme à la sortie du bois de Dreux, le soir enuiron le Soleil couchant, qui luy presenta deux quarts d'escu, & luy dit qu'il montast sur le cheual qui tenoit en main, sur lequel il y auoit vn habit empaqueté, & vne malle, & qu'il vinst auec luy iusques à vn village qui

Ee

paroissoit à deux lieuës de là. Et comme il s'en vouloit retourner, il luy donna encor deux quarts d'escu pour passer outre, puis insensiblement il l'obligea de venir à Paris, dit que ce Gentil-homme auoit peur, & luy auoit dit qu'il ne parlast de rien à personne. En disant ces paroles, la Barre parut qui passoit son chemin, le petit garçon se retira de peur d'estre apperceu de luy, & leur monstra: Le Procureur du Roy ayant opinion que c'estoit luy qui auoit assassiné cet homme mort dans le bois, le suiuit de loin auec le Sergent parent du petit garçon : la Barre vint dans le Palais acheter des rubans, des gans, & autres petites hardes, & comme il ne se pût accommoder de prix chez le marchand, il s'en retourna à son hostellerie, & dit qu'il reuiendroit le lendemain matin, & ainsi le Procureur du Roy & le Sergent le suiuirent iusques chez luy ; cependant ils allerent aduertir vn Commissaire qui s'en vint auec eux l'attendre du matin à la sortie de l'hostellerie, & le suiuirent iusques à ce qu'il arriua soubs le grand Chastelet, où ils luy mirent la main sur le collet, & le firent prisonnier, où estant confessa aussi-tost qu'il auoit tué cét homme mais que c'estoit bien à regret, car c'estoit son amy, que c'estoit en regardant à son pistolet que le ressort auoit lasché malheureusement, & qu'ainsi il auoit tué à son grand regret son bon amy, que de peur que quelques-vns le despoüillassent, il l'auoit despoüillé, & s'estoit en allé ainsi de nuict, de peur d'estre descouuert, bien qu'estant innocent ; il ne l'auoit pas fait expres : toutes-fois il craignoit d'estre arresté, & d'en estre en peine ; ainsi il pallia son fait du mieux qu'il peut ; mais d'autant que la Iustice veid par plusieurs conjectures qu'il l'auoit fait à dessein, & qu'il s'estoit encor auparauant trouué à vn assassinat, il fut condamné à estre rompu tout vif au Chastelet de Paris, & en appella à la Chambre de la Tournelle. Pendant le temps que l'on le deuoit iuger, il trouua moyen de se sauuer de prison auec deux autres prisonniers, qui tuerent vn guichetier, & se sauuerent, la Barre receut en se voulant sauuer, vn coup de poignard dans la cuisse, & ne laissa pas de s'eschapper, mais il fut arresté sur le pont Nostre-Dame, & remené en prison, d'où il fut transporté à la Conciergerie: puis apres fut condamné en confirmation de la Sentence du Chastelet à estre rompu sur vn eschafaut en la place de greue par la main du Bourreau d'vne barre dont il portoit le nom. Ainsi l'homme meschant à beau cacher sa meschanceté de la veuë & connoissance des hommes, elle est tousiours veuë & connuë de Dieu, qui connoissant le fond de la pensée & intention des meschans, permet qu'elles viennnent à la connoissance d'vn chacun; tesmoin celuy cy, qui a eu beau s'excuser sur son accident, il a eu beau se cacher, se loger en vn lieu hors de toutes ses connoissances, en vne ville de Paris, qui est pire qu'vne forest, pour se pouuoir bien cacher, toutesfois Dieu a permis que sans tesmoins, sans Preuost des Mareschaux, & trois iours apres son forfait, ce malheureux ayt esté pris; puis apres estant sur l'eschaffaut prest à estre supplicié, confessa aux iuges sa malheureuse intention, & dit que comme Foucquembourg venoit de faire vn voyage de l'isle de Madagascar, il creut qu'il estoit chargé de pierreries, & pour cet effet, il s'accosta de luy à S. Malo, & s'en vint en sa compagnie à dessein de faire ce coup pour posseder ce qu'il s'estoit imaginé. Ainsi finit Foucquembourg, & furent ainsi perdus tous ses papiers, comptes, lettres, & aduis; dont les Seigneurs de la compagnie furent bien faschez.

Chapitre V.

Sedition contre le sieur Pronis, & son emprisonnement.

PEndant le retour du Nauire le Royal, les François se liguerent au Fort Dauphin contre le sieur Pronis, & les Chefs furent les nommez Beaumont & Iean le Clerc de Roüen, dit des Roquettes, ils s'assemblerent tous à l'exception des Matelots des Barques, & de cinq ou six autres François plus aduisés qu'eux tous, & formerent vn procés verbal contre les pretenduës maluersations du sieur Pronis. Et vers le quinziesme iour de Feurier de l'année mille six cens quarante six, ils se saisirent du sieur Pronis ainsi qu'ils montoient vne partie de la garde, & que l'autre partie la descendoit estans en haye, le nommé Sainct Martin le prist par la main en luy presentant le pistolet, & tous en le bafoüans, le menerent dans sa chambre, où ils luy mirent les fers aux pieds, le firent garder par deux sentinelles iour & nuict luy fermerent ses fenestres en sorte qu'il n'auoit aucun iour sans chandelle, il fut six mois aux fers iusques au vingtsixiesme Iuillet qu'il arriua vn Nauire de France commandé par Roger le Bourg, qui amena quarante-trois passagers pour demeurer en ladite Isle.

Cependant que le sieur Pronis fut aux fers les Ligueurs esleurent Beaumont, & des Roquettes pour deputez de leur part, se saisirent des clefs des coffres & magazins, & remirét tout par compte entre les mains du sieur Claude le Roy Commis des Seigneurs soubs le cōmandement du sieur Pronis, & le contraignirent à prendre le commandement & direction de l'habitation en luy promettāt de luy obeïr, & non au sieur Pronis : le sujet de leur rebellion fut, que le sieur Pronis entretenant Dian Rauel faisoit souuent transporter du ris à Imanhal lieu de la demeure de Dian Rauel auec sa mere, son frere, ses sœurs, & tous les esclaues, lesquels le sieur Pronis nourrissoit aux despens de l'habitation de ris & de bestial. Si bien qu'en cinq sepmaines qu'il y auoit que le Nauire Royal estoit party du port Dauphin il y auoit quatrevingt dix poinçons de ris dissipez, n'en ayans les François plus trouué que soixante poinçons de cent cinquante poinçons que le Capitaine Lormel y auoit laissé, de plus le bestial à mesure qu'il estoit venu des voyages estoit aussi-tost destourné par le sieur Pronis, si bien que les François luy presenterent vne Requeste pour le prier de mesnager mieux les viures, au contraire le sieur Pronis leur diminua leur ordinaire de ris, & leur dist que le premier qui luy viendroit parler de cela, qu'il luy donneroit vn coup de pistolet dans la teste, ce qui les irrita tous dauantage, & leur fist former cette ligue, & comme il y en eut quelqu'vn qui vn grand matin veid des Négres qui fortoient du Fort chargez de Ris blanc venant du Magazin, il les arresta. Cela fust aussi-tost rapporté au sieur Pronis qui enuoya dire par vn François au Fort qu'il viendroit auec cinq cens Negres leur passer à tous par dessus le ventre, soit que le sieur Pronis eust dit cela, soit qu'il fust inuenté par vn François qui leur rapporta, aussi-tost ils se delibererent tous de luy presenter vne autre requeste, afin de le prier de ne trouuer pas mauuais s'ils se faisissoient des clefs du Magazin, & s'ils en donnoient la direction à quelques vns, autres que ceux qui en auoient les clefs. Le sieur le Roy sur ces remuëmens luy escrit vne lettre, & le prie de se haster de venir au Fort, d'autant qu'estât venu il pourroit appaiser les mutins : Au contraire il se moqua de cela, & ne revint que deux iours apres. Où estant arriué il trouua les François en haye dans le Fort qui l'attendoient, & estant entré le nommé sainct Martin Caporal Beaumont, des Roquettes, & dix ou douze autres l'arresterent, & le conduisirent dans sa chambre en luy ostant ses pistolets, & luy dirent qu'ils ne vouloient plus qu'il eust dauantage de commandement sur eux. Lors le sieur Pronis leur dit, il ne reste plus qu'a me mettre aux fers, puis que vous me traittez de la sorte, eux luy dirent, c'estoit bien aduisé à luy & qu'ils l'alloient enferrer, ainsi ils allerent querir les fers & les luy mirent aux pieds. Il seroit fort ennuyeux de dire les impertinences qui se commirent par les ligueurs, lesquels estans yures luy chantoient iniures, d'autres le vouloient faire brusler dans sa maison, & d'autres le vouloient tuer, ce qu'il endura pendant six mois gardé de deux sentinelles, & quand le sieur le Roy luy alloit parler il falloit qu'il y eut deux hommes auec luy enuoyez par les deputez, si bien que c'estoit Rat en paille pendant ces six mois.

Ee iij

Chapitre VI.

L'arriuée du Nauire Sainct Laurens commandé par Roger le Bourg, & deliurance du sieur Pronis.

Apres lesquels arriua le Nauire Sainct Laurens conduit par le Capitaine le Bourg', qui amena quarante-trois passagers, & vn Commis qui estoit arresté à Dieppe pour escriuain du Nauire, que le Capitaine le Bourg enuoya à terre pour commander les François, en attendant que l'on eust ordonné de ce que l'on pouuoit faire du sieur Pronis, à qui les François ne vouloient point obeïr: ains insistoient que le Capitaine le remenast en France: Et pour cet effect le liurerent au Capitaine qui le fit conduire dans le Nauire, où estant, il fit si bien que le Capitaine luy promist de le restablir, moyennant qu'il luy fist trouuer son compte, & cependant le Capitaine enuoya au Fort le sieur Angeleaume que le sieur Desmartins auoit enuoyé dans le Nauire pour Escriuain, auquel il donna charge de commander les François. Ce que les Ligueurs accepterent tous, & ceux qui estoient aussi venus dans le Nauire. Pendant le temps que le sieur Pronis fut au Nauire, il fut deliberé par le Capitaine, le sieur le Roy, & le sieur Angeleaume, afin de pouuoir mieux restablir le sieur Pronis d'enuoyer aux Antauares vne trentaine des plus mutinez dans la Barque neufue, mais le vent s'estant trouué contraire, elle relascha à l'Ance des Gallions, autrement dite *Ranoufoutchy*, où les Ligueurs sçachans que contre sa promesse le Bourg auoit restably dans le Fort le sieur Pronis, ils se mutinerent tous, & se resolurent de venir au Fort enleuer le bestial, & se fortifier proche le puits: & ainsi assieger en quelque façon le Fort. Ils enuoyerent dire au Capitaine le Bourg que c'estoit contre sa promesse & serment qu'il auoit restably le sieur Pronis, & qu'ils estoient tous resolus de perdre la vie plustost que de souffrir qu'il fust restably: si bien qu'ils s'en vinrent iusques auprés du Fort en cette resolution : mais le Bourg & le sieur Pronis leur firent proposer d'aller faire vn voyage dans les Mahafales à la traicte du bestial sous la conduite du sieur le Roy. Et pour cet effet on luy distribua les marchandises necessaires; & ainsi ils s'y en allerent trente ou trente-cinq. Pendant ce voyage le sieur Pronis attira à soy le reste des François tant anciens que nouueaux venus, & le temps se passa assez doucement. Pendant lequel il enuoya vne Barque aux Antauares porter quinze François soubs la conduite du sieur Bouguier natif d'Orleans, pour y faire le traicté d'Hebene, & autres marchandises qui s'y pourroient trouuer, auquel on donna douze Ligueurs pour les escorter, & on laissa le nommé Beaumont en l'isle Saincte Marie, commander huict François que l'on y auoit laissé pour asseurer les habitans de ladicte Isle, contre les courses de ceux d'Antongil qui leur faisoient la guerre; & aussi pour fauoriser les Barques quand ils iroient à la Traitte du Ris à Ghalemboulou qui en est à quinze lieuës.

Chapitre VII.

Seconde mutinerie des Ligueurs, & leurs chastimens.

Trois mois aprés, qui fut enuiron le mois d'Octobre, arriua le sieur le Roy à Cocombe, qui escriuit au sieur Pronis que les Ligueurs ne vouloient point deliurer le bestial qu'il auoit au nombre de cinq cens belles bestes, qu'il ne leur enuoyast en mesme temps d'autres marchandises pour faire vn autre voyage, & qu'ainsi iusques à ce qu'il vint vn autre Nauire de France, ils en vseroient de la sorte, sans faire tort aux Seigneurs de la Compagnie de la marchandise que l'on remettoit entre les mains du sieur le Roy qui les commanderoit, & que pour le sieur Pronis, ils n'estoient aucunement resolus de luy obeyr, & cependant ils se vindrent camper auec leur bestial en vne butte qui est de là Ambonetanaha. Le sieur Pronis fit arrester le nommé la Forge Armurier, qui estoit celuy qui apporta la lettre, & parla insolemment : il l'enuoya mettre aux fers dans le Nauire. Et aussi-tost dés le soir mesme, commanda cinquante François pour venir auec luy, auec resolution d'attaquer les Ligueurs, en cas qu'ils voulussent resister contre luy : il arriua la nuict proche la butte, & vne sentinelle qui estoit vn Lorrain, Nommé du-Mont, demanda qui va là, le sieur Pronis fit dire, viue le Roy, du-Mont tira son coup sans fraper personne, & on luy respondit de quatre coups de fuzil, l'alarme fut aussi-tost en leur quartier. Tous les Negres des enuirons estoient sous les armes, qui n'attendoient rien que l'issuë de ce combat, pour auoir l'occasion de tuer tous les François. Ce qui estonna les François assiegez, d'autant plus que le sieur Angeleaume estoit auec vingt-cinq François pour donner d'vn costé, & le sieur Pronis d'vn autre, auec le reste des François qu'il auoit menez. Le sieur le Roy qui estoit conducteur des Ligueurs, non de leur party (car il leur auoit esté donné par le sieur Pronis pour aller à la Traitte & les commander) les conseilla de se rendre au sieur Pronis, qui les receuroit à mercy, & leur remontra le danger où ils se mettoient en se mutinant contre luy, & que les Negres de la campagne qui estoient pour le sieur Pronis, estoient soubs les armes pour acheuer ceux qui se sauueroient, que si le sieur Pronis auoit des gens frais, qu'eux estoient tous fatiguez de leur voyage, c'est pourquoy ils se delibererent tous d'enuoyer le sieur le Roy parler au sieur Pronis, luy dire qu'ils estoient à son seruice, & qu'il receust le bestial. Le sieur Pronis leur promit de leur pardonner, pourueu qu'ils rendissent les armes & munitions qu'ils auoient, ce qui les fascha beaucoup pour l'affront qu'ils receuoient : mais enfin ils s'y resolurent tous, & rendirent le bestial & les armes : & luy vindrent demander pardon. Le sieur Pronis s'en retourna ainsi au Fort Dauphin, auec tous ses soldats, où estant arriué, en fit arrester douze des principaux, ausquels il fit raser barbe & cheueux,

& fit

& fit faire amande honorable nuds en chemife, la torche au poing, & les enuoya dans le Nauire, où on leur mift les fers aux pieds, pour les degrader en l'Ifle de Mafcareigne, apres leur auoir fait faire leur procez. Il fit mettre aux fers le nommé la Fontaine, pour l'enuoyer en France: afin de le faire punir fuiuant fes mefchancetez. Car c'eftoit luy qui eftoit autheur de tout le mal: le Capitaine le Bourg ne voulut point fe charger d'eux, n'y les mener en France, d'autant qu'il difoit qu'il en feroit trop embaraffé, la trauerfée eftant trop longue, ainfi il fut deliberé de les enuoyer à Mafcareigne, de laquelle Ifle le fieur Pronis auoit pris poffeffion au nom de fa Majefté Tres-Chreftienne, & des Seigneurs de la Compagnie dés l'année 1642.

Chapitre VIII.

Vente de Negres par le fieur Pronis au Gouuerneur Hollandois de l'Ifle Maurice.

PEndant ce temps arriua à l'Ance Dauphine vn petit Nauire de cent tonneaux de l'Ifle Maurice, dans lequel eftoit le Gouuerneur de ladite Ifle, nommé Vandremefter, pour les Seigneurs de la Compagnie d'Eft-Inde d'Hollande. Le fieur Vandremefter vint à terre vifiter le fieur Pronis, auquel il demanda des efclaues à acheter, lequel d'abord en fit refus: mais enfin importuné par ledit fieur Vandremefter, & incité par le Capitaine le Bourg, il luy en liura cinquante, & le Bourg vingt-trois qu'il prift de la forte. C'eftoient tous Negres qui feruoient à l'habitation, & d'autres qui venoient innocemment y apporter de petites denrées à vendre. Apres que les Negres & Negreffes furent retournées du trauail, le fieur Pronis leur fit dire qu'ils vinffent à la boucherie querir de la viande; & ainfi il en fit enfermer vne quarantaine, qu'il fit attacher deux à deux, & enuoyer au Nauire, les autres fe mirent à fuir. Il enuoya espier par les chemins pour surprendre hommes & femmes, & les fit ainsi enleuer, iusques à ce que le Hollandois dit qu'il en auoit assez. Ce qui a esté cause que depuis ce temps-là, il ne se trouua aucun Negre en l'habitatiō tant qu'il y a eu Nauire moüillé à l'Ancre; & que les Negres du païs eurent en hayne dés ce iour là les François attribuans la faute du chef sur tous les membres. C'est en cecy que le sieur Pronis s'oublia beaucoup de son deuoir. D'autre costé la crainte qu'il auoit du Capitaiue le Bourg, s'il ne satisfaisoit à son auarice, l'obligea à ce faire; & de crainte que ce Capitaine, ne se tournast du party des Ligueurs, & ne le remenast en France, s'il ne luy jettoit ce pain dans la gueule, ainsi qu'à vn Cerbere; Car il craignoit l'esprit de ce Capitaine, qui estoit homme à luy faire piece, s'il ne faisoit ce qu'il vouloit, le sieur Pronis n'estant pas ignorant de la consequēce & du preiudice que cela apporteroit aux affaires de la Compagnie en ce païs; ainsi que Dian Ramach m'a depuis bien sceu faire reproche, auec menaces de s'en ressentir contre moy & contre les François, disant que parmy ces esclaues l'on luy auoit enleué seize fils de Lohauohits, & que cela estoit vne signalée perfidie contre de pauures gens, qui seruoient le sieur Pronis, que de les auoir ainsi vilainement vendus, pour estre transportez en mer, hors de leur païs, sans auoir iamais esperance de retourner. Il est vray que les pauures Negres & Negresses sont morts la plus grande partie auant que d'arriuer à Maurice, & le reste y estant arriué, s'en est enfuy dans la montagne, & y viuent en sauuages.

Chapitre IX.

Le Bourg va aux Antauares, le sieur Pronis fait tuer Razau, & retour en France du sieur Laurent.

LA Barque des Hollandois partie, le Capitaine le Bourg partit aussi-tost pour s'en aller aux Antauares faire la charge de son Nauire, & emmena vne Barque neufue qu'il auoit amenée de France, & fait monter au Port Dauphin, dans laquelle il mist les douze Ligueurs, & mena aussi la Barque que le Capitaine Lormelle auoit laissée à l'habitation, où estant arriué, il fit promptement faire la charge de son Nauire en Hebene; & vn iour comme il estoit à terre, il voulut obliger les Matelots à partir de la Riuiere à basse Mer, leur Barque estant chargée d'Hebene; encore que tous les Matelots luy dissent qu'il y auoit trop de danger à l'emboucheure de la Riuiere. La Barque se brisa sur vn Banc de sable, à cause de la leuée de la vague, & que la Mer estoit basse; ainsi se perdit par la malice du Capitaine vne tres-jolie Barque qui estoit bonne voiliere, on en recouura tout le debris, & y eut vn Matelot de noyé, & le Capitaine en grand danger de l'estre, en voulant ayder à sauuer le debris: Apres auoir fait sa charge, il fit partir la Barque neufue pour l'Isle Mascareigne, & luy s'en vint au Fort Dauphin, & partit pour France, estant chargé d'Hebene, Cire & Cuirs.

Cependant que le Capitaine faisoit sa charge, le sieur Pronis enuoya douze François par deuers le nommé Razau (qui estoit vn Negre, qui auoit long-temps seruy à l'habitation) sous semblant d'estre mescontent du sieur Pronis: mais à dessein de tuer ledit Razau. Et comme il les receut bien, & leur montroit la situation de son village, où il s'estoit retiré en vne eminence de tres-bonne assiete, il y eut le nommé Sainct Martin qui luy donna vn coup de fuzil par derriere contre la joüe, & le coup n'estant point mortel, il se laissa rouler du haut de la falaize comme s'il eust esté mort; ainsi ces douze François s'en retournerent au Fort, disans au sieur Pronis que Razau estoit mort, & quatre ou cinq iours apres le sieur Pronis enuoya tuer Rahoule beaupere de Razau; sous pretexte qu'il disoit qu'il luy auoit volé du bestial, ce qui n'estoit point. Ce Razau estoit vn hardy Negre & redouté de tous les habitans du païs: il estoit frere bastard de Dian Ramach, d'vne des femmes de Dian Tsiamban. C'estoit vn beau Negre & bien fait, qui

RELATION

estoit dans les bonnes graces de Dian Rauel, pretenduë femme du sieur Pronis, & quand Dian Rauel alloit à Imanhal, aussi-tost Razau s'y en alloit, & ainsi il passoit son temps; & il n'y auoit femme ny fille de Grand qui eust ozé refuzer Razau, de peur de le desobliger, tant il auoit acquis de reputation entre les femmes. Razau auoit tousiours rendu bon seruice aux François dans les voyages, iusques à ce que le sieur Pronis, estant hors des fers, le chassa, & auant qu'estre retenu aux fers, il auoit fait donner vn coup de fuzil à Rafateme femme de Razau, qu'il auoit entretenuë auant qu'auoir eu Dian Rauel, le tout pour complaire à ladite Dian Rauel, qui estoit jalouse de Rafateme, & ce, parce que le sieur Pronis auoit fait tuer par Razau le nommé Romar, qui seruoit aux amours de Dian Rauel. Si bien que Razau se voyant chassé de l'habitation, & sa femme estant guerie, commença à conceuoir vne haine contre le sieur Pronis, lequel estant aux fers, Razau ne laissa pas de faire le voyage des Mahafales auec le sieur le Roy, & à son retour detourna quelques bestes: & pendant la detention du sieur Pronis, il joüissoit de Dian Rauel: c'est ce qui obligea le sieur Pronis de s'en venger, ainsi qu'il fit. Razau estant guery, ne pensa auec ses amis, à autre chose qu'à se venger, & espia tant qu'il tua vn François nommé Alain à Ranoufoutchi. Et ainsi se vantoit qu'autant qu'il attraperoit de François, il les tueroit. Le sieur Pronis enuoya dire à Dian Ramach que s'il ne luy liuroit la teste de Razau, qu'il luy declaroit la guerre, & à tout le païs. Enfin apres plusieurs allées & venuës, & plusieurs conseils, il fut resolu par Dian Ramach, Dian Tseronh, & Dian Machicore, qu'il falloit se defaire de Razau, plustost que de voir le païs perdu. Ainsi enuiron la fin de l'année 1647. Dian Machicore enuoya la teste de Razau, & d'vn sien camarade au Fort Dauphin.

Cela ne se fit pas sans grand desplaisir de Dian Ramach, d'autant que c'estoit son frere bastard.

Chapitre X.

Perte d'vne Barque par vn Houragan, & la mort du sieur Bouguier auec ses Compagnons aux Antauares, & desbauche de plusieurs François qui quittent le seruice.

ENuiron le mois de Feurier, la Barque qui auoit porté à Mascareigne les douze Ligueurs, apres auoir fait sa charge à Ghalenvoulou, fit naufrage chargée de Ris blanc, au Port aux prunes, nommé au païs Tamentaui, où est la Riuiere Iuonrhon. Ce fut par vn Houragan, les cables rompirent, & elle s'alla briser à la coste sans perte de personne: mais les Matelots furent contraincts auec grande peine de s'en venir par terre, & ayans laissé tout l'appareil de la Barque en garde à vn Grand du païs, tout a esté pillé depuis.

Enuiron le mois d'Oust 1647. le sieur Bouguier fut massacré à huict lieües de son habitation aux Antauares auec cinq autres François; & vers le mois d'Oust, la Fontaine qui estoit detenu aux fers auec Beaumont, y mourut, & par la priere des François, le sieur Pronis eslargit Beaumont, & comme le sieur Pronis auoit conceu quelque animosité contre le sieur le Roy; d'autant qu'on luy auoit raporté que les exilez de Mascareigne auoient dit que le Roy estoit aussi de leur ligue, le Roy craignant d'estre retenu & de mourir comme celuy-cy, attaché au fers, se resolut auec 22. François de se retirer à Sainct Augustin, pour tascher à passer en France dans le premier Nauire Anglois qui y viendroit, afin de faire son rapport & plainte aux Seigneurs de la Compagnie des mauuais deportemens du sieur Pronis. Ce qui incita les autres François à suiure le sieur le Roy: ce fut la crainte de mourir de faim & la disette des viures aussi mal mesnagez par le sieur Pronis, apres sa deliurance qu'auparauāt sa detétion; car lors que le Capitaine le Bourg

Ff iij

partit, il laissa plus de cent cinquante poinçons de Ris blanc en l'habitation qui estoit bien pour nourrir dix-huict mois les Fançois; & cependant au bout de six mois, il n'y en eut plus vn grain dans les magazins, & de cinq cens bestes que le sieur le Roy amena auec les Ligueurs, & bien six cens que le sieur Angeleaume amena apres auec le sieur le Roy des Mahafalles, puis du voyage d'Itomampo bien quatre cens bestes, & du voyage des Erindranes mille bestes. Tout ce bestial à mesure qu'il estoit arriué, estoit en peu de temps dissipé, & n'en estoit pas mangé le quart au Fort Dauphin. Si bien que cela fut cause que les François tant les nouueaux venus que les anciens, se mirent à murmurer, & l'autre partie s'en alla auec le sieur le Roy à Sainct Augustin chercher son retour par quelque Nauire Anglois. Toute l'escouade qui estoit ce iour là de garde, tant Caporal, Lansepessade, que soldats, mesme ce luy qui estoit en sentinelle quitterent la nuict le Corps de garde, & s'en allerent. Le matin le sieur Pronis fut bien estonné, & les autres François aussi, qui vouloient presque tous quitter le sieur Pronis, mesme son homme de chambre, & vn nommé Moysan de Paris, qui mangeoit à sa table, & qui auoit les clefs du magazin, s'en allerent aussi.

Chapitre. XI.

Disette de viures au Fort, pendant quoy les Grands d'Anossi veulent tuer les François.

LE sieur Pronis fit assembler le reste des François, & leur proposa de faire vn voyage pour aller à la Traitte du bestial aux Erindranes, & leur dit qu'ils ne reuinssent point qu'ils n'eussent bien du bestial. Ils resolurent de partir quarante-cinq François sous la conduite du sieur Angeleaume, & s'en allerent aux Erindranes où les Grands du païs les prierent d'aller à la guerre pour eux, contre ceux des Bohitsanghombes leurs ennemis jurez, & qu'ils leur donne-

DE L'ISLE MADAGASCAR.

roient mille beſtes de payement lors que les villages de leurs ennemis ſeroient bruſlez, ce que les François accepterent.

Cependant le ſieur Pronis n'auoit plus que vingt-huict François auec luy dans l'habitation, & eſtoit menacé d'eſtre tué & maſſacré pour les Grands, outre que les viures luy manquoient, il fit prier Dian Ramach de vendre des viures aux François, & promiſt qu'au premier Nauire il s'en iroit auec tous les François. Ainſi il eut ſecours de viures, qui pour du fer, qui pour du cuiure, qui pour vn mouchoir, vne coiffe, vne couuerture, vn chapeau, des couteaux, des ſerrures, des cizeaux, raſoirs, & autres denrées : les Negres ne refuſoient rien à acheter, croyans aſſeurement que tous les François s'en vouloient aller au premier Nauire qui viendroit de France, ainſi que Dian Rauel auoit fait entendre à Dian Ramach, à Dian Tſeronh, & à tous les Grands : mais quand Dian Ramach ſceut que les François eſtoient à la guerre aux Bohitſanghombes, & qu'ils auoient bien reüſſi, qu'ils auoient eu beaucoup de beſtiaux, il priſt reſolution de faire maſſacrer les François dans le Fort, & pour cet effect il enuoya Dian Tſiſſei qui auoit eſpouſé la ſœur de Dian Rauel, auec trois cens Negres bien armez de Sagayes, ſous ſemblant de viſiter le ſieur Pronis, dont il fut aduerti par la mere nourrice de Dian Rauel, il en aduertit les François du Fort, & leur dit qu'ils ſe tinſſent ſous les armes au corps de garde, & il fit pointer vne piece de canon deuant ſa chambre, pour en faire vne deſcharge, en cas qu'ils viſſent que Dian Tſiſſei fiſt mine de vouloir faire ſon coup. Dian Tſiſſei arriué, Pronis luy dit qu'il ſçauoit bien ſon intention, ce que Tſiſſei luy confeſſa : mais il luy dit qu'il le trouuoit ſi honneſte homme, qu'il ne vouloit point entreprendre cette trahiſon là contre luy qui eſtoit ſon beau-frere, ny contre les François ; c'eſt pourquoy il fit ſortir tous ſes gens du Fort, & les renuoya, & demeura luy troiſieſme auec Pronis à ſe reſioüir ; puis il s'en retourna en luy proteſtant que iamais il n'entreprendroit rien contre luy. Ce qui arriua enuiron le mois de Nouembre de l'année 1648.

Chapitre XII.

Partement de France du sieur de Flacourt dans le Nauire Sainct Laurens pour Madagascar.

LEs interessez de la Compagnie Françoise de l'Orient, ayans apris au retour du Nauire Sainct Laurens, tous les desordres qui s'estoient passez à Madagascar entre le sieur Pronis & les François qui s'estoient mutinez contre luy, & craignans vne perte generale de leurs Colonies, me proposerent de faire le voyage de Madagascar pour y aller gouuerner en chef les François, & remedier à ces desordres en qualité de Commandant general dans ladite Isle, & directeur de la Compagnie. Pour cet effect nous passames vn Traicté à Paris, & ie receus des Interessez les Ordres, Commissions & instructions necessaires pour le voyage.

Le dix-neuf May mil six cens quarante-huict, apres auoir fait embarquer quatre-vingts hommes (entre lesquels il y auoit deux Prestres de la Mission nommez Messieurs Nacquard & Gondrée, enuoyez par le Reuerend Pere Monsieur Vincent de Paul Superieur General des Missions de la Maison de Sainct Lazare de Paris,) ie m'embarquay à la Radde de chef de Baye deuant le Port de la Rochelle.

Le vent, estant Norouest, nous obligea de demeurer à l'Anchre à la Rade de chef de Baye iusques au vingt vniesme trois heures du matin iour de l'Ascension, que le vent se tourna à l'Est Nordest, la mer fort calme, & le vent assez bon, le Capitaine fit leuer l'Anchre & appareiller les voiles, & nous dressames nostre route à l'Oüest Suroüest en compagnie du Nauire du Capitaine Doublet qui s'en alloit aux Isles de Sainct Christophle & de la Tortuë.

A sept heures nous sortimes du Pertuis d'Antioche: qui est l'espace de mer entre l'Isle de Ré & l'Isle d'Oleron.

Le vingt-huictiesme au soir il se leua vn vent de Nordest,
qui

DE L'ISLE MADAGASCAR.

qui nous pouſſa iuſques hors le Meridien du Cap de finis terræ. Le vent continua iuſques à Midy du vingt-neuf, puis le calme nous fit demeurer tout court, & la vague nous amena le Nauire du ſieur Doublet ſur le noſtre, qui donna bien de la peine à noſtre equipage, & à celuy de Doublet, pour auec des Rames & autres pieces de bois, empeſcher que ſon Nauire ne ſe froiſſaſt contre le noſtre, n'ayant peu empeſcher qu'vn terme de bois au derriere de ſa poupe, ne fuſt fracaſſé; ce qui n'apporta toute-fois aucun dommage au vaiſſeau, le Capitaine & ceux de ſon bord eſtoient bien empeſchez de leur contenance dans la crainte qu'ils auoient de ſe briſer contre noſtre Nauire, qui eſtoit plus fort de membreures que le ſien, le calme eſtant ſi grand, qu'il n'y auoit que la vague qui le faiſoit danſer : mais enfin auec l'induſtrie de noſtre equipage, on le deſtourna & fut empeſché de ſe briſer.

Le trentieſme Vigille de la Pentecoſte au matin parurent à l'Eſt de nous quatre Nauires, nous nous appreſtaſmes & miſmes les pauiers à l'entour de noſtre Nauire & eſtabliſmes des poſtes pour tous les ſoldats & Matelots, chargeaſmes nos mouſquetons, fuzils & piſtolets, & ordonnaſmes du fait de la milice, afin de n'eſtre point ſurpris à l'abord, en cas que nous fuſſions attaquez.

Le iour de la Pentecoſte Monſieur Nacquard Preſtre de la Miſſion, fit l'ouuerture du Iubilé, & nous fiſmes nos deuotions vne partie des paſſagers & de l'equipage, apres auoir entendu la grande Meſſe, laquelle pendant le voyage s'eſt chantée haute les Dimanches & les Feſtes, & a eſté dite tous les iours de beau temps. A l'iſſuë des Veſpres Monſieur Gondrée fit le Catechiſme aux ſoldats & aux Matelots.

Les Nauires que nous auions veu continuerent d'eſtre à noſtre veuë quatre iours durant, & tenoient la route de Portugal, que nous auons creu eſtre Nauires Anglois.

Le iour de la Trinité vne autre partie de nos gens fit ſes deuotions apres auoir entendu la grande Meſſe, à l'iſſuë de Veſpres, Monſieurs Nacquard nous fit vne docte Predica-

Gg

tion sur le sujet de la Tres-saincte Trinité.

L'onziesme, iour de la Feste Dieu, trente hommes de nostre troupe firent leurs deuotions, entre lesquels estoient deux Negres de Madagascar que ie remenois, qui receurent le precieux Corps de Nostre Seigneur auec grande deuotion. Monsieur Nacquart à l'issue de Vespres, nous fit vne Predication sur le mystere du sainct Sacrement.

Le soir se vint percher sur vne de nos Vergues vn oyseau de proye nommé Laneret, qu'vn Matelot prist & m'aporta.

Le douziesme nous vismes dés le matin la coste de Barbarie opposée à l'Isle Lancerote, & singlasmes iusques au soir tout le long de cette coste. C'est vne coste qui est mediocrement haute, à Midy nous prismes hauteur, & nous trouuasmes ving-huict degrez de latitude Nord, n'ayans pû la reconnoistre depuis huict iours, à cause des nuées, ny la nuict à l'estoille, ny le iour au Soleil. Cette coste s'estend depuis le Nordest au Soroüest, iusques au Cap de Baiador.

Depuis le douziesme iusques au dixhuict, nous suiuismes nostre route, & nous nous trouuasmes à Midy, à dix-sept degrez trente-cinq minuttes de latitude Nord, ayant passé le Tropique de Cancer le quatorze & le quinziesme, nous eusmes le Soleil sur nostre Zenith, si bien que nous auions le soleil au Nord.

Et ce que i'ay trouué merueilleux est, que quoy que nous deussiós sentir des chaleurs excessiues en ces climats, & principalement le Soleil estant au Tropique, nous fusmes contraints la pluspart de nous munir de nos habits d'hyuer, non seulement les nuicts qui y sont tres-fraisches; mais mesmes le iour à midy, en prenant la hauteur; & quoy que le temps fust extremement serain, nos habits ne nous estoient point importuns cóme en France, en la saison en laquelle nous estions bien loing de nous faire suer. En quoy l'on reconnoist la prouidence de Dieu estre grande, qui a voulu temperer ces climats de vents Nordest, & Nornordest, qui y soufflent continuellement le long de l'année, & particulierement en ces costes, iusques à la ligne où on doit apprehender les calmes qui sont les plus fascheux accidens du voyage.

DE L'ISLE MADAGASCAR.

Ce iour il fut deliberé de mettre vers la minuict le Cap à l'Oüest pour aborder le lendemain l'Isle de Sel, & par apres aller à l'Isle sainct Vincent faire eaüe, & prendre des rafraischissemens.

Nous veismes vne prodigieuse quantité de Marsoüins, en sorte que tant que nostre veuë s'est pû estendre de tous costez en mer, nous ne voyons autre chose, comme aussi des poissons volans à qui ils font la guerre, & i'ay mesme veu plusieurs de ces Marsoüins s'eslancer hors l'eau à plus de cinq & six pieds de haut, & vn entre autres qui en nostre presence, prist vn poisson volant à plus de six pieds hors l'eau, ce qui nous donna à tous vn grand plaisir.

Le quinziesme, le soir nous vismes vne si prodigieuse quantité d'oyseaux, qu'elle me seroit incroyable, si ie ne les auois veus.

Le seiziesme, on pescha de certains poissons nommez Capitaines, qui sont tres-bons à manger; on pescha encor d'autres poissons qui se nomment Recaha, semblables au Saumon, qui ont & ces Capitaines tres-bon goust. Le Capitaine a vne grosse teste, qui represente vn homme armé d'vn casque.

Chapitre XIII.

Le Nauire arriué à l'Isle de Sel, & sa description.

LE dix-sept nous continuasmes nostre route par vn vent Est-Nordest iusques au dix-huit au soir, que nous aperceusmes l'Isle de Sel qui se presenta à nous tout de sa longueur à enuiron vne lieuë, la nuict nous auons loué, & & mis du feu sur la Dunette, afin d'aduertir le Nauire du Capitaine Doublet.

Le dix-neufiesme au matin, nous trouuasmes qu'il estoit moüillé à l'Ancrage de ladicte Isle, où nous fusmes moüiller aussi. Ie descendis à terre, & pris auec moy quinze passagers qui ayderent aux Matelots à amaſſer du ſel dans la Saline.

C'eſt le plus beau lieu & le plus commode pour faire du ſel qui ſoit au monde, ſi l'on y vouloit vn peu ſoigner. Nous y amaſſaſmes enuiron huict bariques de ſel.

Cette Iſle eſt vne des Iſles du Cap vert, anciennement appellées Heſperides ou Gorgades. Elle a quelques douze lieuës de long, & enuiron quatre au plus de large ; ſon terroir eſt ſterile, remply ou de rochers ou de ſables. Il ne produit que des meſchantes herbes ſalées, comme le pourpier marin, Fabamarina, Salicot, & autres meſchantes herbes ſeiches qui y ſont par buiſſons ; il y a en certaine ſaiſon de grandes tortuës de mer qui y viennent terrir & faire leurs œufs dans le ſable ; il y a quelques Cabritiers qui ſe retirẽt à l'autre bout de l'Iſle en des lieux inacceſſibles pour tuer des Cabrits pour les peaux & pour la graiſſe, qui ont auſſi quelques bourriques. Le ſoir nous rentraſmes tous dans le Nauire, & le capitaine voulut à toute force appareiller, & fit voile toute la nuict ſans vouloir attendre le Capitaine Doublet qui m'auoit dit auparauant qu'il ne ſe vouloit pas hazarder la nuict à partir, d'autant qu'il ſçauoit bien que le lendemain il ne pourroit pas arriuer à l'Iſle de ſainct Vincent, & qu'il vouloit attendre le lendemain au matin, afin que le ſoir il peuſt aller connoiſtre la dite Iſle, & que la nuict il louieroit au deſſus du vent pour le matin enſuiuant arriuer au port ; ce qu'il fit, & arriua heureuſement dés les neuf heures au matin.

Chapitre XIV.

Partement de l'Iſle de Sel pour aller à l'Iſle S. Vincent.

Toute la nuict nous fiſmes grand chemin, & paſſames entre l'Iſle de Sel & Sainct Nicolas, laquelle nous reconneuſmes le matin, là le Capitaine & Pilotes commirent vne grande faute, parce qu'ils prirent vn des Iſlets de Sainte

Luce', puis Saincte Luce, pour l'isle Sainct Vincent; ce qui fit que nous ne peumes paruenir à ladite Isle qu'au dessous du vent, & que tout ce que nous peusmes faire, ce fut de venir moüiller à l'Ance aux Anglois iustement à nuict close, & vogasmes le long de la coste de l'Isle toute la journée, & le soir nous n'eusmes pas peu de peine de nous deffendre de certains tourbillons de vents & bourrasques que nos Mariniers appellent Raffallemens, ou Rafalles, qu'il s'en fallut peu que nostre Nauire ne tournast sans dessus-dessous, dont il y en auoit plusieurs qui eussent bien voulu estre à terre. A cette Ance des Anglois nous moüillasmes l'Ancre à vingt-deux brasses, & y passasmes ainsi la nuict.

Le lendemain vingt-vn nous leuasmes l'Anchre au point du iour, & fusmes doubler vn rocher inaccessible à deux picques de longueur tout proche. Mais quand nous fusmes à l'abry de cette montagne, nous entrasmes dans vn espace de mer à l'abry des vents de la longueur de plus de deux lieuës, où nous fusmes aussi-tost surpris d'vn grand calme, sans pouuoir auancer, si bien que si la marée eust porté du costé de cette roche, nous eussions sans aucun remede brizé contre. Aussi-tost on mist la Chaloupe en mer auec six bons Matelots, & par le moyen aussi d'vn petit vent, qui fit tout le tour du compas, nous nous esloignasmes auec grande peine & apprehension de ce rocher, & de la coste qui est inaccessible. Le fond de toute cette coste est grandement sain, & mesme proche ce rocher, nous eussions pû ietter deux Anchres à seize brasses de profondeur, l'vne du costé de la mer, & l'autre vers terre.

CHAPITRE XV.

Le Nauire vient à l'Isle Sainct Vincent, & sa description.

SVr les dix-heures nous nous trouuasmes entre l'Isle S. Antoine, & l'Isle Sainct Vincent: ce Canal a trois lieuës de largeur, où les vents Nornordest, & est Nordest, soufflent continuellement, & la mer y est bien agitée. Nous fismes huict ou dix bordées sans auancer beaucoup, iusques à cinq heures du soir, que la Marée nous porta en peu d'heures à hauteur d'vn rocher qui est deuant l'Ance, qu'il falut doubler; nous entrasmes à dix heures du soir dans la Rade, & moüillasmes à huict brasses & demie, le fond n'estant que sable meslé de coquillage. Le lendemain nous moüillasmes à quatre brasses & demie.

Cette Ance a trois quarts de lieuës d'ouuerture, au milieu de laquelle il y a vn gros rocher, ou se retire vne prodigieuse quantité d'oyseaux de mer.

Le vingt-deuxiesme veille de sainct Iean, ie descendis à terre, & fis descendre tous nos passagers, ie fis dresser vne Tente pour nous coucher dessous. I'enuoiay querir des Portugais qui estoient dans l'Isle, sous la conduite d'vn certain nommé Berthelemy Rodrigue, auec lequel ie fis marché d'vne realle & demie pour deux cabrits, & me seruis du sieur Poirier pour interprete: si bien que les Cabrits me furent fournis à ce prix tant que i'en voulus: pour d'autres rafraischissemens, il n'y en a point du tout dans cette Isle; ie fis deffences à nos hommes de chasser du Cabrit, & d'en faire cuire en leur particulier; car le cuisinier leur fournissoit de la viande tout leur saoul: ce que i'en fis, fut pour trois raisons, la premiere, afin qu'ils ne s'escartassent point à la chasse dans les montagnes, où il n'y a aucune eaüe, & où i'aurois bien eu de la peine à les enuoyer chercher, ainsi que mesme quatre furent vn iour & demy escartez, sans pouuoir trouuer leur chemin. La deuxiesme, afin de leur empescher de manger du Cabrit rosty, qui est tres-fieureux. Et la troisiesme, afin de ne les laisser point chasser apres les Cabrits, & espargner ainsi nostre poudre & nostre plomb.

Le lendemain vingt-troisiesme, le Seigneur Berthelemy Rodrigues Capitaine des Portugais, me vint voir, & pour oüir la Messe, pendant laquelle il chanta auec six de ses compagnons, *Laudate Dominum omnes gentes* en musique, auec accord & mesure, & les quatre parties assez bien obseruées; Et pendant nostre disner, où assista le Capitaine Doublet, ils chanterent des airs Portugais qui estoient assez agreables à l'ouyë.

Ie leur fis entendre que comme nous estions François affectionnés à la Couronne de Portugal, qu'aussi nous estions bons amis des Portugais, que si ie voulois, i'aurois tant de Cabris que ie voudrois sans eux; mais que i'aymois mieux en auoir d'amitié, & leur payer, qu'autrement. C'est pourquoy il m'en fit fournir au prix qui est mentionné cy dessus. Nous fismes ietter la Seine dans la mer, & peschasmes vne grande quantité de Poisson comme Mulets, Recahas, Bonites, Sardines, Harangs & autres poissons de tres-bon goust, en sorte que nous en eusmes tant que nous en eusmes besoin pour tout l'equipage & les passagers.

Nous seiournasmes cinq iours en cette Isle pendant lequel temps nos Passagers s'addonnerent les vns à lauer leur linge & celuy de leurs compagnons, desquels les autres estoient occupez à couper du bois pour nostre cuisine & pour le Nauire, les autres à aller querir de l'eaüe, & à ayder à nos Matelots à charger les futailles, & les emplir d'eaüe à la Fontaine, qui est assez esloignée de là où nous estions campés, & les autres à faire garde au corps de garde que i'auois estably proche ma Tente: En cette Isle nous tuasmes quelques oyseaux, dont nous en mangeasmes vn de tres bon goust qui à vn long bec comme vn Heron, mais courbé, il a des plumes fort belles parmy ses aisles au nombre d'vne douzaine, le reste n'est pas digne d'estre gardé, si ce n'est quelques gros plumeaux pour escrire. Cet Oyseau est extremement mesfiant, & volle haut, c'est pourquoy il est difficile à tuer.

Ie n'ay rien remarqué dans cette Isle de memorable que son port qui est tres-beau, où les Nauires sont tres-bien en seureté, & la mer y est fort tranquille. C'est vne Ance à demy-ronde enuironnée de hautes montagnes, à l'entrée de laquelle il y a ce gros Rocher : les hautes Montagnes de l'Isle Sainct Antoine luy seruent d'abry pour les vents d'Oueft, & Ouftnorouest, si bien qu'il n'y a point de port plus commode dans toutes ces Isles du Cap vert que celuy-cy. Il y a quelques-fois bien du danger à y arriuer à cause des grands raffalles qui viennent d'entre les montagnes.

Chapitre XVI.

Partement de l'Isle S. Vincent, auec la description de quelques Poißons.

LE vingt-huictiesme nous fismes voille pour suiure nostre voyage, & le lendemain nous apperceusmes l'Isle sainct Iacques à l'Est de nous, & puis après nous vismes l'Isle de Feu qui nous parut comme deux hautes montagnes, dont celle qui est au Sud est la plus haute & plus aiguë, au sommet de laquelle nous vismes toute la nuict de grands feux qui Bruslent continuellement.

Toutes ces Isles sont à la veuë les vnes des autres, & sont peuplées horsmis celles de Sel, de Sainct Vincent, & de Saincte Luce, où il n'y a que quelques Cabritiers pour matter & tuer des Cabrits. Les autres qui sont Sainct Iacques Sainct Antoine, Sainct Nicolas, Bonauista, & l'Isle de Feu sont peuplées, & principalement Sainct Iacques où reside l'Enesque.

Depuis le vingt-neufiesme Iuin iusques au neufiesme Iuillet ie n'ay rien veu en Mer, & il n'est rien arriué de remarquable dans nostre Nauire, sinon que ie fis mettre deux ieunes Cadets aux fers pour leurs insolances, & le soir ie les fis oster m'ayans promis qu'ils seroient plus sages.

Tous ces iours nous eusmes tantost le vent de Soroüest, qui nous obligeoit d'aller à la boline, & tantost des calmes, auec des tres-grandes pluyes. Le huictiesme on prit hauteur, & on trouua que nous estions à six degrez quarante minuttes

DE L'ISLE MADAGASCAR. 235

cinq minutes, & la variation estoit au Nordest trois degrez quelques minutes.

Depuis le neufiesme iusques aux dixhuict nous ne fusmes qu'à la Boline, le vent ayant toujours esté ou Sursurouëst, ou Sud, Sudsuest, si bien que nous auançasmes tres peu, le dix-septiesme à midy nous prismes hauteur, & nous trouuasmes quatre degrez trente minutes.

Ce mesme iour on pescha trois poissons de tres bon goust, mais vn peu secs, de la grandeur d'vn Saumon, ce sont des Dorades, nos Matelots les nomment Escossois, ils chassent le poisson volant, ils furent pris auec la Gaffe, c'est vne faine ou trident, qui est vn fer pendant à six pointes, chacune en langue de Serpent, il y en eut deux qui suiuirent nostre Nauire pendant trois ou quatre iours apres auoir esté blessés.

Depuis le dix-huictiesme iusques au premier d'Aoust il ne s'est rien passé, & pendant ce temps nous ne fismes que louier sans pouuoir aduancer nostre route, que iusques au troisiesme degré & iusques au deuxiesme & demy, & encore nous reconneusmes de si grandes marées, & la vague si grande auec le vent de Sud, & Susuest si contraires, que tout ce que nous auions peu faire pendant vn mois auoit esté de nous soustenir, & nous empescher de perdre quelque chose de nostre route.

Pendant ce temps nous peschasmes quelques poissons dit Rayquiens, autrement nommés Tiburons, dans la teste desquels i'ay cherché la pierre propre pour le calcul. C'est vne matiere molle comme du laict caillé, qui s'affermit à l'air. I'ay reconnu que la pierre que l'on nomme Lapis Tiburonum en France n'est pas cette-cy : mais que c'est la pierre de la Vache Marine nommée par les Espagnols & Portugais Manati, & par les Dieppois L'amentin. I'en ay fait escorcher deux qui auoient la peau semblable à celle du Chien de Mer. Nous peschames aussi deux autres poissons tres-gros, de la nature, goust & forme des Marsoüins, mais bien plus gros, & qui ont cela de different, qu'ils ont le Musle plus cours à proportion que le Marsoüin, & qu'ils ont vn esuent sur le milieu de la teste, par lequel ils

Hh

RELATION

jettent l'eau comme la Baleine, nos Matelots les nomment Soufleurs; d'autant qu'en s'esleuant sur l'eau, ils souflent comme des cochons; ils chassent le poisson volant, & vont par grandes troupes. I'ay remarqué vne chose admirable, c'est que i'ay veu comme ces poissons passoient à costé de nostre Nauire, il y en auoit huict ou dix qui s'esleuoient au dessus de l'eau qui estoient plus petits que les autres qui alloient deuant, & s'estans esleuez, se laissoient tomber tout à plat sur la superficie de l'eau auec bruit, & cela par l'espace de demie heure, il semble que c'estoit pour estourdir ces pauures poissons volans (que ie puis appeller Sardines volantes, d'autant qu'ils en ont la forme & le goust) & par ainsi les empescher de s'en voller, car i'aperceus en ce temps-là fort peu de poissons volans.

Ces deux souffleurs que nous prismes, l'vn estoit masle, l'autre femelle, & chacun pesoit plus de quinze cens liures, dans le corps de la femelle, il s'en trouua vn petit viuant qui remua plus de demie heure, il estoit de la longueur de trois pieds, lequel nous mangeames, il auoit la chair de la couleur de celle du veau, mais bien plus agrable au goust & plus delicate, & ie ne crois pas auoir iamais mangé de meilleure chair, ny meilleur poisson; ce qui est de remarquable au Marsoüin & Souffleur, c'est qu'il enfante & jette son petit viuant, au contraire des autres poissons qui ont des œufs. La mere auoit plus de sept pieds de long, & l'autre aussi estoit seblable, apres auoir esté esuentrez, & toutes les entrailles ostées, ils se sont debatus plus de demie heure: mais le Rayquien, est encore de plus dure vie; car le cœur ayant esté tiré de son corps, a remué plus d'vne heure apres, ainsi que le corps, y ayant telle sympathie du corps auec le cœur, que le corps remua tousiours iusques à ce que le cœur eust perdu le mouuement; quoy qu'il fust transporté plus de deux toises de son corps.

DE L'ISLE MADAGASCAR.

Chapitre XVII.

Retranchement d'un repas à cause des vents contraires, & suite du voyage.

ENuiron le vingtiesme de Iuillet, & voyans qu'il y auoit long-temps que nous estions sur mesme hauteur de trois à quatre degrez, & apprehendans vne longueur dans nostre trauersée, nous prismes resolution le Capitaine & moy, de retrancher le déjeuner à tout l'equipage, & de ma table: & de plus le premier d'Aoust l'on visita nostre eau il s'en trouua deux tonneaux de manque à cause des futailles qui estoient vieilles, de plus il se trouua manque du tiers d'vne barique d'eau de vie, où on n'auoit point touché. Nous resolumes encor le Capitaine & moy de ne plus donner de pois à midy aux passagers & Matelots, pour espargner l'eau ; car il ne s'en trouuoit plus que quarante-quatre poinçons, qui ne pouuoient durer que deux mois, en faisant ce mesnage, si bien que nous n'estions pas peu en peine, si nous estions aussi long-temps sans auancer, & s'il falloit que nous fussions plus que ce temps sans attraper le Cap de Bonne Esperance.

Le septiesme, nous auons aperceu vn nauire Hollandois de trois à quatre cens tonneaux de la Compagnie de Oüest-Inde, qui s'en alloit au Brezil.

Le douziesme d'Aoust, nous prismes hauteur, & nous trouuasmes à vn degré trente quatre minutes Nord, le vent s'estant franchy à l'Est Suest qui nous fit mettre le Cap au Sud. A la mesme heure de Midy, nous vismes paroistre sur la superficie de la mer en vn espace de la longueur d'vn quart de lieuë en plusieurs endroits, vne teinture iaune-pasle, & iaune-rousse, comme si ceust esté de la lie de cidre, ou comme si c'eust esté quelque huile qui eust surnagé sur l'eau, nos Pilotes & nostre Capitaine ne peurent dire ce que c'estoit, n'ayans iamais veu chose semblable; quelques-vns ont dit que c'estoit du sperme de Baleine: mais comme l'espace estoit grand, il eust fallu qu'il y eust eu cent baleines pour ietter cela, & si cela n'eust pas esté en mesme lieu. Pour moy i'ay opinion que c'est qu'au fond de la mer il y a quelque espece de source de bitume, qui monte à la superficie de la mer, comme vn huille, lequel par la saleure de la mer, vient auec succession de téps à se fixer, & coaguler ainsi que font les Ambres gris & iaune, dit *succinum*. Nous en passames à vne portée de mousquet, & comme nous auions le vent deuant, que nous allions à la Boline, & que cela estoit au dessus du vent de nous ne peusmes en approcher pour en puiser & voir ce que c'estoit.

Deux heures apres nous en apperceusmes à costé de nostre Nauire, qui paroissoit comme plusieurs gouttes d'huille. Mais comme ie voulus faiser puiser auec le sceau, nostre Nauire passa cela si viste, que ie n'en eus que la veuë; vn de nos Pilotes nous dit que sous l'equinoctial vn de ses amis venant des Indes auec vn vent derriere, se trouua eschoüé sur vn banc de sable, mais qu'aussi-tost sans aucun danger, il en fut retiré, le sable ayant obeï au vaisseau sans l'endommager. Ce que nous voyons ne pouuoit pas estre vne basture de sable, car la mer eust brisé dessus, & principalement à cette heure là, qu'elle estoit extrememont haute. Ie laisse à iuger à qui le voudra ce que ce peut estre.

Le treiziesme, nous trouuasmes à Midy que nous n'auions plus que trente minutes de hauteur Nord de la ligne, le vent continua à l'Est-Suest, & nous auions le Cap au Sud, nous fusmes tous baignez & decollez selon l'ancienne coustume, & mismes tous entre les mains du Capitaine le Bourg nos aumosnes, pour estre par luy distribuées en sa conscience pour rendre graces à Dieu de nous auoir preseruez iusques là.

Et le quinziesme, iour de l'Assomption de la Vierge, nous communiasmes presque tous aux Messes qui furent

DE L'ISLE MADAGASCAR.

dites, & le reste le lendemain, & rendisnes graces à Dieu de ce qu'il auoit exaucé nos prieres. Depuis ce iour auquel nous estions à trois degréz Sud, nous eusmes tousiours le vent à l'Est quatre Nordest, & fismes bonne route; si bien que le vingt-neuf d'Aoust nous trouuasmes auoir dix-neuf degrez de latitude Sud à la hauteur des Cayes du Brezil, que l'on nomme Abrolhos.

Le cinquiesme Septembre, il y auoit huict iours que nous estions en hauteur Sud de vingt degrez sans pouuoir auancer, à cause des calmes.

Depuis le huictiesme iour iusques au quinze de Septembre, nous auançasmes sur nostre route, en sorte que nous nous trouuasmes ce iour à Midy à ving-sept degrez & dix-huict minutes Sud. Ie pris garde à Midy au compas de variation, & remarquay que l'aiguille estoit esloignée du Nord du monde d'enuiron dix-huict degrez deuers l'Est, si bien que ie croy que nous deuions estre beaucoup plus Est que nous ne croyons.

Nous vismes en ces hauteurs des oyseaux que l'on nomme Damiers, d'autant qu'ils ont les aisles marquées de blanc & de noir ainsi qu'vn Damier. Nous vismes aussi vn grand poisson que nos Matelots appellent Espadin, ou Espadon.

Dieu nous fit la grace de n'auoir perdu aucun de nos hommes, & de n'auoir point de malades, sinon vn Tanneur, qui eut la maladie du Scorbut, & vn autre qui fut incommodé de quelques exanthemes ou taches rouges dont tout son corps estoit couuert, & auoit des duretez & meurtrisseures par les bras & les jambes, comme s'il auoit eu des coups de baston.

Cette maladie de Scorbut commence par vn mal de dents & de genciues auec des douleurs aux iarets & enfleures de jambes, auec des pustules rouges par tout le corps, & des duretez en plusieurs endroits. Elle se communique au boire & au manger, & se contracte par le mauuais aliment, & plustost par la paresse & trop frequent dormir apres le repas; l'exercice y est bon: Mais la terre, & la viande fresche la guerit entierement; cependant il est bon

Hh iij

de donner des boüillons au beurre & aux herbes, seigner & frotter les genciues auec de l'oxicrat, & mieux encor auec le jus de Citron.

Le seiziesme, à Midy il s'esleua vn grand vent accompagné d'vne grande pluye & orage qui dura iusques aux dix-sept au matin, dont la mer fut extraordinairement esmuë; ce qui fatigua bien tous nos Matelots. Nostre grand Paquefi fut deschiré entierement d'vn coup de vent tout par le trauers; mais il n'y eut rien de perdu. Le Nauire fut bien agité, n'ayant pû porter aucune voille, sinon qu'il falut pour se soustenir aller à la cappe.

Le dix-septiesme au matin la tempeste cessa: mais la mer fut tousiours agitée par de grandes vagues, toutesfois le vent qui estoit pendant ce mauuais temps à l'Est quart de Nordest, se tourna au Nord, & estoit lors au Nord quart de Nordoüest assez fauorable, & n'eust esté la vague nous eussions fait grand chemin.

Le ving-vniesme le vent se tourna à l'Oüest Noroüest, & la vague s'appaisa en sorte que nous fismes grand chemin, depuis le soir du iour precedent iusques au ving-trois que le vent se mist à l'Oüest, puis le soir il vint à l'Oüest Soroüest, grand & impetueux, & esmeut plus la mer que nous ne l'auions encor veüe. Mais comme nous auions la vague derriere, nous fismes beaucoup de chemin iusques à la nuict du vingt-quatre, qu'il vint au Soroüest : puis le matin du vingt-cinq il monta au Soroüest, que nous fismes la route de l'Est quart de Suest.

Depuis le vingt-troisiesme au soir, il fit vn froid à geler les doigts, si bien que ceux qui ne s'estoient pourueus que de petits habits, furent bien attrapez. Nous eusmes les 22. & 23. de grandes pluyes.

Le vingt-neuf, le vent se tourna au Soroüest, puis au Sud Soroüest, & le trente il continua de mesme: Ce iour la variation estoit fixe en latitude de trente-quatre degrez Sud de la ligne equinoctiale.

L'on trauailla à faire vn petit batteau pour nous seruir à la Baye de saldaigne. Le premier Octobre, le deux, trois, &

DE L'ISLE MADAGASCAR.

quatre, nous eufmes toufiours le vent contraire, fi bien qu'il nous falut le deuxiefme mettre le Cap au Sud, & Sud quart de Sueft, & le cinquiefme, nous nous trouuafmes en hauteur de trente-quatre degrez & trente-cinq minutes. Nous vifmes ce iour deux oyfeaux de terre differens l'vn de l'autre; l'vn comme vne groffe oye de couleur tannée, & vn autre tout blanc, qui a vne grande queuë pointuë de la grandeur d'vn pigeon; ie remarquay fur mon Cadran la variation, & ie trouuay que mon aiguille Nordoüeft eftoit d'vn degré & demy. Ce qui me fit iuger que nous n'eftions pas efloignez de terre. Nous eufmes cette iournée calme.

Le neufiefme, iour fainct Denys, pendant Vefpres, nous vifmes deux groffes Baleines.

La nuict du 10. au onziefme, enuiron fur le minuit, il fit vne tres rude tempefte, qui dura iufques au matin, auec vne pluye fi grande, & fi grand orage, que du voyage nous n'auions rien eu de femblable.

Le Lundy douziefme au matin, le vent s'appaifa vn peu, & tourna tout d'vn coup à l'Oüeft-Noroüeft: Mais la mer demeura fi haute toute la iournée, qu'il eftoit prefque impoffible de fe fouftenir fur le tillac.

Apres Midy l'on prift auec vne ligne cinq ou fix oyfeaux que l'on nomme Damiers. Et fur les trois heures, vn de nos paffagers qui dés long-tems eftoit malade du Scorbut, mourut d'vne foibleffe, il eftoit tanneur, l'on celebra les matines des Morts, & les prieres accouftumées finies, l'on le ietta en mer, enfeuely dans vn branfle & vne chemife.

Sur le Midy on auoit pris hauteur & trouué eftre à trente-trois degrez quarante minutes Sud.

Chapitre XVIII.

Approche de la terre de Monamotapa, ou Cap de Bonne Esperance, & arriuée en la Baye de Saldaigne.

LE Mardy treiziefme à Midy, la hauteur eſtoit trente-trois degrez vingt-cinq minutes, pendant ces deux iours nous fiſmes grand chemin, & viſmes ſur l'eauë flotter des trombes & des oyſeaux que l'on nomme Margaulx, qui ſont blancs, & les aiſles noires aux extremitez: vn de nos Mariniers diſt auoir veu vn Loup-marin, qui ſont tous ſignes certains que l'on eſtoit bien proche de la terre.

L'on fit petites voiles toute la iournée, par ce que la brune eſtoit grande. La nuict le vent continua touſiours de meſme, & la vague diminua. L'on miſt le Cap à l'Eſt Sueſt, & ſur le matin du quatorzieſme, vn Matelot aperceut la terre, incontinent l'air s'embrunit par vne petite pluye; ce qui nous en fit perdre connoiſſance iuſques à enuiron ſept heures que l'air s'eſclaircit, nous nous trouuaſmes à vne petite lieuë de la coſte de la Baye ſaincte Hélene qui demeure au Nordoüeſt de cette coſte, en tirant à celle de Saldaigne. Cette coſte eſt baſſe à voir, proche la mer. Mais auant vers la terre, elle ſe montre haute & court Nordoüeſt, & Süeſt.

Nous tournaſmes auſſi le Cap à l'Oüeſt & à l'Oüeſt quart de Soroüeſt, puis à l'Oüeſt Soroüeſt: car nous eſtions en perdition s'il euſt calmé.

A Midy nous entraſmes dans la Baye de Saldaigne, & vinſmes moüiller l'Anchre à trois braſſes & demie au deſſous de l'Iſle de Cormorans, à l'entrée d'vne Ance, que l'on nomme des Flamans, à cauſe que l'on y voit d'ordinaire quantité de grands oyſeaux, qui ſe nomment ainſi. En arriuant proche de cette Iſle, il nous ſuruint vn accident qui nous fit plus de peur que de mal: Car comme nous approchions,

ayans

ayans le vent de Nordoüeſt derriere, nous aperceuſmes que le Nauire ne gouuernoit point, & nonobſtant que le vent nous deuſt aider, nous nous eſchoüaſmes à la longueur d'vne picque de ladite Iſle ſur vne roche entre des herbages. Ce qui eſtonna tellement le Capitaine & tous les Matelots, que d'abord ils creurent que noſtre voyage de Madagaſcar eſtoit fait, & que nous ſerions habitans de ce païs. Mais Dieu mercy parmy ce malheur nous euſmes vn bonheur d'eſtre eſchoüez de la ſorte, car ſans cela la Proüe de noſtre Nauire & tout le deuant auroit eſté fracaſſé, en ſorte que le Nauire ſe ſeroit perdu contre les rochers dont cet Iſlet eſt bordé, qu'à peine euſſions-nous peu ſauuer la moitié de ce qui eſtoit dedans. Ce mal-heur ayant eſté empeſché par le moyen de cette roche qui ſe trouua ſous l'eau iuſtement ſoubs la quille à vne toiſe entre le mas du petit bourſet vers le grand mas, ſi doucement, que cela fuſt inſenſible, laquelle arreſta noſtre Nauire tout court. Lors la marée eſtoit encore haute, & commençoit à baiſſer, & à meſure qu'elle baiſſoit, nous viſmes que le derriere de noſtre vaiſſeau panchoit d'enuiron deux pieds. Il y auoit deux braſſes d'eau à mer baſſe au deuant, & deux braſſes & demie au derriere. Cet accident arriua à quatre heures du ſoir. Sur le minuit la mer vint à hauſſer l'on miſt vne Anchre vers l'eau de la longueur d'vne anciere, & par ce moyen l'on retira le Nauire du lieu où il eſtoit eſchoüé, apres l'auoir allegé de ſix ou ſept tonneaux d'eau de la mer, dont on auoit empli des futailles vuides pour le leſter eſtant en mer, de là nous ſommes allez moüiller de l'autre coſté de l'Iſlet.

La cauſe de cet accident ne doit eſtre priſe que de ce que ſous la mer il y a grande quantité de trombes & varegs, qui ne ſe voyent point à la ſuperficie de l'eau, par le moyen deſquels noſtre Nauire fut empeſché de gouuerner, nonobſtant que le vent fuſt derriere, & que le gouuernail joüaſt fort bien, il n'en faut attribuer la faute ny au Capitaine, ny aux maiſtres ny aux Pilotes ; car cet accident eſtoit ineuitable ; outre que le Nauire auoit deſſous & à l'entour de ſon bordage, l'eſpaiſſeur de quatre doigts de rocher qui ayda encor à empescher qu'il ne glissast de dessus ce vareg.

Le mercredy matin quatorziesme, nous enuoyasmes à la fontaine querir de l'eau, & auparauant fismes tirer vn coup de Canon pour aduertir les Sauuages de nostre arriuée. I'enuoyay huict soldats à terre, ausquels ie donnay des armes, de la poudre & du plomb pour faire la garde cependant que nos Mattelots nettoyeroiët la fontaine, & en puiseroiët de l'eau. Apres midy ie fus à terre, & pris auec moy neuf hommes, ie montay sur le haut de la montagne pour considerer tout ce pays, obseruer ce qu'il produit, & voir si nous ne verrions point quelques Sauuages, ou quelques animaux. Nous fismes bien prest de quatre lieuës és enuirons sans nous apperceuoir de rien, nous vismes bien quelques gistes, des pas, & fiens de beaucoup de sortes d'animaux, comme d'Elephans, de Cerfs, de Leopards, & autres bestes, mesme nous vismes des pas de cheual ou de mulet, & de bœufs, & principalement à l'entour de la fontaine. Nous vismes quelques gistes de Sauuages, lors qu'ils sont pris de la nuict en venant à la chasse. La fontaine est au pied d'vne montagne & coste où nous fusmes, & fort entre des roches fort claire & viue, elle est à dix ou douze pieds plus haut que la mer, elle tombe dans vne fosse de la grandeur de trois toises de diametre en rond, & l'eau n'a point d'issuë que par dessous terre : ce n'est autre chose que l'esgoust des eaux de pluyes, & de la rosée qui tombe sur ces montagnes : l'ay remarqué qu'en beaucoup d'endroits on pourroit auoir de l'eau, si on prenoit la peine de faire des fosses. Cette aiguade est à vne lieuë & demie du lieu où nous estions, l'eau est assez bonne, mais elle est sale, à cause de la fiente des animaux qui y vont boire. C'est pourquoy d'abord il faut nettoyer la fosse.

Chapitre XIX.

Description de la Baye de Saldaigne, & du pays des enuirons.

Cette Baye a enuiron sept ou huict lieuës de longueur, & deux à trois de large, dans laquelle il y a plusieurs bons moüillages, la mer n'y leue point du tout, & l'on est comme dans vn estang à couuert de tous les vents, elle paroist comme vn Lac d'où l'on ne void point l'issue qu'à enuiron vne lieuë de son entrée, laquelle gist au Nordoüest, & à d'ouuerture enuiron trois lieuës. Au Nord quart Nordest, est vne pointe que l'on nomme la pointe à feu, où il y a vne petite Isle que l'on nomme l'Isle à Margaux à cause d'vne prodigieuse quantité d'oyseaux qui s'y retirent, qui sont blancs, & ont les extremitez des aisles noires, gros comme des Oyes. Au Sud quart de Sordoüest est l'Isle de Sansy, où nous enuoyasmes dix hommes pour tuer du loup marin pour la chaudiere & des pinguins. Cette Isle est nommée Sansy, à cause d'vn nommé Sansy qui y est venu autresfois pour y faire des peaux de loup marin.

A vne lieuë plus auant de la Baye du costé de Nordest, il y a l'Isle de Thomas Pan, où on peut faire du loup marin, & derriere cette Isle il y a vne Ance où il y a tres-beau moüillage: cette Ance est à couuert de tous vents, comme vn bassin, & bordée d'vne coste haute, & le fond & les riuages sont tout de sable delié, de là où nous estions il y a trois bonnes lieuës.

Il y a cinq Isles, sçauoir ces trois surnommées auec l'Isle à la Bische, & l'Isle aux Cormorans, aupres desquelles nous estions moüillez Ces Isles sont fort petites, & enuiron comme l'Isle Louuier à Paris. Celle à la Bische, & de Sansy sont sont deux fois comme l'Isle Nostre-Dame, & plus larges: Celle à Cormorans est nommée à cause d'vne grande quātité de Cormorās qui s'y retirent: sur icelle il y auoit gisté des Elephans, ou autres animaux aussi grands qui y peuuent venir à basse mer par l'Ance à Flamens, Chaque Isle a ses oyseaux particuliers qui n'y viuent que de pesche des poissons qui sont en tres-grande quantité. Car il y en vient de toutes sortes, comme Balcines, Marsouins, Chiens, Mulets, & mille autres sortes qui y viuent: Il y a vne chose prodigieuse à voir, c'est que i'ay remarqué qu'il y a des bestiolles grosses cōme vne febve faites en façon de cloportes, qui si tost qu'il y a vn chien de mer pris dās vn Retz, si l'on le laisse vne nuict dans la mer, s'attachent à ce poisson en si grande quantité, qu'elle le mangent, & ne laissent que simplement la peau; ce que i'ay veu par experience, ces bestiolles s'appellent poux de mer.

Toute la terre de ces Islets, & la terre ferme de ces enuirons, est tres-bonne, & si elle estoit cultiuée, elle produiroit de tout. Ce n'est la plus part que terre noire, & est toute couuerte de verdure de diuerses sortes de plantes à fleurs, & de buissons. Il n'y a aucuns grands arbres.

Il y auoit desia sept iours que nous y estions sans auoir veu aucun Sauuage, lesquels demeurent dans le païs à plus de quinze ou vingt lieuës où ils ont vn bon païs cultiué, & tous ceux qui viennent en ces costes, ce ne sont que de pauures esclaues d'autres, qui sont les maistres, & qui possedent les bestiaux qu'ils ont en grande quantité.

Le dix-septiesme, les Sauuages vindrent à la fontaine, & ie menay auec moy dix-sept ou dix-huict personnes bien armez, & vis les Sauuages au nombre de douze ou quinze hommes, autant de femmes, & autant de petits enfans. Ie traictay auec du Tabac dix-huict Tortuës de terre pour des morceaux de Tabac de la longueur du doigt de chacun, vingt plumes d'Autruche, qui sont gastées & ne valoient rien. Ie leur demanday par signe des bœufs & des moutons, ils me respondirent qu'ils n'en auoient point, & que Ampsoury, c'est à dire demain, ils en feroient venir. Nous auions grand besoin, cause de nos malades, d'vn peu de viande fraische, la chair de loup marin n'estant pas saine,

DE L'ISLE MADAGASCAR.

outre qu'elle a vn gouſt de ſauuagin deſagreable. Il y a grãde quantité d'oyſeaux dans cette Baye, comme oyes ſauuages, grands goſiers, Flamens, Griſets, & eſpeces de merles: Mais il y a bien de la peine à les chaſſer, ſe tenans touſiours dans l'eau, ils ſont extrememẽt meſfians. Il y a auſſi quelques Cerfs & Biſches qui ſont petits comme des Cabrits. Les Sauuages qui viennent en ces quartiers, ſe ſont de miſerables gens, & comme Bandits, qui ont toutes-fois, à ce qu'ils nous firent entendre, des habitations à quinze ou vingt lieuës de là, vers le Nordoüeſt, & demeurent en quelques montagnes vers la coſte de la mer, d'où ils deſcouurent quand quelques Nauires paſſent. Ils ne ſont point noirs: mais ſeulement bazanez. Ils ſe graiſſent la peau, & ſe poudrent les cheueux auec vne poudre iaune, d'autres auec vne poudre ou terre tannée, qui ſent aſſez bon, & d'autres auec des herbes odorãtes de ce pays aſſez groſſieremẽt miſes en poudre. Les femmes & les hommes auſſi ſe barboüillent le viſage auec du charbon par taches ſur le nez, ſur le front, & aux joües. Les hommes n'ont pluralitez de femmes; en leur naiſſance on leur extirpe la teſticule droicte, & la femme en ſe mariant on luy coupe la premiere jointure du petit doigt. Ils n'ont aucun culte de religion, & ne ſçauent que c'eſt que Dieu, ſinon qu'ils aprehendent beaucoup le tonnerre, ainſi qu'ils nous firent cognoiſtre par ſigne. Monſieur Nacquard & moy leur fiſmes entendre quelque choſe touchant Dieu, en leur montrant la façon de prier Dieu, en regardant en haut eſtant à genoux, ils admiroient tous, & vn vieillard nous fit entendre qu'il eſtoit vieil, qu'il mourroit bien-toſt, & qu'il auoit quelque apprehenſion de la mort, ſuiuant ce qui nous a fait connoiſtre par ſigne.

Ils ont des Arcs, des fleches & Sagayes, ils viuent de chaſſe, à quoy ils ſont tres-adroits, ils ont vne couſtume, ſoit quand ils mangent, ou qu'ils diſcourent, les hommes ſont aſſemblés en rond aſſis ſur leurs talons à part, les femmes à part, les garçons à part, les filles & les enfans ſont auſſi ſeparez: par là on connoiſt qu'ils obſeruent vn ordre politique entre eux.

Ie leur demanday deux garçons pour venir auec moy, & que ie les ferois braues, & les ramenerois, mais ils n'y voulurent pas entendre. Ie leur fis voir nos deux Negres de Madagascar auec leurs habits & leurs espées pour les animer. Ils s'en mocquerent, ou bien ils n'entendirent pas ce que que nous leur disions. Ils habiterent à l'ombre des buissons qui sont autour de cette mare ou fontaine, pendant que nous estions là. Ce sont les plus francs gueux de la nature, & qui demandent incessamment.

Le Dimanche dix-huict, le bateau apporta le corps d'vn François nommé l'Escluse, que l'on auoit trouué mort sur le bord de l'Isle de Sansy où il estoit allé se promener. La mer l'auoit ietté ainsi sans que l'on aye sceu comme cet accident luy estoit arriué. Il auoit la face toute rouge & liuide, les yeux comme hors de la teste, & quatre blessures à la teste, sçauoir deux sur les sourcils, & deux autres sur la teste. Il ne fut pas noyé: mais plustost tué contre les roches qui sont tres-dures & hautes, l'on ne luy a point trouué son fuzil ny sa bandouliere de chasse, ses poches estoient tournées en dehors, son haut de chausse deschiré par derriere & au deuant. C'estoit vn homme assez inconsideré, qui aymoit la chasse, & qui ayant tiré quelque oyseau dans la mer, il voulut possible se hazarder de l'aller querir, & comme il s'estoit trouué engagé entre les rochers, la mer estant là esmeuë auec la marée, il fut emporté contre les roches où la mer brise furieusemét, & le flot s'enleue plus haut que la Hune d'vn Nauire, si bien que la mer l'auoit ainsi tué contre ces rochers. Le corps fut enterré dans l'Islet à Cormorans, & on pria Dieu pour luy ayant fait chanter les Vigilles, & apposer vne Croix sur sa fosse.

Le 22. iour nous leuasmes l'Anchre à sept heures du matin, & vinsmes moüiller entre l'Isle de Thomas Pan, & la terre ferme du costé de Sancy, pour sortir plus facilement de cette Baye.

Le 23. le vent n'estant pas propre pour sortir de la Baye, & faisant vn peu calme, l'on enuoya deux voyages à l'Islet aux Margaux, & à chaque voyage l'on emplit le basteau de ces oyseaux & d'œufs. Ces oyseaux gros comme oyes, y sont en si grande quantité, qu'estant à terre il est impossible que l'on ne marche sur eux, & quand ils veulent s'enuoller ils s'empeschent les vns & les autres. On les assomme en l'air à coups de baston, lors qu'ils s'esleuent pour auoir plustost fait. Il y a trois sortes d'animaux qui occupent cette Isle sçauoir ces oyseaux cy, les Pinguins, & les Loups marins qui ont chacun leur canton. Cette isle ne leur sert que de retraicte: & pour faire leurs œufs. Leur nourriture est à la Mer ne viuans que de poisson dont les enuirons sont tous remplis. Les oyseaux qui sont plus frequens en cette voye sont les Pinguins. Ils ne vollent point, leurs aisles ne leur seruent qu'à nager, ils nagent aussi viste dans la Mer comme les autres oyseaux vollent en l'air. Leur viande sent le marescage. Les Oyes sauuages sont grises sous le ventre elles ont des plumes semblables à celles des Perdrix, leur viande est de mesme goust que celle de l'Europe. Les paisseurs, qui ont le bec courbé & le col long de la grandeur d'vn Heron sont blancs, & ont les extremitez des aisles noires, les iambes longues & les pieds marins, & dessous les aisles ils ont vne espace rouge sans plume, & douze ou seize plumes courtes frisées & violettes qui sont tres belles, leur viande est d'excellent goust aussi bonne que la Becasse.

Des Cormorans noirs il y en a en tres grande quantité, leur viande n'est pas bonne, ils sont plus petits que ceux d'Europe.

Des grisets ce sont oyseaux gros comme Pigeons qui viuent de pesche ils sentent trop le marescage.

Ils y a d'autres oyseaux gros comme des Canars sauuages, & ont le Col court qui viuent de poisson, ils sont blancs & ont les aisles noires, & les extremitez des aisles blanches, ils ne sont pas bons à manger.

Il y a des Corbeaux noirs gros comme des Oyes, ils sont durs à manger.

Il y a des oyseaux, grands comme des Cygnes de couleur grise que l'on nomme Grands-Gosiers qui approchent de la grandeur des Autruches, qui ont la gorge si large qu'ils peuuent aualler vne Poulle tout d'vn coup, ils ont le bec long & large & tres-dur, ils sont durs à manger.

Il y a d'autres oyseaux que l'on nomme Flamens grands comme des Gruës, qui sont perpetuellement dans l'eau. Ils sont blancs & ont les grosses plumes des aisles noires, & celles de dessous rouges & blanches. Ils sont tres-difficiles à chasser, nous n'en peusmes tuer vn, ils sont tres-farouches, & il semble qu'ils soient chassés.

Il y a d'autres oyseaux qui sont semblables aux Merles, & ont vn cry fort aigre & clair, gros comme des Perdrix, ont le bec long & pointu & les pieds rouges, ils sont tres-bons à manger & ont le goust de Beccasse quand ils sont ieunes.

Chapitre XX.

Partement de la Baye de Saldaigne & suite du voyage.

LE vingt-quatriesme à quatre heures du matin, il nous suruint vn vent d'Oüest tres-fauorable, nous leuasmes l'anchre, & mismes le Cap au Sud. Nous vismes en passant la Baye de la table. La nuict nous doublasmes le Cap de bonne esperance. Le vingt-cinquiesme du mois le iour & la nuict nous doublasmes le Cap des Aiguilles. La mer y estoit fort rude & haute, le soir à neuf heures nous virames, & mismes le Cap à l'Est.

Le Samedy trente & vn apres midy deceda Nicolas du Iardin Matelot & bon Cordier, il mourut du flux de sang.

Le deuxiesme iour le vent continua fauorable au Sud-quart Suest, & nous mismes à midy Cap à l'Estnordest: nous auions fait vers l'Est trois cens vingt-lieuës depuis la hauteur du Cap de bonne Esperance. La variation se trouua à seize degrez Nordoüest sur mon Cadran.

Le dix-

Le dix-huictiéme à Midy, ie pris hauteur & trouuay que nous eſtions à vingt-huict degrez trente minutes Sud: Et ſur mon Cadran la variation de l'aimant eſtoit de vingt-deux degrez Noroüeſt.

Le vent apres Midy vint au Sudeſt, qui nous fit faire aſſez bonne route dans tous ces iours auparauāt, que nous euſmes le vent contraire. Nous fuſmes deuers l'Eſt plus de quatre-vingt-lieües que nous n'euſſions voulu : mais nous ne voulumes pas virer à l'autre bord, de crainte de ne pouuoir paſſi facilement gaigner l'Iſle de Madagaſcar, à cauſe que les vents en cette ſaiſon repairent plus vers le Nord Nordeſt, & Eſt-Nordeſt que d'autre coſté; ainſi faiſant nous fiſmes mieux de ſuiure la route que nous auions priſe.

Le vingt-neufieſme à Midy, la hauteur eſtoit de vingt-trois degrez trente-cinq minutes.

Chapitre. XXI.

Veüe de terre de Madagaſcar, & arriuée à l'Ance Dauphine.

LE deuxieſme Decembre au matin, nous apperceumes la terre dés enuiron huict lieües vers l'eau, & nous vinſmes terrir à Midy à la hauteur de l'Ance au Borgne, qui eſt à vingt-trois degrez quarante minutes latitude Sud, variation vingt degrez.

Enuiron deux lieües dans la terre, toute ceſte coſte paroiſt preſque d'vne meſme hauteur aſſez baſſe. Le double terrage nous a eſté inconnu, à cauſe qu'il eſtoit embruny de nuées.

Auſſi-toſt nous miſmes le Cap au Soroüeſt pour ſuiure la coſte, ayant le vent Eſt-Nordeſt.

Toute la nuict nous fiſmes petites voiles, à cauſe que la terre eſtant embrunie, on auoit peine à en auoir connoiſ-ſance. C'eſt pourquoy nous ne fiſmes qu'enuiron trois ou quatre lieües, & de plus nous nous apperceumes le lendemain que les marées portoient Nord, si bien que quoy que nous fissions grande route à faire deux lieües par heure, toutesfois nous n'aduancions pas de demie lieüe.

Le troisiesme, nous nous trouuasmes le matin au droit de la riuiere de Viboulle, autrement dite Sainct Gille, qui descend des montagnes de Viboulle, nous auons continué nostre route pour aller à l'Ance Dauphine.

Tout le long de cette coste il y a fond de trête brasses d'eau iusques à deux lieües en mer, le fond est rocher & faux corail. Nous continuasmes ce iour nostre route le long de la coste qui est bordée de hautes montagnes, & arriuasmes le soir iusques au deuant de Manghafia par vn tres-bon vent. Mais tout ce que nous peumes faire le matin l'espace de quatre heures durant, fut enuiron deux lieües, quoy que nous eussiõs le vent Est-Nordest à faire trois lieües par heure. C'estoit vne marée qui portoit Nord, qui nous auoit ainsi retenus, puis apres la marée porta Sud, lors que le vent nous cessa, & changea au droit d'Itapere, en sorte que nous fusmes contraincts de louier deux bordées, ayant le vent directement à l'Oüest Sorouëst, afin d'euiter vn rocher qui aduance deux lieües en mer au deuant de l'Ance; ce que nous fismes sur les neuf heures, & moüillasmes l'anchre trois grandes lieües vers l'eau, à vingt-huict brasses, le fond estoit sable: sur les dix heures nous oüysmes des voix de gens qui estoient dans vn Canot, & entendismes tirer vn coup de Canon du Fort, aussi-tost nous respondismes d'vn autre coup, puis du Fort on en tira vn autre. Vn quart d'heure apres arriua ce Canot, où il y auoit treize personnes, sçauoir. Monsieur de Bellebarbe, Prestre, & deux François, auec dix Negres, qui monterent à bord du Nauire. Lors que l'on voulut guinder ce Canot, il se mist en deux pieces, qui se destacherent en vn moment les vnes des autres; si bien que si ce Canot fust arriué vn quart d'heure plus tard: c'eust esté fait de la vie de ceux qui estoient dedans.

I'appris du sieur de Bellebarbe la santé du sieur Pronis comme nostre habitation estoit tellement despourueüe de

DE L'ISLE MADAGASCAR.

viures, que Monsieur le Roy auec vingt-deux autres, s'estans ennuiez de ne voir plus venir de Nauire, & d'apprehensiõ de s'affamer les vns les autres,& a cause aussi du mauuais traittement que luy auoit fait le sieur Pronis, & sur la nouuelle qu'il auoit eüe qu'il le vouloit faire mettre aux fers il auoit esté contrainct d'aller vers S. Augustin pour tascher à trouuer son passage en France, ou bien aux Mahafales pour trouuer à y subsister iusques à ce qu'il vinst des nouuelles de France. Que le sieur Pronis auoit enuoyé le sieur Angeleaume auec trente-cinq hommes trouuer Dian Panolah, vn Grand qui est à dix iournées du Fort, pour l'assister à la guerre contre ses ennemis, qui pour cela leur auoit promis de leur donner mille bestes, outre huict cens que nos gens auoient traictées.

Le quatriesme, sur les deux heures du matin, ie commanday au sieur des Cots de prendre auecq luy cinq Matelots pour s'en aller dans le petit batteau droict au Fort, pour voir le sieur Pronis, & retins le sieur de Bellebarbe auec tous les autres, & tous les Negres. Ie deffendis au sieur des Cots de parler de moy, & luy donnay seulemēt vne lettre que i'auois fait escrire au Capitaine le Bourg, par laquelle il luy mandoit qu'il n'auoit pas voulu venir moüiller au dessous du Fort, ne sçachant pas en quel estat il seroit auec tous ses gens, & que le voyage passé, les Ligueurs l'auoient menacé de faire tirer le Canon sur luy. C'est pourquoy s'il desiroit sçauoir des nouuelles, qu'il prist la peine de venir à bord, afin de receuoir ses lettres.

Il faut notter que le sieur de Bellebarbe & les autres n'estoient pas partis du Fort. Mais qu'ils estoient allez à Itapere chercher des Negres pour aller auec quelques François trouuer nos gens aux Manamboulles pour faire ramener dix-huict cens bestes, bœufs & vaches, auec les autres qu'ils pourroient auoir gaigné en guerre: & comme ils virent de loing le Nauire, ils s'estoient mis à l'hazard pour en apprendre des nouuelles, & pour sçauoir quel Nauire c'estoit.

K k ij

CHAPITRE XXII.

Le sieur Pronis vient à bord du sainct Laurent.

LE matin à la pointe du iour, nous aperceumes le Pauillon blanc au Fort, & toute la nuict nous auions fait du feu. Sur les quatre heures du matin nous fismes leuer l'Anchre, & auec vn petit vent ou pluftoft la marée, nous arriuafmes dans l'Ance. Sur les quatre heures du foir, le fieur Pronis arriua au bord auec le fieur des Cots & les autres. Ie l'attendis dans la chambre, & le Capitaine l'alla receuoir, qui luy dit auffi-toft que i'eftois dans le Nauire; ce qui le furprit vn peu. Mais fi toft qu'il m'euft veu, & de la forte que ie luy parlay, il s'affeura, ie luy donnay fes lettres, ou apres les auoir leües, il me tefmoigna vn grand contentement de ce que i'eftois venu. Nous nous entretinfmes de beaucoup de chofes tout le refte de la iournée, & touchant le fieur le Roy & les autres qui s'en eftoient allez, ou ie connus qu'il y auoit eu vn peu de mefcontentemēt de la part des vns & des autres. I'appris de luy qu'il y auoit vn an que noftre Barque eftoit perduë dans le Port aux Prunes par la pareffe des Matelots, pour n'auoir pas entré dans le moüillage du Port, & pour auoir anchré à l'entrée entre des Cayes, & par la faute principalement du Capitaine le Bourg, qui au lieu de leur liurer vn cordage neuf, deftiné pour l'amarre de la Barque, leur en liura vn vieil qui rompit, & fut caufe de la perte de cefte Barque. Que tout en auoit efté perdu horfmis les hommes & leur marchandifes, qu'Abraham Buiffon, par la malice des Negres, qui firent tourner le Canot où il eftoit, pour auoir la marchandife qu'il portoit; auoit efté noyé en paffant vne riuiere aux Matatanes, & quelques autres Matelots qui font morts depuis, n'en eftant refté que fix.

Que trois mois apres le depart du Capitaine le Bourg, des

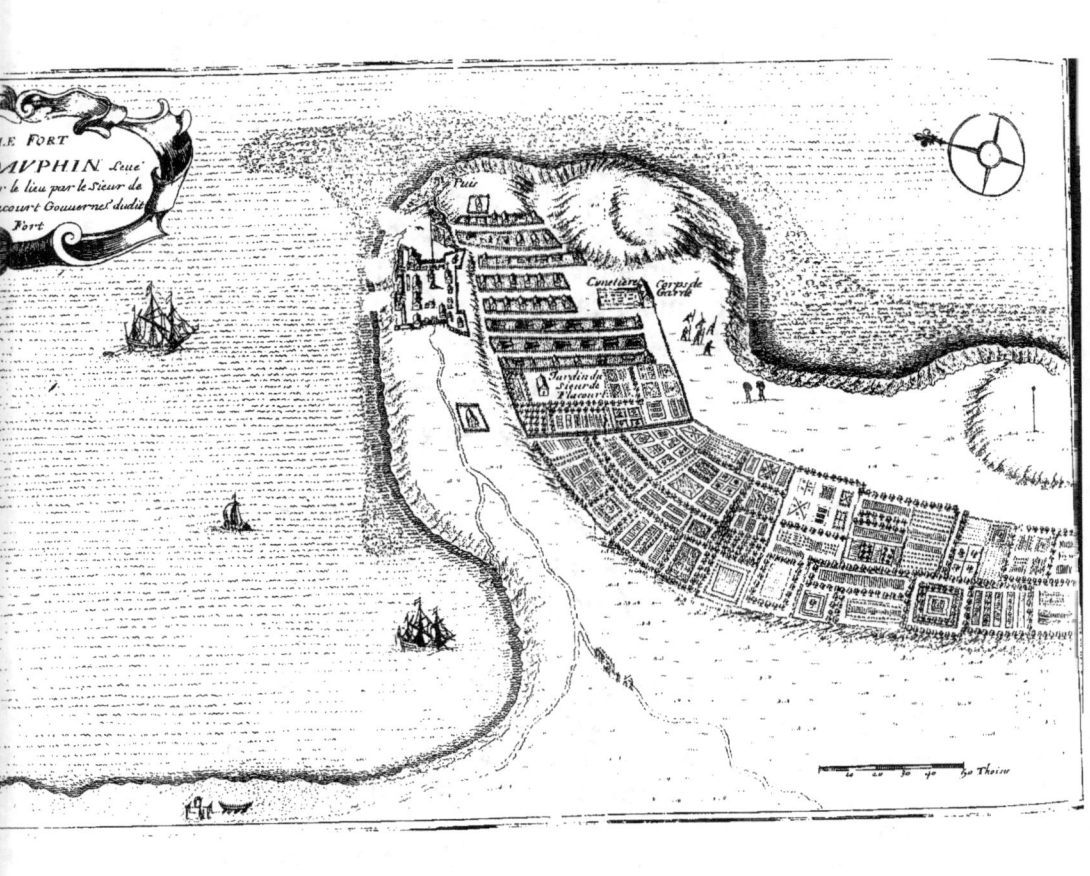

Antauares le sieur Bouguier, auec quatre autres, auoient esté massacrez par leur faute, parce qu'ils auoient trop gourmandé les habitans du païs, si bien que les autres François qui estoient dans leur Fort, auoient esté contraincts de s'en reuenir par terre.

 Le lendemain au matin, quinziesme Decembre, l'on arriua à l'entrée de l'Ance Dauphine, sans auoir presque de vent; & aussi-tost i'enuoiay le sieur Marchais auec le sieur Boiuin, & vingt hommes auec leurs fuzils & mousquetons pour prendre possession du Fort Dauphin, auec vne lettre que ie fis escrire aux anciens habitans par le sieur Pronis, par laquelle il leur mandoit qu'ils eussent d'oresnauant à reconnoistre mes Ordres & les suiure, & que i'estois vn des interessez de la Compagnie & par consequent vn de leurs Maistres, & leur commandant en ce païs. Ce qui fut executé ponctuellement sans aucune difficulté.

Chapitre XXIII.

Le sieur de Flacourt descend à terre, & entre au Fort Dauphin, qu'il treuue en tres-mauuais estat, & sans viures.

A Trois heures apres Midy, ie descendis à terre auec enuiron vingt-cinq soldats, & en ma presence ie fis descharger mes barils & quaisses de marchandises, mes coffres, mes hardes, & medicamens, & menay auec moy le sieur Pronis.

 En entrant, ie trouuay tous nos soldats tant anciens que nouueaux, en haye, qui me salüerent tous d'vn coup de fuzil chacun, & ie vins dans la Caze du sieur Pronis où ie me logeay. Ie trouuay vne grande confusion dans le Fort, tant à cause du manquement de viures, qu'à cause du peu de soin qu'il y auoit eu, la pluspart des Cases descouuertes, & peu de logement; si bien qu'il fallut loger tous nos hommes dés le soir dans les Cazes des habitans comme nous peufmes.

Andian Rauel, femme du sieur Pronis, estoit logée en vne maison tout aupres auec ses seruantes & Esclaues, laquelle estoit accouchée depuis trois mois d'vne fille qu'elle a euë dudit sieur, & estoit releuée de couche le iour mesme que parut le Nauire: c'est la coustume en ce païs que les femmes des Grands gardent la maison trois mois apres estre accouchées, sans sortir.

Ie dis au sieur Pronis qu'il la falloit renuoyer dés le lendemain, & que ie serois bien aise de la voir, & le priay de luy dire qu'elle n'eust aucune peur ny aprehension, que ie n'auois pas dessein de luy rendre aucun desseruice.

Ie trouuay le sieur Pronis autre que l'on me l'auoit depeint, & ne conneus en luy qu'vne grande sincerité & franchise, & s'il y a eu du desordre, c'est qu'il n'a pas esté obey ny respecté, le malheur n'estant venu que des volontaires que l'on auoit enuoyé par le passé qui auoient tout perdu; enquoy il faut remarquer qu'il ne faut embarquer que de bons artisans maçons, charpentiers, scieurs de long, laboureurs, iardiniers, & païsans, conduits par des gens d'honneur, discrets, & auisez point esuantez, & d'aage assez auancé. Ie ne voulus pas faire retenir le sieur Pronis, ny luy rendre aucun desplaisir, l'ayant trouué trop honneste homme, & trop disposé à faire ce que i'eusse voulu, pour le traitter de la sorte.

Le sixiesme, le matin ie commençay à faire disposer d'vn lieu pour faire faire vne caue, apres auoir visité tout le Fort, & marqué le lieu expres pour cela. Ie treuuay desia deux coings de murs esleuez du costé de la mer, l'habitation a esté rapetissée, depuis que le sieur le Roy s'en estoit allé.

Le matin Andian Rauel me vint voir & saluer, elle estoit triste & estonnée, d'autant qu'il y auoit eu quelques-vns de nos gens qui auoient dit à ses Esclaues que i'allois faire mettre le sieur Pronis aux fers aussi-tost que ie serois arriué, & qu'elle seroit partie du Fort, dont ie la desabusay, luy tesmoignant que quoy que ie fusse Superieur du sieur Pronis, que toutesfois ie le voulois tenir comme mon frere, &

que ie voulois viure ainſi aue luy. Que les habitans François luy porteroient touſiours autant d'honneur comme ils auoient auparauant fait, & plus encor dont elle fut fort contente, deſia ce mauuais bruit auoit eſté ſemé par tout le païs entre les Grands.

Apres Midy les Eſclaues d'Andian Rauel arriuerent qui l'emporterent ſur vne ciuiere, ou taconh faict exprez, ſur quoy elles ont accouſtumé de ſe faire porter en forme d'vne chaire.

Chapitre XXIV.

Les François font plainČte contre le ſieur Pronis, à cauſe du mauuais meſnage des viures.

LE meſme iour ce qu'il y auoit au Fort de François me vint ſalüer : & en meſme temps vne partie principalement de ceux qui auoient eſté Ligueurs contre le ſieur Pronis, vint me faire des plaintes contre luy, & le calomnier, diſant que c'eſtoit luy qui auoit obligé le ſieur le Roy auec vingt-deux François de s'en aller à ſainct Auguſtin, chercher paſſage parmy les Anglois qui y eſtoient habituez. Ie leur impoſay ſilence, cependant ie deſpeſchay les deux hommes qui eſtoient venus de Manamboulle, & les renuoiay auec deux autres François que i'auois amenez vers le ſieur Angeleaume, & luy manday d'amener le beſtial qu'ils auoient. La Barque que le ſieur Pronis auoit fait faire, arriua enuiron vingt iours apres mon arriuée, chargée de Ris blanc qu'elle apporta de Ghallemboulle, & huict iours apres arriua le ſieur Angeleaume auec les François, & ſeize cens belles beſtes, bœufs & vaches, & en auoit laiſſé deux cens chez Dian Panohalé à Manamboulle. I'enuoiay le ſieur des Cots auec douze ou quatorze François vers le païs de ſainct Auguſtin pour apprendre des nouuelles du ſieur le Roy & de ſes compagnons, & auſſi-toſt comme ie voyois que nous allions infailliblement tomber en neceſſité de viures, y en ayant peu en cette Prouince par la pareſſe des habitans qui ne cultiuent pas la terre à la dixieſme partie de ce qu'elle peut rendre.

Chapitre XXV.

Le ſieur Pronis eſt enuoyé pour traitter du Ris à Ghalemboule & Sainѐte Marie, dans le Sainѐt Laurent. Retour du ſieur le Roy de la Baye Sainѐt Auguſtin. Le ſieur de Flacourt viſite Dian Ramach à Fanshere.

LE douzieſme Ianuier mil ſix cens quarante-neuf, ie commanday au Capitaine le Bourg de partir pour aller traitter du Ris à Ghalemboulou, & afin de contenter quelques mutins de François qui ſe plaignoient du ſieur Pronis, & qui eſtoient en crainte qu'il ne me ſuſcitaſt à les maltraitter, ſi il demeuroit au Fort auec moy. Ie luy commanday de faire ce voyage, & luy mis entre les mains les marchādiſes neceſſaires à la traitte, dont il fut tres-mal ſatisfait; & pour raiſon il me dit que le bruit couroit parmy le païs d'Anoſſi que ie l'enuoyois en ce païs là pour le perdre & le faire mourir. Ie luy dis qu'il ne deuoit pas s'arreſter à ces diſcours là, & qu'il eſtoit neceſſaire qu'il y allaſt ou bien moy. Mais que comme i'eſtois nouueau arriué dans le païs pour y demeurer, il eſtoit beſoin que i'y reſtaſſe pour connoiſtre, & les François que i'auois à commander, & les originaires blancs & noirs, auec leſquels i'auois à negocier : Et par ainſi apprendre la langue. Ie luy donnay douze François pour eſtre pres de luy pendant la traitte, huiѐt autres que i'enuoyay demeurer en l'Iſle de ſainѐte Marie ſous la charge & commandement du ſieur de ſainѐt Hilaire. Ie commanday au Capitaine le Bourg de paſſer en l'Iſle de Maſcareigne querir douze François qui y eſtoient exilez, à cauſe de la ſedition & Ligue qu'ils auoient braſſée contre le ſieur
Pronis.

Pronis. Mais où le vent ayant esté contraire où le Capitaine & le sieur Pronis ayans eu auersion pour cela, le Nauire n'y alla pas.

Cependant i'eus plusieurs visites des grands du Païs d'Anossi qui me firent des presens à la mode du Païs, comme de Dian Tseronh, de Dian Machicore, de la femme de Dian Mandombouc, & d'autres, ausquels ie fis reciproquement des presents des marchandises que i'auois apporté.

Le dixneufiesme de May la barque que i'auois fait bastir d'vne double Chaloupe apporta au fort Dauphin vingt-cinq poinçons de Ris blanc; lors que iustemét celuy que l'on auoit apporté dans l'autre petite Barque estoit finy : ainsi nos morceaux furent taillez iustes sans en auoir defaut ny disette, moyennant le mesnage que i'y fis apporter au contentement d'vn chacun.

Deux iours apres l'arriuée de cette Barque le sieur le Roy & le sieur des Cots arriuerent de la Baye de Sainct Augustin auec vingt-six François, tant de ceux qui l'auoit suiuy que de ceux que i'y auois enuoyé auec le sieur des Cots, dont il y en auoit eu quelques vns de morts des maladies du païs. Le sieur le Roy me dit le suiet de sa retraite, en accusant le sieur Pronis d'auoir si mal mesnagé les viures, que la crainte de la faim à l'aduenir l'auoit obligé à se retirer, pour chercher à subsister ailleurs, en attendant vn Nauire de France ou quelque Nauire Anglois pour s'en aller en France faire son rapport à Messieurs les Interessez de l'Estat de leurs affaires en cette Isle, & des maluersations du sieur Pronis. Comme ils furent arriuez à la Baye de Sainct Augustin, ils virent vn petit Fort sur le bord de la mer, ou plusieurs Anglois auoient demeuré deux ou trois années, lequel ils auoient quitté, d'autant que le pays estoit trop mal sain, & mauuais pour les viures qui y sont rares, & que les habitans du pays les haissoient tant qu'ils ne leurs vouloient traitter aucuns viures. Qu'apres auoir bien languy & auoir perdu de maladies plus de trois cens hommes, le reste s'estoit embarqué dans vn Nauire qui s'en alloit dans les grandes Indes. Le suiet de la hayne que portoient les habitans des enuirons aux Anglois estoit que les grands estoient venus plusieurs fois leur demander secours contre leurs ennemis qui leurs faisoient la guerre, ce qui leurs auoient tout autant de fois refusé; Et quoy qu'ils ne leurs demandassent que dix ou douze mousquetaires, pour aller à la teste de leurs Troupes, ils n'en voulurent iamais rien faire, ce qu'ils imputerent à vne grande poltronnerie, & se mirent à les mespriser, tant, qu'ils ne leurs voulurent plus vendre aucuns viure ny Bestial. Les Anglois leurs enuoyoient leurs femmes pour acheter des viures, n'osant pas y aller eux mesmes, ausquelles ils en traitterent plus volontiers: mais bien cherement. Les fosses fraischement faites dans le Cimetiere, faisoient bien connoistre quelle quantité de personnes estoient mortes. Le sieur le Roy y estant arriué auec les François qui s'estoient desbauchés auec luy y furent tres-bien reçeus, & n'en vsa pas comme les Anglois: Car estant prié par Dian Daue, qui demeure à la bouche de la riuiere de Sainct Augustin d'aller à la guerre contre le nommé Dian Tsi Mamellou & ses freres, il s'y en alla auec huict François auec Dian Daue & enuiron quinze cens Negres. Ils cheminerent vers le Nord-est de l'Isle enuiron douze iours, ne marchans que la nuict, surprirent Dian Tsi Mamel, & le prirent prisonnier. Le sieur le Roy luy vouloit sauuer sa vie, & auoit deffendu que l'on ne le tuas, & pour cet effet le logeoit tousiours pres de luy dans la mesme Case: mais comme le sieur le Roy estoit allé à ses necessitez Dian Daue fist tuer Dian Tsi Mamellou, & dist au sieur le Roy que comme c'estoit son ennemy, que ce n'estoit point la coustume du païs de laisser viure ny de donner quartier à aucun grand ny à ses parens quand ils estoient pris, & qu'il le prioit de ne trouuer pas cela estrange que pour leurs Lohauohits & Esclaues, ils leurs donnoient la vie, en les obligeans à les venir seruir. Par ce moyen le sieur le Roy se maintint en ces quartiers là, gaigna du bestial & eust ce qu'il voulut des habitans du païs pour viure, & à son retour amena encor cent bestes.

La Baye de sainct Augustin gist sous le Tropicque de Capricorne, il y a seize degrez de variation Nordoüest. Il y a bon abry pour les mauuais vents, & est ouuert depuis le Soroüest iusques au Nordoüest. Il a tres-bon moüillage pour quelques grands Nauires que ce soient: mais il y a quelques rochers de costé & d'autres, dont il se faut donner de garde. La marée y hausse & baisse de plus de six ou huict pieds, La pesche y est tres-excellente pour toutes sortes de poissons. Il y a des Islets où il y a grande quantité de bois, & force citronniers, orengers & tamarinds sur le riuage de la riuiere, le païs est fort sterile aux enuirons du costé du Sud de la riuiere: mais du costé du Nord où demeure Dian Daue, les terres y sont meilleures, où les habitans cultiuent grande quantité de Ris. Le bestial y est en abondance, qu'ils nourrissent en grande quantité. Le fort où estoient les Anglois est vne place carrée sur le bord de la mer, compassée en forme de quatre petits bastions reguliers enuironnée d'vn fossé de trois toises de large, & de douze pieds de profondeur, remply d'eau, où il y a vn terre pleine de dix pieds qui sert de passage & d'entrée au Fort, il n'y a ny muraille ny terrassé esleuée, la place estant aussi basse que le terrain des enuirons: ce Fort estoit enuironné de pieux, lors que les Anglois y estoient. Il a esté fait autrefois par les François du Nauire, dans lequel estoit Pirard, & est encor en mesme estat qu'auparauant: d'autant que le terrein se maintient fort bien, & la terre ne s'esboule point pour l'eau qui y est, ny pour les pluyes. Les Anglois y viennent de deux en deux années pour s'y raffraischir en allās aux grandes Indes, y mettēt à terre leurs malades pour y recouurer leur santé. Et pas vn deux ne va courir dans le païs. Il y a vn nommé Dian Mahe qui a quelque quatre ou cinq cens hommes à luy, qui va leurs traitter du bestial & des raffraischissemens pour viure. il entend fort bien la langue Angloise, & y trouue bien son compte.

Quelques iours apres l'arriuée du sieur le Roy, ie fus visiter Dian Ramach à Fanshere, & ie menay auec moy trente cinq fuseliers, où ie fus fort bien receu de luy, ie couchay dans la case, deuant laquelle ie fis faire vn corps de garde, & des sentinelles aux aduenües, ne me fiant que de bonne sorte à cette nation. Ie visitay aussi Dian Tseronh qui estoit occupé à faire bastir vne nouuelle maison de charpenterie qui me receut tres-bien, Et Dian Ramach & luy, & quelques autres Roandrian me firent des presens de bœufs, de vin & d'autres rafraischissemens. Nous nous entretinsmes Dian Ramach & moy sur son voyage de Goa, ainsi que i'ay desia dit dans la premiere Partie que ie ne repeteray point, pour euiter prolixité. Ce Dian Ramach se qualifioit Roy de toute l'Isle Madagascar : mais il ne l'estoit que de la Prouince de Carcanossi, & ceux des Ampatres, Machicores, Mahafalles, Manamboules, & vers les Matatanes, luy portoient honneur & respect comme à vn grand Prince, sans sans luy estre subiets. Il les tenoit en amitié pour ne leur faire aucun acte d'hostilité ; Et en crainte pour l'opinion qu'ils auoient qu'il estoit grand Magicien, qu'il les pouuoit faire mourir de diuerses maladies par ses Auli, & leur enuoyer toutes sortes de malheurs & calamitez en leurs païs ; c'est pourquoy ils le reueroient & l'auoient en estime. Il m'a dit luy que les Negres veulent estre traitez de la sorte. Et que quoy qu'il n'y aye que Dieu qui aye le pouuoir sur les pluyes, sur les tonnerres, sur les maladies, & sur les Elemens, toutesfois puisque ces ignorans auoient cette croyance de luy, il les laissoit dans cette ignorance, & leur faisoit confirmer par ses Ombiasses : afin de les retenir en crainte, d'autant que sans cela ils seroient incessamment dans le pays d'Anossi à piller & rauager, & par ce moyen son païs demeuroit en paix, & il estoit craint & redouté d'vn chacun.

Pendant l'absence du Nauire il est mort au Fort Daufin vingt-cinq François, & le sieur Gondrée Prestre de la Mission, & tous les autres tellement malades, que ie me suis veu seulement moy sixiesme de sain : Le Pilote qui amena la Barque chargée de Ris, me dit qu'il estoit mort dix ou douze Matelots & soldats à Ghalemboule, & dans le voyage du sieur des Cots & du sieur le Roy, il en estoit mort autant. La Barque estant deschargée, ie la renvoyay au bout du quatre iours auec nouuelle marchandise de traite.

Chapitre XXVI.

Voyage des Mahafales. Les Ampatois veulent assaillir les François, incitez par les Rohandrian d'Anossi, le nommé sainct Martin tué.

AV commencement de Iuin arriuerent douze Negres des Mahafales de la part de Dian Manhelle, Seigneur du païs, me demander des François pour aller à la guerre contre Dian Raual son ennemy, lequel il y auoit vn mois, estoit venu luy enleuer deux mille bœufs, & plusieurs esclaues: mais comme il se trouua deux François chez luy demeurez malades de ceux de Monsieur le Roy, il mena vn de ces François auec tous ses gens à la poursuite de Dian Raual, lequel ils attraperent au bout de huict iours, & ramenerent leurs bestiaux & esclaues ; ce qu'ils n'eussent osé faire si ils n'eussent eu ce François qui auoit son fusil.

Ie commanday le sieur le Roy de s'en aller trouuer Dian Manhelle auec quatorze François & quelques vns de nos Negres. Le complot fut que ce qui seroit gaigné en cette guerre seroit partagé moitié aux François & moitié à Dian Manhelle, & a ses Negres, Estans arriuez aux Mahafalles, ils s'assemblerent au nombre de deux mille Negres, & apres auoir marché douze iours, ils entrerent dans le païs ennemy, ou ils gaignerent dix mille bœufs, sans les moutons & cabrits, & plus de cinq cens esclaues qu'ils emmenerent auec eux : mais comme le sieur le Roy n'auoit pas assez de Negres pour chasser le bestial, il en demanda à Dian Manhelle, & a ses parens qui se mocquerent de luy si bien qu'il ne ramena que six cens bœufs, & en chemin il fut attaqué par ceux des Ampatres, d'où il m'escriuit de luy enuoyer des François de renfort, ie luy enuoyé la Roche, Sergent, auec dix-huict soldats, qui en chemin enterrerent le corps du nommé sainct Martin qui fut tué en trahison par vn nommé Ramanghellats en venant m'apporter des lettres. La Roche se ioignit auec le sieur le Roy, ramenerent le bestial, & en chemin les Ampatois disoient que c'estoient les Roandrian d'Anossi qui leurs faisoient faire ses hostillitez, ce qui nous fit connoistre dés lors le mauuais dessein des Grands du païs de Carcanossi.

Le sieur le Roy estant arriué à Montefenou, grand village des Ampatres, chez Dian Misifariue, fut tres-bien receu de luy, & aduerty de ne se fier point aux Negres, pas mesmes à ses enfans, qui estoient six ou sept hommes bien faits, & auoient chacun beaucoup de Negres soubs eux, il depescha le nommé sainct Martin, soldat, auec quatre Negres, pour m'apporter des lettres, & me demander secours. Il rencontra proche la riuiere de Mandrerei ce Ramanghelats, lequel sçachant que sainct Martin aimoit la chasse, luy dit; i'entends des pintades, viens tirer Sainct Martin, Sainct Martin luy dit qu'il n'estoit pas d'humeur à chasser, Manghelats luy dit qu'il fist vn peu de feu auec son fusil pour prendre du tabac. Ce que voulut faire sainct Martin, & comme il bouschoit la lumiere de son fusil, Ramanghelats lui donna vn coup de Sagaïe dans le costé, & le tua. Les Negres qui estoient auec Sainct Martin prirent la fuitte, & s'en retournerent porter cette nouuelle au sieur le Roy, qui depescha viste ces Negres qui m'en apporterent les nouuelles. I'enuoyay dix-huict François conduits par la Roche, Caporal, qui arriuerent à Montefenou six iours apres, d'où ils partirent & arriuerent au Fort auec six cens bœufs & vaches, & plusieurs pagnes que le sieur le Roy traitta dans les Ampatres: Or toutes ces menées-cy estoient fait faire par Dian Ramach, Dian Theron, & Dian Machicore, lequel Dian Machicore auoit mesme enuoyé Dian Mahauaue son frere, auec trois cens hommes au deuant du sieur le Roy, mais ils n'oferent l'attaquer Les Ampatois mesme crierent que ce n'estoit de leur chef ce qu'ils en faisoient. Mais que s'estoient les Grands d'Anossi leurs Maistre, qui leur auoient commandé de ce ce faire.

Peu de temps apres le depart du sieur le Roy, il y eut vn François nommé Ranicaze qui me proposa de faire faire vn voiage en la Prouince d'Iuonrhon, où il disoit qu'il y auoit bien du bestial à traicter, & qu'il n'y auoit pas moins de deux mille bœufs & vaches à acheter. Ie me fiay à ses paroles, & luy donnay huict François pour aller auec luy. Mais estant là il n'y eut aucune chose à faire, il fit tant qu'il me laissa couler quatre ou cinq mois sans rien faire, & me fit perdre l'occasion de faire vn bon voiage dés ce temps-la, il commençoit à machiner la trahison qu'il a brassée depuis à son deshonneur, & à la perte de vingt-six François, ainsi que ie diray cy-apres.

Chapitre XXVII.

Sibran Hollandois, se veut desbaucher pour s'en aller demeurer dans les terres.

LE neufiesme d'Aoust mil six cens quarante-neuf, le nommé Sibran Hollandois, me vint demander congé d'aller à Manamboulle demeurer auec trois François que l'on auoit laissé auec Dian Panolahé où estoit Georges Pitre aussi Hollandois : mais d'autant qu'il auoit mauuais vin, & querelleur; outre que ie soupçonnois qu'il auoit esté laissé au Fort comme vn espion par le Commandeur de l'Isle Maurice, ie ne luy voulus pas permettre d'y aller. Le lendemain l'on me vint auertir qu'il estoit parti la nuict, qu'il auoit tout emporté ses hardes, & qu'il auoit dessein de s'en aller à la Baye d'Antongil par terre, qu'il auoit voulu desbaucher Raphaël Bordeman, Anglois, qui refusa de s'en aller. Ce Sibran entendoit & parloit fort bien la langue de cette Isle, & auoit desia demeuré trois ou quatre ans à la Baye d'Antongil. La crainte que i'eus que cet homme estant arriué à Manamboule, ne surprit les deux François qui y eſtoient, ne leurs oſtaſt leurs armes & munition, & n'emmenaſt Georges Pitre auec luy, me fit reſoudre à enuoyer les ſieurs Angeleaume des Cots & Boiuin Sergent apres luy, auec ordre de l'arreſter vif ou mort, & de le ſuiure meſmes iuſques à Manamboule. Le ſieur Angeleaume party, i'appris que Sibran eſtoit allé en pluſieurs endroits d'Anoſſi chercher chez les Grands de la poudre à acheter d'autant qu'ils en auoient encore de celle des Nauires de Goubert & de Cocquet. C'eſt pourquoy i'enuoyay vn Negre apres le ſieur Angeleaume qui auoit deſia paſſé la Montagne d'Hiella pour le faire retourner. Sibran ſçachant que i'auois enuoyé pour le prendre où on le trouueroit, s'en vint à Fanſhere, & changea de deſſein, Dian Ramach luy dit qu'on le pourſuiuoit, & que ſi il vouloit, il enuoyeroit de ſa part me prier de luy pardonner. Il aima mieux s'en venir luy-meſme me demander pardon, nonobſtant cette ſoubſmiſſion, ie l'enuoyay dans le nauire, où on luy miſt les fers aux pieds. Le vingt-neufieſme Sibran a fait abiuration de l'hereſie, & a fait profeſſion publique de la Religion Catholique Apoſtolique & Romaine, inſtruict il y auoit deſia long-temps par le ſieur Naquart; puis ie l'ay renuoié dans le Nauire, à deſſein qu'il repaſſe en France. Il auoit demeuré à Batauia en l'Iſle Iaua Maior huict ans, depuis à l'Iſle Maurice, & à la Baïe d'Antongil : c'eſtoit vn homme vigoureux & hardi : toutesfois ie ne me fiois point en lui ſur l'opinion que i'auois qu'il eſtoit eſpion. Le ſieur Angeleaume eſtant arriué à Manamboule, où n'ayant eu nouuelle de Sibran, s'en alla ioindre Ranicaze qui eſtoit allé à Iuonrhon, d'où il retourna au Fort Dauphin vn mois apres, mal ſatisfait de Ranicaze, qui ne fit pas dans ce voïage ce qu'il m'auoit promis, & au lieu de s'en venir au Fort, il demeura expres à Icondre auec Dian Mitouue, contrefaiſant le malade, où il demeura iuſques à la fin de Febvrier de l'an mil ſix cens cinquante, & ne reuint point au Fort qu'il ne ſçeuſt que le S. Laurens fuſt parti pour s'en retourner en France, d'autant qu'il apprehendoit que ie le renuoïaſſe dans le Nauire. C'eſt chez ce Dian Mitouue:

où

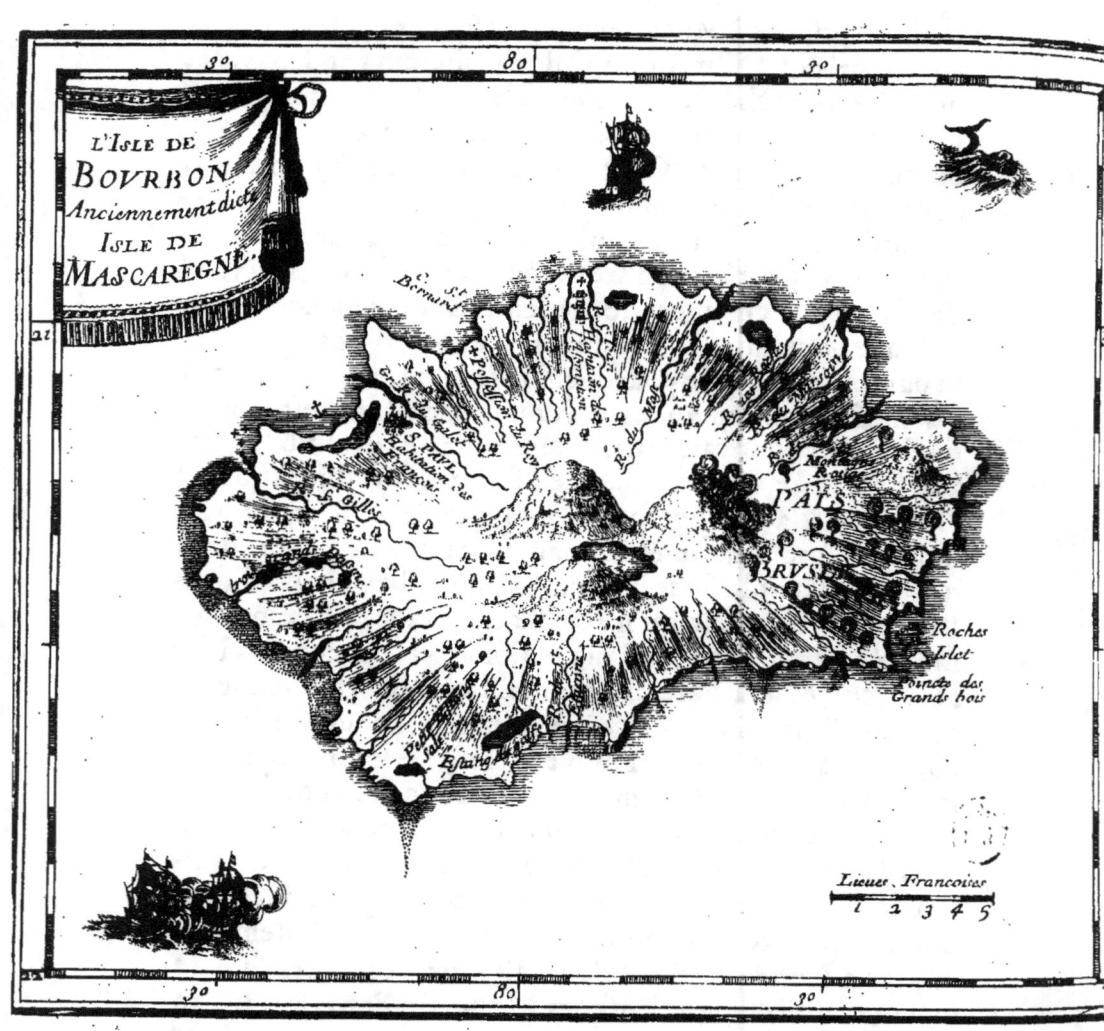

DE L'ISLE MADAGASCAR.

où il a commencé à machiner ses trahisons, d'autant que Dian Mitouue a esté celuy qui a trahy le sieur le Roy, ainsi qu'il se verra cy-apres, gaigné par les persuasions de Ranicaze.

Chapitre XXVIII.

Retour du Sainct Laurens, & description de l'Isle Mascareigne, autrement de Bourbon.

LE cinquiesme Septembre arriua au Fort Dauphin le Nauire Sainct Laurens de l'Isle saincte Marie, qui apporta deux cens quatre-vingts poinçons de Ris blanc, & deux iours apres la Barque arriua, qui amena douze François qu'elle auoit trouué à Mascareigne bien sains & gaillards. Là au lieu d'y auoir eu disette, ils n'auoient pas eu le moindre accez de fiévre, & m'ont tous asseuré que c'est l'Isle la plus saine qui soit au monde, où les viures y sont à foison, le cochon tres-sauoureux, la tortuë de terre, tortuë de mer, toutes sortes d'oyseaux en si grand abondance, qu'il ne faut qu'vne houssine à la main, pour trouuer en quelque lieu que ce soit dequoy disner, & auoir vn fossaire que l'on nomme fuzil à allumer du feu. Vn mois apres i'ay renuoyé le Nauire à saincte Marie, & l'ay obligé de passer à Mascareigne pour en prendre possession au nom de sa Majesté tres-Chrestienne, & luy ay imposé le nom de l'Isle de Bourbon, ne pouuant trouuer de nom qui peust mieux quadrer à sa bonté & fertilité, & qui luy appartint mieux que celuy-là. De là le Nauire est venu aux Antauares moüiller l'anchre à la rade, & a enuoyé douze François à terre pour apprendre des nouuelles de nostre bois d'hebeine, où ils apprirent que les Negres l'auoient bruslé, ou ietté dans la riuiere. Si bien que de cent soixante tonneaux de bois d'hebeine, il ne s'en trouua que cinq ou six pieces qui estoient enterrées dans le sable proche où estoit autresfois l'habitation des François; le feu sieur Bouguier natif d'Orleans, auoit fait cet amas d'hebeine, & peu de temps apres il fut massacré, & quatre François auec luy au village d'vn nommé Rabéuatte des Ambohitsmenes.

Description de Mascareigne.

L'Isle Mascareigne, autrement de Bourbon, est longue de vingt-cinq lieües, & en a quatorze de large, elle est à vingt-vn degré & demy de latitude Sud de la ligne equinoctialle, & par quatre-vingt deux degrez de longitude du Meridien de l'Isle Sainct Michel des Assores, & de variation, dix-neuf degrez Noroüest. Elle n'a aucun port asseuré : mais des raddes. Il y a la meilleure qui est dans vne Ance située à l'Oüest Noroüest, qui est bonne, bon anchrage & fond de sable, & bon abord pour les batteaux, c'est où est le grand estang. L'autre radde est au Sud de l'Isle, & l'autre au Nord. L'on m'a dit qu'au Sud il y a vne Baye qui est toute close de roches, & où il y a passage pour vn Nauire : c'est là où est le païs bruslé, & sur la montagne il y a toûjours du feu; ainsi qu'en l'Isle Fuogo du Cap de Vert. Le reste de l'Isle est le meilleur païs du monde, arrousé de riuieres & de fontaines de tous costez, remply de beau bois de toutes sortes, comme de lataigner, palmites, & autres, fourmillant de cochons, de tortuës de mer, & de terre extremement grosses, plein de ramiers de tourterelles, de peroquets les plus beaux du monde, & d'autres oyseaux de diuerses façons. Les costaux sont couuerts de beaux cabrits, desquels la viande est tres-sauoureuse : mais celle du cochon surpasse toute sorte de nourriture en delicatesse & bonté. Ce qui la rend si bonne, est qu'il ne se repaist pour la plus part que de celle des grandes tortuës, ainsi que les douze François qui y ont esté releguez trois ans, m'ont rapporté, lesquels n'y ont vescu que de chair de porc ou cochon, sans pains bisquit ny ris; Et quoy que le gibier ne leur manquast point, toutesfois ils ont tousiours

DE L'ISLE MADAGASCAR.

preferé la viande de porc comme la meilleure & la plus saine. Pendant ces trois années, ils n'ont pas eu le moindre accez de fievre, douleurs de dents, ni de teste, quoi qu'ils fussent nuds, sans chemises, habits, chapeaux, ne souilliers, y aians esté portez, & laissez auec seulement chascun vn meschant caneçon, vn bonnet, & vne chemise de grosse toille: & comme ils croioient y rester toute leur vie, ils se resolurent d'aller ainsi nuds, afin d'espargner chacun ce caneçon & cette chemise pour s'en seruir, estans ou malades ou blessez. Quelques-vns d'entre eux y allerent malades, qui incontinent apres recouurerent leur santé.

Les estangs & riuieres y fourmillent de poissons, il n'i a ni crocodilles dans icelles, ni serpens nuisibles à l'homme, ni insectes facheuses, ainsi que dans les autres Isles, ni pulces, ni mouches, ni mousquites picquantes, ni fourmis, ni rats, ni souris.

La terre y est tres-fertille & grasse, le tabacq y vient le meilleur qui soit au monde, les melons y sont tres sauoureux dont la graine y a esté portée par ces miserables exilez. Ce qui fait iuger que toutes sortes de legumes & fruicts y viendront à merueilles.

L'air y est tres-sain, & quoi qu'il y doiue estre tres-chaud, il y est temperé par des vents frais qui viennent le iour de la mer, & la nuict de la montagne. Ce seroit auec iuste raison que l'on pourroit appeller cette Isle vn *Paradis terrestre*.

Les eaux y sont pures & tres-excellentes, lesquelles il fait beau voir tomber le long des rauines des môtagnes de bassin en bassin, en forme de cascades, qui sont admirables à voir, qu'il semble que la nature les a ainsi faites, afin d'allecher les hommes qui les voient à y demeurer.

Les bois y sont tres-beaux, dans lesquels il y a lieu de s'y promener, n'estans point embarassez d'espines, de buissons, & de rampes. Il y a du poiure blanc en quantité, & du poiure à queuë que les Medecins nomment *Cubebe*, il y a de l'hebene & de beaucoup d'autres bois de diuerses couleurs, dont les vns sont propres à bastir maisons & Na-

Mm ij

uires, les autres portent des gommes odoriferantes, ainsi que le benjoin qui s'y trouue en quantité.

En cette année mil six cens quarante-neuf, i'y ay fait passer quatre genisses & vn toreau, afin d'y multiplier. Et en l'année mil six cens cinquante quatre, i'y en ay enuoyé autant, lesquelles on trouua qu'elles estoient multipliées iusques à plus de trente.

I'ordonnay au Capitaine Roger le Bourg, d'enprendre vne seconde possession de ma part au nom de sa Majesté, y poser les armes du Roy, & la nommer Isle de Bourbon; ce qu'il a fait & attaché la prise de possession à vn arbre dessous des armes du Roy.

CHAPITRE XXIX.

Dian Ramach menasse de faire tuer le sieur de Flacourt. Le sieur Pronis prisonnier. Retour du S. Laurens de Mascareigne, Manghabé, & des Antauares.

LE sieur le Roy arriué des Mahafales, ie fis partir pour la seconde fois le Nauire Sainct Laurens pour aller à Saincte Marie, & à Mascareigne pour en prendre vne seconde possession, ainsi que i'ay dit cy-dessus, le Nauire estant party, il y eut vn François qui m'auertist que Dian Ramach menaçoit de me faire tuer pour vn mousquet que i'auois fait accommoder par vn de nos armuriers pour Dian Tsissei qui m'en auoit importuné. Comme son Esclaue vint pour le querir, il dit à l'armurier que c'estoit pour vendre à Dian Mananghe, Grand des Machicores nostre ennemy, pour auoir permis en son village de massacrer vn François, ie commanday à l'armurier de faire vn trou soubs la culasse du Canon, & le boucher auec du plomb. Au retour du Nauire, ie declaray cela au sieur Pronis en secret, sans que personne en sceust rien que l'armurier & moy: Le sieur Pronis me demanda permission d'aller à Imanghal pour faire baptiser sa fille, qu'il fist nommer Anne par mon nepueu en mon absence, m'ayant prié d'en estre parrain ; & estant là, fit aduertir Dian Tsissei de prendre garde à ce mousquet. Si bien qu'vn soir le bruit vint au Fort que Dian Ramach me vouloit faire assassiner, soubs ce pretexte là. Ie iugeay aussi-tost d'où cela venoit, & que c'estoit le sieur Pronis qui auoit aduerty Dian Tsissei, n'ayant pas dessein de s'en retourner en France: mais de demeurer tousiours en ce païs auec Dian Rauel, sa pretenduë femme, belle sœur de Dian Tsissei. C'est pourquoy ie m'asseuray de sa personne, & luy fis mettre les fers aux pieds, n'ayant point de prison assez asseurée pour garder vn homme, où il fut huict iours seulement dans vne caze ; Et apres qu'il m'eust fait beaucoup de protestations qu'il n'auoit eu aucun mauuais dessein, ie l'en fis retirer, & vint auec moy boire & manger comme auparauant.

Le Nauire estant de retour, m'apporta toutes les nouuelles des Antauares, comme les hebenes qu'auoit amassé Bourguier, il y auoit trois ans, auoient esté bruslées auec le Fort. Et comme il luy estoit bien mort du monde, & principalement des Matelots ; si bien que son Nauire estoit bien affoibli d'equipage. Et icy au Fort depuis mon arriuée, il m'estoit bien mort vingt six hommes, de ceux que i'auois amené en ce païs. C'est pourquoy ie me resolus d'enuoyer en France, de ceux qui auoient fait leur temps, iusques à quarante-huict hommes, afin de fortifier le Nauire de soldats: ainsi il me restoit encores cent hommes au Fort Dauphin, & douze à Saincte Marie. I'auois fait coupper d'vn bois odorant, qui ressemble au santal citrin, & en tient de l'odeur, il est tres-dur, & prend beau poliment, i'en auois bien cent tonneaux de prest, mais comme les Negres auoient peur qu'on les enleuast pour les porter vendre quelque part, ainsi qu'au premier voyage du Capitaine le Bourg, le sieur Pronis auoit fait : dont il vendit soixante Negres à vn Capitaine Hollandois ; les Negres prirent tous la fuite, & ainsi mon bois ne pût estre apporté auant l'arriuée du Nauire, si bien qu'il ne s'en-embarqua qu'enuiron dix-huict tonneaux.

CHAPITRE. XXX.

Depart du Sainct Laurens pour France.

LE Nauire partit le dix-neufiiefme Feburier 1650. pour s'en retourner en France, il fut contrainct d'emporter auec luy du Laifte, d'autant que ie ne peus auoir de Negres pour apporter ce bois de fantal citrin, & que le Capitaine le Boug auoit perdu huict mois de temps à l'Ifle Saincte Marie, fans vouloir aller aux Antauares traitter de l'hebeine. La hors faifon, nous preffoit en forte qu'il y auoit danger que le Nauire ne perift à la cofte; c'eft pourquoy ie ne voulus pas le retarder dauantage : de plus ie ne fçauois pas encore la maladie du Nauire qui eftoit à ce que i'ay appris, depuis par nos charpentiers, tout pourri dans le fond, & que mefme à cette confideration pour la feureté de leurs vies, ils s'eftoient icy engagez auec moi, que fi i'euffe fceu cela, ie ne l'euffe point chargé, mais ie l'euffe fait demolir, & en euffe tres-bien fait baftir vn autre; ce qui n'euft pas efté bien difficile à faire, aiant icy affez de bois propre, & dans le Nauire des gens affez capables pour cela; l'année fuiuante ie l'aurois fait partir bien chargé. Ie fis charger dans le Nauire trois mille trois cens cuirs, & cinquante-deux milliers de bois d'aloés le plus excellent qui foit au monde, nommé par les Portugais, *Par d'aquilla*, & par les Medecins, *Agallochum*, outre la cire, l'exquine, la gomme de tacamaca & autres chofes que i'ai enuoiées. Ie fus côtrainct de r'enuoyer en France ces quarante-huict paffagers qui auoient fait leur temps, quoi qu'il y en euft beaucoup qui defiroient demeurer : mais comme c'eftoient des faineants & Ligueurs du temps paffé, ils m'euft efté plus nuifibles que profitables; & qu'en outre ils euffent efté à trop grande charge à la Compagnie, efperant que la mefme année il me viendroit vn autre Nauire.

Le trente-vniesme Mars mil six cents cinquante, i'ay fait monter en Turbois vne Barque que i'ay commencé à faire bastir, en attendant vn Nauire la mesme année.

Chapitre XXXI.

Voyage du sieur le Roy à Manamboule pour Onghelahé. Ranicaze conuaincu de larrecin, trame sa trahison. Mort de Monsieur Nacquard Prestre de la Mission.

L'Onziesme d'Avril mil six cens cinquante, afin de descouurir le païs de Madagascar, & chercher ce qui y est de bon pour porter en France, ie commanday trente François sous la conduite du sieur le Roy, pour faire vn voyage en vn païs esloigné qui est sur la riuiere dite Ranoumainti, afin d'aller achepter du bestial, & toutesfois comme le bruit couroit à Carcanossi que les Grands nous vouloient faire la guerre & surprendre en trahison, ie lui donnai charge de tenter Dian Panolahé des Manamboulles pour l'obliger à luy donner mille Negres pour venir faire la guerre auec les François à ceux des Ampatres qui auoient tué du consentement de tout le païs deux François.

Le vingt-troisiesme Avril arriua vn Grand des Machicores nommé Dian Raval, accompagné de cinquante hommes qui m'est venu demander des François pour faire la guerre à d'autres Grands qui ont esté sujets de son pere, lesquels l'ayans veu mort, & son fils affligé de guerres, luy auoient enleué mille bestes, il m'a promis de donner sept cens bœufs aux François, pour payement, & la moitié de ce qui seroit pris en guerre; c'est pourquoy ie l'ay r'enuoyé à Manamboulle au sieur le Roy, afin de l'obliger d'aller auec ses gens contre les Ampatres, ce qu'il fit, & se ioignit auec les François & Manamboullois iusques aux Ampatres, qui ayans esté aduertis se tindrent sur leurs gardes, ainsi le coup fut failli. Deplus le sieur le Roy m'aiant escrit que le 14. Iuin i'enuoiasse des François iusques à la riuiere de Mandrerei, où il en enuoyeroit aussi pour receuoir mes ordres; ce qu'il manqua : car i'enuoiay 12. François dans ce temps-là, qui n'en eurent aucune nouuelle. Ce François, dont i'ay parlé cy-dessus, nommé Rauicaze ayant esté enuoyé par moy en vne traitte du costé d'Iuonrhon deuers le Nord de ce païs, m'auoit soustrait & destourné six vingts bœufs & vaches, & en chemin auoit fait le malade, en attendant que le Nauire fust parti pour aller en France, il arriua au Fort le vingt-huictiesme d'Auril, ie lui fis voir la faute qu'il auoit faite, & le deffaut du bestial par son compte mesme : comme il se veid conuaincu, il me dit qu'il me les payeroit, & que ie ne le fisse point mettre aux fers, ce que ie lui promis à la priere du sieur Nacquard Prestre de la Mission. C'estoit vn homme qui sçauoit tresbien la langue de ce païs, & qui s'estoit tout transformé és mœurs & superstitions des habitans qui s'estoit desia soubsmis sous Dian Tserongh, & qui a tramé tout ce qui se verra cy apres qui n'ayant point dessein d'auoir d'autre patrie que celle de Madagascar, auoit dessein de nous faire tous massacrer, & moy le premier : ainsi que la suite de ce discours fera reconnoistre.

Le quinziesme May, i'eus aduis que huict Negres, qu'auoit mené auec lui François Guitault à quatre-vingts lieües du Fort, pour traitter du bestail, l'auoient tous quitté auec son bestail, & estoit demeuré seul au païs des Anachimoussi, i'en fis prendre deux qui estoient ses Esclaues, & les fis mettre aux fers iusques à ce que i'eusse eu nouuelles de Guitault, craignant que ces Negres ne l'eussent assassiné. Guitault contre mes deffences auoit esté ainsi au loin tout seul faire sa traicte, l'auarice lui ayant causé la perte de la vie, ainsi qu'il arriua par apres.

Le vingt-neufiesme May, le sieur Nacquart Prestre de la Mission, estant tombé malade d'vne fievre continuë depuis six iours, est mort; & ainsi nous sommes demeurez sans pasteur. C'estoit vn homme de bon esprit, zelé pour la Religion, & qui viuoit exemplairement bien, qui auoit desia de la connoissance de la langue à suffisance pour instruire les habitans du païs, à quoy il prenoit grande peine de s'employer continuellement, & a esté de nous tous fort regretté, d'autant qu'à son imitation beaucoup de François taschoient à bien viure, qui depuis faute d'instruction, se sont laissez aller au vice commun en ce païs, qui est celuy de la chair.

Chapitre XXXII.

Esmotion des Negres à Fanshere contre neuf François.

CEpendant que le sieur le Roy estoit aux Ampatres auec l'armée de Manamboulle, l'onziesme Iuin i'enuoiay le sieur Angeleaume auec huict François pour voir la ceremonie de la Circoncision à Fanshere, & visiter Dian Ramach de ma part, qui estans arriuez, saluerēt Dian Ramach, en tirant leurs pistolets, dont la bourre d'vn s'en alla sur vne caze couuerte de fueilles qui y mist aussi tost le feu: Chacun des Negres se prist à crier, tuë, tuë, en disant qu'on tuast ce feu, vne partie des Negres ne sçachant pas que l'on voulust dire tuë le feu, mais que l'on commandast de tuer tous les François, se voulut ietter sur le sieur Angeleaume & ses compagnons, & comme ils estoiēt plus de quatre mille, ils les eussent infailliblement massacrez, n'eust esté Dian Ramach qui les appaisa d'autant qu'ils virent que ie n'y estois pas en personne: Car il y en eut qui dirent tout haut nostre viande n'est pas icy, ce n'est pas la peine pour si peu, il faut auoir tout ensemble: C'est par là que l'on commença à connoistre la mauuaise intention de ces gens cy. Pendant ce temps-là i'estois allé voir la Circoncision à deux lieuës du Fort, où estant le soir bien tard, ie fus tenté de m'arrester la nuict, n'ayant auec moy de François que deux ou

Nn

trois petits garçous, & plusieurs Negres. Mais comme il faisoit clair de Lune, & que i'eus soupçon de quelque trahison, ie m'en vins toute la nuict, & effectiuement i'ay appris depuis que cette nuict là, il y auoit des hommes en campagne pour m'y venir assassiner. I'enuoyay querir le sieur Angeleaume auec huict François qui estoient auec luy à Fanshere & luy manday qu'il fist à croire à Dian Ramach que l'on auoit veu passer vn Nauire qui s'en alloit vers la coste des Ampatres, & que ie voulois enuoyer le long de la coste de la mer pour luy faire quelque signal, il s'en vint toute la nuict, & le lendemain ie le despechay vers les Ampatres pour y aller ioindre le sieur le Roy qui s'y deuoit trouuer le quatorziéme de Iuin auec l'armée de Manāboule, auquel i'escriuois de l'amener à Anossi.

Angeleaume estant arriué sur le bord de la riuiere de Mandrerei. Le troisiesme de Iuin, y attendit suiuant mes ordres huict iours des nouuelles du sieur le Roy ; & comme il n'en peût rien apprendre, n'ayant ordre de passer outre, il s'en retourna au Fort Dauphin.

CHAPITRE XXXIII.

Ruse de Dian Ramach, & des Rohandrian, pour commencer la guerre.

PEndant l'absence du sieur Angeleaume, i'ay eu aduis dés le vingtiesme de Iuin, que les Rohandrian s'assembloient à Fanshere, qu'ils faisoient des coniurations, & Auli pour faire venir la pluye, le tōnerre, & foudre, afin d'empescher les armes des François de prendre feu : j'ay enuoyé querir Rassambe Manghaue Lohauohits, demeurant à deux lieuës du Fort Dauphin, qui m'a esté fort affectionné, pour sçauoir ce que c'estoit. Il m'a dit que les Grands s'asséblioient pour accorder Dian Tsislei beaufrere, & Dian Bel frere de Dian Rauel. Que le suiet de leur querelle estoit, que le pere de Dian Tsislei nommé Dian Manghale estoit frere aisné

DE L'ISLE MADAGASCAR.

de Dian Marval, pere de Dian Bel. Que Dian Manghale estant mort, Dian Marval s'estoit emparé du bien de son aisné qui consistoit en or, argent, meuble, & marchandises, bœufs, esclaues, terres à semer ris, & autres terres, & tenanciers, sous pretexte de le conseruer à son fils qui estoit Dian Tsissei, lequel estant deuenu en âge de posseder son bien, & en joüir, Dian Marual luy auoit refusé de son viuant. Apres sa mort, Dian Tsissei auoit fait grande instance aupres de Dian Rahech, femme de Marual, & sa belle mere, pour r'entrer en son bien : mais que Dian Machicore aussi gendre de la maison, auoit tousiours empesché que l'on luy rendist, & que depuis que le sieur Pronis auoit aussi espousé vne des filles de la maison ; il s'estoit desisté de sa demande, de crainte qu'il ne se joignist auec Dian Machicore pour le ruiner & perdre. Que lors Tsissei voiant Pronis retourné en France, il demandoit son bien à Dian Rahech-Dian Ramach, & Dian Tseronh gendre de la maison, & amis des vns & des autres, apprehendans mauuais succez de cette querelle, auoient ordonné que l'or, l'argent, & les meubles, demeureroient à Dian Bel, & qu'il viendroit demeurer à Fans-here auec Dian Ramach son beau-pere, & que Dian Tsissei auroit les terres Horach, plantages, les esclaues, & tenanciers.

Depuis i'ay appris que cette querelle estoit veritable, & qu'elle leur auoit serui de pretexte pour s'assembler & s'en venir contre nous directement.

Le vingt-quatriesme, vn François me vint aduertir que l'on auoit desrobé deux bœufs dans nos prairies, & le vingt-sixiesme l'on m'auertist encor que la nuict l'on auoit desrobé quatre bœufs. Que l'Anacandrie qui demeuroit à l'islet de Tangueuate, auoit suiuy les pas du bestial deux lieuës, & qu'il en estoit allé aduertir Dian Ramach, i'enuiay querir Rassambe Manghaue, & luy commanday d'aller trouuer Dian Ramach, & Dian Tseronh, pour leur dire qu'ils me le fissent rendre, auec les volleurs qui les auoient prises, il m'enuoya dire qu'il les feroit chercher, & que ie ne m'en misse pas en peine.

Le vingt-septiesme, deux Negres sont venus me dire de la part de Dian Ramach que i'enuoyasse douze François auec eux pour suiure les volleurs, ie leurs fis responce que ie ne voulois point enuoyer de François pour cela, & que si Dian Ramach ne me les faisoit rendre, ie sçaurois bien où i'en reprendrois d'autres. I'appris depuis que la querelle de Dian Tsissei & Dian Machicore n'estoit qu'vne feinte pour nous attrapper, que les bœufs auoient esté pris à dessein de nous tendre quelque piege, & que les Grands cherchoient l'occasion de me surprendre, & m'assassiner, en me mandant à Imours pour visiter Dian Tseronh & Dian Machicore, d'où ils deuoient enuoyer Dian Radam Ombiasse, pour me prier de la part de Dian Ramach d'y venir auec tant de François que ie voudrois amener, que là il vouloit renouueller alliance & amitié auec moy, & iurer à la mode du païs.

Le premier iour de Iuillet i'enuoiay Rassambe Manghaue vers Dian Tseronh à Imours pour l'asseurer de mon amitié, lequel reuint le mesme iour, il me confirma que Dian Ramach, Dian Tseronh, & Dian Machicore auoient enuie de me faire tuer en disnant auec eux, & que les François que i'amenerois, il les feroit assassiner en trahison lors qu'ils s'en iroiét auec des Negres à la poursuite des volleurs de bestail, & qu'aussi-tost ils viendroient au Fort le surprendre, qu'ainsi faisant ils nous extermineroient tous. Que si ie n'allois pas à Imours, Dian Tseronh m'enuoyeroit du vin de miel empoisonné, & Dian Ramah vn bœuf gras ensorcellé afin que ie me sentisse de son Missauats. Que ie n'allasse point à Imours, que ie ne beusse point de ce vin, & ne me fiasse point à tous leurs discours, Qu'il m'aduertiroit de tout ce que l'on voudroit entreprendre contre moy. Il adiousta encores que si ieusse esté à Fanshere à la ceremonie de la Circoncision, i'eusse esté assassiné auec ceux qui eussent esté auec moy, & qu'ils n'auoient point voulu commencer par le sieur Angeleaume, d'autant qu'il me falloit auoir le premier, qu'estant mort il ne viendroit plus de François à Madecasse.

DE L'ISLE MADAGASCAR.

Le troisiesme Iuillet, ie commanday à la Roche de s'en aller auec douze François aux Ampatres apprendre des nouuelles du sieur le Roy, & luy porter nouueaux ordres, où estant arriué, & n'ayant apris aucunes nouuelles, ny veu personne pour en apprendre, qu'vne trouppe de Negres armez, qui leurs chantoient iniures de loing; ce qui l'obligea de faire tirer sur eux quelques coups de fuzils, & entra de force dans le village de Manhellats, qui auoit tué sainct Martin, qui fut pillé, bruslé, & sa femme & ses enfans tuez, se mist en chemin pour retourner au Fort, n'ayant point point ordre de passer plus outre.

Le quatriesme, Imbert Garnier m'escriuit d'Inate, que les Rohandrian auoient resolu de nous massacrer tous, d'attaquer le sieur le Roy à son retour, enleuer tout son bestial, & tuer tous les François.

Le cinquiesme, i'enuoiay deux Negres pour contremander la Roche, lesquels furent retenus par les chemins, qui estoient gardez aux enuirons à vne lieuë du Fort.

Le sixiesme, ie fus auerty que Dian Ramach auoit enuoyé commāder à tous les Rohandrian, Anacandrian, Voadziri, & Lohauohits d'Anossi, de se tenir prests pour marcher au premier commandement droict au Fort d'Auphin, qu'ils se pouuoient asseurer que nos Canons, fusils, mousquets, ny pistolets, ne pourroient prendre feu, qu'il feroit venir vne grande pluye, & qu'il nous feroit charmer en sorte que nous demeurerions immobiles, sans nous pouuoir defendre. Ce mesme iour arriua Dian Radam Ombiasse auec le bœuf gras ensorcelé, que ie fis tuer aussi-tost, me mocquant de leurs charmes & sortileges, ie n'ay point mangé d'vn meilleur bœuf.

Cet Ombiasse me dist, que Dian Ramach enuoyoit ce bœuf de present pour iurer auec luy & renouueller l'amitié, que ie mangeasse vn morceau du foye, & que ie luy en enuoyasse pour en manger & iurer de son costé. Ie fis response à Dian Radam que ie n'auois encor rien eu à desmesler auec luy, que ie sçauois la coustume qu'ils pratiquoient entr'eux, qui estoit que lors qu'ils vouloient faire quelque trahison, ils commencoient par tels iuremens, que comme le Roy de cette Prouince, si il sçauoit que quelques choses se machinassent contre nous auttes François, il deuoit se seruir de son authorité pour y mettre empeschement, que i'estois aduerty qu'il nous vouloit faire la guerre sans luy en auoir donné suiet, qu'il pensast bien à ce qu'il alloit faire, que possible s'en repentiroit-il le premier. Ie chargeay encor Dian Radam de luy dire qu'il me fist rendre les bœufs que l'on auoit enleué dans les prairies, & que son fils rendist vn fusil que le sieur Pronis luy auoit presté.

Le sixiesme, est venu vn Lohauohits des plaines de delà Fanshere, qui m'est venu offrir son seruice, & porter parolle de la pluspart des Voadziri, & Lohauohits du païs, disant qu'ils ne vouloient plus seruir les Grands, & que si ils nous faisoient la guerre, ils se mettroient de nostre costé, auquel i'ay fait quelque petit present, le remerciant de l'offre qu'il me faisoit, quoy que ie sceusse bien que ce n'estoit que feinte, d'autant que d'heure en heure i'estois aduerty de prendre garde à moy, en ne me fiant à personne, iusques-là qu'vn soir il courut vn bruit que l'on m'assassinoit dans le village des Negres où i'estois auec Ranicaze, qui me seruoit lors d'interprete, où plusieurs François vindrent à dessein de tuer Dian Radam, si ils l'eussent rencontré hors de la caze ou il estoit couché, ●● auoit lors beaucoup de Neg●●● de dehors qui estoient dans le village, venus à dessein de me tuer, lesquels Ranicaze auoit fait venir.

Le septiesme, Rassambe Mangaue m'est venu trouuer, qui m'a dit que Dian Tseronh luy auoit enuoyé vn bœuf pour me faire present, lequel i'ay accepté, & en ay fait present à Rassambe, auec quelques pieces de cinquante-huict sols, & & quelques escus d'or, afin de le recompenser des bons auertissemens qu'il me donnoit, & pour l'encourager à continuer.

Chapitre XXXIV.

Le Sieur de Flacourt est en peine de la Roche & ses Compagnons, attaqué à Domboulombe par l'armée de Dian Tseronh.

CE dixiesme de Iuillet i'ay enuoyé à Lypoumami pour faire amener au Fort le bestial de François Guitaut qui auoit aussi esté tué proche Fanshere. L'on me rapporta qu'il auoit esté pillé par les Negres des enuirons comme a esté celuy de la Vigne auec leurs coffres & hardes. Ie me trouuay lors en grande perplexité de ce qui arriueroit de nos deux François d'Icrabe, de la Roche & de ses compagnons, comme aussi de deux ou trois autres François escartez. car l'on me dist aussi que Dian Tseronh, Dian Machicore, & tous les grands auoient assemblé plus de dix mille hommes, dont vne partie commandée par Dian Machicore estoit allé au deuant de la Roche & l'autre partie conduite par Dian Tseronh deuoit nous venir attaquer au Fort. Ainsi nous les attendions de pied ferme. Le soir vne grande Chienne blanche, qui estoit allée ●ec la roche, me vint faire grande caresse, & il sembloit que cette beste me vouloit dire quelque chose; ie regarday si elle n'auoit point de lettre attachée au col, ie ne trouuay rien : Ce qui me fist soupconner que la Roche & ses Compagnons estoient morts, d'autant qu'elle ne les eust point quitté. Depuis ie sceus que ce iour là les François estans attaquez dans la plaine d'Iuoulle, cette Chienne se mist a abbayer & courir sur les Negres & que le bruict des cris de cette nation auec le bruict des fusils l'auoient espouuantée & fait fuir, & ainsi elle s'en estoit retournée au Fort-Dauphin. Ce mesme iour à dix heures du soir la Roche & ses Compagnons sont arriuez bien bien las & bien fatiguez. Il m'a rapporté que deçà la montagne de Domboulombe en vne campagne qui s'appelle Iuoule, Dian Tferouh, Dian Machicore & tous les blancs du Païs d'Anoſſi, auec enuiron ſix mille hōmes armez de dards & ſagayes les vindrent enuironer pour les maſſacrer, en leurs chantans milles iniures. La Roche & ſes Compagnons ſe mirent à genoux, chanterent tout haut l'Hymne, *Veni Creator Spiritus*. Dix ou douze Negres & vne Negreſſe qui eſtoient auec eux & au ſeruice du Fort Dauphin, ſe mirent auſſi à genoux en ſe recommandant à Dieu. L'Hymne acheué les François s'entredemanderent pardon les vns aux autres, s'entr'encouragerent, & ſe mirent en deffence en tirans quelques coups de fuſils pour eſcarter ceux qui s'auançoient trop. Ils abandonnerent leurs hardes que leurs Negres portoient, & auſſi ſix ou ſept Bœufs qui furent pillez par les Negres de l'Armée.

Pendant leurs prieres les ennemis les conſideroient, iettoient deuers eux des fali des baſtons blancs, des œufs couuez, & faiſoient milles coniurations & imprecations, ayans cette ſuperſtition de croire que par ce moyen le courage de ces François ſeroit diminué, & que meſme ils demeureroient immobiles & ſans deffence. Ce qui arriua autrement: car ils ſe battirent en retraitte depuis deux heures apres midy iuſques à ſept heures du ſoir & tuerent plus de cinquante Negres des plus hardis, qui s'aduançoient les premiers, ſans ceux qui furent bleſſez en grand nombre. Ils ſe ſeruirent ſi à propos de leurs armes qu'ils ne tiroient aucun coup de fuſil ſans effect, & quand trois ou quatre auoient tiré les autres tiroient cependant que ceux-cy chargeoient leurs armes. Leurs Negres iettoient hardiment des pierres, & relançoient les dards que l'on leur auoit ietté, & meſme la Negreſſe amaſſoit des pierres plein ſa pagne pour leur en fournir & en iettoit auſſi. La poudre commençoit à leur manquer, ils ſe ſaiſirent d'vne petite colline toute ronde ſur laquelle ils monterent enuiron ſur les ſept heures du ſoir bien las & recrus en reſolution de iouer de leur reſte, & y camperent tout le reſte de la nuict, & l'armée ſe tint aux enuirons, & vne partie monta ſur vn coſteau prochain hors la porteé du fuſil.

Pendant

DE L'ISLE MADAGASCAR. 283

Pendant ce combat il y eut vn François nommé Nicolas de Bonnes tué d'vn coup de fufil qu'il receut au trauers du corps par le Frere de Dian Rauel, femme du fieur Pronis, lequel fufil auoit efté donné par ledit fieur Pronis auec bien de la poudre, & du plomb auant que s'en retourner en France. Le corps dudit de Bonnes fut haché en pieces par les Negres. Il y eut aufsi vn autre François nommé Noiret orfeure qui receut vn coup de fufil dans le genou, qui fut guery quinze iours apres. Les Rohandrian auoient cinq mousquets qu'ils auoient eu du debris du Nauire de Cocquet & des Matelots de Coubert & quatre fufils auec la munition des François qu'ils auoient fait tuer à l'efcart en trahifon le iour d'auparauant.

Dian Tferonh ayant veu que par la force il ne pouuoit deftruire ces pauures onze François s'aduifa de leur enuoyer vn Anacandrian leur demander à parlementer, & affin de mieux reüfsir leur enuoya vne geniffe & leur fit porter vn plein baffin de Rifcuit, leur enuoyant dire qu'il auoit pitié d'eux d'auoir efté fi longtemps fans boire ny manger ; veu qu'ils eftoient laffez & fatiguez, & qu'il defiroit leur parler faire la paix & iurer amitié auec eux, en deteftant contre ceux qui luy auoient confeillé d'entreprendre cette guerre, qu'il les prioit de venir le lendemain matin le trouuer en affeurance fans rien craindre. Ils firent tuer cette befte & en mangerent en grillade, & carbonnade auec du Ris & mefme en enuoyérent aux Negres ennemis qui eftoiét fur la butte, apres que leurs Negres en eurent mangé à fuffifance, & fe tindrent fur leurs gardes le refte de la nuict. Le matin ils s'en allerent trouuer Dian Tferonh auec ce Anacandrie qui alloit deuant, & aduertiffoit les Negres de fe retirer loin d'eux, & eftans arriués en vn petit hameau où eftoit Dian Tferonh, le nommé François Grands-champs s'affit fur vne grande natte qui eftoit là preparée, ayant fon fufil & fon piftolet prefts à bien faire. Les dix autres François eftoient debout alentour de luy & tous les Negres efloignez de la portée du fuzil, horfmis vne vingtaine de Rohandrian qui eftoient auec Dian Tferonh dans vne petite cafe où

Oo

estoient aussi toutes les armes à feu susdites. Dian Tseronh fist dire aux François de s'asseoir sur les Nattes : mais vn de leurs Negres leur dit qu'ils n'en fissent rien, qui se tinssent bien sur leurs gardes : car s'ils s'asseoient estans fatiguez, infalliblement ils seroient attaquez encor vn coup, c'est pourquoy ils se tindrent debout & dirent à Dian Tseronh qu'ils estoient encor en resolution de se bien batre, & de luy vendre leurs vies bien cherement, & que pour cet effet ils desiroient se tenir prests en cas qu'il voulust encore commencer, sinon qu'il commandast aux Negres de se retirer, autrement ils estoient resolus de tuer ceux qui s'aduanceroient. Dian Tseronh enuoya derechef defendre aux Negres d'approcher, & fist congedier la plus grande partie de son armée qui se retira aussi-tost. François Grand-champs qui sçauoit le mieux la langue luy demanda le suiet pour lequel il auoit amassé tant de gens pour les massacrer, veu que les François ne luy auoient iamais rendu aucun desplaisir, ny à pas vn du païs d'Anossi ; au contraire, qu'ils auoient iusques alors vescu tousiours en bonne intelligence auec tous ceux du païs. Dian Tseronh luy respondit que les mauuaises langues auoient causé le desordre & que les Sorciers des Matatanes estoit venus dans leurs païs semer grande quantité de sorts & de charmes, qui les auoient tellement aueuglez que de les auoir incité à entreprendre vne guerre iniuste contre les Chrestiens, qu'il voyoit bien qu'ils auoient Dieu & la Iustice de leur costé qui les auoient protegez, & leur auoit augmenté le courage de se defendre hardiment contre vne si grande multitude de gens, qui leurs vouloient oster la vie. Qu'il s'estonnoit beaucoup comme ils auoient eu la hardiesse de resister, veu mesme qu'ils estoient tous ieunes gens & qu'à peine y en auoit-il vn ou deux qui eussent de la barbe : & adjousta en ces termes, Nous auons oüy parler des Portugais, nous auons cogneu les Hollandois & les Anglois, mais ce ne sont point des hommes comme vous autres : car vous ne vous souciez point de vostre vie, vous la mesprisez & en faites peu de cas, & quoy que vous voyez

DE L'ISLE MADAGASCAR.

la mort deuant vos yeux, vous ne vous espouuantez pas, vous estes autres que ces autres estrangers, & vous n'estes pas des hommes, mais des Lyons, & que quelque chose de plus que les autres. Ie suis fasché de cette malheureuse entreprise que nous auons faite, i'en ay desplaisir: Ie desire faire la paix, & iurer auec monsieur de Flacourt mon frere, lequel ie vous asseure estre plein de vie dans le Fort auec vos compagnons, & quoy que les Negres vous ayent dit tout haut que sa teste est à Fanshere, n'en croyez rien: car les Esclaues qui sont gens de peu d'esprit, ne sont que des menteurs & des brouillons: Allez-vous en, & ne vous fiez à personne en vostre chemin. Il fist vn grand serment qu'il n'entreprendroit plus rien, & donna sa main à toucher à François Grand-champs, lequel prist congé de luy auec ses compagnons, qui s'acheminerent vers l'Islet des Portugais, où ils pensoient trouuer vn François qui y demeuroit, & y passer la nuict pour s'y reposer. Ils y arriuerent à nuict close, & virent que la maison dudit Lanquais auoit esté pillée, ses coffres rompus & brisez en pieces, & les Negres de la riuiere, leurs chantoient iniures, en leur disans que Lanquais auoit esté tué, & qu'il falloit qu'ils en eussent autant. Ils furent en grande peine, car il n'y auoit point de Canot pour passer la riuiere qui estoit large; c'est pourquoy ils retournerent vne lieuë sur leurs pas, & s'apperceurent qu'il y auoit quatre cens Negres qui les auoient suiuis à dessein qu'estans assoupis, ils donneroient dans l'Islet, & qu'ainsi ils les tueroient. Ils passerent vn gué d'vne petite riuiere, & s'envindrent passer pres d'vn village nommé Ambouue, & apres trois grandes lieues de destour, ils arriuerent deuant la riuiere de *Raneuato*, deuant *l'affissignane*, où ils se trouuerent encor en plus grande perplexité croyans y trouuer vn grand Canot que i'y auois fait mener il y auoit vn mois. Vn Negre la trauersa à la nage pour chercher ce Canot ou quelque autre, & s'en reuint encor sans en auoir peu trouuer, & apres en auoir bien cherché, ils trouuerent ce grand Canot enfoncé dans la riuiere. Ils se mirent tous apres à le vuider auec leurs chappeaux, au lieu de paifles & de fceaux, & en defirent deux planches pour leur feruir d'auirons, & pafferent ainfi tous cette riuiere, qui eft plus large deux fois en cet endroit que n'eft la riuiere de Seine au droit du Louure, ils arriuerent à onze heures du foir au Fort Dauphin.

Chapitre XXXV.

Dian Tferonh voulant furprendre le Fort Dauphin fe retire. Fait tuer des François efcartés pour auoir leurs fufils & munition. Ranicafe veut intimider les François qui eftoient au Fort.

LE iour d'auparauant l'attaque d'Iuoule, qui fut le neufiefme iour de Iuillet mil fix cent cinquante. Dian Tferonh auoit enuoyé vingt Lohauohits me vifiter foubs feinte de fe vouloir ranger foubs moy, quitter le feruice des Grands, ils auoient fait couleur dans le bois iufques à quatre mil hommes proche le Fort Dauphin, afin que le lendemain qui eftoit vn Dimanche, ils peufent pendant les prieres fe rüer dans le Fort, & fans nous donner loifir de nous reconnoiftre, nous furprendre & nous affaffiner tous; croyans qu'ils n'y trouueroient perfonne de deffence, & que cependant qu'ils nous deferoient, l'armée feroit la mefme chofe à la Roche & à fes compagnons. Mais comme les malins forment leurs deffeins, Dieu en ordonne autrement. Il y auoit defia quinze iours que i'eftois bien aduerty de leurs deffeins dont ie me donnois de garde. Comme ie vis ces vingt Lohavohits venir, ie foupçonnay auffitoft quelque trahifon, & principalement de Ranicaze, qui depuis quatre ou cinq iours eftoit venu au Fort, apres auoir efté vifiter tous les Grands; & en l'efpace de quinze iours eftant à l'iflet où ie l'auois enuoyé cultiuer du tabac, auoit eu continuellement des vifites de la part de Dian Ramach, & Dian Tferongh. Ranicaze eftoit au Fort quand ces Lohavohits vinrent qui me feruoit d'interprete. Il me dift qu'infailliblement ces Lohavohits vouloient quitter les Grands, & fe vouloient ranger fous les François. Et comme nous eftions à difcourir, le fieur Angeleaume me vint aduertir que ie ne me fiafle point à eux, qu'ils eftoient venus pour nous trahir, & que l'armée eftoit à vne portée de fufil dans les bois, que c'eftoit Mariongh vne Negreffe qui eftoit venuë l'en aduertir. Ie fis apprefter noftre Canon, & fis mettre tous les François fous les armes, & comme ie n'adjouftois pas foy auffi-toft à cela, Ranicaze m'affeurant que cela eftoit faux, ie renuoyai ces Lohavohits, dont il y en eut vn nommé Raffambe Mangauc, qui me dit, donnez vous de garde, c'eft moy qui vous ay fait aduertir par Mariongh ma parente; il eft vray que l'armée eft affemblée icy pres. Dés le mefme temps Dian Tferongh enuoya des Negres affaffiner vn François qui eftoit à l'Iflet. Et le iour d'auparauant qui eftoit vn Vendredy, il fit maffacrer François Guitault en trahifon qui reuenoit de Manambouile, & qui amenoit auec luy cent cinquante bœufs & vaches, vingt moutons, & bien de la marchandife qui furent pillez. Cela fait, il s'en vint icy aprés, & fon coup manqué s'en alla ioindre Dian Machicore à Iuoulle pour desfaire les douze François. Cependant i'eftois dans la peine d'apprendre des nouuelles de la Roche, & fes compagnons, les paffages eftans tous gardez, Ranicaze à mon infceu commença à defcourager le refte des François qui eftoient au Fort auec moy, iufques à dire tout hault, que la Roche ny fes compagnons ne reuiendroient iamais, ny Monfieur le Roy, & les François qui eftoient auec luy, que nous fiffions tous ce que nous voudrions, qu'il nous falloit tous perir dans peu de temps; quelques-vns luy dirent que luy qui auoit l'intelligence de la langue, pouuoit beaucoup feruir à demander la paix, il fit refponce qu'il le feroit bien fi le Gouuerneur en valloit la peine, ils luy dirent qu'il ne me confideraft pas feulement, mais tous fes compagnons. Il fit refponce qu'ils m'en parlaffent. Cependant le iour mefme le traiftre fut fruftré de fon attente: car la Roche & ses compagnons arriuerent bien las & recreus, vn blessé d'vn coup de fusil au genoüil, & vn mort, qui auoit esté haché en pieces, suiuant la façon de ces gens cy. C'est par eux que ie sceûs la mort de François Guitault, de Lanquais, & de Louis Mialaz, Négre.

CHAPITRE XXXVI.

Trahison de Ranicaze François & Interprete descouuerte. Fait prisonnier les fers aux pieds.

LE Dimanche au matin i'eus aduis par deux François que ceux d'alentour de Manghafia au nombre de cinq cens Negres, estoient assemblez à Icrabe pour enleuer nostre bestial, que deux François estoient demeurez pour le garder, qui auoient donné la chasse à tous ces Negres, ils me demanderent du monde pour y aller: mais comme ie ne voulois pas desgarnir le Fort d'hommes, il y eut vn nommé la Vigne, & Imbert Garnier qui estoient venus ce iour là auec Dian Tallach s'offrir à aller querir le bestial. Dian Tallach estoit beaupere d'Imbert Garnier, & auoit grande amitié auec Ranicaze, sur l'asseurance que me donna Ranicaze & Imbert, ie priay Dian Tallach d'y aller, & pour marque & asseurance ie luy prestay vn mousquet, la Vigne s'y en alla aussi à qui ie donnay vne lettre. Mais ayant pris vn autre chemin, il fut assassiné & trahy par son beaupere: & les deux François aussi furent trahis par Dian Talach, & le nommé Dian Tsiandrin qui les sagayerent en mangeant ensemble à l'ayde de deux Negres qui seruoient les deux François, ie fus quatre iours sans entendre nouuelle de ces deux François, i'enuoyay la nuict chez Dian Tallach querir Imbert, & pour sçauoir de leurs nouuelles, Ranicaze me demanda permission d'y aller aussi, ce que ie fis, ne sçachant pas encor sa malice, estans arriuez proche du village, il dit aux François qu'ils deschaussassent leurs souliers, de peur

DE L'ISLE MADAGASCAR 289

de faire du bruit, & luy auſſi-toſt tira vn coup de fuzil, ce qui eſtonna les François qui eſtoient auec luy, & fit qu'ils le ſoupçonnerent de trahiſon. Ils arriuerent au village où ils trouuerent Imbert Garnier qui eſtoit à la veille d'eſtre maſſacré, y eſtans venus ſix cens hommes auec Dian Tſiſſei pour ce ſujet là ; ſi bien que ſans tarder les François s'en retournerent ſur leurs pas. Ranicaze les voulut obliger de paſſer la nuict pour manger ; ce qu'ils refuſerent, ſoupçonnant quelque trahiſon ; & comme ils s'en retournoient, Ranicaze fut long-temps à conſulter auec Tallach ; ce que voyans les François, ils le menacerent de le tuer s'il ne venoit, eſtant arriué ie luy fis mettre les fers aux pieds, & prendre garde à luy : car vn de nos Negres qui venoit d'Itapere, m'aduertit que les deux François qui eſtoient à Icrabe auoient eſté tuez en trahiſon par Dian Tallach, & Dian Tſiandrin. Ainſi la trahiſon de ce parricide fut empeſchée.

Son deſſein eſtoit icy de faire débaucher vn chacun ; affin de faire tout maſſacrer. Ce qu'il en faiſoit eſtoit en haine de ce que ie l'auois ſurpris en vol, & qu'il apprehendoit d'en eſtre chaſtié, outre que ſon deſſein eſtoit de demeurer à Madagaſcar toute ſa vie, & viure à la façon de ces barbares qui ſont ſans religion. Comme les Grands virent qu'ils auoient manqué leur coup, & que ce qu'ils auoient fait n'eſtoit pas grande choſe ; Ils me firent propoſer la paix, affin de mieux prendre leurs meſures vne autre fois, & me firent offrir pour de l'or & de l'argent du beſtial pour viure. Cependant i'auois encor quatre-vingt bœufs & vaches que ie faiſois meſnager iuſqu'à ce que les François fuſſent de retour auec le ſieur le Roy.

Chapitre XXXVII.

Le sieur le Roy de retour à Manamboule : Trahison de Maropia.

LE sieur le Roy auec vingt-deux François à l'issuë des Ampatres, fut à la guerre contre les Zafean Renauoulou vers la Riuiere d'Onghlahé pour Dian Raual, où il gaigna deux mil Bœufs & Vaches, beaucoup de Marchandises; & entre-autres en leur chemin trouuerent grande quantité de pierreries dans le païs où ils passerent. Il me donna aduis de sa venuë à Manamboulle, & m'enuoya demander mes ordres pour son retour, outre qu'il m'aduertit d'vne trahison que les grands d'Anossi luy auoient voulu faire faire dans les Machicores, dont il s'estoit donné de garde. Ie luy despechay quatre Negres auec ordre d'assember le plus de Manamboulois qu'il pouroit. Et luy manday qu'il ne se meslast point auec eux de peur de trahison, qu'il se deffiast de tout, & luy enuoiay de la poudre fine & du plomb. Quinze iours apres i'eus aduis par luy qu'il alloit faire partir l'armée suiuant mes ordres, & qu'il ameneroit bien deux mil hommes. En chemin vn de mes Negres fut pris & mené à Dian Ramach qui le fit noyer, ne faisant point respandre de sang ce mois-là, qui estoit le mois qu'ils nomment Ramauaha, & les Turcs Ramaddan. Cependant ie fis retrancher & fortifier de nouueau le Fort, & fis faire deux corps de garde. Les Roandries enuoyoient toutes les nuicts continuellement des espions qui apportoient des sortileges & ordures dans nostre puits; Si bien que ie fus contrainct d'en faire foüiller vn & bastir de pierre sur le bord de la mer derriere le Fort, dont l'eau se trouue fort bonne. Nous auons toūiours mesprisé leurs sortileges qui consistent vne partie en vn fatras d'ordures, & en

quel-

quelques talifmans & mafarabes, à quoy ie n'attribuë aucune vertu, ne feruans que defpouuantail aux Negres, & aux fimples & idiots. Les ombiaffes de ce païs ont dit aux Negres que ce que leurs Auli & mouffaues ou forcelleries ne nous peuuent nuire, c'est que nous mangeons du cochon. Dian Tferonh apprehendant le retour des François, m'enuoya par plufieurs fois demander fi ie voulois entendre à la paix: & apres plufieurs allées & venuës ie vis que tout ne tendoit qu'à trahifon.

Le premier d'Octobre arriuerent de Manambouile neuf François, dont il y en auoit cinq de bleffez de coups de fagayes, auec vingt-deux Negres, & les armes de dixneuf François maffacrez en trahifon par l'ordre du Chef de l'armée nommé Dian Carindre, que le fieur le Roy amenoît, ayant efté Dian Panolahé, Dian Mitouue & Dian Raual d'Icondre gaignez par prefens que leur enuoya Dian Ramach. Cela arriua ainfi, lors qu'ils eftoient en chemin le Dimanche 11. Septembre mil fix cens cinquante fur le midy, le fieur le Roy fit faire alte à l'armée, & les François fe mirent à manger foubs l'ombrage d'vn arbre qui s'appelle Sacoh. Le Chef qui s'appelloit Dian Carindre s'en vint demander vn peu de tabac au fieur le Roy qui acheuoit de manger auec les François, allentour defquels deux cens hommes eftoient tous accroupis à leur mode, qui eftans fi depourueus de iugement, fans meffiance furent par ceuxcy en vn inftant tous maffacrez auant qu'ils euffent pû coucher en jouë leurs fuzils à l'exception de quatre François, qui ayant leur fufil en main en ietterent auffitoft quelques-vns bas, ce qui mit tout en fuitte. Les François prirent la poudre, plomb & fuzils de leurs compagnons qui eftoient morts, & d'autres qui eftoient moribonds, ayant telle ventre coupé en trauers, & les entrailles entre les mains; entre-autres vn Boucher nommé Bèrfu dit Ian de Vert, tout bleffé qu'il eftoit defchargea vn coup de moufqueton dans le corps de celuy qui le bleffa, & tomba mort auffi-toft auec fon ennemy. Le nommé René Aubry eftant bien bleffé, n'ayant pû fuiure fes compagnons, s'en vint tout feul, &

Pp

en chemin fut defpouillé dans vn village, & apres huict
iours de chemin fans repaiftre, arriua à la vallée d'Amboule chez le Grand qui luy fauua la vie à ma confideration, &
que ie luy auois enuoye quelque prefent par vn de mes
Negres, lequel m'enuoya donner aduis que ce François
eftoit bien bleffé chez luy, & m'affeurer que quand il feroit
guery, il le renuoyeroit au Fort en feureté; ce qu'il fit auffi,
en confideration de ce, ie luy enuoyay deux groffes menilles d'argent pefant fix onces, & vne menille d'or pefans
trois gros & demy & d'autres chofes, comme agathes, corail, & verotterie & des prefens à fes freres.

CHAPITRE XXXVIII.

Les Roandrian viennent pour attaquer le Fort auec dix-
mille hommes. Rufes pour furprendre les François
par trahifon.

LE dix-huictiefme Octobre, nous auons veu paroiftre fur
vne eminence hors la portée du fuzil du Fort 20. Negres, qui en attendoient vn autre qui apportoit des charmes
& fortileges fur le chemin proche noftre Cimetiere. Ie fuis
forty auec douze François, & fuis venu vers cette eminence, les ennemis nous voyans venir fe font allez cacher
dans le bois. Lors que i'ay efté de retour au Fort, il ont derechef paru fur cette eminence, ie leur ay enuoyé vne
vollée de Canon; & pour les efpouuanter d'auantage, i'ay
fait mettre dans le Canon vn boulet où il y auoit vn petit
trou, qui en paffant proche d'eux, a fait vn fifflement qui
les a tellement efpouuantez, qu'en defcendans ils fe ren-
uerferent les vns fur les autres, dont il y en euft quelques-
vns qui fe blefferent de leurs propres fagayes. Depuis ils ne
parurent plus. Parmy ces forts il y auoit dans vn panier dix-
fept morceaux de bois faits pour reprefenter les fouloirs de

DE L'ISLE MADAGASCAR.

nos Canons, couuerts d'escritures & caracteres Arabesques, plusieurs œufs pondus le Vendredy, couuerts de caracteres, lesquels estoient afin de nous rendre immobile, empescher nos Canons de tirer, & nous causer nostre derniere ruine, suiuant la sotte & inepte croyance de leurs Ombiasses, à quoy les Negres adioustoient foy, comme nous à l'Euangile. Mais ils furent estonnez lors qu'ils virent passer ce boulet par dessus leurs testes, & dirent que leurs Auly n'estoit pas assez heureux, & que si ce boulet auoit rencontré cent hommes, il les auroit tous tuez. Ce qui les fist desloger, & retirer à grand haste, croyans que i'auois enuoyé dans les bois des François en embuscades pour les surprendre aux passages.

En suitte Dian Ramach & Dian Tseronh, ne sçachans comment nous auoir, m'ont enuoyé plusieurs fois demander si ie voulois entendre à vne paix, mesme me firent escrire vne lettre de leur part, par Dian Radam Ombiasse, qui auant la guerre m'auoit enseigné à lire & escrire en caracteres Arabesques en ces termes.

Ainsi escrit Dian Radama, à vous Capitaine Falacourt, i'ay peur de Dian Ramaca, i'ay peur de Dian Tseronh, c'est pourquoy ie ne vous veux point aller voir. I'ay peur des François qu'ils ne veillent pas que vous faciez la paix: mais plustost qu'ils veillent que vous nous haïssiez, & que vous demandiez vos armes & vos bœufs. Si vous nous voulez haïr, vous le sçauez bien, si vous voulez entendre à la paix, enuoyez moy querir, & ie vous iray voir. Si vous ne voulez point entendre à la paix, ie n'yray pas deuers vous. Rajac (c'estoit le sieur Pronis) autrefois n'a point fait difficulté de faire la paix, quoy qu'il fust autrefois bien fasché contre nous, & ne nous a point hay. Dian Ramaca & Dian Tseronh veulent bien faire la paix, & ne vous veulent point haïr. Il m'ennuie que ie ne vous vois, ie me recommande à vous, & vous donne le bon iour. Ie fis responce à Dian Radama, & luy manday que ie desirois faire la paix, pourueu que Dian Ramac & Dian Tseronh me fissent rendre mes bœufs. Que pour les armes, ie ne m'opiniastrerois point à les demander, que i'en auois assez d'autres; ce que i'en fis estoit afin de les mettre en train de me rendre mon bestial: car lors il commençoit à nous manquer, faute dequoy i'apprehendois vne desbauche d'vne partie des François.

Le treziesme Nouembre, Ranicaze mourut d'vne fiéure continuë & d'apprehension que sa trahison ne fust reuelée par les Grands en faisant la paix, & ne s'excusassent sur les sollicitations qu'il leur en auoit faites auant que commencer cette guerre.

Le temps s'est escoulé par plusieurs allées & venuës tant de la part de Dian Ramac, que des Grands mesme des Matatanes qui m'ont enuoyé des presens & escrit des lettres, pour m'obliger à m'y en aller demeurer auec les François, auec plusieurs belles promesses, mesme i'ay escrit des articles de paix en langue vulgaire du païs & caracteres Arabes, que i'ay enuoyé à Fanshere, dans lesquels i'ay tousiours conserué nos aduantages. Enfin i'ay reconnu que leurs desseins estoit fondé sur l'esperance de nous surprendre & trahir.

Chapitre XXXIX.

Les François murmurent. Attaque d'Imours. Construction d'vne Barque. Seconde assemblée des Rohandrians & Negres iusqu'à dix mille hommes pour attaquer de nuict le Fort-Dauphin

Ayant recognu par tous ces messages, & par ces allées & venuës que Dian Ramach ne taschoit qu'à m'amuser de belles parolles, que le bestial commençoit à nous manquer, & sur l'aduis que i'eus qu'à Imours il y auoit beaucoup de bestial, Ie fis assembler les François dans ma chambre qui commençoient à murmurer, & me demandoient que ie les enuoyasse quarante-cinq droict à Fanshere, qui est la demeure de Dian Ramach; & que ie fisse porter vne piece de

Canon auec eux. Ie leur dis que ie defirois bien enuoyer à Fanshere iufqu'à 30. hommes, & leurs fis compter tous ceux qui eftoiét en eftat de marcher, il ne s'en trouua a leur cōpte pas dauantage, & fur cela ils fe retroidirent. Quelques temps apres ils me firent dire qu'ils iroient trente, mais qu'il falloit porter vn Canon. Ie leur fis refponce que le Canon ne fe pouuoit porter par les Negres, ainfi que ie leur fis efprouuer apres ; en fuite il y eut quelque murmure de mutins qui dirent que quand le ris feroit manqué au magazin, ils s'en iroient où ils pourroient, i'appaifay cela en leur augmentant leur ordinaire de ris à caufe que le beftial nous eftoit manqué.

Le dixiefme Septembre à huiét heures du foir, ie commanday vingt-cinq François qui s'en allerent toute nuiét à Imours à quatre lieuës d'icy, d'où ils amenerent le lendemain cinq cens bœufs & vaches, dont les Grands furent eftonnez. Ainfi à mefure que le beftial declinoit, i'enuoiay plufieurs fois à la guerre, & depuis nous n'auons eu difette de beftial. Cependant de crainte que le ris manqué, nous tombaffions en vne autre neceffité, ie fis trauailler à conftruire vne Barque de trente tonneaux par deux Charpentiers, & fix François qui volontairement s'offrirent à fcier de la planche.

Pendant la conftruction de cette Barque, Dian Ramach fit affembler iufques à dix mille hommes pour nous venir attaquer la nuiét du Dimanche vingt-deux Ianuier, où ils auancerent vers vne maifon de pierre, où i'auois mis fix hommes en garde, qui les ayans apperceus vers vne heure apres minuiét, tirerent trois coups de fuzils, dont il y en eut quelques vns de bleffez, & je fis defcharger vn coup de Canon vers leur chemin, qui les efpouuenta tellement tous qu'auffi-toft toute l'armeé fe retira. Depuis ce temps-là, ils n'ont plus ofé s'affembler, & les Negres n'ont plus ofé venir. Cependant ie fis continuer à trauailler à noftre Barque. Mais comme le Bray nous manquoit, n'en ayant point icy, ie m'aduifay d'enuoyer à Ambouue où on trouua cent cinquante bœufs & vaches, & l'on prift deux femmes prisonnieres, pour lesquelles deliurer j'obligay les parents de m'apporter du miel pour faire du vin & de la gomme pour calfader & brayer noſtre Barque & amener encor du beſtial. Ce qui fut fait, & ainſi j'eus tout ce qui eſtoit neceſſaire pour la faire nauiger. Lors que la Barque fut acheuée, j'y enuoiay coucher les Matelots pour y faire le quart durant la nuict: de crainte que les Grands ne l'enuoyaſſent bruſler. Ce qui fut tres à propos: car la premiere nuict que l'on y coucha, l'on apperceut quatre Negres ſur leſquels on tira quelque coups de fuzil, qui les firent retirer bien viſte, & & depuis il n'y vint plus perſonne. La cauſe pour laquelle ils ne ſe mirent point en peine de la bruſler, ainſi qu'ils auroient peu facilement faire, fut qu'ils auoient croyance que nous nous en deuions tous aller dedans en France ou à Maſcareigne: C'eſt pourquoy ils nous voulurent laiſſer les moyens de nous retirer.

Chapitre XL.

Dian Ramach enuoye vn Negre pour corrompre les Eſclaues du Fort. Ceux de Manghaſia feignent de demander la paix. Pluſieurs Villages pris par les François.

LE dix-ſeptieſme d'Auril mil ſix cens cinquante & vn, vn Negre auec vne femme de la part de Dian Ramach me vint trouuer ſoubs pretexte de me parler de paix, lequel eſtoit venu pour pratiquer quelques vns de mes Negres, afin de les gaigner. Il s'adreſſa à vn nommé Lahefoutchi, auquel il dit, que Dian Ramach l'enrichiroit & le feroit auſſi grand que pas vn de ſon païs, ſi il luy vouloit rendre vn ſeruice qu'il pouuoit faire, & ainſi deliurer leurs terres de nous autres qui eſtions ſes ennemis. C'eſt qu'il le prioit de mettre le feu aux couuertures des principales maiſons du Fort-Dauphin, vne nuict qu'il luy enuoiroit di-

DE L'ISLE MADAGASCAR. 297

re, & que cependant que nous ferions occupez à efteindre le feu & fauuer nos hardes de l'incendie; il viendroit auec vne armée de dix mille hommes fondre fur nous, & qu'ainfi il feroit caufe du bon-heur qui arriueroit dans le païs lors que nous ferions tous morts. Lahefoutchi l'efcouta dire, luy dit qu'il falloit penfer, il m'en vint aduertir. Ie fis prendre le Negre, le fis lier, & apres auoir confeffé ce dont il eftoit accufé & dit que Dian Panolahé lors nommé Dian Morotfambou eftoit caufe de fa mort, que c'eftoit luy qui luy auoit commandé de venir porter cette parolle. Ie l'enuoiay dehors le Fort, & le fis tuer par mes Negres & fis mettre fa tefte fur vn poteau pour donner de la terreur à ceux qui auroient deffein de venir porter telles parolles, quelques temps apres il y en eut encor vn autre qui vint à mefme deffein, qui fut ainfi chaftié par mes Negres.

Le dernier Iour d'Avril Raffambe Manchauc me vint voir de la part des Grands du cofté de Manghafia pour me dire qu'ils vouloient tous venir au Fort me voir & m'offrir leurs feruices, qu'ils ne vouloient plus eftre foubs la domination des Rohandrian: mais qu'ils defiroient viure & mourir foubs la mienne auec beaucoup de proteftations d'amitié. Ie leurs dis qu'ils feroient les bien venus, bien que ie foupconnaffe qu'il y auoit encor quelque trahifon cachée foubs ces belles parolles: toutefois ie les diffimulay; d'autant qu'ils nous apportoient grande quantité de viures & prouifions à vendre, dont chacun fe fourniffoit, cependant l'on fe tenoit toufiours fur fes gardes nuict & iour.

Le douziefme de May i'ay enuoyé trente François au village de Dian Tallac à Inaue qui fut bruflé, où l'on ne fift point de butin, d'autant que Tallac auoit enuoyé fon beftial fur la montagne en des lieux cachez. Le dix-huictiefme Iuin, ie commanday trente François de partir au Soleil couché pour s'en aller à huict lieuës du Fort en vn Bourg nommé Sifourondzauou chez vn Lohauohits nommé le Capitaine Ramach. qui m'ayant promis de m'enuoyer de la gomme pour calfader ma Barque du reſte de la rançon de ſa parente qui auoit eſté priſonniere à Ambouue & s'eſtoit mocqué de moy apres auoir enuoyé ſa parente ſur cette eſperance. Les François arriuerent à la pointe du iour, prirent le Capitaine Ramach priſonnier qu'ils amenerent le lendemain au Fort. Ie luy fis payer de rançon cent bœufs & cent panniers de gomme, & d'autant qu'il auoit autrefois eſté amy des François, & que ce qu'il l'auoit fait changer c'eſtoit la crainte qu'il auoit des Grands qui l'auoient enuoyé menacer de le piller, ſi il enuoyoit quoy que ce ſoit au Fort, & qu'il eſtoit parent de Raſſambe Manghaue, dont la femme eſtoit cette priſonniere. I'ay payé en menilles d'or & en marchandiſes les cents bœufs, luy diſant que i'en auois neceſſité, que ſans cela ie ne luy aurois demandé que de la gomme ; & ie le retins iuſques à la fin du payement les fers aux pieds de peur qu'il ne ſe ſauuaſt.

Chapitre XLI.

Fanshere pris & bruſlé, Dian Ramach & Dian Tſanzoa & d'autres tuez. Hatere pris & bruſlé. La Barque eſt miſe en mer.

Cependant ayant fait inceſſamment trauailler à la fabrique de noſtre Barque, qui fut faite & preſte à mettre à l'eau le dixieſme Iuillet mil ſix cens cinquante-vn, ie fis aſſembler quarante François ſous la conduite du ſieur Angeleaume, auec quarante bons Negres armez de Rondaches & ſagayes, & les fis partir la nuict du Dimanche vingt-vn iour de Iuillet, iour pour iour, vn an apres la guerre entrepriſe pour attaquer Fanshere, où eſtans arriuez à l'aube du iour, rencontrerent qu'il eſtoit fermé de pieux de ce coſté là, y ayant apperceu vne petite porte eſtroite par où vn Negre qui venoit de faire ſes neceſſitez, venoit

DE L'ISLE MADAGASCAR. 299

soit d'entrer, ils entrerent tous à la fille dans le village, & coururent droict au logis de Dian Ramach, qui eust le loisir de se sauuer, & passer la riuiere, sur le bord de laquelle il fut tué d'vn coup de fusil, & son fils nommé Dian Tsanzoa, dont on m'apporta la teste, que ie fis mettre sur vn pieu. Tout fut en desordre & en fuite, & pillé par nos François & Negres qui y firent du butin, qui les accommoda bien. Il y eut des hommes & des femmes tuées, & toute la splendeur des Roandries mise en cendres, qui consistoit en leurs maisons & magazins à viures, ils amenerent cent cinquante bœufs & vaches. En reuenant le sieur Angeleaume fut blessé d'vn coup de fuzil au bras gauche par le fils aisné de Dian Ramach. Quelques-iours apres le Capitaine Ramach paya sa rançon.

Le vingt-deuxiesme Aoust nostre Barque estant acheuée, ie l'ay fait mettre en mer, & le dixiesme Septembre, i'ay esté dedans auec plusieurs François, où nous auons fait les prieres, & l'ay nommée Saincte Marie, ne sçachant point de plus beau nom à luy donner que celuy de la Vierge nostre protectrice. I'ay enuoyé le lendemain vingt-cinq François, à sept lieuës du Fort pour surprendre le village de Dian Mandombouc, nommé Hatere, d'où l'on amena cent bons bœufs & vaches, & en reuenant les François furent poursuiuis iusques à l'embouchure de la riuiere de Fanshere, qui se trouua desbouchée de plus de cinq cens Negres, parmy lesquels il y auoit quatre fuzeliers, il y eut deux François blessez aux iambes de coups de fuzil. Le batteau que i'auois fait tenir prest passa nos François, & les Negres passerent à la nage auec le bestial. Il y eut vn Lohavohits tué d'vn coup de fuzil par vn François, qui se mist en embuscade; ce qui obligea de faire retirer le reste des Negres auec leur courte honte.

Q q

Chapitre XLII.

Voyage de Ghalemboulou & Saincte Marie où le sieur de Flacourt va luy mesme traitter du ris.

SVr la crainte que i'eus que mes Matelots ne demeuraſſent trop long temps au voyage de Ghalemboule, & ſur l'aduis que l'on me donna d'y aller moy-meſme, ie reſolus de faire ce voyage, & ie donnay le commandement du fort en mon abſence au ſieur Angeleaume mon Lieutenant, luy donnant les ordres de ce qu'il falloit executer pendant mon voyage.

Le Mardy dix-neufieſme Septembre mil ſix cens cinquante-vn, nous auons appareillé à dix heures du matin à la rade du Fort Dauphin, pour, Dieu aidant, aller achepter du ris à Ghalemboule, & cinglaſmes à l'Eſt Nordeſt par vn vent de Soroüeſt & Suſoroüeſt.

Le Mercredy vingtieſme nous nous trouuaſmes ſous le Tropique de Capricorne à vingt-trois degrez quarante minutes latitude Sud, & auions fait ſoixante lieuës; nous miſmes le Cap au Nordeſt iuſques à minuict, & apres au Nordnordeſt iuſques à Midy vingt-vnieſme du mois: & depuis les neuf heures du matin iuſques à trois heures apres Midy, nous euſmes calme hauteur vingt-vn degrez trente-ſept minuttes, fait quarante-deux lieuës.

Sur l'apparance d'vn vent d'Eſt Nordeſt, nous cinglaſmes au Noroüeſt iuſques à ſept heures du ſoir que le vent vint Eſt-quart-de-Nordeſt, nous cinglaſmes au Nordnordeſt iuſques au lendemain Midy, pendant lequel temps nous euſmes preſque touſiours calme.

A Midy nous ne ſceuſmes prendre hauteur à cauſe des nuées.

Le vent continuant auec grains & pluye par cy par-là, qui nous contraignoit de temps en temps à abaiſſer les hu-

DE L'ISLE MADAGASCAR. 301

niers, vent inconstant; car tantost il falloit mettre le Cap au Nord-quart de Nordest, & au Nord; & quelquefois au quart de Norouest, suiuant les grains qui suruenoient auec la vague qui estoit fort grosse, qui nous venoit à costé & deuant. A midy nous nous trouuasmes à dix-neuf degrez trente minuttes de latitude Sud. Ces deux iours nous fismes bien quarante lieuës, nous eusmes calme depuis le matin iusques au soir de ce mesme iour vingt-trois, que le vent se mist au Nordest & Nordest-quart-d'Est petit vent, & grand vague toute la nuict, iusques au matin vingt-quatriesme iour, que nous apperceusmes la terre à dix lieuës de nous, ayans tousiours eu le Cap au Norouest, & Nord-quart de Norouest le vent ayant esté vacillant & petit iusques au matin.

La hauteur nous estoit à Midy dix-neuf degrez vingt-deux minuttes, tellement que le chemin ne nous auoit vallu que l'Oüest-quart-de Norouest. Ce qui fit, que nous ne sceusmes aduancer, fut vne marée qui venoit du costé de l'Est-nordest qui nous fit ainsi deriuer vers la terre, de laquelle nous n'estions le matin qu'à dix lieuës. Cette terre est celle des Ambohitsmenes qui est aisée à reconnoistre par deux grosses montagnes qui representent deux tables, & se voyent de plus de vingt lieuës de loin. Nous auons fait depuis hier Midy enuiron quinze lieuës.

A trois heures apres midy le vent est venu à l'Est-quart de Nordest, & à l'est-nordest petit vent & grand vague, qui a duré iusques à trois heures apres minuict; puis nous eusmes calme Le matin au Soleil leuant, nous nous trouuasmes à deux lieuës de la terre, sondé quatorze brasses d'eau, fond rocher, au droict des deux montagnes & tables. Sur les huict heures, le vent vint au Sud, & Sud-quart-Sorouest auec grains & pluye qui durerent enuiron vne heure, puis le vent vint à l'Est Süest assez fort, nous cinglasmes au Nordest pour nous mettre vers l'eau, à cause d'vne grande marée qui portoit à terre, le vingt-cinquiesme Septembre, hauteur à Midy cinquante-neuf degrez seize minuttes, fait cinq lieuës.

Qq ij

Le mesme iour à trois heures apres Midy, nous cinglasmes au Nordest iusques à la nuict, & au Nordest quart d'est iusques à trois heures apres minuict que nous eusmes calme. Le matin nous nous trouuasmes à huict lieuës de terre, nous cinglasmes au Nordoüest par vn petit vent meslé de calme auec la marée, qui nous porta à deux lieuës de terre. A midy la hauteur estoit de dix-huict degrez cinquante-quatre minuttes, le chemin nous valut quinze lieues.

Le vingt-sixiesme: le calme continua iusques au soir que le vent se mist au Nordest. C'est pourquoy il nous fallut cingler au Su suest, puis sur les neuf heures du soir, il vint au Noroüest; ce qui nous obligea de reuirer pour cingler à l'Est-nordest, iusqu'au iour vingt-sept, que nous nous trouuasmes à six lieuës de terre, nous eusmes calme auec grande houle qui nous trauailla extremement iusques à Midy, que la hauteur nous valut dix-huict degrez quarante-cinq minuttes, depuis le iour precedent, tant à aller que reuenir, nous fismes sept lieuës.

Le vingt-septiesme Septembre, à deux heures apres midy, le vent vint au Nordest, qui nous contraignit de singler à l'Est-suest, petit vent alizé iusques au soir, & sur le soir il se renforça iusques au matin vingt-huict du mois. En cette route nous fismes bien quatorze lieuës.

Le vingt-huict nous reuirasmes à sept heures du matin, & mismes le Cap au Nord & au Nord-quart de Noroüest, Le vent continuant Nordest comme la nuict precedente, faict deux lieues. A neuf heures nous reuirasmes & cinglasmes au Nord est quart de nord, & est Nord-est, demie heure apres le vent vint au Nord-nord-est, & cinglasmes à l'Est-suest iusques à Midy, fait trois lieuës.

La hauteur estoit de dix-neuf degrez trente-vne minutes; nous estions descheus de dix-huict lieuës de nostre hauteur, il faut qu'il y ait eu vne marée qui nous ait reculé de plus de deux lieues par heure : car la driue ne nous pouuoit faire perdre pas plus de demie lieuë par heure.

Depuis midy iusques à sept-heures du soir, nous cinglas-

DE L'ISLE MADAGASCAR.

mes à l'Est, & est-quart-de suest par vn vent de Nord est, petit vent, & fismes six lieuës Reuirasmes & cinglasmes au Nord-quart de Nordest, puis au Nord & nord quart de Noroüest toute la nuict iusques à huict heures du matin vingt-neuf du mois, vent-d'Est-nordest, & quart de Nordest, assez bon, frais, fait dix lieuës. Reuirasmes à l'Est iusques à Midy par vn vent de Nord, & quart-de Nordest, fait quatre lieuës. Lors nous vismes derechef la terre des Ambohitsmenes, à dix lieues de nous.

Nous prismes hauteur le vingt-neufiesme Septembre, & nous trouuasmes à dix-neuf degrez trente-vne minuttes Sud au mesme lieu où nous estions huict iours deuant. Le mesme iour nous mismes aussi-tost le Cap au Suest pour chasser deuers l'eau pour chercher les vents d'aual, & nous tirer hors des marée qui portent Susoroüest en ces costes nous continuasmes toute nuict à cingler à l'Est Suest iusques au matin du trentiesme iour à cinq heures que le vent vint au Nord-nordest; puis au nord, & cinglasmes à l'Est Nordest iusques a midy.

Depuis le iour precedent Midy iusques au matin de ce iour, nous fismes douze lieues. Et depuis le matin iusques à Midy sept lieues. Nous ne peusmes prendre hauteur d'autant que le Ciel estoit embruny.

Le trentiesme à deux heures à Midy, nous cinglasmes à l'Est Suest, puis Est, & est quart de Nordest iusques au lendemain Midy premier iour d'Octobre. Nous fimes bien en cette route vingt-quatre lieuës, hauteur vingt degrez quarante-sept minuttes. Depuis le Midy nous cinglasmes iusques à Midy du deuxiesme Octobre à l'Est, & est Suest; nous fismes bien vingt-cinq lieuës.

Hauteur vingt-vn degrez trente minutes, nous pouuions estre à enuiron quarante lieues de Mascareigne, au lieu où est marqué dans plusieurs Cartes l'Isle de Saincte Apoline, qui est vne Isle imaginaire.

Le troisiesme iour nous eusmes calme, depuis le Midy du iour precedent, iusques à dix-heures du soir, & toute la nuit nous eusmes brune & pluye iusques à Midy de ce iour

Qq iij

Nous ne peufmes prendre hauteur pour la brune. Ce mefme iour depuis midy le temps continua de mefme iufques à dix heures du foir que le vét vint au Sud, puis au Sueft & eft Sueft iufques au matin que nous cinglafmes au Nord eft, & Nord-nordeft. Nous fifmes bien en cette route huict lieuës. Le matin le vent vint à l'Eft, & nous cinglafmes au Nord-nordeft iufques à Midy que nous auions fait encor quatre lieuës.

Ce quatriefme Octobre, nous nous trouuafmes hauteur vingt-vn degrez quarante-fept minuttes.

Il faut que depuis le deuxiefme iour iufques au troifiefme que nous ne fifmes point de chemin, la marée nous euft emporté vers le Sud; puifque la iournée precedente nous auions bien fait en apparence douze lieuës iufques à ce iour midy, & toutefois nous nous trouuafmes reculez de noftre derniere hauteur de dix-fept minuttes.

Le cinquiefme, depuis le iour precedent Midy, nous cinglafmes au Nordnordeft iufques à ce iour Midi, que nous penfions auoir fait au moins trente-cinq lieuës. Cependant nous nous trouuafmes en hauteur de vingt degrez quarante-cinq minuttes, & nous n'auions fait que vingt lieuës. Il falloit qu'il y euft eu vne marée qui nous euft efté contraire, & euft porté vers le Sud, ou bien vne marée qui nous euft emporté deuers l'Eft: Car nous auions tres-bon vent, & nous paffions fort vifte à faire deux lieuës par heure.

Le fixiefme iour nous cinglafmes depuis le Midy du iour precedent au Nordnordeft par vn petit vent d'Eft, & par fois calme, & fifmes vingt-deux lieuës.

La hauteur dix-neuf degrez trente-fix minuttes.

Ce iour nous fifmes plus de chemin que le precedent, & fi le vent n'eftoit pas la moitié fi fort, il falloit qu'il y euft eu marée pour nous; car nous ne deuions pas auoir fait plus de douze lieuës.

Le feptiefme depuis le midy du iour precedent nous eufmes le Cap au Nord, & quart de nordeft, bon frais iufques à ce iour Midy. Nous fifmes bien trente-cinq lieuës. Il n'y eut point de hauteur à caufe que le Soleil eftoit embruny, fou-

DE L'ISLE MADAGASCAR. 305

tes-fois par vn petit rayon de Soleil, ie me trouuay plus haut que le Port aux Prunes qui est à dix-huit degrez quinze minuttes.

Apres midy, le vent nous vint au Nord vne heure puis calme deux heures durant, puis nous eusmes vn petit vent de Nordest qui nous obligea de singler au Norouest iusques au huictiesme iour à midy. Nous fismes douze lieuës, hauteur dix-sept degrez vingt-deux minuttes. Nous pensions le matin voir la terre: mais nous nous trouuasmes plus Est que nostre estime.

Le huictiesme iour a midy nous eusmes calme auec vn petit vent de Suest iusques à trois heures que le vent vint au Sud nous reuirasmes & cinglames à l'Oüest pour terrir à Chalemboule, où à Saincte Marie fait quinze lieuës.

Le neusiesme iour nous continuasmes à l'Oüest iusques au soir, apres nous cinglasmes à l'Oüest quart de Sorouest toute la nuict iusques au matin que nous vismes la terre de Ghalemboulou bien à dix ou douze lieuës de nous, & sur les quatre heures apres midy, nous mouillasmes l'Ancre à dix pieds d'eau à vn iet de pierre d'vn Islet qui nous mettoit à l'abry de l'est : Mais il n'y a point d'abry de l'Est-Nordest en ce moüillage. La houle y est grande & si ce lieu est tres-dangereux à cause des Roches qui sont sous l'eau proche la terre. Dans le fond de cette ance il y a fort bon mouillage pour vne petite Barque de dix ou douze tonneaux pourueu qu'elle ne tire pas plus de trois ou quatre pieds d'eau.

CHAPITRE XLIII.

Arriuée à Ghalemboule, & traitte de Ris. Et description de Manghabé & des Zafehibrahim.

LE dixiesme iour ie fus à terre où estant arriué ie fis rencontre d'vn maistre de village nómé Rahariue, accompagné de quarante ou cinquante Negres, dont la plufpart eſtoient des Amboitſmenes, lequel me dit qu'il m'eſtoit venu voir, mais que pour luy il ne pouuoit pas pour lors me traitter beaucoup de Ris nouueau, quoy qu'autrefois il euſt pû luy ſeul charger vne barque, d'autant que Ratſiminom le Grand de l'Iſle de Noſſihibrahim eſtoit mort, & quatre autres Philoubei comme luy, (ainſi s'appellent les Maiſtres des villages qui ſont grands dans ce païs) & qu'il auoit eſté occupé auec tous les grands qui ſont proche la mer depuis Ambate iuſques à Simiame, qui ſont ſes parens, à faire ſon ſepulchre, & à pleurer ſa mort, & celle de leurs amis morts, & qu'ainſi il n'auoit pas planté comme autrefois, que pour du Ris vieux qu'ils appellent courou courou ils en auoient aſſez, que ſi i'en voulois i'en ſerois bien-toſt chargé.

De là ie m'en allay au village de Ratſimelome que nos Matelots nommoient Sainct Malo. Ie me ſuis informé de luy des nouuelles des François qui eſtoient à Saincte Marie. Il me dit qu'il y en auoit quelqu'vn de mort, & qu'il auoit apris d'vn Negre que Sainct Hylaire eſtoit mort, & Boneſtat auſſi, que le reſte ſe portoit bien, & qu'ils s'eſtoient tous bien comportez enuers les Negres, & les Negres enuers eux.

Il me dit que quelques Negres venans des Matatanes luy auoient dit que les François n'eſtoient plus à Androbeizaha. Mais pourtant il ne m'a aucunement parlé de noſtre guerre, ce qui me fait iuger que ces gens n'ont aucune communication auec ceux d'Androbeizaha ny meſmes des Matatanes, que par le moyen de ceux des Ambohiſtmenes qui traffiquent auec eux auec des plats & poteries de terre.

Cette nation eſt tres-ſuperſtitieuſe, & quand ils deuroient mourir de faim, ils ne voudroient pas manger d'vne beſte ou volaille à laquelle nous aurions couppé la gorge, ny manget dans la villangue ou pot où nous aurions fait cuire noſtre manger, à moins que ce ne fut le Philoubei qui euſt coupé la gorge aux volailles ou à la beſte dont nous

nous mangerions la viande. Quand le Philoubei veut couper la gorge, il prononce quelques parolles sur son couteau en esleuant les yeux au Ciel, comme s'il sacrifioit la beste & aussi-tost luy couppe la gorge.

Ils celebrent le Samedy, auquel iour ils ne trauaillent point à leur plantage & pour leurs raisons ils disent que s'ils trauailloient ce iour-là qu'ils se blesseroient ou qu'il leurs arriueroit quelque maladie. Ils appellent Cafiri ceux qui ne sont pas de mesme nation qu'eux. Ils ne gardent aucune Loy ny Religion, & ils ne scauent que c'est que prier Dieu, qu'ils honorent toutesfois & luy font des sacrifices; Ils n'ont aucun Temple, si ce n'est les Amounouques ou sepulchres où sont enterrez leurs Ancestres, la memoire desquels ils ont en grande veneration ainsi que font tous ceux de cette Isle. Les hommes & les femmes se barbouillent le visage, tantost de blanc & tantost de noir, tantost de rouge, tantost de iaune auec diuerses sortes de choses, ce qu'ils font quant ils sont malades, & qu'ils ont quelque mal aux yeux & à la teste, ou bien les femmes vieilles pour conseruer leur teint frais, afin de l'empescher de rider. Les femmes & filles ne sont pas si debordées que du costé d'Androbeisaha & des Matatanes, auec lesquelles il est aussi difficile d'auoir accez comme en France: car les peres & meres les gardent aussi soigneusement. Depuis la Baye d'Antongil que l'on nomme icy Manghabei, iusques au Port aux Prunes, qu'ils nomment Tametaui, & la riuiere Iuonrhon, & la longue pointe Vouloüilou, où Yonghebei, tous les Grands s'appellent Philoubei: Mais leurs Esclaues leur sont plus en recommandation qu'à Androbeisaha ou Carcanossi: car ils ne dedaignent pas de manger auec eux, & ils les traittent d'enfans & non d'esclaues, les Esclaues appellent leurs maistres leurs peres, qui ne dedaignent pas de leur donner leurs filles en mariage.

Quand les femmes accouchent le Mardy, le Ieudy, & le Samedy, ils iettent les enfans, & les abandonnent dans le bois, si ce n'est qu'il y aye quelque feme qui en aye pitié qui les allaictent, ainsi que i'en ay veu plusieurs qui ont esté nourris par d'autres. Tous ces gens-cy s'appellent entr'eux, sçauoir les Grands Zafhibrahim du nom de l'Isle Saincte Marie, qui s'appelle Nossi Hibrahim, dont ils sont tous descendus, comme qui diroit, Isle d'Abraham, & eux la lignée d'Abraham : C'est ce qui me fait croire qu'ils sont descendus de quelque lignée de Iuifs ou d'Arabes, qui dés long-temps se sont venus refugier en ce païs; d'autant qu'ils ont le Samedy pour bon iour, mesme il y a icy des hommes, femmes, & enfans, bien plus blancs que vers les Matatanes & Androbeisaha, & qui ont les cheueux aussi droits; Leurs danses & chansons sont autrement qu'à Androbeisaha & parmy leur chant, il y a quelque melodie, & dansent en cadence deux à deux, en estendant les bras, & chantent aussi en dansant. Toutes leurs chansons ne tendent qu'à l'amour, & font des postures assez lasciues, le frappement des mains de tous les assistans leur sert de mesure. Ils appellent ce frappement de mains Mangharac, qui signifie garder, comme qui diroit garder la mesure. Ils dansent mieux qu'à Androbeisaha.

La marchandise que nous leur traitons ne leur sert pas à leur parer, mais ils la gardent precieusement, & en vont acheter des bestes sur le chemin des Antsianactes, & vers les montagnes des Ambohimenes.

Ils sont tous grands mesnagers tant hommes, que femmes & filles. Dés le matin à Soleil leuant, ils vont à leur plantage, n'en viennent qu'à iour failly, les hommes coupent les bois & les bruslent, & les femmes & filles plantent le Ris grain à grain, le tout en chantant & en cadence. Ils font vn trou dans terre auec vn baston pointu, iette deux grains de Ris dedans, recouurent le trou auec le pied, & ainsi ils ne sont pas long-temps à semer. S'ils voyent au bout d'vn temps que leur Ris leue pas, ils en resement aussi-tost d'autre, & si tost vn plantage fait, ils en refont vn autre, & ainsi ils continuent tousiours à trauailler, en tout temps ils en ont en herbe, en fleur & en maturité.

Le riuage de la mer a enuiron deux lieuës, est remply de

bois de haute-fustaye, & dans les terres de bois de Voule ou especes de grosses cannes, lesquelles quand elles sont seiches, & que le feu y est il semble que ce soient pieces d'artilleries que l'on tire. Les terres y sont merueilleusement bonnes, & grasses, & ne sont pas suiettes aux seicheresses; car il y a souuent des pluyes. Les pasturages y sont tres-excellens, & le bestial y est bien gras. Ils ne sont pas riches en bestiaux, & le plus riche ne possede pas quatre-vingts bestes. Mais auec le temps ils en auront beaucoup. Ils ont peu d'or parmy eux, quand ils en ont ils en achepte des bœufs, ils ayment mieux vne menille d'argent qu'vne menille d'or. L'argent rouge leur est plus en recommendation que l'argent fin, ce que i'ay experimenté, d'autant qu'ils ont mieux aymé des menilles de cuiure rouge argentées que des menilles d'argent fin, qu'ils ont eu de moy pour des bestes pour auoir de cet argent rouge. I'ay esté tellement importuné d'eux, que quand ils m'amenoient des bestes, i'estois contraint de les quereller; si i'eusse voulu traitter deux cens bestes, & que i'eusse eu assez de ces menilles, ie les eusse acheptées, mais comme i'auois dessein d'emmener les François de l'Isle Saincte Marie à Androbeisaha, ie n'ay point voulu achepter de bestial que pour manger.

Chapitre XLVI.

Quatre François de l'Isle Saincte Marie visitent le sieur de Flacourt à Ghalemboule. Description de l'Isle Saincte Marie.

LE vingt-cinquiesme d'Octobre arriuerent de Saincte Marie quatre François qui me dirent que quatrre auttres de leurs compagnons, entre lesquels estoit celuy qui les commandoit, estoient morts de maladie, & tous d'hydropisie, que l'air y est mal sain, & me prierent de les retirer de là, ce que ie leur promis de faire.

Pour ce qui est de la Baye d'Antongil, il n'y a plus d'Hollandois, ayans abandonné ce lieu pour estre mal sain, & il y auoit deux ans qu'il n'y en estoit venu; ce que les Holandois y venoient faire, estoit pour acheter du Ris sans battre, & des Esclaues pour porter à Battauia.

Il y auoit enuiron cinq ou six mois qu'à l'Isle Saincte Marie les Negres auoient trouué vn pain de cire fort nette, qui pesoit bien cinquante ou soixante liures, & estoit tout quarré, barlong; ainsi que ceux que i'auois enuoyé en France; ce qui me fit croire qu'il y auoit eu quelque Nauire perdu en mer vers l'eau de cette Isle, où vers Maurice, d'où il y a vn grand rapport de marée, & par le vent d'Est Suest qui y regne durant la hors saison, il y arriue de grans Houragans, qu'ils appellent Riuouts. Ie m'informay si de l'autre costé de cette Isle il y auoit des Oulon Poutchi, ainsi appellent-ils les Chrestiens, ils me dirent qu'oüy, & qu'en vne grande Baye qu'ils appellent Endouuouc, il y vient des Nauires traitter du Ris sans battre, des Esclaues, & de la soye pour du cuiure, & de la Cornaline, & de certaine espece de rassade bleuë, bigarrée, qu'ils appellent Anga Soumora, qu'ils estiment beaucoup, comme aussi les Vazandians & le verot violet, ils leur apportent aussi de l'argent rouge, ce qui me fait iuger que l'alchemie seroit bonne à y debiter pourueu qu'elle aye bon son & bien clair, & qu'elle soit aisée à forger en menilles; le cuiure rouge n'y vaut rien, & par toute cette terre.

Le huictiéme Nouembre i'acheuay de faire la traitte du Ris, & fus contrainct de renuoyer ceux qui m'en auoient apporté. Il y en auoit bien dans le grenier de la Barque huictante-six Poinçons, outre ce qu'il y auoit dans les sacqs hors du grenier, & des poix verts que i'y acheray pour emporter au Fort-Dauphin.

Le Samedy douziéme du mois à midy ie m'embarquay à la rade de Ghalenboulou, & fis appareiller à mesme heure pour Saincte Marie.

Le mesme iour à sep heures du soir nous arriuasmes à la Baye de Saincte Marie où ie fis mouiller l'Anchre.

Le Dimanche treiziéme ie fus à l'habitation des François que ie trouuay en assez bon ordre.

Le Lundy quatorziéme, me vinrent trouuer les principaux de l'Isle, sçauoir Reignasse fils de Ratsiminon qui est le Philoubei, & Dian Nong, Rauatel & autres, pour me voir, & sçauoir de moy si i'emmenerois les François hors de l'Isle; Ie leur fis responce que ceux qui y estoient s'ennuyoient trop de demeurer en mesme lieu, & que comme ils auoient veu leur Commandant & leurs Compagnons morts, ils desiroient changer d'air, qu'ils ne se missent pas en peine, que lors que la Barque reuiendroit ie leur promettois de leur en enuoyer d'autres pour demeurer auec eux, & pour les defédre de leurs Ennemis, que pour tesmoignage de cela ie laissois mes deux Negres à la garde de l'habitation, & de tous les cuirs & coquillages que ie fis serrer dans vn Magazin, que si pendant l'absence des François, les Enfans de Rabecon leur venoient faire la guerre, ie leur promettois que les François iroient auec eux à Antongil pour les venger, dont ils furent fort contens. Ie fis quelque petit present à Reignasse, à ses femmes & enfans, & à son Oncle, qui me donna vn morceau d'Ambregris pesant enuiron deux onces pour deux menilles d'argent, qui vallent bien vn escu.

Description de l'Isle Saincte Marie.

L'Isle Saincte Marie gist depuis seize degrez latitude Sud iusqu'a dix-sept. Elle a dix-huict lieües de long & trois lieües de large au plus, elle est distante de la grande terre au plus pres de deux lieües, & au plus l'arge de sept. Elle a à l'Oüest par la hauteur de seize degrez cinquante minutes vn Port & vne Baye excellente pour y mettre à labry de grands Nauires proche vne Islet. Elle se diuise en cet endroict par vn Isthme ou destroict de terre où il y a vne petite riuiere où la mer y entre si auant qu'il y a fort peu de distance iusques à l'autre costé de la mer qui est vers l'Est. Au Sud d'icelle est vne Islet en triangle separé par vn canal large de trente thoise ou enuiron, où à mer baſſe il n'y a pas plus de quatre à ſix pieds d'eau.

Toute l'Iſle eſt remplie de collines de Riuieres & de ſources. La terre y eſt tres graſſe & fertile par tout où les habitans y ſement grande quantité de Ris. L'air y eſt fort humide, & les pluyes y ſont fort frequentes, ce qui rend la terre tres fœconde. Les Cannes de ſucre y viennent tres-belles, que les habitans y cultiuent pour faire du vin ſeulement. Ils y plantent les Bananes, les Ananas, le Mil & les racines d'Ignames ſans y craindre le Cochon, car il n'y en a point.

Le Tabac y vient le plus beau & le meilleur du monde.

Cette Iſle eſt toute enuironnée de cayes qui ſont des Rochers ſoubs l'eau, ſur leſquels croiſſent les plus beaux Rochers du monde, repreſentans toutes ſortes d'arbres, herbes, champignons, & excroiſſances, ce qui eſt tres merueilleux à voir. Il n'y a que cette Baye où les Nauires puiſſent eſtre à l'abry: mais entre la grande terre & elle, il y a bon Ancrage par tout.

Il y auoit lors enuiron quinze villages & habitations de Negres contenans quelque mille Negres, compris femmes & enfans, leſquels y eſtoient paſſez de la grande terre depuis que les François y eſtoient eſtablis. Et qui s'y tenoient en ſeureté à cauſe d'iceux, d'autant que les Hollandois y venoient auec Rabecon Seigneur de la Baye d'Antongil pour prendre Eſclaues tous ceux qu'ils rencontroient, ce qui en auoit beaucoup depeuplé l'Iſle.

Il ſe trouue du coſté de l'Eſt fort frequemment de l'Ambregris ſans les autres gommes odorantes que l'on trouue dans les bois, & principalement la gomme Tacamacha que les habitans y apportent toute molle & toute recente aux François. Il y a de la Soye en grande quantité, laquelle les Negres ne ſçauent pas filer. Ils la iettent & en mangent le ver quand il eſt en febue.

Le beſtial y eſt fort beau y ayant de tres bons paſturages par toute l'Iſle.

Les huict François y auoient chacun leurs maiſons & leur

jardin, & quand ils auoient affaire des Negres ils les aydoient en tout ce qu'ils auoient besoin d'eux.

Chapitre XLV.

Retour de la Barque au Fort-Dauphin.

LE Samedy dix-huictiéme ie fis appareiller de Saincte Marie apres auoir fait embarquer le Tabacq, le Tacamaca & les ferremens de l'habitation pour (Dieu aydant) faire voile au Fort-Dauphin, & emmenay les huict François que i'y auois trouué, & mis le Cap au Sud petit vent d'Est & calme.

Le Dimanche dix-neufiéme à Midy nous nous trouuasmes à dix-huict degrez de latitude Sud.

Le Lundy vingtiéme nous nous trouuasmes à dix-neuf-degrez vingt cinq minutes Sud, petit vent d'est-Nordest & calme par interualle, le Cap au Sud.

Le Mardy vingt & vn à Midy, hauteur vingt degrez quarante minutes, Cap au Sud vent mol d'Est & Est-Suëst & calme la meilleure partie.

Le Mecredy vingt-deux hauteur à Midy vingt-deux degrez dix-sept minutes. Cap au Susoroëst & au Soroëst vent de Nord & Nornordest, grand Houlle venant du Sud & marée qui nous fauorisa, qui couroit au Sud.

Le Ieudy vingt-troisiesme à Midy, hauteur vingt-quatre degrez moins dix minutes par le trauers des montagnes des Vohitsbans. Le matin nous commençasmes à descouurir les hautes terres de Viboulle, & continuasmes nostre route à huict & dix lieuës de terre, cinglasmes iusques au soir vent Nordest, mediocre sur le Midy. Sur les deux heures il se renforça par le trauers de Manghafia à enuiron huict lieuës ie reconnus vne marée qui portoit Nord, qui nous empescha d'arriuer de bonne heure au Fort-Dauphin; si bien que nous ne peusmes doubler la Roche de Dian Pan Rouge, que sur les huict heures du soir.

CHAPITRE. XLVI.

Le sieur de Flacourt arriue au Fort Dauphin auec bonne prouision de Ris, & amene huict François de Saincte Marie. Les Lohauohits demandent à faire leur paix.

A Dix heures du soir nous moüillasmes l'Anchre à la rade de Tholangharen ou du Fort Dauphin; où estant arriué, ie trouuay le Fort & tous les François en aussi bon estat que ie les auois laissé. Pendant mon absence les François conduits par le sieur Angeleaume mon Lieutenant, firent plusieurs courses aux montagnes voisines, bruslerent des villages, prirent des prisonniers & du bestial : Ce qui obligea quelques maistres de villages à venir demander la paix ; & ensemble Dian Tserongh à enuoyer quelques Lohauohits en faire le semblable, ausquels le sieur Angeleaume fit responce, qu'ils deuoient attendre mon retour. Et ainsi estant arriué, eurent plus de hardiesse de venir. Il y auoit au Fort deux Maistres de villages qui s'estoient desia venus ranger sous la protection des François, & prester serment qu'ils ne vouloient plus reconnoistre les Rohandrian pour leurs Maistres puis qu'ils auoient entrepris la guerre, & ne la pouuoient soustenir : Ainsi en vn mois de temps il vint au Fort plus de quarante Maistres de villages pour traiter de paix pour eux, & se soubsmettre soubs moy, en iurans & protestans de ne reconnoistre & ne seruir plus les Grands de ce païs ; mais de me reconnoistre pour leur Souuerain Seigneur & Maistre, auquel ils rendroient obeïssance en tout & par tout, puisque apres auoir faict vne si grande

faute

DE L'ISLE MADAGASCAR.

faute comme ils auoient fait, ie leur donnois la vie qui leur estoit plus chere que tous les biens du monde, & que ie leur rendois leurs terres, & ainsi les faisois viure. Pour cet effet & asseurance, ils se soubsmirent tous à payer l'amende suiuant leurs forces & moyens, qui trois bœufs, qui dix, qui vingt, qui trente, qui plus, qui moins, selon leurs facultez. Ie leur fis responce que si c'estoit tout de bon ce qu'ils en faisoient, qu'il falloit qu'ils optassent, ou de quitter tout à fait le seruice des grands, ou de se retirer : car vn homme ne peut seruir à deux maistres; que par ce moyen ie leur promettois de ne les piller point, comme faisoient les Grands, & qui plus est à leur mort, leurs enfans succederoient à leurs biens. Tout ce que ie leur demandois, c'estoit qu'ils eussent à me payer tous les ans le tribut des plantages & des choses qui prouiennent de la culture de la terre, ce qu'ils nomment Fahensa. A quoy ils resolurent tous disans que cela estoit tres-iuste : En outre ie leur fis entendre à tous que ce n'estoit pas moy qu'il falloit qu'ils reconneussent pour leur Roy, n'en estant pas digne : mais Louis de Bourbon Roy de France mon Seigneur & mon Maistre, que ie seruois en ce païs, & pour qui i'auois conquis leur terre, sans les auoir attaquez, & moy pour celuy qui estoit pour representer sa personne, & que quand il viendroit vn Nauire, il viendroit vn autre Gouuerneur en ma place, qu'ils reconnoistroient comme moy dont ils furent tous contens. Tous ces Lohauohits & maistres de villages, vinrent en vn mois de temps.

Chapitre XLVII.

Dian Tſeronh veut faire vne paix fourée. Deux Grands des Machicores viennent viſiter le ſieur de Flacourt au Fort Dauphin. Second voyage de la Barque à la prouiſion de Ris.

CEpendant Dian Tſerongh enuoya pluſieurs fois demander a faire ſa paix; ie fis reſponce à ſes gens qu'il falloit qu'il vinſt luy-meſme en perſonne s'humilier, ſe ſouſmettre ſous moy, me demander pardon de la faute qu'il auoit faicte en entreprenant vne guerre ſi iniuſte, & teſmoigner qu'eſtant décheu de la Seigneurie du païs, il falloit qu'il reconneuſt Louis de Bourbon pour ſon Roy, ſon Seigneur & ſon Maiſtre, & que pour cet effect il preſtaſt ſerment deuant moy, & mangeaſt du foye de bœuf à la façon du païs. Que pour ſon amande & reparation du tort qu'il auoit faict aux François : & à moy pour le beſtial pris en diuers lieux, dommages & intereſts que i'auois ſoufferts, il falloit qu'il me payaſt pour luy & tous les Grands ſes parens quatre mil bœufs, & que cependant il enuoyaſt deux cens bœufs pour retenir les pas des François. Il enuoya au bout de quelque temps deux cens bœufs & vaches grandes & petites, & enuoya dire que la peur qu'il auoit que ie le fiſſe mourir, eſtoit cauſe qu'il n'oſoit venir. Que cependant il me prioit d'auoir vn peu patience, & qu'il me rendroit reſponce du reſte. Au bout de quelque temps, il m'enuoya dire qu'il croyoit que ie ne luy deuois rien demander dauantage que ces deux cens beſtes, qu'il n'auoit aucunement profité de noſtre beſtial pris en diuers lieux, & que pour ſouſtenir la guerre, il auoit tout deſpencé ſon or, ſon argent, & beſtial à payer les Maiſtres des villages pour venir à la guerre contre nous, & qu'il me prioit d'auoir pitié de luy. Cependant ie sceus qu'il ne taschoit qu'à trouuer moyen de faire vne paix fourrée, & mesme laissoit aller ces Lohauohits deuant demander leur paix, pour tascher à espier l'occasion de nous trahir, à quoy ie prenois garde.

Le vingtiesme Nouembre Dian Manangha Seigneur du païs de Mandrerei dans les Machicores est venu au Fort accompagné de vingt Negres seulement. Il a presté serment de ne reconnoistre autre Seigneur que le Roy de France, auquel il promettoit d'estre fidelle seruiteur, & à celuy qui representoit sa Personne dans l'Isle au Fort Dauphin, & apres plusieurs protestations il a iuré & mangé le foye de bœuf à la façon du païs. Il nous donna beaucoup d'auertissemens, qui estoient entre-autres de ne nous fier iamais aux parolles des Rohandrians de Carcanossi, d'autant disoit-il qu'ils tascheroient tousiours à se vanger iusques à la dixiesme generation : c'est pourquoy nous les deuions preuenir : il s'en est retourné ioyeux & content de quelques petits presens que ie luy ay fait.

Le quatriéme Decembre à 3. heures du soir le tonnerre est tombé sur nostre Barque qui estoit à la radde preste à faire voile ; il a fendu le mast de mizaine, depuis le haut iusques en bas, & rompu vn haut banc, sans auoir fait de mal à personne, quoy qu'il y eust sur le Tillac deux Matelots, il fallut refaire vn autre Mast, ce qui retarda le voyage de quinze iours. I'expediay encor vne fois cette Barque, & la fis partir le iour de Noel, & la donnay à commander au sieur Angeleaume afin de faire encor vne traite de Ris à Ghalemboule.

Le sixiesme Ianuier mil six cens cinquante deux, Raberaza Grand de la vallée d'Amboule, enuoya plusieurs Negres me visiter auec presens, de bœufs & ignames. Il fit escrire vne lettre en caracteres Arabesques par Dian Radam Ombiasse : par laquelle il me prioit de luy enuoyer la teste de Dian Thauzoüa fils de Dian Ramach, afin de la rendre à Dian Panolahé son frere, & à Dian Ramariuel sa mere. Ie luy fis responce par vne autre lettre, en femblables caracteres que j'auois apris des le commencement que j'arriuay dans l'Ifle, & luy manday que ie ne pouuois luy enuoyer cefte tefte que la paix ne fuft faite; que ie ne luy refuferois pas, quoy que ce foit qu'il me pût demander; pourueu qu'il fuft en mon pouuoir hors cefte tefte, laquelle ie promettois rendre à Dian Pannolahé fi il vouloit venir au Fort Dauphin pour faire fon accord.

Enuiron le commencement de l'Année mil fix cens cinquante-deux, vinrent icy deux Grands du païs des Machicores me vifiter fous pretexte de me vouloir feruir à la guerre contre les Grands d'Anoffi. Ie leur fis refponce que nous eftions affés capables de demefler nos differens feuls, fans y mefler aucun autre de ce païs, que nous auions la memoire fraifche de la trahifon de Maropia, que ie les priois de ne me point parler de cela d'auantage. Ie fçeus depuis que ces Grands eftoient enuoyés par les Grands d'Anoffi pour me demander des François pour aller à la guerre pour eux en leur païs, & en chemin les maffacrer en trahifon. Depuis ces Grands me vinrent voir bien accompagnez, lefquels ie renuoiay froidement, & comme ie n'auois qu'vne fimple coniecture, ny aucune connoiffance certaine de leur mauuais deffein, ie ne les voulus pas mal traitter.

Chapitre XLVIII.

Atacque de Marofoutouts. Les Lohauohits continuent à fe venir foûmettre au Fort Dauphin.

DVrant ce mois de Ianuier l'on a fait plufieurs courfes fur les Negres qui vouloient tourner cafaques, d'où l'on a bien du beftial. Et le huictiefme Février i'enuoiay trente François en vn village nommé Marofoutouts où s'eftoit retiré Dian Tferongh. Ils furprirent le

Bourg & emmenerent six cens bœufs & vaches, & firent bien du butin. Le peuple se sauua par la faute d'vn François mal aduisé, qui voyant au point du iour approcher vn Negre que l'on auoit enuoyé espier dans le village, qui s'en venoit doucement; ces François estant d'opinion que ce fust vn ennemy, luy tira vn coup de fuzil, dont il mourut sur le champ, le bruit du coup fit sauuer tout le peuple en diligence dans les bois, & Dian Tserong aussi ; En reuenant les François furent attaquez de quatre fuzeliers, & enuiron quatre cens Negres au passage de la Riuiere, & de plus de mille qui suiuoient en queüe ; mais ils n'ozerent approcher. Dian Panolahé fils de Dian Ramach auec les fuzeliers qui s'estoient cachez derriere vn buisson, fit vne descharge sur les François sans blesser personne, aussi-tost les François tirerent dans la fumée, dont il y eut vn Lohauohits de tué. Dian Panolahé m'a dit depuis que ce Negre ne fut pas tué d'vn coup de fuzil, mais qu'en se iettant contre terre il se frappa si rudement du front sur vne roche qu'il se tua & n'en releua point, ainsi ils se retirerent tous & le bestial vint sain & sauf au Fort. Quelques iours apres tous ceux de Marofoutouts & des enuirons se vindrent ranger sous moy, & plusieurs riches Anacandries, dont il y en eust tel qui donna deux cens bœufs pour faire sa paix & preterent tous serment de ne plus reconnoistre les Grands d'Anossi & qu'ils me reconnoistroient à l'aduenir pour leurs Maistre, & ainsi tous ceux du costé du Sud qui font la moitié de Carcanossy sont venus au Fort faire les mesmes protestations, & m'ont fait des presens suiuant leurs moyens.

Ss iij

RELATION

CHAPITRE XLIX.

Attaque de Mangharanou. Les Roandrian demandent la paix. Retour de la Barque. Attaque de Cocombe.

LE vingt-quatriéme Février ayant entendu dire que Dian Panolahé, Dian Tserongh & plusieurs Roandrian s'estoient retirez en vn Bourg nommé Mangaranou, où ils auoient tous retiré leur butin, leurs femmes & leurs enfans, & que de là ils menaçoient de venir brusler & saccager tous ceux qui auoient fait la paix. Ie commanday vingt-huict François & quarante-cinq Negres soubs la conduite de la Forest Caporal, pour s'en aller tant nuict que iour à Mangaranou chercher à combatre Dian Marosambou ou autrement Dian Panolahé, & les Roandrian qui estoient auec luy. Là arriuez à la pointe du iour, ils entendirent quelques anciues (ce sont corps ou trompettes) & vn Negre ayant esté espier, vn autre Negre qui estoit en sentinelle cria en françois, qui va là, nostre Negre luy fit responce qu'il estoit vn des leur, sur cette parolle le Negre qui estoit en sentinelle, donna l'alarme en tirant vn coup de fuzil. Les François & nos Negres coururent au village d'où tous les Roandrian se sauuerent, lesquels pillerent & mirent le feu par tout. Quatre François monterent au haut de la Montagne où ils apperceurent des femmes des Roandrian qui se sauuoient toutes esperduës auec leurs paniers de marchandises, pagnes & autres choses, d'où quelques vns firent grand butin, & plus encor les Negres: si les quatre François eussent esté escortez des autres, il y eust eu bien plus grand butin. C'est par ce voyage que l'on a descouuert que ces Grands-cy ont bien de l'or, & qu'il faut qu'il se tire de cette terre, d'autant qu'il est de toute autre façon que celuy que nous auons

DE L'ISLE MADAGASCAR. 321

en France estant tres-doux à fondre ainsi que i'ay experimenté. Dian Panolahé fit quelques poursuittes auec des Negres, il y en eust six ou sept de tuez, & vingt-deux beaux villages bruslez. A leur retour ceux d'Imours voulurent faire piece, dont on separa, & comme ce n'estoit que par soupçon, ie ne voulus pas en tirer vengeance. Quelques iours apres vinrent beaucoup d'Anacandries & Lohauohits se soubmettre, mesme Dian Panolahé fit dire qu'ils desiroit faire le semblable; mais qu'il apprehendoit que ie ne le fisse tuer, & que Dian Tserongh, & Dian Tsissei auoient passé la montagne de Mangaze pour se retirer à la vallée d'Amboulle. Quelques Roandrian se vinrent soûmettre, & quelques mois apres tous les plus riches Lohauohits des plaines vinrent prester le serment de ne reconnoistre plus les Grands pour leurs Seigneurs, puis qu'ils auoient quitté leur païs; & qu'ils ne pouuoient pas les deffendre. Si bien qu'en trois mois de temps tout le païs de Carcanossi s'est mis sous nostre ioug & abandonné les Zaferahimina qui sont les Rohandrian, & pour leurs amandes promirent donner, qui dix, qui douze, qui vingt, qui trente, qui quarante, qui soixante, qui cent bœufs, d'autres des Ignames, & d'autres du miel. En sorte que de tout le païs de Carcanossi tant du Nord que du Sud, il y eut bien trois cens Maistres de villages tant Roandrian, Anacandrian que Voadziri, & Lohauohits qui vinrent prester serment pour rachepter leur vie, disoient-ils, leurs terres & possessions; ils me firent aussi promettre de iurer solemnellement, comme ie fis, de ne les rendre point à leurs Maistres, en cas qu'ils vinssent faire leur paix, ainsi qu'ils auoient oüy dire qu'ils auoient dessein de venir. Pendant deux mois sont venus au Fort se soubmettre, Dian Tsissei, Dian Rauaha femme de Dian Mandombouc, & plusieurs autres Roandrian: comme aussi Dian Manangha qui me vint visiter auec cent soixante Negres de sa suitte, & m'amena son fils & son neueu pour demeurer auec moy.

Enuiron le treiziesme May la Barque que i'auois enuoyé à Ghalembonlle retourna chargée de quatre-vingt poinçons de Ris blanc que ie fis mettre au magazin. Ie l'ay fait eschoüer sur le sable en attendant vn Nauire de France, d'autant que ie n'auois ny cables, ny voiles, ny agrez pour la remettre sur pied.

Le vingt-troisiesme May i'enuoiay au village de Cocombe & Silahits chez Dian Machicore pour le surprendre : mais il s'estoit sauué, son village fut pillé & bruslé, & enuiron cens bœufs & vaches prises. Six iours apres i'enuoiay en vn autre village chez vn Lohauohits qui auoit iuré & à qui i'auois donné cent bœufs à garder, lesquels il auoit donnez à la bande de Dian Tserongh, & Dian Panolahé à prendre. Ce Loauohits nommé Ramiabei se saùua, son village fut bruslé, & on amena enuiron la valleur de cent bœufs. I'ay commencé à faire cultiuer les horraces de Dian Ramache, pour y semer du Ris. Tous les Negres de la campagne y ont trauaillé par couruées ainsi qu'ils faisoient pour les Grands.

CHAPITRE L.

Plusieurs feintes & fuittes des habitans. Dian Machicore vient demander la paix.

LE septiesme Iuin i'appris que quelques riches Anacandries alloient se retirer à la vallée d'Amboulle, encor qu'ils m'eussent presté serment & payé vne partie de leur amande. I'enuoiay promptement trente François apres eux leur coupper chemin, ce qu'ils firent ; & de ce voyage emmenerent trois cens bœufs & vaches, & par ce moyen quantité d'autres Lohauohits & Roandrian qui n'osoient venir, sont venus au Fort se soumettre.

En ce temps estant bien empesché comme ie serois sçauoir de mes commandemens à tout le peuple, comme i'enuoyerois retirer les amandes deües par ceux qui auoient iuré

DE L'ISLE MADAGASCAR.

iuré, & leur faire payer le tribut annuel. J'enuoyay querir vn Roandrian & vn Anacandrian pour leur donner charge d'estre mes Ompanghcis, c'est à dire, ceux qui porteroient mes commandemens à tout le peuple, feroient payer les tributs, ameneroient les particuliers au Fort qui voudroient faire leur paix, & leur recommanderoiët d'executer ce que i'ordonnerois; ce qu'ils accepterent tres-volontiers, auec promesse de s'en acquiter fidelement.

Le seiziesme Iuin, Dian Machicore qui a espousé la fille de Dian Ramach: m'enuoya vn present de bœufs, & me fit dire qu'il me prioit d'accepter son seruice, & de luy pardonner le passé, promettant de me faire satisfaction, me donner tout ce que ie luy demanderois, & reconnoistre d'oresnauant Louis de Bourbon pour son Roy, & son Seigneur, & moy pour son Maistre, qu'il se repentoit de la faute qu'il auoit faite d'auoir consenty à cette guerre, qui estoit cause de la perte du païs, qu'il ne pouuoit pas se resoudre de le quitter, ny s'en aller en vn autre païs viure parmy les Negres; en qui il auoit moins de confiance qu'en nous, qui quoy que ces ennemis, luy serions encor plus fauorables que les Negres mesmes, qui luy tesmoignoient estre amis: c'est pourquoy il auoit dessein de me venir demander la vie pour luy, sa femme, & ses enfans; que pour l'or, l'argent, & bœufs, il ne se soucioit pas de me les donner pourueu qu'il eust la vie sauue: c'est pourquoy ayant sceu que ie ne luy ferois aucun mauuais traittement, il vint au Fort auec son frere qui auoit fait son accord auparauant pour deux cens bœufs, & cent gros d'or pour son amande, apres auoir fait toutes les soubmissions qu'vn simple Esclaue pourroit faire; & ainsi s'en retourna content en apparence.

Tt

Chapitre LI.

Negres du Fort punis pour vol. Les Grands font tuer des Negres en trahifon.

LE dix-neufiefme Iuin, ayant efté aduerty que cinq de mes Negres emmenoient durant le broüillard vers la montagne dix de nos beftes, i'ay attendu leur retour, & fur le foir i'ay fait mettre les nommez Raffouli & Tfongue aux fers, les trois autres eftoient ieunes, & auoient efté debauchez par Raffouli, & emmenez frauduleufement par luy, afin de les engager dans ce larcin. Le foir i'en fis faire la iuftice, & apres les auoir fait baptifer ainfi qu'ils demanderent, ie les fis executer par mes Negres leurs compagnons, & commanday que l'on les enterraft, Mes Negres me demanderent, deux bœufs pour les pleurer, fuiuant leur couftume, d'autant qu'il m'auoient feruy. Ce qui m'empefcha de leur pardonner, ce fut vne raifon que mes Negres mefmes m'alleguerent, que quand on pardonnoit à vn volleur, que iamais il ne fe corrigeoit, & qu'il faifoit de pis en pis & que leur pardonnant ie ferois caufe du mal qu'ils perpetreroient apres. Ce Raffouli mourut tres-conftamment, fans vouloir demander la vie, & lors qu'il fut baptifé, il auoit defia receu trois coups de fagaye dans le cofté, dont il ne s'efmeut non plus que fi on ne l'euft pas touché.

Le vingt-cinquiefme Iuillet, Dian Tferongh, & Dian Panolahé, enuoyerent tuer vn Negre qui eftoit en fon village à quatre lieuës du Fort, & qui auoit feruy de guide aux François à Mangaranou, d'où il auoit apporté bien du butin, qu'il auoit caché. Ce Negre eftoit Lohauohits, fubiet de Dian Panolahé; la nuict il fut furpris, tué auec vn fien petit fils qui eftoit baptifé, tout fon fait enleué, &

DE L'ISLE MADAGASCAR. 325

son bestial emmené, les Negres de la montagne firent si bien leur deuoir à poursuiure les assassinateurs, qu'ils ne peurent emmener aucune beste, & furent toutes ramenées à son Pere qui s'estoit sauué.

CHAPITRE LII.

Dian Boulle de Manghafia vient piller auec huict cens hommes ceux qui auoient fait leur paix auec le sieur de Flacourt.

LE dernier de Iuillet, le nommé Dian Boulle, & enuiron huict cens Negres s'estans assemblez, vinrent en cinq ou six villages pour enleuer tout le bestial qui y estoit appartenant aux Negres qui auoient icy fait leur paix, parmy lequel il y auoit deux cens bestes à moy appartenantes, sur l'aduis que i'en eus, i'enuoiay douze François apres, qui attraperent l'arriere-garde de l'armée qui estoit composée de quarante ou cinquante chefs des huict cens hommes qui chassoient deuant eux le bestial. Ces quarante ou cinquante hommes n'ayans pas encor espreuué nos armes, voulurent tenir bon auec leurs Rondaches contre deux François qui s'estoient aduancez des premiers, & quelques-vns de nos Negres qui leur iettoient des sagayes ausquels ils disoient des brocards & des iniures. Ils se vindrent approcher de ces 2. François à la longueur de 20. pas, qui leur firent descharge de deux coups de fuzil, & mirent bas le Chef de toute l'armée, auec son principal confident, & incontinent suruindrent les autres François qui firent prendre la fuite aux autres, qui pour mieux courir, ietterent leurs Rondaches. L'on m'apporta les deux testes qui auoient tres-bonne façon, & estoient deux Maistres de la terre de Vatte au chemin des Matatanes sur le bord de la mer, le principal s'appelloit Ratsimiambou & Ratsimirousse âgé de trente-cinq ans, & l'autre qui auoit en-

Tt ij

uiron cinquante-cinq ou soixante ans, s'appelloit Rafang-haterre. Ie fis mettre ces testes sur vn pieu fourchu deuant nostre Fort. Leur prise fut, compris les nostres, d'enuiron huict cens bœufs & vaches, & tuerent quelque trente personnes, & en blesserent bien autant, tout le bestial fut emmené par eux estant chassé deux lieuës deuant ces derniers qui n'alloient que le pas, ne croyans pas que l'on les deust poursuiure ainsi en queuë. Dian Boulle & tous ceux de sa troupe, crioient chez les Negres que ce qu'ils en faisoient, estoit pour se venger de la mort de Dian Ramach, & cependant Dian Boulle estoit venu des premiers faire sa paix & presté serment, ce qui est tres-remarquable, afin de ne se fier au serment & protestations de cette nation.

Chapitre. LIII.

Dian Panolahé & Dian Ramariuel sa mere, viennent au Fort se soubmettre, & demander la paix. Les Anacandries d'Andrauoule attrapez.

LE neufiesme Septembre, Dian Panolahé vint icy auec sa mere, se soufmettre ainsi qu'auoit fait Dian Machicore, il a protesté de me seruir, ainsi que les autres Grands tesmoignant auoir du regret de ce qui s'estoit passé, promettant de n'auoir iamais aucun ressentiment de la mort de son pere, & de son frere, de n'auoir iamais la pensée d'en tirer aucune vengeance sur aucun François, & de n'esperer plus en aucune façon à la domination de la terre qui estoit perduë pour luy par la faute de son pere, & du mauuais conseil de tout le païs, qu'il me reconnoissoit d'oresnauant pour son Maistre, & le Roy de France pour son Roy, son Seigneur & son Prince, qu'il ne se soucioit pas, pourueu qu'il eust la vie asseurée, & que ie luy donnasse place & demeure dans le païs qui estoit maintenant à moy, que quelque amende que ie luy demandaſſe, il taſcheroit à la payer, que ie luy donnaſſe de la terre pour faire planter & pour viure, ſur quoy & ſur pluſieurs autres propos, nous tombaſmes d'accord, qu'il me payeroit deux cens gros d'or, & cent bœufs, & que ceux de ſes Lohauohits & Roandrian ſes parens, qui n'auoient paſiuré auec moy ie les luy laiſſerois pour le ſeruir; & que ie luy permettrois de rebaſtir ſon village de Fanshere, dont il teſmoigna quelque ſatisfaction. Le lendemain il ſe retira auec promeſſe de reuenir dans vn mois, pendant lequel temps il diſt qu'il alloit querir ſa femme & ſes enfans. Il apporta auec luy quelques fuzils & piſtolets, & me fit promeſſe de rapporter toutes les armes à feu & munitions en reuenant, pour s'acquitter de ſon amande & preſter ſerment.

Le douzieſme Septembre, i'enuoiay le ſieur Angeleaume auec vingt-cinq François à Andrauoulle, chez les Anacandrian Maiſtres de ce village. Il y auoit trois mois qu'ils s'eſtoient accordé à me donner deux cens beſtes, & n'en auoient payé encore que le quart, & quoy que ie leur enuoyaſſe dire que i'auois beſoin de beſtial, ils ne l'enuoyoient pas pour cela, c'eſt pourquoy i'enuoiay le ſieur Angeleaume qui choiſit dans leur parc, où il y auoit plus de mille beſtes, cent trente-deux bœufs qu'ils me deuoient de reſte; & en prirent encor en d'autres endroicts chez ceux qui m'en deuoient. Ces Anacandries furent fort eſtonnez quand ils virent le ſieur Angeleaume auec ſes compagnons, qui ne prirent pas dauantage que ce qu'ils me deuoient, ils dirent auſſi-toſt que i'auois raiſon. Pluſieurs autres grands & Lohauohits des plaines ſont encor venus preſter ſerment.

Chapitre LIV.

Le sieur de Flacourt fait de nouueau restablir sa Barque : Les Negres apportent au Fort tout le Bois. Fuitte de Dian Panolahé aux Matatanes ; Dian Tserongh amené au Fort, accuse Ranicase de trahison, qui estoit déja mort il y auoit deux ans.

LE premier de Nouembre estant incertain de la venuë d'vn Nauire de France, ie me resolus de faire accomoder nostre Barque, & la faire reborder tout de nouueau, la faire bien doubler & rehausser son Tillac, y faire vn sainct aubinet ou chasteau d'auant pour y faire vne cuisine, pour la rendre plus commode à nauiguer, affin de luy faire faire vn voyage, soit à l'Isle Maurice, soit à Mosambique, soit à Goa, soit en France, en cas que l'année suiuante il ne vinst point de Nauire. C'est pourquoy i'ordonnay des François pour scier de la planche, & enuoiay les Charpentiers aux bois pour abatre du bois. Ie commanday aux Ompanghaics d'amener des Negres de la Campagne pour apporter les poutres à scier, ce qui fut promptement executé, si bien qu'il n'y eut ny Roandrian ny Anacandrian, ny Lohauohits qui n'y enuoyast ses gens, tesmoignans tous auoir bonne volonté de me seruir. Cependant à cause que le flot de la mer battoit contre la barque, & qu'il estoit impossible de la leuer d'autant qu'elle estoit enfouïe trois pieds dans le sable, ie fis faire vn fort bastardeau tout alentour auec des pieux que ie fis enfoncer à refus de mouton ; en sorte que la mer n'y donnant plus, l'on la peust leuer hault ; ce qui fut fait le 19. Feurier 1653. Et pour cét effet, ie fis faire par nos serruriers vn fort cric & par le moyen de grandes pieces de bois en forme de leuiers, ie la fis mettre en sa hauteur. Cependant ayant appris que Dian Panolahé au

DE L'ISLE MADAGASCAR.

lieu de venir s'acquitter de sa parolle, s'en estoit allé aux Matatanes traitter des bœufs, & que Dian Tserongh estoit repassé en ce païs pour tascher à faire quitter & débaucher les Negres, partie en les menassant, & partie en les flattant. Sur cette nouuelle ie fis partir le sixiesme Fevrier le sieur Angeleaume auec vingt-cinq François & cinquante Negres pour s'en aller à la vallée d'Amboulle pour y faire la guerre, sous feinte d'aller retirer le bestial deub dans les plaines qui sont en chemin. Comme les François furent proche de la montagne, il y eut vn Negre qui fut aduertir dans la vallée d'amboulle, lequel Negre s'estoit offert d'y aller mener les François auec vn autre Negre espion, qui estoit venu au Fort, que l'on menoit lié; C'est pourquoy le sieur Angeleaume apres m'en auoir donné aduis, les fit tous deux tuer par nos Negres, apres en auoir eu commandement de moy. Et de plus, sçachant que Dian Tserongh se vouloit sauuer; l'enuoiay dire au sieur Angeleaume de separer sa trouppe en deux pour garder deux passage, & commanday encor 12. François pour l'aller suiure en queuë, Dian Tserongh, sçachant cela, s'en vinst droit au Fort Dauphin, se soumettre & faire la mesme chose que Dian Panolahé, où estant il me fit les mesmes protestations & excuses qu'auoient fait Panolahé & Dian Machicore. Et adiousta que ce qui l'auoit incité à nous faire la guerre, c'estoit vn François dont ie tais le nom, appellé Ranicase en ce païs, il luy auoit dit que iamais le païs ne seroit en repos qu'il n'eust fait massacrer les François & moy qui en estois le chef, par où il falloit qu'il commençast : car moy estant mort les François n'ayans plus personne à leur commander se diuiseroient, & ainsi il seroit aisé de tout défaire, que pour luy il renonçoit à la France, & feroit tout ce qu'il pouroit pour le seruir en cela. Et comme la guerre fut commencée il leur enuoya dire, *Fatare Hanareau, Fa Morai Rits Abi.* C'est à dire. Tenez bon, vous autres, car ils seront bien-tost reduits à neant tous tant qu'ils sont. Et vne autrefois Ranicaze estant à Fanshere où il estoit allé pour voir Dian

Ramach, & Dian Tſerongh, il leur dit, *Tohéreho*, *anareo*, *adracomoraifonghe*, c'eſt à dire ſoyez courageux, ou prenez courage, vous autres, en verité ils ſeront bien-toſt à neant, En outre donnez leur du vin à boire tout leur ſaoul, & frapez ſur eux comme ſur l'eau & les exterminez. Ainſi la trahiſon de cet infame parricide ayant eſté deſcouuerte par moy, à eſté enfin miſe en euidence par la confeſſion de Dian Tſerongh.

CHAPITRE LV.

Dian Tſerongh demande la paix, & preſte ſerment.

LE meſme iour Dian Tſerongh s'accorda auec moy de payer deux cens cinquante gros d'or & trois cens bœufs pour ſon amande : & comme il penſoit s'en aller pour poſſible faire comme Dian Panolahé, ie luy dis qu'il falloit qu'il payaſt comptant cent gros d'or, & cent bœufs, & que attendant qu'il enuoyaſt querir ſa femme & ſes enfans à Amboulle, il falloit qu'il demeuraſt au Fort, ou bien qu'il laiſſaſt ſon fils aiſné en oſtage. Ce qu'il fit & huict iours apres il enuoya 81. gros d'or & cent bœufs, retira ſon fils & s'en alla demeurer à vn village nommé Hiriamdampe. Ie rendis au fils de Dian Tſerongh nommé Dian Ramaus vn cordon remply de certaines eſcritures qu'ils nomment Hiridzi : vne partie de ces Hiridzi venoient de ces Anceſtres, & l'autre partie Dian Tſeron l'auoit fait eſcrire & compoſer par les Ombiaſſes Matatanois. Ces Hiridzi luy coutoient beaucoup à faire : car pour les compoſer il auoit fallu attendre certains iours de l'année, & certaines heures du iour, pendant leſquels à ce ſuiet il faiſoit ſacrifier beaucoup de bœufs de certain poil, autrement ces Hiridzi n'auroient pas eſté heureux. Ce ſont des Taliſmans qu'ils figurent ſoubs certains aſpects des Planettes, & certaines conſtellations du Ciel. Les vns pour eſtre preſeruez du tonnerre

Reduction des habitans de la prouince de Carcanossi En l'isle Madagascar a l'obeissance du Roy par serment solemnel faict par les grands et deputez de tout le païs Entre les mains du Sr de Flacourt commandant au fort dauphin En lad. isle au mois de juin 1652.

DE L'ISLE MADAGASCAR.

tonnerre, des maladies & des surprises de ses ennemis, les autres pour deuenir riches, & pour estre heureux en toutes ses entreprises. Ces Ombiasses amusent ces pauures gens de ces choses, en quoy gist toute la Religion des Rohandrian. Ce sont passages de l'Alcoran qu'ils adioustēt auec leurs caracteres, ils y croyent comme nous en la saincte Bible, ils leurs portent autant d'honneur & reuerence comme nous faisons à nos Liures sacrez. Lors que i'eus donné ce Cordon à Dian Ramouse il le baisa & le mist sur sa teste, fort content & fort ioyeux, tant a de force cette superstition qui est enracinée des long-temps parmy ce peuple. Dans tous leurs liures ie n'ay rien reconnu qui approchast de la Magie, & il n'y a nulle inuocation de demons, ce ne sont que Talismans, composez de certain nombre de lettres dans certaines figures, ausquelles ils attribuent quelque vertu. I'en ay veu de semblables dans les Liures d'Agrippa & quelques Manuscrits que i'ay veu autrefois que l'on disoit estre la Clauicule de Salomon, i'estime que les vns & les autres n'ont non plus de force que ceux-cy. Iamais tous les sorts, charmes, & mousaues qu'ils nous ont enuoyez, ne nous ont peu causer le moindre frisson ny la moindre incommodité: au contraire pendant la guerre, nous ne nous sommes iamais si bien portez, bien qu'ils enuoyassent de nuict en nuict milles papiers & autres choses couuertes d'escritures, tantost des cercueils de bois, des canots, des auirons, des pots de terre qui n'estoient point cuits au feu, des œufs, le tout couuerts de ces caracteres magiques, mesme ils les escriuoient auec de la poudre à canon, detrempée auec de l'vrine, croyant que cela augmenteroit la force de leurs charmes. I'ay ramassé quantité de ces choses par curiosité, ie remonstray à Dian Ramousse qu'il ne deuoit point adiouster foy à ces superstitions: mais que venant vn Nauire de France, il falloit qu'il creust en nostre Religion, & qu'il se rendist Chrestien, qu'apres cela Dieu l'assisteroit, & le rendroit apres dans le monde plus puissant, plus redouté, & plus heureux qu'il n'auoit iamais esté. Ie pris occasion de luy dire que si peu que nous estions de François n'aurions pas

V v

eu l'aduantage sur eux, si Dieu ne nous eust donné la force & le courage, si nous ne l'eussions inuoqué auec ferme confiance qu'il nous assisteroit. Que nous ne nous preuallions point pour cela, comme ayans reüssi de nous mesmes: mais que nous attribuions de tout la gloire à Dieu, auquel de iour en iour, matin & soir, nous luy rendions grace dans nostre Chappelle & en tout lieu. Dian Tsissei vint au Fort en suite, qui s'accorda à la mesme amende que Dian Machicore. Ainsi tout ce païs a esté assuietti soubs l'obeïssance du Roy de France, & m'a presté serment pour ce sujet, en me tesmoignans tous, que comme ils ne reconnoissoient que moy de Chef entre les François qui estoient à Madagascar, ils me tenoient pour leur Seigneur & Maistre. Ie leur fis entendre que le Roy de France mon Maistre que ie sers, estoit le plus puissant, le plus doux, & debonnaire qui soit au monde, il falloit qu'ils le reconnussent pour leur Roy, & Seigneur, & moy qui suis le moindre de ses suiets pour leur Commandant & Gouuerneur, dont ils ont esté tous satisfaits en apparence, & commencerent à me payer la Fahensa, qui est vn tribut des plantages qu'ils payoient à Dian Ramach & Dian Tserongh, & aux Grands.

Ce vingt-cinquiesme Septembre mil six cens cinquante-deux, i'eus aduis que Raberaza Grand de la Vallée d'Amboule, estoit mort d'vne retention d'vrine pour vne pierre qu'il auoit dans la vescie.

Chapitre LVI.

Ris cueilli & apporté au Fort par mille Negres. Tout le Pays tributaire au sieur de Flacourt. Les Grands taschent encor à trahir, nonobstant leur serment.

LE dix-huictiesme Feurier, ie fis apporter par mille Negres le Ris d'vn horrac ou marais, que j'auois fait plan-

DE L'ISLE MADAGASCAR. 333

ter. Ainſi nous ne manquions que de ſecours & aſſiſtance de France pour pouuoir ſubiuguer & reduire à l'obeïſſance du Roy, toute cette grande Iſle qui a plus de huict cens lieuës de tour, & peuplée par tout, par plus de huict cens mille habitans, y ayant telle Prouince qui fournira plus de trente mille hommes. Pour cet effect, il faudroit encor icy deux cens François effectifs ſeulement pour conquerir de deça le tiers de toute l'iſle, & tous les ans vn grand Nauire qui apportaſt des hommes frais, & qui vinſſent pour peupler, & que ſa Maieſté y enuoyaſt vn Commandant General qui fuſt ſage & prudent, tant pour retenir l'inſolence des François, que ſe donner de garde de la trahiſon des Negres, qui euſt des Officiers fideles pour executer ſes commandemens, & faire iuſtice des coulpables delinquans & mal viuans. Ce faiſant il ſe pourroit maintenir & tenir tous ces païs-cy ſoubs l'obeïſſance du Roy de France, cependant que les habitans François y feroient leur negoce, planteroient du Tabac, chercheroient ce qu'il y a de propre & de valleur pour eſtre porté en France, en payant des droicts honneſtes à la Compagnie que le Roy voudra y continuer.

Enuiron ce temps ie reconnus que les Grands n'eſtoient venus faire leur paix qu'à deſſein de mieux nous trahir s'ils pouuoient, & que ce qu'en auoient fait la plus-part des Negres n'eſtoit qu'a meſme deſſein, n'ayans pas eu regret de donner leurs bœufs, leur or, argent, pagnes, & autres choſes, afin de mieux reüſſir, & de faire penſer qu'ils n'auoient plus rien de mauuais ſur le cœur, puis qu'ils donnoient ainſi tout ce qu'on leur demandoit. Meſme ſouuent ils nous ſont venus dire que l'on auoit veu vn Nauire tantoſt à Manatenga, tantoſt aux Ampatres, tantoſt qu'il y auoit trois grands Navires à Sainct Auguſtin, le tout afin de m'obliger d'enuoyer des François de coſté & d'autre pour taſcher à les auoir en trahiſon; meſme vn Grand des Ampatres vint icy demander à faire ſa paix, & a offert cent gros d'or, & cent bœufs, puis me pria de luy donner huict François pour aller combattre ſes ennemis, le tout

Vu ij

pour les massacrer en trahison, & ainsi nous diminuer en nombre & en armes. Ce que ie refusay & vsay de dissimulation enuers luy, luy disant qu'ayant dans Anossi bien des ennemis, ie ne pouuois pas enuoyer nulle part des François, & luy donnay bonne esperance à la venüe d'vn Nauire.

Chapitre LVII.

Dian Tseronh amené derechef au Fort. Sottise des Negres, qui prient le sieur de Flacourt de faire venir la pluye.

COmme enuiron le vingt-sixiesme de Feurier de l'année mil six cens cinquante-trois, Dian Tserongh ne sçachant par quel moyen ioüer quelque Tragedie; il fit courir vn bruit que Diamboulle assebloit vne armée pour venir dans le païs d'Anossi auec trois mille hommes, & que tout le peuple en estoit espouuété s'enfuiant dans les Montagnes: i'enuoiay le sieur Angeleaume auec vingt-deux François soubs pretexte d'aller attendre cette arriuée dans les plaines, & luy donnay ordre de se saisir de la personne de Dian Tserongh, & de l'amener au Fort, pour l'obliger à payer le reste de son amande, & en intention de le garder prisonnier iusques à la venüe d'vn Nauire, sçachant tres-bien que c'estoit luy qui faisoit tout remuer dans le païs. Apres l'auoir tenu huict ou dix iours, il me fit tant de protestations, de soubmissions, & de sermens, que ie fus contraint de le laisser aller, apres luy auoir fait prester serment, & receu encor la valleur de cent gros d'or, & quelque soixante & quinze bœufs, luy donnant du temps pour payer le reste.

Pendant que Dian Tseronh estoit au Fort, plusieurs Rohandrian, Anacandrian & Lohauohits me vinrent demander de l'Auli pour faire venir la pluye, d'autant que la secheresse empeschoit leurs Ignames de profiter & les faisoit mourir : ie les repris de leur sotte demande & leur remonstray qu'ils estoient bien simples de croire qu'vn homme mortel eust le pouuoir de commander à la pluye, aux vents, aux tonnerres, & aux tempestes, ny ayant que Dieu qui s'estoit reserué ce pouuoir. Que leurs Ombiasses les abusoient beaucoup de leur faire accroire qu'ils auoient la vertu de se faire obeïr par les Elemens, & par les choses insensibles & inanimées. Que pour obtenir cela il estoit necessaire qu'ils changeassent de maniere de viure, qu'ils se fissent Chrestiens, afin qu'en seruant Dieu ils peussent obtenir de luy par leurs prieres ce qu'ils luy demanderoient. I'ay esté aduerty que beaucoup de Rohandrian & autres de Carcanossi qui s'estoient retirez à Amboule, publioient que les François n'ozoient point passer la montagne, & mesme Rabertau grand d'Amboulle, qui auoit succedé à Raberaza, auec ses parens auoient fait faire vne grande quantité de cordes pour ietter sur les François, & les arrester par le col comme ils font leurs bœufs quand ils s'enfuient. C'est pourquoy afin de voir comme ils s'y prendroient.

Chapitre LVIII.

Attaque du grand Village d'Amboulle & d'Izame.

LE quatorziesme Mars ie commanday le sieur Angeleaume auec vingt-huict François de s'en aller trouuer Dian Mananghe, & de là s'en aller dans le païs de la Vallée d'Amboulle pour y faire la guerre, & emmener tout le bestial qu'il pourra trouuer : Pendant ce voyage il nous vint au Fort mille menteries, & mesme Dian Tserongh m'enuoya dire qu'il auoit receu nouuelles qu'il y auoit eu des François tuez à la Vallée. Toutes-fois le trente & vniesme Mars le sieur Angeleaume auec les François arriuerent au Fort en bonne difpofition, qui me dirent que plus de cinq ou fix cens Negres d'Anoffi eftoient venus au deuant d'eux, fous pretexte de fe conjoüir de la bonne iffuë de leur voyage; mais il y auoit apparence que ce n'eftoit que pour les trahir & furprendre en temps de pluye, & ce par le commandement de Dian Tferongh qui voyant les François de retour s'eft auffi-toft retiré à Amboulle auec fa famille, & cinq ou fix des principaux Lohauohits qui auoient fait leur paix & payé leur amande. Le fieur Angelcaume amena en ce voyage feulement cent bœufs; car ils auoient efté auertis. On brufla le grand Amboulle & Izame, où il y eut bien des Negres de tuez.

En approchant d'Amboule il y eut vn François qui auoit vne tocque de Bearn dont il fe couuroit la tefte, qui s'aduifa par gaillardife de la ietter en l'air bien haut. Les Negres du Village qui auparauant faifoient les affeurez, creurent que ce François eftoit vn Magicien, & que ce qu'il iettoit ainfi fa tocque eftoit pour les charmer, prirent auffi-toft la fuitte & ne firent aucune refiftance, vne partie des François s'en alla à Izame à trois lieuës d'Amboule qu'ils bruflerent, & tuerent plufieurs Negres qui les fuiuoient en queuë, fix François eftans dans vne vallée à chercher des bœufs, virent trente-fix bœufs gras qui auoient les iarrets coupez de peur qu'ils ne fuffent emmenez. Le fieur Angeleaume auoit mené Dian Mananghe auec cent Negres qui y fit tres-bien de fa perfonne, quoy que les ennemis criaffent aux François que Dian Mananghe eftoit vn traitre, à quoy l'on ne prit point garde. Le fieur Angeleaume m'a raconté à fon retour comme les Lohauohits des plaines s'eftoient affemblez, & eftoient allez au deuant des François fur la Montagne de Sonze pour les furprendre pendant la pluye: & comme ils ont veu qu'ils ont manqué leur coup ils s'en font fuis dans la Vallée d'Amboule, quoy qu'ils euffent tous payé leurs amandes. En quoy l'on peut connoiftre qu'elle refolution à eu cefte nation, & quels moyens elle a cherchée pour nous exterminer, de ne s'e-

DE L'ISLE MADAGASCAR. 337

stre point souciée de nous donner tant de bestial, & d'engager tout ce qu'elle auoit de precieux, qui est l'honneur, & la liberté, afin de chercher l'occasion de se vanger, & de nous deffaire.

Le troisiesme May arriua le nommé Dian Boulle, Ondzatsi d'Itapere, qui me dist qu'il estoit venu chez luy soixante Negres de la Vallée d'Amboule enleuer tout ce qu'il auoit, & que son pere nommé Romar auoit esté tué par eux.

CHAPITRE LIX.

Ruse de Dian Panolahé & des Anacandrian de Maromamou, pour trahir le sieur de Flacourt. Apportent trois testes de Negres au Fort pour couurir leur trahison.

LE 16. May 1653. ie fis cueillir le Ris d'vn horrac à Faspoutchi où Dian Ramouze Ompaghaic me vint voir, qui me dit que Dian Panolahé desiroit venir faire sa paix : Mais que comme il auoit peur, il n'osoit venir au Fort Dauphin, qu'il me prioit d'enuoyer dans la plaine de Fanshere trente François, & qu'en leur presence il iureroit & payeroit à celuy que i'ordonnerois le reste de son saze, & que ie luy donnasse place où ie voudrois, soit à Fanshere ou autre part, il s'y tiendroit. I'ay sceu que ce que Dian Panolahé en faisoit, n'estoit que pour brasser quelque trahison sur les François, qui ne prendroient pas bien garde à eux, & ainsi ie dissimulay cela. En outre plusieurs Lohauohits me venoient souuent visiter, & auec certain empressement, me prioient d'aller visiter le païs disans que les peuples souhaittoient me voir, qui estoit leur nouueau Maistre, à quoy ie prenois bien garde, & voyois iour au trauers de leurs astuce & finesse. Estant bien certain que des peuples que l'on a de force ne sont pas si affectionnez, comme ils me disoient. Ce qui me seruoit encor de meilleur auertissement pour me donner de garde. Et afin de mieux esprouuer leur feintes, le vingt-vniesme ie fus à Maromamou auec vingt-deux François, & quarante bons Negres, à dessein d'aller iusques à Vatte Malame, & auant que de partir, l'on m'aduertit de prendre garde à moy, & que Dian Panolahé auoit auec luy au droict de Fanshere plus de cinq mille hommes en embuscade qui attendoient ma venuë, cela n'empescha pas mon dessein. Comme i'arriuay à Maromamou, il suruint vne grande pluye qui dura toute la nuict, & le matin le temps se mist vn peu au beau. Mais comme le temps estoit couuert de tous costez, ie pris resolution de m'en retourner, outre que i'estois incommodé d'vn grand rheume, & quelques autres aussi auec moy, & de plus le temps se preparant à la pluye de tous costez, ne nous eust pas esté aduantageux. Ainsi que i'estois sur mon depart, suruint vn Negre tout eschauffé, dire qu'vn Souuouc auoit emmené vingt de nos bœufs qui estoient en Ramach. Les Anacandries, Dian Penas & leurs gens tenans leurs sagayes en leurs mains, me vinrent enuironner & prier d'enuoier des François apres ce Souuouc. Ie leur fis responce que pour vn Souuouc, ie ne voulois pas enuoyer des François, à moins que ce ne fust vne armée, ie les fis retirer hors d'alentour de moy, comme aussi firent les François. Ces Anacandries disoient cela tous eschauffez; afin de m'obliger d'enuoyer des François à l'estourdy, pour mieux faire leur coup. Ie me mis en chemin pour m'en retourner. Au passage de la riuiere, ie sceus qu'il n'y auoit qu'vne beste d'emmenée, encor la retrouua-t'on. En ce temps-là, Dian Panolahé estoit assemblé auec quatre mille hommes par de-là Fanshere, qui attendoit à faire son coup, & vn de nos Negres qui estoit allé chercher sa femme, veid plus de trois cens Negres armés de sagayes par de-là Vohitsbandrec; c'estoit iustement vne piece faite à la main pour nous faire quelque insulte, outre que le temps estoit tout preparé à la pluye. Enuiron quatre iours apres mon retour de Maromamou, arriuerent Dian Penas, Dian

Ram-

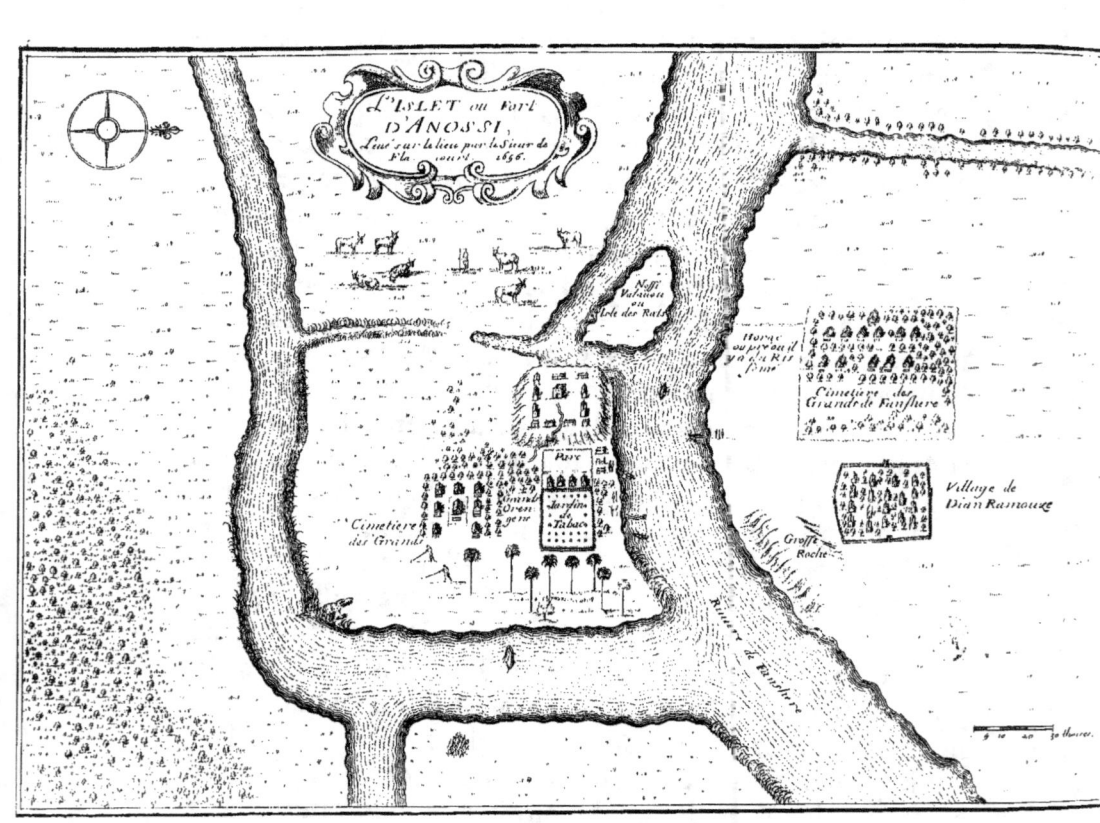

DE L'ISLE MADAGASCAR. 339

Ramouze, & quelques trente six Negres, qui m'apporterent trois testes, dont il y en auoit deux fraischement escorchées, disans que les chiens les auoient mangées, & vne autre qui ne l'estoit point, qui estoit la teste d'vn voleur nommé Rachitrou. Ces Roandries me dirent que comme ils estoient allez à la poursuite des Souuoucs, plusieurs Negres d'Imours en auoient apperceu le soir quinze ou seize qui faisoient du feu sous vne Roche, d'autant qu'il faisoit froid & mauuais temps, ils s'amasserent quinze ou seize Negres, & s'y en allerent, & comme il approchoient d'eux, ils se mirent à nommer des François comme s'ils les eussent appellez. Ces Negres prirent la fuite, & quatre qui demeurerent derriere, furent pris & menez à Anramach au village de Dian Penas, où il y eut la femme de Dian Ramouze, qui dist qu'il les falloit tuer; ce que fit Ratsifaleh & les autres; ainsi ce ne fut point par le commandement de Dian Penas, ny de Dian Ramouze, qui ne les eussent pas peut-estre tuez, s'ils y eussent esté: le lendemain ils m'en apporterent trois testes, & vne qu'ils planterent sur vn poteau, ce qu'ils en firent estoit pour se couurir du mauuais dessein qu'ils auoient eu auparauant à Maromamou.

Chapitre LX.

Dian Manangha vient voir le sieur de Flacourt, & l'auertit de se donner de garde des ruses de ceux d'Anossi. Feinte de Dian Panolahé pour donner le loisir à Dian Tserongh de piller la succession de Dian Mamale.

LE dix-neufiesme de Iuin, Dian Mananghe me vint voir pour prendre congé de moy, d'autant qu'il s'en alloit à sa terre de Mandrerei, & me dit que Dian Panolahé & Dian Tserongh auoient enuoyé payement à ceux d'Encalilan, & à ceux de la montagne d'Hiella pour le tuer;

que comme ils s'estoient assemblez mille hommes pour le surprendre, il les repoussa, y ayant perdu sept femmes & trois hommes, tous Esclaues, ainsi il se retira de là, & me raconta que Dian Raual son cousin & son beau frere auoiét esté tués par vne mesme ruse que celle que l'on me vouloit ioüer à Maromamou. C'est que Dian Raual estant en son païs de Manembouue, cinq ou six Negres eschauffez vinrent courir chez luy qui luy dirent que Dian Manghalle son frere & son ennemy luy enleuoit du bestial; aussi-tost il assembla ce qu'il pût de ses gens pour aller apres, & comme il estoit en chemin, il fut assailly par vne embuscade de six cens hommes cachez dans les bois, qui se ruans sur luy, causerent la fuite à tous ses gens, & luy demeura seul, où il fut tué, ne pouuant pas resister à tant de gens. Et apres tous ses suiets vinrent seruir Dian Mananghe, qui me laissa son fils & son neueu pour estre aupres de moy, afin de m'asseurer de sa bonne bonne volonté. Il me donna advis que Dian Panolahé des Manamboulles auoit dessein de me rendre mon bestial qui estoit tout encor chez luy, sans en auoir voulu manger vne beste. Mais comme nous estions peu de François, ie ne voulus pas y enuoyer, craignant encor quelque trahison, il y auoit douze cens belles bestes à moy, sans les veaux qui en sont prouenus, qui pouuoient bien monter à autant, & bien quatre cens autres bestes appartenantes aux François & aux Negres, qu'ils auoient eu, à ce qu'ils disoient d'achapt; ie laissay cela pour la venuë d'vn Nauire, i'enuoiay seulement auec Dian Mananghe deux de mes Negres pour sçauoir au vray la volonté de Dian Panolahé, & recommanday à Dian Mananghe d'enuoyer auparauant deux Negres de chez luy à Manamboule vers Dian Panolahé pour sçauoir sa volonté, & luy demander deux de ses neueux pour venir chez Dian Mananghe en attendant, & pour asseurance de mes deux Negres, qui iroient trouuer de ma part Dian Panolahé, & pour sçauoir au vray sa volonté.

Le vingt-septiesme Iuin, arriua Dian Ramouse Ompong-haic, qui me dit de la part de Dian Panolahé, qu'il desiroit venir faire sa paix, mais que comme on luy auoit fait peur, qu'il apprehendoit de venir au Fort Dauphin, de crainte dy estre retenu aux fers : qu'il offroit de me donner cent gros d'or, & cent bœufs, & que pour le reste ie l'en fisse viure ; c'est à dire que ie luy remisse, que ie luy enuoyasse trente François à Vate Malame pour le voir iurer, qu'il demeureroit ou ie voudrois, & qu'apres en cette asseurance il viendroit au Fort, ie fis responce qu'il falloit qu'il vinst au Fort Dauphin, autrement il ne pouuoit esperer de paix. Dian Ramouze demeura iusques au lendemain au soir que ie sceus que Dian Tserongh estoit dans Anossi, qui estoit venu querir le Louue de Dian Mamalle. C'est pourquoy ie fis partir le sieur Angeleaume auec vingt-cinq François quis'en allerent à Sahauoulle, & Voulazatou où logeoient d'ordinaire les gens de Dian Tserongh, & de Dian Panolahé qu'ils bruslerent, & en amenerent cent cinquante bœufs, il eut trois Maistres de villages tuez : Cependant le pourparler de paix de Dian Panolahé, n'estoit que pour m'amuser & donner loisir à Dian Tserongh de piller les enfans de Dian Mamale, & en cas que i'enuoyasse trente François pour le voir iurer, c'estoit pour les faire massacrer en trahison par les Lohauohits d'Auarats qui auoient desia esté tous gagnez par luy & par Dian Tserongh, comme il se verra cy-apres. I'enuoiay vn mot de lettre au sieur Angeleaume, lors qu'il fut de retour de Voulazatou à Imours, qu'il enuoyast icy le bestial, & qu'il s'en allast à la poursuite de Dian Tserongh, & qu'il allast à Farauech où demeuroit Dian Mamale pour prendre le Louue que ses enfans vouloient donner à Dian Tserongh.

Le huictiesme de Iuillet, le sieur Angeleaume vint au Fort qui amena auec luy les heritiers de Dian Mamale, qui amenoient quarante bœufs & vaches, & quarante autres qui deuoient venir le lendemain, ausquels ie dis qu'ayans manqué d'amener le Voulihéne de la mort de leur Pere, ils meritoient que ie leur ostasse tout; ainsi que faisoient les Zafe-Ramini. Ie me contentay de prendre seulement six bœufs, & ie leur rendis le reste, sous pretexte que ie leur donnois en garde: toutesfois quelques iours apres ie leur enuoiay dire que ie leur laissois absolument; pourueu qu'ils n'en donnassent point à Dian Tserongh, dont ils me remercierent.

Chapitre LXI.

Le sieur de Flacourt fait planter beaucoup de Ris. Malheur arriué par Iurongnerie. Plusieurs faux bruicts de Nauires courent.

DAns ce mois, ie fis encor planter le grand horrac de Cossebeï auquel au lieu de vingt-sept paniers, i'en fis mettre quarante-deux, en ayant fait labourer dauantage que l'année passée.

Ce mesme mois, ie fis planter vn horrac qui est proche Fanshere, qui est de vingt-quatre paniers de Ris. I'en fis aussi planter à Hiassa, à Fassempoutchi & autres lieux en tour, iusques à cent cinquante paniers, en sorte que tout venant à bien, ie pouuois recueillir du Ris assez suffisamment pour vne année.

Ce mesme mois, quelques François s'estans mis à faire desbauche, il y eut Simon du Bosc, Maçon âgé de quatre-vingt-deux ans, toutesfois dispos de son corps comme vn ieune homme, qui estant yure en descendant la garde, fut appellé en forme de jeu, & de risée par le nommé Nicolas Chauuel, dit Chauille aussi Maçon son camarade qui estoit yure, & le couchant en jouë luy dit Camarade prens garde à toy, du Bosc n'entendant pas raillerie, luy deschargea vn coup de fuzil dans le corps dont il mourut cinq iours apres, ainsi l'ouurage de maçonnerie fut finy dés l'heure mesme, ayant eu esperance de faire enuironner le Fort de murailles auant l'année mil six cens cinquante-quatre, qui eust esté vn grand repos pour l'habitation: i'en fis faire le procez verbal & information, & fis mettre du Bosc au fers. voyant que du Bosc pouuoit rendre seruice, & qu'il ne se pouuoit eschapper, ie le fis relascher des fers au bout de quinze iours en attendant vn Nauire de France.

Enuiron le mois d'Aoust, il vint icy plusieurs nouuelles tantost de Navires qui passoient au droit des Ampatres, tantost d'autres Navires qui auoient paru au droit de Manatengha. I'ay remarqué que quand cette nation a voulu innouer, & entreprendre quelque chose contre nous, elle a tousiours fait courir semblables bruits: C'est pourquoy ie n'y ay iamais adiousté foy. Le tout n'estoit que pour m'obliger à enuoyer des François voir aux lieux, ou bien pour obliger quelques Francois à se desbaucher d'y aller; & ainsi nous auoir separement les vns apres les autres, à quoy ie prenois bien garde.

Ce mesme temps ne sçachant comment faire pour auoir des voiles pour nostre Barque, i'enuoiáy mes Ompanghaics par tout le païs porter à tous les Maistres de villages du Corail, des Menilles de cuiure & d'autres sortes de marchandises, lesquels enfin m'apporterent iusques à cent pagnes, dont i'eus à suffisance pour faire des voiles, auec ce que i'auois fait faire vne espece de toille d'vne escorce d'arbre qui ressemble au chanvre pour faire vn grand paquefis de rechange, ainsi à la necessité de iour en iour, nous fusmes secourus de la bonté & prouidence de Dieu; ie fis aussi trauailler pour faire vn Cable de cette matiere.

Chapitre LXII.

Les Grands veulent assembler vne armée pour saccager les Negres & autres qui auoient fait leur paix.

LE vingt-troisiesme d'Aoust premier de la lune Hiahia, Tous les Rohandries se baignerent apres auoir accomply leur ieusne à leur mode, qui est que pédant la lune Maca qu'ils nomment cette année Ramauaha, & les Arabes Ramaddan, ils ne boiuent point de vin, & ne mangent point depuis le Soleil leuant iusques au Soleil couchant, la nuiét ils mangent & boiuent tant qu'ils veulent, à l'exception du vin qui leur est deffendu. Le lendemain apres s'estre lauez ils celebrerent leur Missauats, auquel il fut conclu d'assembler vne puissante armée pour venir faire la guerre & rauager tous les Anacandrian, Lohauohits, & Ontsoa qui ne voudroient pas quitter l'obeïssance des François, & ainsi donnerent vne grande terreur & espouuāte par tout. C'est pourquoy le vingt-septiesme Aoust mil six cent cinquante-trois, il suruint vn Negre de Rafaranghombe mon Ompanghaic du costé d'Auaratsi, lequel me dit qu'il me venoit aduertir que l'armée passoit la montagne de Tsonze, & que Dian Radam Finarets frere de Dian Tseronh la conduisoit: l'enuoiay le sieur Angeleaume auec vingt-huict François pour s'en aller iusqu'au pied de cette montagne pour voir la contenance de l'armée, & aussi pour obseruer les Negres du païs, me doutant que c'estoit vne piece faite à la main, pour y attirer les François. Il rencontra les Negres qui faisoient les espouuantez en montrant la nuiét les feux de cette armée, & deja vne partie de la contrée de Mangharanou auoit chassé leur bestial au dela de la Montagne de Manghaze vers les ennemis. Ce qui fit croire au sieur Angeleaume qu'il y auoit quelque mistere caché là-dessous & m'en donna aduis aussi-tost par vn Negre, qui vint toute la nuiét m'appotter vne lettre de sa part, ie luy manday qu'il s'en allast auec les François à la Vallée d'Amboule, & luy enuoiay renfort de munitions.

DE L'ISLE MADAGASCAR.

CHAPITRE LXIII.

Attaque d'Amboule Tsignana Trahison des Negres decouuerte. Tout le Ris perdu par la malice des Negres. Plusieurs Roandrian se retirent d'Anossi.

LE premier Septembre mil six cens cinquante-trois, le sieur Angeleaume auec vingt-huict François, & quarante Negres bien armez (deux desquels auoient chacun vn fuzil, & qui tiroient fort bien) passerent la montagne de Manghaze où ils donnerent la fuitte à cette armée. Et le lendemain arriuerent à Amboule Tsignane, auquel le Maistre du Village mist le feu. Les François en sauuerent deux maisons, lesquels le sieur Angeleaume fit enclorre auec les pieux des maisons du village qui auoient esté bruslées, & en vn iour il fit faire vn Fort de bois, capable de contenir cent cinquante bœufs qu'ils auoient trouuez dans les Montagnes aux enuirons du Village, & dans leur chemin. Ce que le sieur Angeleaume fit faire tres à propos, d'autant que le temps qui se preparoit à la pluye auoit donné courage à tout le peuple du païs conduit par Dian Tserongh & Dian Panolahé de s'assembler des le lendemain, attendant cette occasion des long-temps, animez encor par trois fourbes d'Ombiasses des Matatanes qui leurs auoient promis de faire venir la pluye sur les François, pour empescher de prendre feu à leurs fuzils, & de rendre les François immobiles comme des pierres, en sorte qu'ils n'auroient point de peine à les tuer tous. Outre que Dian Panolahé auoit conuoqué tous les plus hardis Negres des païs de Manacaronha, ausquels il auoit fait croire la mesme chose. Si bien qu'en deux iours tout le païs fut couuert de Negres, qui auec des clameurs estranges faisoient des bruits si grands que ceux n'auroient pas accoustumé de les voir en seroient tout espouuantez.

Le Ieudy quatriesme iour de Septembre, l'armée fit ses plus grands efforts, & commença dés le Soleil couchant, en esperance de grande pluye, le temps y estất preparé, & tout en feu, de tonnerres & d'esclairs. Auquel temps toute cette armée s'approcha, & fit des cris si grands qu'à peine le tonnerre se pouuoit-il distinguer d'auec leurs clameurs & huées. Et comme ils approcherent les François firent toûjours feu de leurs armes, en sorte qu'il y en eut beaucoup de tuez. Ces Negres attaquerent jusqu'à trois fois, & autant de fois ils furent repoussez à coups de fuzils : En sorte que la quantité des morts & blessez les fit retirer tout à fait; ceux qui furent tuez estoient des plus vaillans & des plus hardis qui ne s'estonnoient pas auparauant d'en voir de tuez aupres d'eux. Le lendemain matin, l'herbe tout à l'entour de leur Fort estoit aussi ensanglantée, comme si l'on y eut couppé la gorge à plus de trente bœufs.

Le Samedy, les François, nonobstant cette armée s'en vinrent coucher au pied de la Montagne de Tsonze où il y eut encor à escarmoucher. Le Dimanche ils passerent la Montagne sur laquelle il y auoit vne lieuë de bois abbatus par ceux de Mangharanou & de Silaïts, & des plaines d'Auarats; qui tournerent aussi-tost casaque qu'ils veirent les François dans la vallé d'Amboule, croyans qu'ils y seroient tous tuez, & vinrent au nombre de plus de six cens dans l'armée, lesquels des le Vendredy s'en retournerent passer la Montagne & vinrent à Vatelaname, & à Mangharanou d'où ils estoient; Le sieur Angelcaume fit faire le chemin par six negres, qui auoient chacun vne hache, & nonobstant tous les efforts des ennemis il emmena cent de leurs meilleurs bœufs & vaches auec bien autant de mediocres, & de veaux. Les François estans arriuez à Vattemalame virent que tous les habitans des plaines c'estoient assemblez, que c'estoient eux qui auoient ainsi abbatu les bois pour

embarasser

embarasser les chemins, & que mesme ceux de Mangharanou, de Silatz, de Tsonze, Vatemalame, Zafe-Rasambe, & tous entierement s'estoient assemblez pour donner sur eux; en cas qu'ils eussent eu du pire dans la Valée, & que comme ils se sentoient coulpables, ils auoient tous fuy de leurs villages, le sieur Angeleaume se saisit d'vn nommé Radam Mahafalle enuoya prendre enuiron deux cens bœufs & vaches appartenantes à tous ces Lohauohits, & ainsi s'en vint coucher à Maromamou où estoient les Anacandries qui faisoient bonne mine & mauuais jeu, tesmoignans au sieur Angeleaume qu'ils auoient peur de l'armée, & toutesfois c'estoient eux qui receuoient les Souuoucs ou espions, & qui auoient incité ceux des plaines à embarasser les chemins, & qui sous pretexte de les vouloir aller despestrer, auoient fait assembler tout le païs & d'Auarats, & d'Adcimou auec Dian Machicore & Dian Tsissei: & non contens de cela, auoient deffendu à ceux d'Ambouue de desboucher la riuiere, afin que si les François eussent eu du pire, la riuiere estant haute, ils eussent de la difficulté à la passer, les canots estans cachez par eux; bref ie ne croy pas que sous le Ciel il y aye vne nation plus dissimulée & plus traistre que celle-cy, à les ouyr parler, c'estoient les meilleurs gens du monde, & toutefois leurs effects sont bien esloignez de leurs paroles douces & emmiélées. Ils auoient tous fait leur paix, payé leurs amendes patiemment, payé les tributs vne partie, & mesme lors qu'il fallut des poutres à faire de la planche pour bastir la Barque, en vn mois ils s'y employerent tous, en sorte que cinquante poutres furent apportées. Enfin il n'y eut point de seruice qu'ils n'offrissent de rendre: Et cependant alors qu'ils auoiēt bien du bien en terre & du Ris, voyans leurs trahisons qui nous estoient si manifestes, les plus riches Anacandries se retirerent, & abandonnerent leurs villages, leurs bœufs & viures, & s'en allerent trouuer Dian Panolahé. Ceux d'Andrauoulle, ceux d'Auarats, deux Roandries de Voullevé, Dian Penas Ompanghaic auec ses enfans se sauuerent la nuict, Raboube Ombiasse

Yy

qui m'auoit payé deux amandes de chacune vingt bœus se retira encor pour la troisiesme fois.

Chapitre. LXIV.

Recit du combat d'Amboulle Tsignane par le sieur Angeleaume, commandant le mesme party.

Sur l'aduis que Monsieur de Flacourt receut par les gens de Rafaramgombe, comme ils auoient esté aduertis par les principaux d'Auarats, que l'armée de ceux d'Amboulle estoit sur le point de descendre dans le païs d'Anos, & qu'au pluftost on eust à leurs enuoyer du secours pour repousser l'ennemy, d'auantage aduiserent qu'il y auoit 4. ou 5. des Ontsots, de ces quartiers la qui bransloient pour se reuolter comme il y en auoit apparence, d'autant qu'il auoient retiré leur bestail du païs d'Anos, & l'auoient enuoyé dans le païs de l'ennemy pour y aller faire leur demeure, ce qui obligea Monsieur de Flacourt de nous enuoyer au pluftost vne trentaine de François, pour deffendre & empefcher le defordre que pouroit faire l'armée, en outre nous donna ordre de faire recueillir les viures de ceux que l'on voyoit estre partis, & pour cet effect nous partismes le Mercredy 27. iour d'Aoust, sur les 4. heures apres midy, & arriuasmes à la riuiere d'Acondre sur le soir, qu'il nous falut passer vne partie en nage, & faire porter nos armes & amonitions par les Negres, ce qui nous tint assez long temps, & continuasmes nostre chemin iusqu'au passage de la riuiere Dimours, que nous ne peusmes passer pour sa trop grande profondeur, ce qui nous obligea d'aller coucher chez Romatbei luy requerant d'vn Canot pour nous passer le lendemain matin. Le Ieudy 28. du mois, nous fusmes coucher chez Dian Rally à Voullebei, ou nous aprifmes qu'il n'y auoit que Dian Radanfinarets auec 300. hommes au passage d'Imanghaze, qu'il estoit venu seulement pour fauoriser le passage de ceux

DE L'ISLE MADAGASCAR. 349

du païs d'Anos qui les vouloient suiure, & par mesme moyen enuoyer de part & d'autre dans le païs, tascher à gaigner & à tirer du monde à eux, tant par present qu'il enuoyoit que par menasse à ceux qui refuseroient. Le Vendredy 29. nous nous acheminasmes droit chez Ramyabes-Sotrouc, passames par la contrée de   ou nous trouuasmes des vestiges des ennemis, qui auoient campé audit village enuiron cinquante, & auoient desbauché les gens dudit lieu, par ce que il ne nous nous en parust aucun, s'estant tous sauuez de leur village. Estant arriuez au village de Ramiabes-Sotrouc nous ny trouuasmes personne, ce qui nous obligea à passer outre iusques chez Raoulle-Manghasoa, lequel nous trouuasmes dans son village & tous ses gens, il nous tesmoigna que pour luy son dessein estoit de se retirer plustost par deuers nous que de suiure les Grands, & en tesmoignage de cela auoit enuoyé son bestail à Decun. Ie le priay d'enuoyer r'assurer ceux que l'on soubçonnoit de s'en vouloir aller, & que la crainte de l'armée des Grands, ne les obligeast pas à quitter leur terre, que nous estions venus pour les secourir à la premier nouuelle que nous auions eu de ladite armée, il ny eut que son Ramiabes-Sotrouc qui ne se presenta pas à nous & Rahatte, pour les autres ils nous vinrent visiter & nous asseurer qu'ils ne bransleroient pas, nous estions sur le point de saisir Dian Zoure & Ramacanér pour nous asseurer de leur personne, sachant que ce n'estoit que feintise, lors que nous receusmes lettres de la part de Monsieur de Flacourt, par laquelle il nous proposoit de passer outre, & d'aller à Amboulle si nous le trouuions à propos, sur ce ie demanday l'aduis d'vn chacun, qui m'acorderent tous d'y vouloir aller, pourueu que l'on leurs enuoyast de la munition suffisante, & aussi-tost ie récriuy pour ce subjet. Le Samedy 30. d'Aoust le matin, ie fis cueillir les Ignames de Ramiabes-Sotrouc, a cause qu'il ne s'estoit presenté biē qu'il fust encor dans le pays, & fis porter le tout à Vatte-malesme ou nous couchasmes cette journée, en attendant nouuelles du Fort que nous receusmes sur la minuict, & le Dimanche 31. dudit, nous passasmes la montagne d'Imanghaze, à la decente de

Y y ij

laquelle nous trouuasmes vne cinquantaine de vache à l'aict apartenant à Ramarsante, gendre de Dian Manghoule qui les faisoit passer d'auance, nous couchasmes au pied de ladite Montagne dans le village d'vn nommé Raoulle, & fusmes chercher dans les petits villages circonuoisins si l'on ne trouueroit rien, mais il y auoit apparence qu'il y auoit fort long-temps qu'ils nous attendoient, ayant retiré toutes leurs vstancilles de menages, & aprismes par quelque pauure femme que nous prismes que le païs estoit aduerty si tost que nous estions partis d'Itolanghar, & que tout le monde s'estoit retiré des aduenuë. Le Lundy 1. iour de Septembre, nous partismes dudit lieu, nous acheminant vers Amboulle Tsigname, nous destournant enuiron demie lieües de nostre chemin, pour aller brusler Dian Mandry de Sacq-Vilangac, lequel ne fit aucune resistance côme il auoit fait esperer, & au premier coup de fusil se retira, priant que l'on ne gasta point leurs viures, son village estoit assez beau enuiron de 300. Caze, ils auoient remply toute la place de barres de fer, il estoit extremement bien enclos de branchages de Citronniers, & autres hayes espineuse pour en rendre l'entrée difficile, & inaccessible à pareille nation qu'eux, continuant nostre chemin nous fusmes au village de Ramac-si-Halle, où nous nous separasmes en deux pour donner dessus ceux qui nous resisteroient, & pour nous donner de garde de ceux qui nous poursuiuroient en queüe, nous ne peusmes arriuer assez a téps audit village, que nous vismes tout le village en feu, n'estant demeuré que pour ce dessein, ayant ordre que lors qu'ils verroient que nous voudrions foncer de mettre le feu au vent dudit village, ce qu'ils executerent adroitemēt, & de la gaignerent la Montagne, & nous ce que nous peusmes faire de sauuer vne couple de Caze, & les exempter de l'embrasement pour nour retirer à l'abry du mauuais-temps, & sans perdre de temps il yeut vne partie des François qui poursuiurent ceux que l'on voyoit fuir, & costoyoient vne Montagne de laquelle ils d'escouurirent vne centaine de bestes qu'ils amenerent au plustost sans trouuer aucune resistance, mais d'vn autre costé Guillaume Pinaquet, & Macq Saye, s'estoient obstinez à

DE L'ISLE MADAGASCAR. 351

la poursuite de quelque Negres derriere vne Montagne, ou ils s'engagerent indiscrettement voyant que tout fuioit deuant-eux, tant qu'ils vouloient gaigner vn petit village ou ils esperoient que ce fust la retraicte des femmes, ou ils furent circonuenus d'vne embuscade d'vne trentaine de Negres, qui leurs darderent vne quantité de Sagaye dont ils esquiuerent, il y eut deux de nos Negres qui furent blessez legerement, nosdits Negres prenoient l'espouuante n'eust esté Guillaume qui les rassura, ils se batirent fort long-temps en retraicte iusqu'à la sortie du bois, tant qu'ils en ietterent 2. ou 3. en bas qui fonçoient trop opiniastrement dessus eux, enfin s'en retirent auec leur honneur, ou i'enuoyé au deuãt d'eux si tost que i'en eu aduis, cette nuict nous fismes bonne garde autour de nostre bestail, n'ayant point de parc qui valussent la peine, & sur la Lune couchant, l'ennemy tacha à nous surprendre, & vint pour foncer en forme de croissant sur nous, ou il fust aperceu des sentinelles qui tirerent dessus & fusmes aussi-tost sur pied, & fismes vne descharge d'vne vingtaines de coups à tort & à trauers, ou nous voyons qu'ils fuioient, lors qu'il se virent descouuerts ils se retirerent, nous voyant que ce n'estoit qu'vn essay en attendant que leur monde s'assẽblast, le reste de la nuict nous fismes de grands feux iusqu'au iour. Le Mardy 2. Septembre le temps se mit à la pluye, ce pendant ie fis trauailler à la desmolition de ce qui nous nuisoit à la veuë, tant iardinage reste de magazin maisons & parcs, & du tout i'en fis contenir vne maniere de petit Fort, ou nous deuions y contenir tous nos Negres & nostre bestail ce qui fut fait, ceste iournée il se passa quelque escarmouche de quelque coups de fusil, qu'ils tirerent sur nous, sans beaucoup d'effet de part & d'autre, iusqu'au l'endemain Mercredy 3. Septembre, que nous vismes de tous costez, tant que nostre veuë pouuoit estendre les ennemis assẽblés qui ne faisoient aucun semblant, le matin Dian Panola enuoya s'excuser deuers nous de ce qu'il auoit tiré sur nous nous priant de nous retirer & de nous en retourner, que nous ne serions pas à l'habitation que 2. iours apres il seroit à nous, il nous tint assez longtẽps en pour parler, ie luy manday qu'il enuoyast des Roandries de sa part vers

RELATION

nous, & que nous leur ferions prester serment, & que cela estant nous luy donnerions terme pour songer a luy, que pour les autres d'Amboulle qu'il nous laissat faire, sur cette esperance de paix, i'enuoyé vne partie des François pour chercher quelque champ de viures de l'autre bord de la riuiere, ou il ne furent passi tost, bié qu'u à la portée du fusil de nostre Fort, la bande de Dian Seros vint pour donner dessus comme aussi celle de Dian Mandry, & d'vn autre costé celle de Dian Panola qui ne peut plus dissimuler, & celle de Ramacq-sialle vint fonser sur le Fort, ou il tirerent d'abord quelque coup de fusil, & nous preparasmes en deffences, nos gens firent vne conuersion pour nous reuenir ioindre n'ayant pour céte fois recogneu aucun viures, & lors qu'ils furent de retour, l'armée retourna se camper à son lieu, & employer le reste de la iournée à faire caracole & affluoit de tous bord, de sorte que l'on voyoit augmenter l'armée à vaüe d'œil, il se fit quelque escarmouche apres Midy, ou il en demeura quelqu'vn des leurs. Le Ieudy 4. Septembre, le temps se preparoit au beau, & commençasmes à songer si nous nous poudions separer en deux bandes, l'vne pour garder le Fort, l'autre pour chercher du bestail, voyant que la plus grande partie de l'armée estoit deffilée ne paroissant que quelque troupes fort dispersez l'vne des autres, mais comme nous voyons la grande resolution de ces gens icy, à foncer precipitamment sur nous, ie proposay à nos gens de temporiser, & d'attendre quelques iours auparauant de nous separer, afin que par ce moyen nous les lassasions, comme nous sçauions la coustume du païs qu'ils ne peuuent pas tenir vne armée sur pied long-temps, que bien que nous ne vissions pas grand monde, c'estoit quelque autre ruze de guerre qu'ils ioüoient pour ce qu'ils pouuoient estre cachés dans des fonds afin de nous faire separer & de nous attirer dans quelque embusche ce qu'ils essayerent, car comme la iournée presente ils nous auoient veu prompt à courir sur eux, celle cy ils nous deffierent & nous appelerent au combat, nous crians de passer la riuiere pour nous engager & nous enueloper dans leurs embuscades, Dieu nous fit la grace de reconnoistre leur dessein & de nous en desliurer, sur le soir ils se descouurirent à nous, & nous certifierent que ce que nous auions creu estoit veritable, car en vn moment nous nous vismes entourez de tous costez enuiron de deux à trois mil hômes, qui faisoient passade en procession en vn desfilé pour nous faire paroistre la quâtité qu'ils estoiét, auec des cris & heurlemens espouuantables, en la bande de Dian Panola, il y auoit vne cinquantaine de porteur de rondaches qui auoient belle apparence, & qui estoient de grand cœur comme ils le tesmoignoiét, on les voyoit tousiours à la teste de l'armée à faire passade autour de nous; le signal de la bataille fust donné sur les six-heures du soir, lors que le Ciel estoit extremement couuert & entrepris, tonnant esclairant espouuantablement ce qu'aymoit dauantage cette nation croyant que nous estions tous perdus, les Grands leurs ayant donné à entendre que lors que nous viendrions dans leurs terres ils feroient pleuuoir & qu'estant pris de pluye nous ne sçaurions nous deffendre, la pluye commençant à donner, ie fis rentrer tout le monde dans le Fort, au plutost & nous preparasmes pour receuoir nostre ennemy du mieux qu'il nous seroit possible, la bande de Dian Seron tenoit le millieu, celle de Dian Panola la gauche, & celle de Ramac-Sialle la droicte, celle icy fut la premiere aduancée & la premiere repoussée, parce qu'ils nous estions trop descouuerts, & apres en auoir mis bas se retirerent & ne nous presserét de si pres, mais la bande de Dian Panola, & celle de Dian Seron resista au combat iusques à deux heures de nuict, estant vn peu fauorisé de la clarté de la Lune, ils ne se rebuterent pas pour la premiere fois, mais foncerent iusques à trois & quatre fois, tant que le nombre des morts les fit rebrousser chemin, & se retirer courageusement au petit pas n'abandonnant pas vn de leurs morts, les venant retirer iusques contre les pieux du Fort, & nous crioient qu'vne autre fois ils nous surprendroient, nous fusmes tout le reste de la nuict sur pied, les porteurs de rondaches s'en allerent fort mal content comme estant les plus aduancés, ils tirerent sept ou huict coups de fusil sur nous dont les balles estoient arrestée dans les pieux. Le Vendredy 5. Septembre nous laissasmes couler cette iournée-là pour rassurer le temps & enuoiay cueillir des Ignames, & ruiner leurs viures, la moitié de leur armée estoit deffilée, & sur le soir nous prismes resolution de nous retirer auec si peu que nous en auions, n'ayant point apparence d'en pouuoir auoir d'auantage, & de nous pouuoir separer dans ce païs. Le Samedy 6. dudit, nous acheminasmes pour nostre retour, & fusmes suiuis de tout le païs qui abordoit de tout costez sur nous, qui nous donnerent de la peine de nous retourner de fois & d'autre pour tirer sur eux, mais comme nous ne nous voulions pas arrester, nous ne fismes pas de grandes executions, par tout ou ils nous voyoient passer ils brusloient leurs villages de peur de nous seruir de retraicte, tant que nous paruinsmes au haut de la Montagne Disouze, ou nous campasmes au plustot, & cherchasmes quelque meschante couuerture pour nous seruir d'abry & nous conseruer de la pluye, toute l'armée estoit campée autour de nous, & la nuict trauaillasmes à abbatre les bois de la Montagne pour nous boucher le passage. Le Dimanche 7. nous montasmes la Montagne, & l'auantgarde fit les chemins pour nous passer à la faueur des grosse roche qu'ils faisoient rouller du haut des Montagnes, par ou nous passions dont Dieu nous à preserué, ils tirerent quelque coups de fusil en embuscade dans ladite Montagne, estant paruenus au sommet d'icelle du costé du païs d'Anos, croyant estre sur les terres de nos ennemis, nous fusmes bien estonnez car l'on n'auoit pas moins trauaillé à boucher le passage de ce costé que de l'autre, que nous franchismes par la grace de Dieu, & arriuasmes enfin à Vatte-Malesmes, ou nous ne trouuasmes personnes, & nous voyons tout le monde de tout bords assemblé que nous croyons estre gens d'Amboule qui nous poursuiuroient, mais nous apprismes que c'estoit des gens d'Anos, & sceusmes certainement que la pluspart auoit esté à la guerre contre nous à Amboule, & qui ne faisoient que de reuenir, que c'estoit eux qui auoient abbatu le bois & que tous ceux d'Imangare

DE L'ISLE MADAGASCAR. 355

d'Imangare en estoient, ce qui me fit saisir de la personne de Ramahafalles principal de la contrée qui se venoit brusler à la chandelle, croyans que nous ne sçauions pas qu'ils estoient venus contre nous, deux heures deuant le iour, i'enuoiay la moitié de nos autres rechercher le bestail de ceux d'Imanghare, & en trouuerent enuiron 200. bestes que nous amenasmes tous par ensemble à Marmou ou nous couchasmes. Et le lendemain Mardy 9. Septembre nous partismes dudit lieu, & tout ce que peusmes faire fut d'aller coucher à Imours, faute de Canot pour nous passer promptement, & que croyans que l'on nous les auoit caché exprès. Le Mercredy 10. iour, nous arriuasmes tous au Fort.

CHAPITRE LXV.

Dian Machicore amené prisonnier au Fort Dauphin, pour donner des ostages de sa personne, & pour l'obliger de retenir le peuple qui vouloit quitter le pays, afin de le laisser venir en friche.

CE qui m'esmeut d'enuoyer à Endrauoulle le sieur Coüillard auec seize François, sous feinte de faire apporter des Ignasmes, estoit pour se saisir de la personne de Dian Machicore, ainsi qu'il fit, & me l'amena au Fort Dauphin.

Pendant le voyage des François à la Vallée d'Amboulle, il me fut impossible d'obliger les Ompanghaics de me venir voir, quoy que ie les mandasse par plusieurs fois, les vns feignans estre malades, les autres feignans qu'ils plantoient des Ignames. Ainsi ces traistres se mocquerent de moy, en sorte qu'il me fut impossible de sçauoir des nouuelles des François qu'ils ne fussent de retour à Imours, & toutesfois le païs estoit assemblé pour tascher, venant la pluye, à se ietter sur eux, si bien que la peur d'estre descouuerts fit fuir les plus craintifs, & les autres firent effrontement bonne mine.

Zz

Comme ie creus que toutes ces fuites n'estoient à autre dessein que pour faire quitter les Negres qui gardoient nos Ris, & ainsi faisant tascher à nous empescher de les cueillir & les faire apporter, & par consequent nous affamer; i'enuoiay à ce suiet prendre Dian Machicore qui est le plus Grand en ce païs, afin que le tenant en seure garde il commandast à ses gens d'y prendre garde, & ainsi l'en rendre plus responsable de sa teste.

Le vingt-quatriesme Septembre, apres auoir gardé huict iours Dian Machicore, & qu'il m'eust representé qu'estant icy retenu chacun se retireroit, & cependant ses viures ne se feroient & cultiueroient point à moins qu'il n'y fust present, il m'offrit son fils aisné, & deux de ses nepueux pour me les laisser en ostage, ausquels ie fis mettre chacun vn fer au pied, crainte qu'ils ne s'eschapassent, & les fis soigneusement garder par vn François, qu'on changeoit de trois en trois heures, & la nuict ils estoient enfermez dans vne prison de pierre, d'où ils ne pouuoient s'eschapper.

Ie promis à Dian Machicore que s'il vouloit estre ferme, il se pouuoit rendre le Maistre de tout le païs, & que ie luy donnerois l'auctorité semblable à celle de Dian Tsiamban & Dian Ramach, en reconnoissant le Roy de France pour son Maistre, & ayant soin de commander à vn chacun de payer les fahenses & tributs ausquels ils s'estoient tous obligez en venans m'anger du foye, & se soubmettre soubs moy. Ie luy donnay en garde quatre-vingts bestes, sçauoir trente grandes, & cinquantes petites, & luy laissay encores en garde celles qu'il me deuoit, & celles de son frere qui montoient bien encor à cinquante ou soixante bœufs: & ainsi il partit pour s'en aller chez luy.

Le cinquiesme Octobre, vn Negre m'a apporté quatre ou cinq petits mortiers de bois, & autant de bastons qui representoient de pilons, auec des papiers escrits, lesquels il a treuuez dans nostre cimetiere, l'on m'a en mesme temps apporté vn petit cercueil de bois auec la figure d'vne femme de bois, sans bras, auec d'autres escritures qui auoient esté apportées la nuict precedente. Ie m'estonnay de la beſtiſe de cette nation qui croit que ces mortiers de bois ſignifient que nous n'aurions point de Ris à battre, d'autant qu'ils eſtoient gaſtez par leurs malices, que la femme ſans bras ſignifioit que nos Negreſſes n'auroient point de bras pour battre le Ris, ny pour nous ſeruir. Et que nous deuiendrions par la famine ſi foibles que nous ſerions ſemblables à cette figure ſans bras, & le cercueil que nous mourrions tous de faim. Il eſt vray qu'ils auoient fait ce qu'ils auoient peu pour nous reduire en cét eſtat, faiſans fuir tout les Negres, afin que nous n'euſſions perſonne à nous ſeruir pour cueillir & apporter nos viures.

I'ay enuoyé douze François cueillir les Ignames de pluſieurs Anacandrian & Maiſtres de Villages qui ont abandonné le païs, leurs viures eſtoient preſts à cueillir, ce qui nous vint tres à propos, d'autant que nous n'auions plus de viures au Fort & ſans ces fuittes des Rohandrian & Anacandrian ie ne ſçai comment nous euſſions pû faire pour ſubſiſter. Tous les Ris que iauois planté eſtoient gaſtez par leurs malices, ſi bien que ſans leurs fuittes, ie n'euſſe pû auoir des viures ſuffiſamment pour l'habitation.

Chapitre. LXVI.

Vn Grand des Ampatres ſurpris en venant ſaccager le pays d'Anoſſi, ſa teſte apportée au Fort Dauphin. Vn autre Grand pille pluſieurs Villages & ſe ſauue.

LE ſeptieſme Octobre mil ſix cens cinquante-trois, arriua vn Rohandrian de la part de Dian Machicore auec cinq ou ſix hommes en grande diligence m'apporter trois teſtes, ſçauoir celle de Dian Mamory qui eſtoit venu deux iours auparauant auec deux cens hommes bruſler deux grands Villages ſçauoir Andriuoure & Namanghone, où ſont les plus grands cultiueurs de coton de ce païs, & auoit enleué tout le beſtial qu'il y auoit trouué, & tué plusieurs personnes des deux sexes, depuis il estoit venu à Lououc en faire autant, & enleuer trois cens bœufs. Dian Machicore qui fut diligent le fit attraper & enuelopper en s'en retournant auec huict cens hommes; où Dian Mamory auec cinq ou six autres y demeura apres auoir vaillamment combatu. Dian Machicore m'enuoya sa teste pour preuue qu'il auoit enuie à l'aduenir de bien faire. Dian Mamory estoit fils de Dian Missourouc arriué, Grands des Ampatres & auoit receu payement de Dian Tserongh & Dian Panolahé pour venir ruiner le païs d'Anossi.

Le douziéme vint Dian Tsimiafats de la part de Dian Machicore me rapporter ce qui s'estoit encor passé à la poursuite du nommé Ramahatsitacats, Grand du païs des Machicores proches des Ampatres, qui estoit venu à Lououc enleuer auec quarante hommes, cent bœufs & brusler le Village, où il y eust quatre hommes, femmes & enfans de tuez: Dian Machicore enuoya leur coupper chemin, il y en eust quelqu'vns de tuez, & Ramahatsitacats blessé, & comme ses gens ne peurent emmener le bestial ils sagayerent iusqu'à quatre-vingt bœufs, & les vingt de reste furent emmenez. Les Negres d'Anossi & de tout ce païs ont cette superstition de l'aisser plûtost pourrir le bestial tué de sagayes que d'en manger: Ainsi ces quatre-vingt bestes furent perduës, & seruirent de curée aux chiens sauuages dont tout ce pays est plein.

La nuict du dix-huict les Anacandrian d'Andrauoule sont venus enleuer leurs hardes, & marchandises qu'ils auoient enfouys dans terre & en s'en allans ont mis le feu à leurs maisons qui estoient bien basties à la mode du pays, de crainte que ie ne les enuoyasse demonter & transporter au Fort, ainsi que i'en auois enuoyé querir d'autres.

Chapitre LXVI.

Le sieur de Flacourt fait cueillir les viures, Ris & Racines de ceux qui auoient abandonné. Fait tout apporter au Fort Dauphin. Voyage de France resolu.

LE ving-deuxiéme Octobre i'enuoiay le sieur Coüillard à Maromamou, où il fist mourir les deux Anacandrian pour leur trahison, & alla visiter les Ris qui estoient meurs, les faire cueillir & tenir la campagne, attendant que l'on pourroit cueillir les Ris qui estoient sur la terre, & faire teste à ceux qui viendroient de la part de Dian Tserongh, & Dian Panolahé pour les gaster, i'enuoiay aduertir Dian Machicore de faire prendre garde à ceux d'Imanhal, d'Andrauoulle, & à ceux d'Adcimou, autrement que ie l'en rendrois responsable de la teste de son fils que ie tenois en asseurance pour cela.

Le ving-cinquiesme Nouembre, arriua au Fort Dian Lalau Persan, qui auoit acheué de faire cueillir deux horracs, qui rendirent auec ceux que le sieur Coüillard auoit fait cueillir d'vn autre horrac, quatre cens cinquante paniers de Ris qui pouuoient bien nourrir le Fort trois mois. Lalau m'auoit seruy en tout & par tout tres fidellemēt, & estoit digne de recompence. Pour vn Mahometan, il auoit la conscience tres-bonne, & viuoit en homme d'honneur, & ne respiroit que de retourner en son pays.

Le vingt-septiesme Nouembre, ie fis tourner nostre Barque, & le vingt-neufiesme, ie la fis mettre à l'eau, elle estoit forte & tres-bien faicte, & assez suffisante pour faire nostre voyage de France, ie luy donnay le mesme nom qu'elle auoit de la Vierge. C'est pourquoy ie fis mettre sa figure à la Poupe, afin que comme c'est par le moyen des Astres que nous nous gouuernons à la mer, elle qui est nommée dans les sacrez Cahiers, l'Estoille matinalle, nous seruift de guide & de conduitte en impetrant de son Fils Nostre Sauueur le salut, que nous souhaittions pour ce voyage en cette vie, aussi asseuré, comme celuy que nous souhaittions en l'autre : afin qu'estans arriuez parmy les Chrestiens, où elle est honorée & reconnuë pour Royne du Ciel, nous puissions luy rendre graces sur la terre où nous desirions arriuer.

Auant que de partir, ie fis dresser dans mon iardin vne grande pierre de marbre blanc que i'auois fait apporter de l'Islet des Portugais, sur laquelle estoient taillées les armes de Portugal, & de l'autre costé i'y auois graué les armes de sa Majesté tres-Chrestienne, & sur la baze ces mots qui sont dans cette figure.

Ce que i'en ay fait a esté pour aduertir les premiers Capitaines de Nauires Chrestiens qui viendroient d'Europe, de se donner de garde de la trahison de cette nation en cas qu'il arriuast faute de nous & de la Barque, & que les François ennuïez s'en allassent demeurer auant dans les terres.

Chapitre LXVIII.

Partement de la Barque pour France, qui rélacha à cause du mauuais temps.

LE vingtiesme Decembre nous partismes dans la Barque, où estant hors la veüe de terre ie declaray mon intention à l'esquipae d'aller droit en France, quoy que i'eusse mieux aymé premierement faire vn voyage à Manghabé pour en fournir l'habitation de Ris, puis vn voyage à Maurice ou à Mosambique. Mais les deux Charpentiers m'auoient dit, il y auoit long-temps, que si ce n'estoit pour aller en France, ils ne trauailleroient point à la Barque; c'est pourquoy ie resolus aussi d'y aller. Si tost que i'eus parlé d'aller en France, vn chacun fut bien aife, nous pourfuiuifmes noftre route auec fort beau temps huict iours durant; mais le iour des Innocens il nous furuint vn vent d'Oüeft-foroüeft auec vn fi pefant grain que nous fufmes contraints de faire amener toutes les voilles bas, & aller à mats & à cordes, le vent fe renforçant de plus en plus iufqu'à midy, que nous nous trouuafmes en hauteur de trente-trois degrez quarante-deux minuttes Sud, & continua ainfi deux iours & deux nuicts entieres, ne pouuans porter de voilles, & la mer tres-affreufe, meflée de marées diuerfes & hautes comme des montagnes, les vagues eftoient courtes & aigües, fi bien que ce petit bafti-ment receuoit de furieux coups de mer. Comme il eftoit bien renforcé, nous ne craignons rien de ce cofté là, il n'y auoit que la difette de Matelots qui me fafchoit, ie n'en auois que deux qui peuffent monter haut de mau-uais temps, & de plus ils eftoient fi fatiguez, qu'ils n'en pouuoient plus, fi bien qu'vn d'entre eux demeurant malade, l'autre n'euft pas manqué de le deuenir bien-toft, veu la fatigue qu'il leur falloit fouffrir d'eftre perpetu-ellement fur la dunette à obferuer, comme la Houle venoit, pour dreffer le baftiment de bout à la vague, & aduertir les deux qui gouuernoient en ce temps-là, comme il falloit qu'ils gouuernaffent, foit à Stribord, foit à Babord: autre-ment manque d'vn coup de Gouuernail, en receuant la va-gue de cofté, nous euffions efté en danger d'eftre fubmer-gez d'vne feule vague, qui nous euft auffi toft coulé à fond. Nous auions auffi vne autre incommodité qui n'eftoit pas moindre, c'eft que comme les Cabrits & volailles furent mangées, le degouft de la viande fallée fut fi grand parmy les Matelots, qu'ils ne mangeoient plus, fi bien que fur cela ie me mis à ratiociner, fi en huict iours ils eftoient deuenus fi degouftez; à plus forte raifon que deuiendroient-ils en quatre mois? Ainfi quand nous aurions le plus beau-temps du monde iufques en France, auant que nous euf-fions efté à moitié chemin, ils n'auroient peu fe fouftenir, cela estant nous eussions esté à la misericorde de Dieu sans Matelots.

Le 29. Decembre vn des Matelots me vint dire que la mer estant ainsi haute, il n'y auoit pas apparance que nous peussions passer outre, & que si ie voulois faire route à l'Isle Maurice, le vent nous y pourroit mener, ie luy dis que ie le voulois-bien, puis qu'il n'y auoit pas apparence que nous peussions passer outre, à cause de la petitesse du bastimént, de la foiblesse de l'esquipage, & du trop grand peril, auquel nous nous mettions à passer cette mer trop suiette à tourmentes & tempestes, nous commençasmes à appareiller vne voille, & le lendemain la mer n'estant plus si rude, nous estans retirez d'vn si mauuais climat, nous taschasmes à faire la route de l'Isle Maurice: mais le vent se rendant tousiours cōtraire, nous obligea au bout de vingt iours, de retourner au Fort Dauphin, où nous arriuasmes le douziesme Ianuier mil six cens cinquante-quatre, & ce mesme iour ie descendis à terre.

Chapitre LXIX.

Murmures des François contre le sieur de Flacourt, qui appaisa tout.

LE treiziesme iour de Ianuier, mil six cens cinquante-quatre; chacun se mit à murmurer de ce que ie n'auois pas declaré à vn chacun que ie m'en allois en France & disoient tous que ie les auois voulu abandonner tout à fait, & comme, auant que de partir i'auois laissé Antoine Coüillard, pour en mon absense commander les François, & le nommé la Roche, pour son Lieutenant, plusieurs se mirent à dire, que puisque ie leur auois donné vn commandeur, ils ne me vouloient plus obeir; toutesfois ces discours ne se tenoient pas en ma presence, mais en particulier dans les cases où ils s'assembloient pour boire du vin de miel, lesquelles

quelles choses m'estoient rapportées aussi-tost ; c'est pourquoy le dix-neufiesme ensuiuant, ie fis aduertir tous les François de se trouuer aux prieres le matin, lesquelles estans finies, ie leur fis à tous vn reproche de leur malice & de leur ingratitude, & leur remontray que le dessein que j'auois eu auoit esté de passer en France veritablement: mais afin de retourner les querir, ou leur amener du secours, pour continuer ce que nous auions commencé, qui estoit de reduire toute la nation de ce païs à la raison, & non pas les abandonner, comme quelques broüillons leur auoient fait entendre, outre que ie croyois qu'il estoit necessaire que ie m'y en allasse moy-mesme ; c'est pourquoy à cause des impertinences de quelques broüillons & inconsiderez libertins, ie les sommois de me prester tous serment de m'obeïr, comme ils y estoient obligez, & commençay par le sieur Angeleaume, Coüillard & la Roche, qui se leuerent & me dirent, qu'ils m'obeyroient tousiours, & ne reconnoissoient icy d'autre Maistre & Commandant que moy : Et ainsi ils suiuirent tous d'vne voix. Il y en eut quelques-vns qui me prierent de croire que s'il y en auoit qui auoient laissé aller quelques paroles impertinentes, ie ne les comprisse pas de ce nombre. Vn autre qui croyoit estre des plus raffinez, auoit fait demander au sieur Coüillard, si dans la commission que ie luy auois donnée pour commander en mon absence, j'auois mis la clause, jusques à mon retour ; que si ie ne l'auois mise, il me pouuoit exclure, & les François ne me deuoient pas obeïr : mais que si cette clause estoit dans sa Commission, ils estoient obligez de m'obeïr, & non à luy. Ainsi toute ma fortune, à leur aduis, dependoit du subtil raisonnement de ce coquin. C'estoit vn de ceux qui me demanderent à passer à Mascareigne pour y aller faire culture de Tabac ; où ie l'enuoiay depuis dans le Nauire l'Ours. Non contens de cela, comme j'eus proposé au sieur Angeleaume de l'enuoyer dans ma Barque à Mosambique, plustost qu'en l'Isle Maurice ; tant pour tascher a demander au Gouuerneur quelques gens d'Eglise, & du secours, des munitions & hardes, qu'aussi de le prier de faire tenir en Portugal vn pacquet de lettres pour enuoyer en France aux Seigneurs de la Compagnie, à Monsieur Vincent de Paul, & à mes amis. Coüillard à mon retour, se voyant frustré du cómandement, s'en alla de case en case trouuer tous les François, & dressa vne requeste pour me presenter de la part de tous, & la fit signer à trente-cinq François, le reste n'en ayant voulu rien faire, & me la vint auec la Roche, presenter au nom de tous. Ie luy fis responce que le lendemain matin i'y respondrois en présence de tous les François, estans assemblez dans l'Eglise, à l'issuë des prieres. Cette requeste portoit que puis que j'auois eu dessein d'enuoyer ma Barque à Mosambique, ils trouuoient à propos que ie m'y en allasse aussi, d'autant disoient-ils, que le sieur de Angeleaume n'estoit pas capable de faire la negociation que ie luy commandois, & qu'en outre s'il y auoit moyen que ie peusse aller à Goa, de là en Perse pour par terre m'en aller en Syrie, & par la mer mediterranée en France, la diligence seroit plus grande, & que j'y serois plustost que les lettres, qui n'y pouuoient aller que par la voye des Gallions de Portugal, qu'ainsi faisant, ie pourrois plustost faire venir du secours en cette habitation; c'est pourquoy ils me supplioient tous par cette requeste de faire ce voyage. Ie leur fis responce qu'il y auoit deux choses qui me retenoient alors de faire ce voyage. La première, que ne sçachant point si nostre Barque seroit bien ou mal receuë par le Gouuerneur de Mosambique, ie voulois esprouuer sa reception; afin que venant le mois de Iuillet, ie m'y peusse embarquer, pour faire le voyage par terre; en cas que la reception de nostre Barque fust fauorable, & quelle fust de retour dans ce temps-là. La seconde, c'est que ie craignois qu'il vint vn Nauire de France cette année, & que ie voulois attendre encor cette saison prochaine, & conclus que ie voulois rester au Fort.

CHAPITRE LXX.

Vn François nommé Marououle fait vn vol. La Barque part pour Mosambique, pour porter des lettres pour les faire tenir en France, & pour demander secours.

LE trentiesme Ianuier ie commanday aux Matelots de toüer la Barque pour se mettre en estat de doubler les Roches pour partir. Le soir vn Negre qui deuoit y aller, & qui entend vn peu à manouurer ne se peut trouuer, & s'estoit allé cacher toute la nuict: c'est pourquoy le batteau estoit moüillé à quatre ou cinq brasse du riuage, dans lequel j'auois fait mettre vn panier où il y auoit des menilles d'argent, des menilles de cuiure & autres broüilleries que i'y enuoyois pour acheter les choses necessaires à Manghabé, lorsque la Barque iroit faire la traitte du Ris à son retour de Mosambique. La nuict comme l'on cherchoit ce Negre, vn Francois duquel ie tais le nom, nommé par les gens du païs Dian Marououlle qui est vn homme fort enclin au larcin, s'en alla seul à la nage dans ce batteau, apporta à terre le panier, y prit les menilles d'argét & de cuiure, & autres broüilleries, referma le panier & le reporta au batteau: La nuict le negre ne se trouuant point, le batteau s'en alla à bord pour partir, où estant l'on s'apperceut que le pannier estoit moüillé, l'on regarda dedans où on trouua tout en desordre, & principalement les Lettres qui estoient toutes moüillées. La Barque relascha pour me faire sçauoir ce qui estoit arriué & r'escrire les Lettres: A quoy ie trauaillay incontinent, & le lendemain ie la fis partir.

Le huictiesme Feurier nous eusmes vne petite tempeste, la mer estoit tellement troublée & haute, qu'il y auoit apparence qu'elle auoit esté bien grande en haute Mer, ce qui me fit apprehender pour nostre Barque.

Pendant les mois de Decembre, Ianuier, & Feurier, j'eus

toufiours douze ou quinze François en campagne pour faire cueillir les Ris de ceux qui s'en estoient allez de la les monts trouuer les Grands, lesquels ie fis apporter en nostre Magazin qui nous seruirent grandement, d'autant que ceux que i'auois fait planter ne firent pas grand rapport, & qu'outre le grand horrac de Cossebé auoit esté gasté de l'eauë salée, parce que l'emboucheure de la Riuiere fut trois mois close & bouchée du sable, ainsi la Riuiere auoit reflué iusques dans l'horac de Cossebé: C'est ce qui fit perdre le Ris, ce fut aussi par la malice des gens du païs, qui ayans tous resolu de se retirer de cette Prouince, voulurent faire perdre tous les plantages de la campagne : afin que n'ayans plus de viures nous fussions aussi contraints de nous en aller chercher vn autre païs pour viure, & ainsi faisant au bout de quelques années eux auroient pû retourner en cette terre. Comme i'auois preueu leur dessein, i'enuoiay cueillir tous les viures de ceux qui quittoient, & ainsi nous subsistasmes de temps en temps sans faire aucun tort à ceux qui estoient restez.

Le quinziesme Feurier sur l'aduis que i'eus qu'vn Negre de Dian Tserongh qui s'en estoit venu il y auoit vn an se renget sous moy, soit par feinte ou autrement, se vouloit retirer & desbauchoit les autres pour s'en aller, lequel par apres auroit fait des courses en ce païs sur ceux qui seroient demeurez, & n'auroient pas voulu suiure les Grands. I'enuoiay le sieur Coüillard auec douze François pour le saisir, & pour prendre son bestial, ce qu'il fit. Il amena ce Negre deçà la Riuiere, ou il le fit tuer à coups de sagayes par nos Negres suiuent le commandement que ie luy en auois donné, & amena son frere au Fort lié, auquel ie donnay aussi-tost la liberté. Celuy que i'auois fait tuer estoit vn Negre qui auoit tousiours seruy les François en tous les voyages qu'ils auoient fait depuis dix ans, & auoit gagné tout ce qu'il auoit auec eux; toute-fois c'estoit luy qui auoit recelé les six vingts bestes que m'auoit desrobé Ranicaze au voyage que ie luy auois fait faire à Yuonrhon; en outre c'estoit luy qui me deuoit apporter du vin empoisonné au commencement de la guerre: & si j'eusse esté à Imours trouuer Dian Tserongh en ce temps-là, c'estoit celuy qui me deuoit tuer par derriere. Et lors que le païs fut assemblé pour nous surprendre par vn Dimanche, il vint le Samedy auec vingt Lohauohits pour nous trahir, & voyant que la trahison estoit descouuerte de ce Negre nommé Ratsifalehen se retirant rencontra en son chemin vne pauure Negresse qui seruoit au Fort il la tua à coups de sagayes.

CHAPITRE LXXI.

Les Rohandrian & Negres de la vallée enuoyent plusieurs Coureurs saccager les Negres qui estoient amis des Frãçois. Negres ramené au Fort qui auoit fuy de peur d'aller à Mosambique.

LE seizième on me vint rapporter que les Grands estans à Amboulle auoient enuoyé en ces quartiers des Souuoucs comme qui diroit des gens qui vont à la petite guerre, qu'ils auoient enleué à vne lieuë du Fort quelque bestial, & tué vn enfant; mais les Negres à la poursuite leur auoient fait lascher prise.

Le mesme iour arriuerent trente ou quarante Negres qui m'apporterent la teste d'vn Chef de Souuouc, ou de party qui estoit venu auec plusieurs autres enleuer le bestial.

Pendant ce temps les Rohandries enuoyoient des bandes de Negres tuer & rauager ceux qui ne les vouloient pas suiure.

Le vingt-septiesme Feurier Dian Ramouze Ompanghaic m'amena vn mien Negre qui s'estoit sauué de peur d'aller dans la Barque, & fut cause que la veille du partement d'icelle, vne partie de la Marchandise fut vollée. Et d'autant qu'vn Lohauohits Maistre du village d'Andranare à deux lieuës du Fort, l'auoit recelé & auoit donné à manger aux Souuoucs, qui estoient venus tuer cet enfant; Ie le condamnay à me payer quatre bœufs d'amende, & vn au pere de l'enfant qui auoit esté tué. Ce Negre se nommoit Estienne: auoit esté baptisé à Nantes & tenu sur les Fonds par le sieur Berthaut: il est tambour & mathelot, parle bon Francois, & rend bon seruice. Il me dit pour son excuse que quand il veit que ie n'allois pas dans ma Barque, de peur d'estre gourmandé par vn Matelot d'assez mauuaise humeur, il se cacha iusqu'à ce que la barque fut partie, & que comme il sceut le larcin qui auoit esté fait, il eust peur que ie ne le soupconnasse: c'est pourquoy il s'en alla à la montagne, & fut apres chercher sa femme, qu'vn autre Negre auoit enleuée & emmenée à Amboule. Il dit qu'il marcha tousiours de nuict sur le haut des Montagnes, & qu'estant arriué proche vn Village nomme Vohitspitou, il se cacha dans vne cauerne, & pria vn Negre, qui luy auoit serui de guide, & qui estoit auec luy de l'aller trouuer, sa femme le vint voir, & luy dit qu'elle eust bien voulu retourner auec luy: Mais qu'elle craignoit le serment qu'elle auoit fait auec Dian Panolahé, qui luy ayant fait manger du foye, & iurer à la façon du païs, luy auoit fait lescher vn miroüer, ce qui luy faisoit peur, d'autant que l'on luy auoit dit qu'aussi-tost qu'elle retourneroit au Fort, elle mouroit subitement, tant les Roandrian ont empieté d'authorité sur les esprits de cette miserable nation.

Chapitre LXXII.

Dian Panolahé de Manamboule enuoye au Fort Dauphin, & son compliment. Pluye à craindre en campagne par les François. Bestial d'vn fuyard amené au Fort.

LE troisiéme Mars Dian Panolahé de Manamboulle enuoya deux Negres pour sçauoir de moy si ie luy estois amy, ou ennemy, & qu'il auoit toûjours en ses sacrifices supplié Dieu, le Diable & tous les Anges de m'inspirer d'en-

DE L'ISLE MADAGASCAR. 369

uoyer chez luy querir mes *tſiris en Pecque*, ainſi nomment-ils noſtre beſtial qu'il a en garde, c'eſt à dire qui ne tariſſent point par la hache, tant il y en a, que la grande quantité à laquelle il a augmenté luy attiroit tous les iours des enuieux du coſté de l'Eſt, de l'Oüeſt, du Nord & du Sud, qui ne cherchent que l'occaſion de ſe ruer en ſon païs pour les enleuer & dérober.

Que iuſques à preſent perſonne ne l'auoit oſé entreprendre, d'autant que, comme il eſpere que ie les enuoyeray querir, perſóne encor ne l'auoit oſé attáquer. Ce Dian Panolahé eſt vn vieillard gouteux, qui en ſa ieuneſſe s'étoit fait redouter par tout, & comme il eſtoit deuenu vieil & incommodé, il auoit bien des ennemis : c'eſt pourquoy du temps du ſieur Pronis il a eſté touſiours ſecouru par les François, & par ce ſupport il s'eſtoit rendu riche & puiſſant. Mais à la fin voyant les Grands d'Anoſſi animez contre nous, il nous voulut tourner le dos, & comme il a veu qu'ils n'ont pas eu le deſſus de nous, il a ſagement gardé noſtre beſtial, afin de ſe reconcilier auec nous.

I'enuoiay deux Negres de ma part chez luy, auec vn des Negres qu'il auoit enuoyé, l'autre eſtant a moy, n'a pas voulu y retourner, de crainte qu'il n'y euſt quelque diſſimulation ou trahiſon cachée là deſſous ; outre que ce Negre eſtoit demeuré malade du flux de ſang chez Dian Mitouue, lors que le ſieur le Roy, & les François furent maſſacrez à Maropia. Ie commanday à ces Negres de dire à Dian Panolahé que ie le remercios de ſa bonne volonté, que ie priois touſiours de conſeruer noſtre beſtial, que ie n'eſtois pas reſolu de l'enuoyer querir iuſques à la venuë d'vn Nauire de France, & que cependant ſi il me vouloit donner quelque marque de ſa bonne volonté, il m'enuoyaſt par le chemin du païs de Dian Manangha, 400. bœufs, mon coffre, ma ſoye, & tout ce que luy auoit laiſſé le feu ſieur le Roy. Ces Negres eſtans arriuez au païs, ſur ce que le nepueu de Dian Panolahé ne veid point l'autre Negre qu'il auoit enuoyé, & qu'il eut ſoupçon qu'ils l'auoient tué en chemin, ſe ſauuerent & s'enfuirent de peur,

& s'en vindrent sans rien faire, d'autant, dirent-ils, qu'il y eut vne femme qui leur dist qu'ils se sauuassent ; & que Dian Panolahé les vouloit faire tuer.

I'enuoiay cependant par deux fois à six lieuës d'icy, pour aller à la guerre contre ceux qui nous venoient enleuer du bestial : mais la pluye fut cause que l'on ne fit rien, les ennemis n'attendans autre chose que cette occasion pour se ruer sur les François quand ils sont en campagne.

Le douziesme Mars mil six cens cinquante quatre, Dian Ra mouze Ompanghaic m'amena icy quarante cinq bœufs & vaches prises sur vn Roandrian qui s'enfuioit à Amboule, nonobstant qu'il eust payé son amende, & qu'il eust presté serment qu'il ne s'en iroit point ; ce qui me fit voir par experience que si ie n'eusse retenu des ostages de la part de Dian Machicore, il y a long-temps qu'il n'y auroit plus eu aucun Negre en cette Prouince.

Chapitre LXXIII.

Negre traistre puny. Vn François nommé Marououle brasse vne insigne trahison. Fait prisonnier. Sa trahison descouuerte. Monstre veu.

LA nuict on rompit la maison du sieur de Vin nostre Apoticaire, & l'on enleua son fuzil, sa poudre & son plomb, vn coffre & des chemises ; ce qui nous mist toute cette nuict en allarme, l'on reconnut par les pas, que c'estoit vn François nommé par les gens de ce païs, Dian Marououle, dont ie veux taire le nom, auec ceux d'vn Negre, & depuis ie sceus asseurement que c'estoit luy, par la bouche mesme de Dian Panolahé, ainsi qu'il se verra cy apres.

Le vingt-troisiesme Mars, vint icy vn Negre de cette habitation, lequel apres auoir seruy au Fort dés sa ieunesse, auoit eu quelque butin au voyage de Mangaranou, & comme il se veid accommodé, il se mist à faire de grandes despences

pences apres les femmes. Enfin la pluspart de son butin despencé, n'ayant pas dequoy continuer; se mist à me voller des bœufs par l'instigation de ce Marououlle, & comme i'en faisois souuét des plaintes à cause du soupçon que i'en auois. Marououlle luy fit peur, & luy conseilla d'aller trouuer Dian Panolahé à Amboulle, où estant il chanta iniure aux François, lors que ie les y enuoiay à la guerre.

Depuis ayant gaigné la grosse verolle, ne sçachant que faire, & estant reietté de tout le monde, il se resolut de s'en venir au Fort Dauphin pour auoir dequoy viure, d'autant qu'il enrageoit de faim. Estant arriué dans le village si hideux, qu'il n'auoit pas vne place entiere sur la peau qui ne fust couuerte de pustules, l'on m'en vint aduertir, ie l'enuoiay prendre, & en mesme temps faire executer sans le vouloir voir, & fis deffences à Marououlle de luy parler, d'autant, luy dis-ie, que s'il luy parloit, l'on diroit qu'il iroit pour l'empescher de rien declarer touchant le bestial que l'on soupçonnoit qu'il luy auoit fait desrober. Toutes-fois Marououlle ne se pût tenir de l'aller voir; mais il n'osa luy parler. Ce pauure miserable fut aussi-tost expedié par nos Negres.

Le deuxiesme Auril, iour du Ieudy Sainct, i'eus aduis, que le fuzil volé chez le sieur de Vin auec le coffre, auoit esté enleué par Marououlle qui auoit espié l'occasion que le sieur de Vin estoit allé passer la soirée chez quelque François; d'autant que le fuzil estoit tres-bon, qu'il auoit à l'aide d'vn Negre fait ce larrecin; & qu'ayant dessein de se renger sous les Roandrian, & quitter cette habitation, il leur auoit enuoyé ce fuzil, deux pistolets, enuiron deux cens balles de plomb, deux cornes de poudre, des plats d'estain, & des chemises pour present, & pour arres de sa fidelité en leur endroit, & de sa perfidie à mon esgard, il leur enuoya dire par ce Negre qu'ils enuoyassent icy dans les bois prochains quelque cinquante hommes, qu'il leur liureroit ma teste, ou celle d'vn des plus hardis François, en cas qu'il ne me peust pas tuer en trahison. I'arrestay moy-mesme Marououlle, & luy fis mettre les fers aux pieds, le fis enfermer

Bbb

dans vne maison de pierre. Ce fut bien à propos ; car deslors les cinquante hommes estoient dans les bois proches du Fort qui tuerent vn Negre le iour de Pasques, lequel estoit allé couper du bois pour faire vne caze pour luy, mais aians consommé leurs viures, & ne voyans aucun signal de Marououlle, ils s'en retournerent, & reuindrent huict iours apres espionner, ils manquerent du tuer vn François qui estoit dans son iardin : ce qu'ils eussent fait, si deux autres Negres passans ne les eussent descouuerts. Le lendemain au poinct du iour, comme ils estoient à attendre le signal de Marououlle, qu'ils ne croyoient pas estre arresté, ils furent descouuerts par nos chiens, qui s'approchans bien pres d'eux pour les mordre, il y en eut vn qui fut tué d'vn coup de sagaye, il n'y auoit lors que trois Negres d'espions, du nombre desquels estoit celuy qui auoit emporté le fuzil, qui se nommoit Manhiboule. Enfin Dieu ne permist point qu'vne si insigne lascheté demeurast plus long-temps cachée. J'appris depuis par la bouche mesme de Dian Panolahé, la mauuaise intention de Marououlle, lequel dist : qu'il ne trouueroit pas la mort de son pere bien vengée par la main d'vn François, & qu'il auroit horreur d'vne telle trahison, de voir vn homme boire & manger auec son Maistre, estre aymé de luy & estre tenu par luy en honneur, & sans aucun suiet le vouloir tuer & trahir, & tous ses compagnons, & il m'enuoya dire, quelque temps apres par vn de ses hommes, qu'il ne me cacheroit rien d'oresnauant, des entreprises que l'on brasseroit contre moy que Ranicaze n'estoit pas mort : mais qu'il estoit ressuscité en la personne de Marououlle : lequel auoit esté en ce païs le principal boutefeu de la guerre. Dian Panolahé m'enuoya par cet homme vn moulle à faire des balles, deux chemises, & le fuzil du sieur de Vin que luy auoit enuoyé Marououlle. Ie fis informer de tout, fis oüir encor douze tesmoins sur plusieurs plaintes, vols, & larcins de Marououlle, comme aussi des procez verbaux sur les rapports qui m'auoient esté faicts par Dian Machicore, & Dian Ramouze, touchant la declaration de Dian Panolahé. Marououlle se voyāt pris, m'escriuit des let-

DE L'ISLE MADAGASCAR. 373

tres, par lesquelles il me supplioit de l'eslargir, & que si ie ne l'ostois hors des fers, qu'il se feroit mourir luy-mesme, pensant m'esmouuoir à compassion, ou bien comme il se sentoit coupable, il apprehendoit que ie ne sceusse la verité du tout : car il fut long-temps à sçauoir que i'eusse rien descouuert de son fait.

Le mesme iour que ie fis arrester Marououle, il eschoüa sur les roches ou bord de la mer vn monstre, dont ie n'en ay iamais veu, ny ouy dire qu'il y en eust de mesme à la mer. Ce monstre estoit de la grosseur d'vn bœuf, auoit la teste d'vn sanglier, & auoit bien deux cens dents en haut, & en bas des machoires qui approchoient de la forme des dents humaines. Il estoit tout velu d'vn poil gris, auoit vn esuent sur la teste, deux nageoires au lieu de iambes, a plus pres, comme celles d'vn loup marin, son corps alloit en diminuant, & se reduisoit tout en vne queuë qui auoit plus d'vne brasse & demie de longueur, comme il sentoit fort mauuais lorsque ie l'apperceus, & que la peau estoit à demy corrompuë, ie ne le fis pas escorcher, dont i'eus vn grand regret.

CHAPITRE LXXIIII.

Attaque de la Vallée de Siliua, Trahison de Marououle confirmée. Roandrian riches en or.

LE vingt-sixiesme Auril, i'enuoiay vingt-cinq François à la guerre en vne vallée que l'on nomme Siliua, d'où il venoit tousiours des partis de Negres enleuer du bestial en ce païs, trois iours apres les François reuindrent apres auoir bruslé les villages : mais ils n'amenerent que cinquante bœufs grands & petits.

Le Samedy Vigille de la Pentecoste, Dian Ramouze Ompanghaic me vint aduertir de plusieurs trahisons qu'auoit voulu brasser Marououle contre moy, me disant

Bbb ij

RELATION

que c'eſtoit pour la troiſieſme fois qu'il auoit voulu me tuer; qu'il ne l'auoit iamais oſé l'entreprendre, de crainte de n'y pas reüſſir, ainſi que le Negre par qui il auoit enuoyé ſes armes à Dian Panolahé auoit rapporté, & depuis des gens que i'enuoiay exprés à Amboule parler au Negre, me l'ont confirmé. Dian Ramouze pour me monſtrer qu'il vouloit toûjours eſtre à mon ſeruice, & ne ſe ioindre iamais aux Grands, me diſt qu'apres la mort de ſon pere il n'auoit pas herité de la valeur d'vne petite menille d'or, que ie luy auois donné, & que bien que ſes Anceſtres fuſſent maiſtres du Marofeh, qui eſt le treſor que poſſede le plus Grand des Rohandrian, ce neantmoins les Grands de Fanſhere ayans eu la guerre contre eux, les auoient ſurmontez & dépoüillez de tout; & en ſuitte les auoient touſiours abaiſſez, ſans permettre qu'ils poſſedaſſent vn poulce de terre, ny or, ny argent, & que iamais il n'auoit tant poſſedé de bien que depuis que ie l'ay aduancé & fait gagner du bien, que Dian Panolahé, Dian Tſerongh, Dian Bel, Dian Tſiſlei, Dian Marpen, & Dian Finarets auoient en leur poſſeſſion le Marofeh, qui conſiſte en vingt ſines ou vrnes de terre remplis d'or, chaque ſigne pouuant bien contenir dix ou douze pots, ſi bien qu'a loüir dire c'eſt tout ce que quatre forts Negres peuuent porter qu'vn de ces ſines; cet or dit-il, eſt en groſſes briques & lingots gros comme deux poulces & en groſſes menilles.

Le vingt-cinquieſme May, i'enuoiay les François à la guerre dans la vallée de Caracarac, d'où le trentieſme enſuiuant ils amenerent cent treize bœufs & vaches eſtans bien las & recreus. Cependant comme i'eus aduis ce meſme iour que tous les Negres d'Imours, Fananhaa & Ambonetanaha eſtoient preſts de s'en aller à la vallée d'Amboule, que Dian Machicore abandonnoit ſes deux fils à noſtre mercy, pour leſquels il auoit reſolu de faire vn ſacrifice de dix bœufs qu'il nommoit Sahazi pour expiation de leurs pechez ainſi qu'ils ont accouſtumez de faire pour les morts. Qu'il s'en vouloit aller auſſi, & faiſoit partir tout le monde: Le beſtial eſtant aſſemblé dans les villages, ie com-

DE L'ISLE MADAGASCAR. 375

manday les François de retourner sur leurs pas se saisir du bestial qui estoit dans ces deux villages. Les François se separerent en deux troupes, trouuerent au poinct du iour les Negres preparez pour partir, les pacquets tous faits, & comme les Negres des François approchoient, le matin entre chien & loup, il y eut des Negres d'vn des villages qui dirent courage, voila que nos Maistres, Dian Tserongh, & Dian Panolahé nous enuoyent querir ; Mais ils furent bien estonnez quand ils virent les François qui se saisirent de tout le bestial. Ils furent à Manambare où ils se saisirent d'vn peu de bestial de Romarcoubelahé, & de là furent proche Icocombe, où on trouua Dian Ramouze qui faisoit semblant de faire labourer dans son horrac, on se saisit encor des bestes, & on amena tout au Fort Dauphin au bout de trois iours. Il y auoit cinq cens soixante grands bœufs & vaches, & quatre cens vingt moyennes & petites appartenantes aux Negres de ces villages, lesquels i'ay retenuës, & leur promis de les payer lors que i'aurois mon bestial de Manamboule. Ie leur dis que ie voulois qu'ils labourassent promptement mes horracs ; puis apres que ie leur rendrois des vaches à laict pour viure. Ie pris les noms de ceux qui auoient du bestial pour le rendre, & fis vn roolle de la quantité & qualité du bestial.

Les François amenerent Dian Machicore, ses filles, & son fils qui estoit ieune : Ie laissay aller Dian Bel son autre fils qu'il vouloit abandonner, ce petit garçon auoit esté baptisé à Fanshere par feu Monsieur Nacquard, & auoit esté nommé Dom Hierosme par feu Diam Ramach du nom du Vice-Roy de Goa qui auoit esté autrefois son parrain : depuis, nonobstant la deffence de feu Monsieur Nacquard auoit esté circoncis par Dian Machicore son pere.

Sur la plainte que me firent les Negres que l'on les auoit pillez, ie fis rapporter toute la marchandise par les François & Negres du Fort; & la rendis à ceux à qui elle appartenoit, comme aussi les pagnes, haches, & coûteaux, fanghalis, plats, villanges & nates. Et comme il y auoit eu beaucoup de bonne marchandise pillée par quelque François qui ne furent pas rapportées, ie paiay aux Maiſtres à qui elle appartenoit dix gros d'or & quatre liures de menilles de cuiure, d'ont ils ont eſté contens.

Le cinquiéme Iuin, vn pauure Negre venant à cette habitation fut tué à vn quart de lieüe du Fort par des coureurs, & eut cinq ou ſix coups de ſagayes trauerſans le corps; Ie l'enuoiay querir, on le trouua encor viuant; il accuſa deux Negres de Dian Machicore d'auoir veu faire le coup ſans l'auoir voulu ſecourir; Mais il n'y auoit point de certitude à ce qu'il diſoit, ayant eſté tranſporté & ſurpris, ie ne fis rien à ces Negres, il veſcut iuſqu'au ſoir, ie le fis baptiſer apres luy auoir demandé s'il deſiroit le Bapteſme, & le fis admoneſter & inſtruire pour le receuoir.

Le ſixiéme au matin nous eſt mort vn Negre en allant à l'eaüe du mal Caduc, dont il fut pris dans l'eaüe en ſe lauant. C'eſtoit vn Negre beau & bien fait, qui parloit fort bon François.

I'enuoyay ce iour noſtre beſtial à l'Iſlet où ie fis demeurer douze François pour le garder, & fis accommoder la maiſon de pierre à laquelle il ne falloit plus qu'vne couuerture pour y faire vn bon Magazin.

Le douziéme Iuin Dian Machicore m'amena vn Ompitacon de Dian Panolahé qui m'apporta vne chemiſe du ſieur de Vin vollée par Marououle; il me confirma de la part de Dian Panolahé la laſcheté & trahiſon de cet homme, & me témoigna que Dian Panolahé deſiroit faire ſa paix, & s'en venir à Anoſſi; c'eſt lors que ie luy fis promettre que ie luy rendrois ſes gens pour le ſeruir en me payant ſon amande, & le tribut tous les ans, à quoy par apres il s'accorda auec moy. Et pour cet effet i'enuoiay à Amboulle deux de mes Negres auec cet Ompitacon pour porter ma parolle à Dian Panolahé qui les receut fort bien, & accorda tout ce que ie luy demandois, en diſant qu'il ne vouloit prendre à l'aduenir vengeance pour ſon pere, qu'il ne refuſoit point de me ſeruir & me payer tribut, qu'il deſiroit ſe ſoûmettre ſoubs le comman-

DE L'ISLE MADAGASCAR. 377

dement de Louys de Bourbon Roy de France, qui seroit desormais son Maistre, & recommanda à ses gens qui estoient presens d'en faire de mesme; d'autant qu'en ce faisant ie promettois d'oublier le passé, & de pardonner à ceux qui auoient tué les François & luy aussi, qu'il ne vouloit plus songer à prendre vengeance de la mort de son pere & de son frere.

Chapitre LXXV.

Dian Menasotrouc Grand, demeurant à quinze iournées du Fort, iure amitié auec le sieur de Flacourt. Lettres enuoyée à la Baye sainct Augustin pour le premier Capitaine Chrestien. Responce d'vn Capitaine Hollandois.

LE troiesme Iuillet arriuerent Dian Mananghe Grand de la Prouince des Machicores, & Dian Menasotrouc auec ses neueux, Grand de la Prouince de Yonglahé, contre qui le feu sieur le Roy auoit esté à la guerre pour Dian Raual. Le sieur le Roy au voyage des Mahafalles auoit iuré auec luy, & en auoit receu des presens, comme or, corail & cornalines, & ne m'en auoit point parlé, d'autant qu'il auoit retenu les presens qu'il m'enuoioit, & nonobstant cela ne laissa pas d'aller à la guerre contre luy, sans que ie sçeusse qu'il eust iuré auec luy c'est donc, il me sçeut bien faire des plaintes, & dire que Dieu l'en auoit chastié. Il me fit present de sept grands bœufs, & me demanda à renoueler encor le serment qu'il auoit fait auec le sieur le Roy. Ce que ie fis, & le regalay auec ses parens le mieux que ie pûs. Il est à deux iournées de la Baye sainct Augustin, & m'apprist des nouuelles de nostre Barque qui y auoit seiourné dix iours, & mesme il me dit que le sieur Angeleaume s'en alloit auec la Barque à Mosambique, & passeroit par le Nord de cette Isle pour aller à la traitte du Ris à Manghabé. C'est au païs de ce Dian Menasotrouc, qu'est l'origine de la soye, & proche de là, c'est où il se trouue quantité de belles pierres vertes & d'autres couleurs, comme aussi à Houlouue & aux Mahafales.

Le 9 Iuillet, Dian Mananghe, & Dian Mana Sotrou, sont partis auec leur troupe pour s'en retourner, ie leur donnay dix bestes pour māger en chemin, outre celles qu'ils auoient māgée, ie chargeay Dian Menasoutrouc de faire deliurer à Dian Mahe, demeurant à la baye Sainct Augustin, vn pacquet de lettres enfermé dãs vne caisse bien clause, il y auoit vne lettre que i'escriuois à Monsieur de Loynes, Secretaire General de la Marine, par laquelle ie l'informois de l'estat où nous estions icy. Et i'adioustay deux lettres, l'vne en Latin & l'autre en François, que i'adressois au premier Capitaine, soit François, Anglois, ou Hollandois, qui viendroiét moüiller à Sainct Augustin, lequel ie priois de faire tenir par la premiere occasion mes lettres à Paris, ces lettres sont en ces termes.

Au Fort Daufin, soubs le vingt-cinquiesme degré six minuttes de latitude Australle vers la bande de l'Est, ce huictiesme Iuillet mil six cens quarante-quatre.

Monsieur, la peine en laquelle ie suis icy de sçauoir des nouuelles de France; y ayant cinq ans qu'il ne nous est venu de Navire, quoy que Messieurs de la Compagnie m'ayét promis d'en enuoyer vn icy tous les ans, m'a fait auoir recours aux choses les plus difficiles, afin de pouruoir par quel moyen que ce soit, faire tenir des lettres en France, pour faire sçauoir des nouuelles certaines de nous, qui sommes icy comme gens abandonnez, d'autant que possible nostre Navire ayant esté perdu à son retour en l'année mil six cens cinquante, l'on croit que nous soions aussi massacrez par cette nation, de laquelle Dieu nous a fait la grace d'auoir le dessus. Ie vous coniure, Monsieur, comme Chrestien, de de nous prester quelque assistance; comme à des Chrestiens que nous sômes, en nous fauorisant tant que si vous ne pouuez pas venir iusques icy, au moins de faire tenir la lettre cy enclose à Monsieur de Loynes Conseiller du Roy en ses Conseils, & Secretaire General de la Marine. Ie vous supplie aussi Monsieur, de me faire part des nouuelles
de

DE L'ISLE MADAGASCAR.

de paix ou de guerre de l'Europe : & en cas que vous ne puissiez point venir de deça, de donner vne lettre à Dian Maha qui fait vos affaires à Sainct Augustin, pour me la faire tenir par le moyen de Dian Men'a Sotrouc Zafe en renauoulle, qui aussi-tost m'a promis de m'envoyer de ses gens par deça pour me l'apporter. Ce sera vne grande charité que vous ferez, & vne obligation que ie vous auray, auec soixante & six François qui sommes icy, qui seront obligez de prier Dieu pour vostre prosperité & santé, laquelle ie le prie de vous conseruer, & ce faisant ie resteray, Monsieur, Vostre tres-humble & tres-obligé seruiteur E. de Flacourt. Ce qui reussit si bien, que depuis ie receus d'vn Capitaine Hollandois nommé Pitre Vander Merct, la lettre qui suit en ces termes.

Monsieur, nous auons receu vostre agreable escrit du huictiesme Iuillet mil six cens cinquante-quatre, par la main de Monsieur Andromain. Nous n'auons point voulu laisser de vous respondre sur la vostre. Premierement ie vous diray que nous sommes venus le 8. Fevrier de l'année mil six cens cinquante-quatre de Middelbourg en Zelande au seruice de la Compagnie des Grandes Indes, dans le Nauire nommé Tertholen : & sommes venus icy pour nettoyer nostre Nauire, & aussi pour nous rafraischir, & comme nous sommes icy, si c'estoit à nostre puissance de vous assister nous ne vous laisserions point, si vostre Barque estoit icy pres de nous : nous ferions comme des Chrestiens, & on vous assisteroit autant qu'il seroit à nostre pouuoir. Ce qui est des nouuelles de France, est en mesme estat, les Princes du sang ne sont pas encor d'accord auec le Roy, ie croy que vous aurez bien entendu parler des tumultes d'Angleterre contre les Prouinces vnies, mais nous esperons qu'ils seront bien-tost finis, & mis en repos. Et enfin finissant cette petite responce, nous vous recommandons en la main de Dieu, & le prions qu'il vous vueille assister, & nous adresserons vostre lettre à la premiere occasion ; cependant nous demeurerons tousiours, Monsieur, vostre tres-humble & tres-obeissant seruiteur, Vander Merct.

Ce Navire y arriua le dix-huictiesme Aoust, & en partit le 24. pour Batauia.

Le vingt-sixiesme Iuillet, Dian Machicore retourna de la vallée d'Amboule, où il estoit allé pour parler à Dian Panolahé & à Dian Tserongh pour les sommer de ma part de retourner en leurs terres, & leur promettre de leur donner des terres, des horracs, & leurs gens pour les seruir, sçauoir ceux qui m'auoient quitté, & les auoiët suiuis, non pas ceux qui m'estoient demeurez fidelles, qui estoient à moy, dont ils demeurerent contens, & promirent de venir lors que les Ris seroient meurs, & qu'ils me payeroient ce qu'ils deuoient de leurs sazes ou amendes.

Chapitre LXXVI.

Veuë de deux Nauires de France predite par les Negres, auant que l'on en peust sçauoir des nouuelles. Le sieur de la Forest des Royers enuoye son Lieutenant visiter le sieur de Flacourt.

LE quinziesme Iuillet, il me vint nouuelle que deux Nauires estoient venus à Manghafia, & que le sieur Pronis estoit dans le plus petit, cela fut encor confirmé par vne Negresse, qui dit mesme que dans vn des Navires ou estoit le sieur Pronis, il y auoit deux François qui estoient desia venus icy autres-fois; entre-autres le sieur de la Voye Chirurgien qui l'auoit autres-fois entretenuë, & dans l'autre qu'il y auoit aussi des François qui auoient demeuré en ce païs, & que le Navire du sieur Pronis alloit traitter du Ris à Manghabei, à quoy ie ne voulus adiouster foy pour par semblables nouuelles auoit eu assez de temps la teste rompuë.

Le vingt-huictiesme Iuillet ie fis donner aux Negres d'Imours cent vingt vaches & cent vingt veaux pour en auoir

DE L'ISLE MADAGASCAR. 381

le,laict que ie leur fis rēdre sur & tant moins de leur bestial.

Le onziesme Aoust, le matin l'on entendit tirer vn coup de Canon, & le iour mesme sur les trois heures apres midy arriuerent au Fort deux François nouueaux venus, ce qui m'estonna bien de ne voir aucun Nauire, & plus encor des chapeaux à grand bord, si bien que de loing ie croyois que c'estoient des Portugais ; car lors que ie partis de France au mois de May mil six cens quarante-huict, ces grands chappeaux n'estoient point en vsage, & ce qui augmenta mon estonnement, ce fut de voir venir deux hommes seuls auec chacun vn pistolet seulement, & chacun vne espée à leur costé dans vn temps où il n'y auoit gueres d'asseurance de marcher de la sorte. Il est vray que par le chemin par où ils estoient venus, il n'y auoit pas vne ame viuante. Ces deux François estoient le sieur de Belleuille Lieutenant de Monsieur de la Forest des Royers, commandant les Vaisseaux de Monseigneur le Duc de la Meilleraye, & l'autre estoit le nommé du Iardin qui a autres-fois demeuré en ce païs & s'en estoit allé dans le sainct Laurent en France, le sieur de Belle-ville me presenta vne lettre du sieur de la Forest, par laquelle il me mandoit que s'en allant à la Mer rouge il auoit ordre d'apprendre de mes nouuelles, & m'offrir toute sorte de secours & assistance, & par mesme moyen me prier d'en faire le semblable à ses Vaisseaux ; & que pour cette habitation il amenoit deux Prestres de la Mission de sainct Lazare pour y demeurer, & qu'il y auoit quelques lettres pour moy : Mais qu'il ne sçauoit si elles estoient dans le bord du sainct Georges, ou bien si elles estoient dans l'Ours. Il y auoit quatre François sur le sable qui n'auoient pû cheminer, qui estoient demeurez à vne lieuë d'icy, à cause de la lassitude & foiblesse, n'ayans point mangé de la iournée d'auparauant, ayans couché sur des Roches où la nuict les auoit pris, d'autant que du Iardin n'auoit sceu trouuer le chemin, & qu'il auoit suiui le Riuage de la Mer, leur ayant fait faire pour quatre lieuës plus de douze sans manger. I'enuoiay aussi-tost cinq ou six François au deuant d'eux, & quelques rafraichissement pour

Ccc ij

leur donner courage de venir. Le sieur de Belleville s'en voulut retourner le lendemain : Comme il auoit esté fatigué, ie le priay de demeurer auec ses gens pour se reposer ; i'escriuis à Monsieur de la Forest auquel i'enuoiay douze bœufs, & le priay, s'il auoit quelques lettres pour moy de me les enuoyer, que le lendemain le sieur de Belleuille partiroit, lequel ie ne voulois pas risquer auec si peu de monde, & que ie le voulois faire escorter par douze ou quinze de mes soldats. Le lendemain Monsieur de la Forest m'escriuit, & m'enuoya vne lettre de Monsieur Foucquet Procureur General au Parlement de Paris, & Sur-Intendant des Finances de France, qui est vn des principaux Interessez en la Compagnie & de Monsieur de Flacourt Tresorier de l'extraordinaire des guerres au departement d'Aulnis & Xaintonge, desquelles lettres Monsieur Bourdaise Prestre de la Mission estoit chargé, qui m'escriuit aussi, en s'excusant enuers moy, s'il auoit perdu la lettre que m'escriuoit Monsieur Vincent son Superieur. Les lettres de Monsieur Foucquet sont en ces termes.

Monsieur, le dessein que l'on a pris d'enuoyer en vos quartiers par la premiere occasion fauorable des Peres de la Mission, pour assister tant les Chrestiens qu'infidelles qui y sont, m'oblige de vous faire ces lignes, & de vous prier de les receuoir & traitter le plus fauorablement qu'il se pourra, i'espere que comme il y va de la gloire de Dieu vous ne vous y espargnerez pas, & leur ferez connoistre que ma recommandation ne leur sera pas inutile : & si de deça il se rencontre occasion de vous seruir, ie le feray aussi volontiers que ie suis, Monsieur ; voſtre tres-affectionné seruiteur. Foucquet.

De Paris le huictiesme Ianuier mil six cens cinquante-quatre.

Monsieur, ie vous ay desia escrit pour vous recommander deux Prestres de la Mission qui s'en vont trauailler à Madagascar au salut des François, & à la conuersion des Infidelles, à quoy i'adiouste qu'ils y portent quelques hardes pour leur vsage, & quelque Rassade de la valeur de trois

DE L'ISLE MADAGASCAR 383

ou quatre cens liures que quelques personnes de condition, & de pieté leur ont charitablement donné; c'est seulement pour les debiter dans le païs, tant en presens aux principaux pour tascher de les attirer à nostre Religion que par eschange auec les denrées dont ils auront besoin pour leur subsistance durant quelques années, puis que l'or & l'argent n'y ont point de mise, afin de n'estre à charge à personne; de sorte que n'en voulans pas faire traficq comme vous pourriez penser, vous ne leur donnerez, s'il vous plaist, aucun empeschement, au contraire ie vous prie de les fauoriser en tout ce que vous pourrez pour la gloire de Dieu, vous aurez part au merite & au bien qu'ils feront, & vous m'obligerez à demeurer de plus en plus, Monsieur, vostre tres-affectionné seruiteur, Foucquet.
De Paris le huictiesme Ianuier, mil six cens cinquantequatre.

Le quatorziesme Aoust partit le sieur de Belleuille, & le fis accompagner par douze soldats iusqu'au Nauire. Cependant vn bruit courut icy que le sieur Pronis estoit dans l'autre Nauire, d'autant qu'il y auoit eu vn François nouueau venu, qui en auoit asseuré vn des miens, qui m'en vint aduertir, dont ie témoigné estre bien aise: Mais ie trouuay tres-estrange, que l'on ne me le celoit pas seulement, mais le sieur de Belleuille me fit vn grand serment que le sieur Pronis n'estoit ny dans l'vn ny dans l'autre Nauire, & qu'il n'y auoit aucun Commandeur pour me releuer, Que Monseigneur le Duc de la Meilleraye n'auoit ordonné personne pour demeurer icy, si ce n'estoit que i'eusse affaire de quelques soldats, qui volontairement y vouluissent demeurer, & que quand Monsieur de la Forest seroit icy, ie receurois toute sorte de contentement de luy. Les lettres de Monsieur Foucquet Procureur General ne me donnoient aucun soulagemét en mon esprit, ny moins encor celle de mon frere, si bien que ie fus bien empesché comme ie deuois agir en ce rencontre: Les François ne sçauoient que penser, estons tous las d'auoir si longtemps demeuré en ce païs, & voir que les Seigneurs de

Ccc iiij

la Compagnie, la concession estant finie n'auoient point enuoyé de Nauire pour les querir, & moy ie me trouuois bien empesché de ce que j'auois à faire, toutes-fois ie jugeay que puisque Monsieur Foucquet & mon frere m'auoient escrit par cette voye, ils n'estoient point faschez, que mondit Seigneur eust enuoyé en ce païs: C'est pourquoy ie me resolus de tascher à donner toute sorte de contentement en ce qui seroit de mon pouuoir au sieur de la Forest.

Ce mesme iour Marououlle qui estoit dans la prison auec les menotes aux mains & les fers aux pieds, trouua moyen la nuict de leuer auec sa teste vne planche du plancher, & rompit vn pieu de la fenestre qui respondoit sur le Parc, & se deuala auec vne ceinture, s'en alla dans le village demander vne hache pour se defferrer. Il auoit ieusné quatre iours pour s'emmaigrir afin de retirer ses mains des menotes qu'il laissa dans la prison, & s'en alla à l'ayde d'vn Negre, qui eut pitié de luy se defferrer. L'on s'en apperceut la nuict, & on le chercha sans le pouuoir trouuer. Le lendemain matin l'on l'aperçeut sur le bord du sable, ie le fis poursuiure dans le bois, le fis amener au Fort & remette aux fers. Ie luy demanday où il s'estoit caché la nuict, il me dit qu'il auoit marché toute la nuict dans le bois, pensant auoir fait plus de quatre lieuës, qu'il s'estoit trouué à la pointe du iour, au lieu d'où il estoit party, & qu'il estoit vénu voir sur le sable ceux qui s'en alloient à Itapere pour appeller quelque Negre pour porter ses hardes, afin d'aller à bord du Navire prier Monsieur de la Forest d'interceder pour luy.

Chapitre LXXVII.

Le sieur de la Forest des Royers, vient au Fort Dauphin, donne des lettres au sieur de Flacourt de la part du Duc de la Meilleraye.

LE quinziesme arriua le sieur de la Forest auec Monsieur Bourdaise Prestre de la Mission, accompagnez de dix ou douze hommes Officiers & volontaires qui vinrent par terre. Le soir le sieur de la Forest me parla en particulier; & me presenta les lettres de Monseigneur le Mareschal Duc de la Meilleraye qui sont telles.

Monsieur, i'ay sceu par diuerses relations que depuis nombre d'années, vous auez resté dans le lieu ou vous estes; sans auoir tiré aucune assistance de ceux dont vous en deuiez le plus esperer, comme ie me trouue en lieu de vous en pouuoir donner, non seulement pour continuer le dessein que vous auez entrepris: mais encor de l'augmenter, i'ay creu auec la permission du Roy, deuoir mettre ces deux Vaisseaux en mer, tant pour reconnoistre les choses qui vous sont vtiles & fauorables que pour visiter diuers autres lieux, où l'on pourroit faire vn establissement solide, grand & asseuré. Si vous auez dessein d'y contribuer de vos soins, & de tout ce qui despend de vous, ie vous asseure que vous en receurez vne entiere satisfaction, & tiendrez pour certain & asseuré, tout ce qui vous sera promis de ma part, & en mon nom par celuy qui commande les Vaisseaux; c'est ce que ie vous promets, en vous asseurans que ie suis, Monsieur, Vostre tres-affectionné seruiteur, le Duc de la Meilleraye. A Nantes ce trentiesme Ianuier 1654.

En mesme iour il m'écriuit vne autre lettre en ces termes.

Monsieur, outre la lettre que ie vous ay escrite ce iourd'huy, au nom de celuy qui commande les deux Vaisseaux, ie vous prie d'adiouster foy à tout ce que vous dira de ma part le sieur de la Forest, vous asseurant qu'il contient verité. Ie suis, Monsieur, Vostre tres-affectionné seruiteur, le Duc de la Meilleraye. A Nantes ce tretiesme Ianuier, 1643.

Ie fus fort estonné de ce que ie ne receuois aucunes lettres des Seigneurs de la Compagnie, & de ce que Monseigneur le Procureur General vn des principaux interessez, ne m'escriuoit rien touchant les affaires de la Compagnie, & ne me donnoit aucun ordre de ce que i'auois à faire, d'autre costé, y ayant deux ans que la concession estoit finie, & que tous les François qui estoient icy ayans finy leur temps & leurs seruices, s'ennuyoient beaucoup d'estre icy si long-temps, que les gages & appointemens qui leur sont deubs couroient tousiours, & montoient bien haut depuis si long-temps, & se faschoient d'estre retenus comme par force, & desesperoient de leurs gages, n'en receuans aucun soulagement, estans tous contraincts d'aller nuds ainsi que les Negres, faute de hardes, de linges, & souliers pour se vestir & chausser; si bien qu'ils m'auoient souuent reproché que l'on ne se contentoit pas seulement de les faire seruir, mais que l'on vouloit auoir leur vie & leur salaire, en les laissant ainsi si long-temps en ce païs sans assistance & sans esperance de retourner iamais en France. Ces Navires estans venus, ils croyoient bien trouuer des habits, linges, estoffes, & souliers à acheter, & ie leur auois promis que ie leur respondrois de tout: mais ils furent bien estonnez que la meilleure partie des esquipages des deux Navires en estoient aussi desnuez qu'eux, si bien qu'ils ne receurent de ce costé là par grand secours. Monsieur de la Forest me dit qu'il n'auoit amené aucuns hommes pour demeurer icy, que les Prestres de la Mission, & que toutesfois s'il y auoit quelques passagers qui y voulussent demeurer, il me les laisseroit volontiers, & que quoy que le sieur Pronis fust dans le Navire l'Ours, il n'estoit point venu en ce païs pour demeurer : mais qu'estant Capitaine d'vn Navire, il s'en retourneroit, si ie le trouuois à propos, & si i'auois dequoy le charger, Que ie n'auois qu'à voir comme

ie

ie desirois faire, qu'il auoit des marchandises propres pour ce païs, qu'il me les remettroit entre les mains, si ie voulois trauailler à l'achap des marchandises propres pour enuoyer en France; Qu'il n'auoit amené icy aucun commandant, d'autant que mon Seigneur le Duc de la Melleraye me laissoit le choix & option de faire tout ce qui estoit necessaire de faire pour la charge de ses Vaisseaux, & qu'il n'auoit point icy enuoyé pour me rendre aucun mescontentement: Au contraire, que ie receurois de luy toute sorte de satisfaction, ainsi qu'il me faisoit l'honneur de m'escrire; Qu'il n'auoit pas trouué à propos que l'on me dist que le sieur Pronis estoit dans le Nauire qui venoit apres luy, & qu'il auoit voulu me le dire luy-mesme, que le sieur Pronis n'auoit aucune intention de me rendre desplaisir; mais que ie connoistrois qu'il estoit mon amy. Ie luy dis que i'auois tant d'obligation à Monseigneur le Duc de l'honneur qu'il me faisoit par ses lettres, & par les courtoisies & honnestetez que ie receuois du sieur de la Forest, que i'essayerois par mes seruices à luy donner aussi aux mieux qu'il me seroit possible, la satisfaction & contentement qu'il pouuoit esperer de moy en ce païs, & que ie ne cacherois rien au sieur de la Forest, des choses que i'ay pû connoistre estre profitables & vtiles en cette Isle: ainsi ie luy declaray en peu de paroles de qui s'y pouuoit traitter, & rechercher, il me dit que lors qu'il fust prest à faire voille de France, mondit Seigneur luy dist qu'il s'en alloit à Paris pour obtenir de sa Majesté la concession, & qu'il se pourroit accommoder auec les Seigneurs de la Compagnie.

Comme ie n'auois receu aucun ordre ny nouuelles des Seigneurs Interessez, que mes soldats murmuroient & menaçoient de m'abandonner, & que quelques-vns s'estoient allez offrir aux sieurs de la Forest & Pronis, & que la crainte que i'auois que les cuirs qui estoient icy ne se gatassent à la longue, ie resolus de les passer dans vn des Nauires à moitié Fret, dont nous demeurasmes d'accord auec quelque peu de marchandise que i'auois, suiuant la facture qui en seroit faicte. En outre, ie conclus aussi de faire la traitte desormais pour la charge des deux Nauires des Marchandises que Monsieur de la Forest me mist entre les mains ; & pour cet effect, ie fis vn traitté auec le sieur de la Forest & les sieurs Pronis & Daubigny, qui arriuerent le vingtiesme d'Aoust, pour tout ce que i'auois à faire & negotier auec eux ; ainsi qu'il est porté par le traitté fait le premier Septembre mil six cens cinquante-quatre. Ils amenerent Dian Panolahé qui demeura d'accord auec moy de me payer pour son saze quatre-vingts bœufs & soixante & dix gros d'or ; luy ayant rabatu de son amende en consideration des sieurs de la Forest & Pronis cent trente gros d'or.

Chapitre LXXVIII.

Marououle exillé en l'Isle de Bourbon. Voyage de Manamboule. Nauire l'Ours va à Ghalemboule charger du Ris, & du Cristal.

LE dixiéme Septembre i'enuoiay Marououle à bord du Nauire l'Ours pour le passer à Mascareigne, autrement Isle de Bourbon, pour y cultiuer du Tabac & y faire recherche de ce qu'il y a de bon & propre pour enuoyer en France ; En outre sept François me demanderent permission d'y aller faire culture de Tabac pour leur compte.

I'enuoiay deux François connus par ceux de Manghabei dans le Nauire pour ayder à faire la traite du Ris à Ghallemboulle, & traitter des Gommes & Christaux.

Le dix-huictiesme Septembre i'enuoiay quarante François à Manamboule pour ramener le bestial que feu le sieur le Roy auoit laissé en garde à Dian Panolahé, il y auoit vingt de mes soldats, & vingt autres des deux Nauires. Ie donnay le commandement de tous au sieur de la Courneuue Enseigne de Monsieur de la Forest, auquel ie donnay les ordres necessaires pour le voyage.

Le vingtiéme, le Nauire l'Ours partit d'Itapere pour faire

route à Mascareigne, & de la à Manghabé.

Le vingt-neufiéme, ie fus à Itapere visiter le sieur de la Forest, ou il me receut tres-bien.

Pendant ce temps i'enuoiay treize François à la Vallée d'Amboule pour demander aux Voadziri qui auoient pris les armes pour les Grands, le Vilimpelle, qui est vne espece d'amande que ie leur demandois: Cela consiste en quelque cent cinquante bœufs, ce qu'ils payerent depuis sans difficulté, & promirent qu'en cas que les Grands d'Anossi qui sont les Roandries fissent encor la guerre, & qu'ils se retirassent chez eux, ils les chasseroient & nous aideroient à les exterminer, ne voulans plus se mesler de leurs affaires d'auantage & ruiner leur païs pour eux.

Le douziesme Nouembre arriua en cette Radde, le Nauire saint Georges; la Barque longue de l'Ours estoit partie d'Itapere pour Manghabé le troisiesme, qui relascha à Managhasia pour faire accommoder le Beaupré qui estoit rompu, & le huictiesme elle partit de Manghasia par vn bon vent d'aual pour aller à Ghalemboule & sainte Marie.

Le quinziéme Nouembre i'enuoiay treize François à la Vallée d'Amboule pour demander le reste du payement des Sazes & Vilimpelle, & traicter du bestial pour de l'or, du corail & de la veroterie pour viure, en attendant le bestial de Manamboule; L'on mangeoit lors tous les iours cinq bœufs tant pour l'habitation que pour le Nauire, & pour les Negres suruenans qui apportoient plusieurs denrées: Et ce qui faisoit tant manger de bestial c'est que les viures auoient manqué.

Le ving-sixiéme mourut d'vne fiévre continuë vn homme de l'esquipage du saint George commandé par le sieur de la Forest, qui estoit bon canonier.

Le trentiéme arriua de Manamboule le sieur de la Cournenue auec les François que ie luy auois donné à commander, qui amenerent au Fort quinze cens vingt-deux bœufs & vaches, sçauoir neuf cens dix de chez Dian Mitouue, & mil bestes receües de Dian Panolahé, que le feu sieur le Roy luy auoit donné en garde dés l'an mil six cens cinquante,

Dd d ij

desquelles mille bœufs & vaches, le sieur de la Courneuue n'en amena que huict cens & en laissa deux cens en garde à Dian Panolahé, d'autant qu'elles estoient maigres, Dian Mitouue s'accorda pour l'amende de sa trahison à payer mil bœufs, dont il en paya neuf cens dix, & quatre-vingts dix qui demeurerent entre ses mains en garde ; le surplus mangé en chemin & plusieurs esgarées.

Et d'autant que la Roche estoit demeuré malade à Anderiza chez Dian Panolahé, & que le nommé Mariette ne l'auoit pas voulu abandonner, i'enuoiay encor deux François les trouuer qui y allerent de leur bon gré pour demeurer auec la Roche, Dian Panolahé, sut tres-ioyeux de les auoir chez luy, lequel à cause de cela se tenoit plus asseuré contre les surprises de ses ennemis. Il mourut au voyage vn des soldats du bord de l'Ours que commandoit le sieur Pronis.

Chapitre LXXIX.

Le sieur de Flacourt, & le sieur de la Forest vont visiter vne Montagne où l'on croyoit qu'il y auoit vne mine d'or, Retour du Nauire l'Ours chargé de Ris.

LE Dimanche dernier de l'Aduent, ie fus en compagnie du sieur de la Forest visiter vne Montagne à quatre lieuës de nostre Fort, où l'on m'auoit dit qu'il y auoit quelque apparence de Mine. Nous trouuasmes cette Montagne toute pelée aussi bien que les colines prochaines & nous fismes fouïller en vn lieu où il y a sept sources d'eaüe viue, les vnes pres des autres, qui composent vn ruisseau dans lesquelles nous trouuasmes plusieurs pierres meslées dans vne terre argilleuse, iaunastre qui estoient pleines de paillettes blanches & noires reluisantes comme si c'eust esté argent ; toutes-fois apres auoir mis en poudre ces pierres, & les auoir lauées elles se trouuerent legere, en sortes qu'ils n'y auoit

DE L'ISLE MADAGASCAR. 391

en elles aucune apparence de metail, possible que qui foüilleroit bien auant sous la Montagne il rencontreroit quelque chose de meilleur; car sur ces sources à la largeur de quelque trente toises l'herbe y est iaunastre & à demie morte iusqu'au haut de la Montagne, & aux enuirons, & tout le reste de la Montagne est couuerte d'vne herbe verte & viue; Ce qui me fait soupçonner que c'est la vapeur ou exhalaison d'vn souffre metallic qui luy fait ainsi changer la couleur. Depuis i'ay appris que c'estoit au pied de la Montagne vers le Nord, que les Portugais auoient autresfois foüillé & trouué de l'or, & que depuis leur mort les Grands auoient fait boucher le lieu où ils auoient foüillé.

Le neufiesme Ianuier mil six cens cinquante-cinq arriua le sieur de Goazcaer Lieutenant du sieur Pronis dans la Barque longue qu'il amenoit de Ghallemboule, chargée de Ris blanc: il auoit eu tres-mauuais temps à la Mer.

Le douziéme arriua le sieur Pronis dans le Nauire l'Ours, & amena cent quatre-vingts poinçons de Ris blanc que ie fis serrer au Magazin du Fort Dauphin. Il auoit aussi chargé dans son Nauire vingt-cinq ou trente tonneaux de Christal de Roche pour porter en France.

Il est mort dans le voyage le sieur d'Aubigny & deux autres des principaux Officiers du Nauire l'Ours, sçauoir le Maistre Canonier, & le Maistre de la Barque longue du sieur de la Forest.

Le quatorziéme, deux Grands du païs des Machicores nommez Dian Mien Ariue & Dian Mananghe vinrent au Fort pour me visiter.

Le mesme iour arriuerent aussi Dian Mandroüac fils de Dian Mitouue d'Icondre, & Dian Manniri fils de Dian Raual d'Itanterrac qui me firent presens chacun de cinq bœufs, & me dirent que Dian Mitouue & Dian Raual les auoient enuoyez pour me rendre visite de leur part, & aussi me prier de deffendre aux François qui sont à Manamboule de se ioindre auec les enfans de Dian Panolahé pour leur faire la guerre, ce que ie leur promis, à condition qu'ils n'at-

D d d iij

taqueroient point les enfans de Dian Panolahé ny luy mesme qui estoient lors nos amis, & que ie ne romprois point le foye ny le serment que leur auoit fait pour moy le sieur de la Courneuue, l'ors qu'ils auoient fait leur paix. Et sur quelque different qu'ils auoient auec les enfans & neueux de Dian Panolahé pour la terre d'Ionghaïuou qui estoient au Fort; ie les mis d'accord en partageant la terre d'Ionghaïuou qui est vne tres-belle vallée par la moitié, sçauoir que la moitié de la vallée du costé d'Icondre auec les Tenanciers & Negres demeureroit à Dian Mitouue & Dian Raual, & l'autre moitié iusques à son entrée dans la Riuiere de Mananghare, auec les Tenanciers & Negres demeureroient à Rafanzac & à ses freres, neueux ou enfãs de Dian Panolahé, & furent tous contens. Sur cela ie donnay à Ramandroüac vne lettre adressée à la Roche, par laquelle ie luy deffendois de ne troubler aucunement Dian Mitouue.

Le vingtiéme, le sieur de Belleuille Lieutenant de Monsieur de la Forest arriua de huict lieuës du Fort auec huict François que ie luy auois donné pour visiter vn lieu où l'on m'auoit dit que les Portugais auoient autres-fois eu habitation, le lieu s'appelle Vohitsmassin, c'est à dire Montagne heureuse; c'estoit sur le haut d'vn costau escarpé de toutes parts qu'ils auoient basty leur Fort, & en bas il y auoit eu vne habitation de Portugais qui y auoient planté des viures & enfin qui y ont esté tuez par les habitans des enuirons. Il n'y a aucune apparence de mine en cet endroit là, d'autant que les Montagnes voisines sont toutes couuertes de bois tres grands & espois.

Dans ce mois i'enuoiay cueillir des Ris que i'auois fait planter, dont i'eus douze cens paniers qui pouuoient rendre quelque quarante poinçons de Ris, suffisans pour nous nourrir vn an auec les autres fruits de la terre que nous recueillons durant l'année: Et si les sauterelles n'eussent point gasté les Ris pres à cueillir i'en eusse eu plus de cent poinçons.

Le 10. Février ie fis acheuer de charger le Nauire l'Ours, & pris resolution de repasser en France dans ce Nauire.

CHAPITRE. LXXX.

Retour en France du sieur de Flacourt.

LE sujet de mon retour en France a esté que n'ayant receu des Seigneurs de la Compagnie aucune lettres ny ordre, & que les sieurs de la Forest & Pronis m'ayans asseuré que les Seigneurs Interessez en la Compagnie nous auoient abandonnez, & que leur concession estant finie le Seigneur Duc de la Meilleraye en auoit obtenu du Roy la continuation & concession. I'ay voulu passer en France pour en sçauoir la verité, & pour cét effet ie priay le sieur de la Forest de permetre que le sieur Pronis demeurast en ma place iusqu'à mon retour de France, pour commander en mon absence au païs, les François que i'y ay laissé au seruice des Seigneurs de la Compagnie; d'autant que ledit sieur Pronis ayant seruy les Seigneurs en cette qualité pendant sept années, i'ay iugé qu'il n'y auoit personne plus capable que luy; ie luy laissay par inuentaire general entre ses mains tous les effets de la Compagnie, en presence du sieur de la Forest, qui a consenty qu'il s'en chargeast.

Le douziéme Feurier ie me suis embarqué dans le Nauire l'Ours, & nous auons fait route vers le Cap de bonne esperance.

Le quatriesme Mars sur les neuf heures du matin nous auons veu le Cap des aiguilles, que nous auons doublé à midy; & auons cinglé iusques au soir le long de la terre, toute la nuict nous auons eu le plus beau temps du monde, & la mer douce & bon petit vent. Ce Cap gist par les 34. degrez 30. minuttes latitude sud.

Le cinquiesme, nous auons eu grand broüillard & nous nous sommes mis au large; sur le midy le temps s'est esclaircy; lors nous auons apperceu la montagne de la Table, & le reste de la iournée & la nuit nous auons eu calme, puis petit vent d'Est depuis minuit iusques au matin auec vn broüillard fort espais.

Le sixiéme ce broüillard a continué iusqu'à neuf heures du matin que nous auons veu à l'Est de nous, la Baye de la table, & en cinglant le long de la coste, nous auons aperceu trois grands Nauires Hollandois qui y estoient moüillez, & quelques batteaux à la voile qui entroient dans la Baye, & comme le vent lors estoit assez bon, nous auons fait petites voilles le reste du iour & la nuict, de crainte que nous n'eschapassions l'entrée de la Baye de Saldaigne, où nous voulions aller faire aiguade.

Chapitre LXXXI.

Arriuée à la Baye de Saldaigne. Hippopotame, ou Cheual Marin. Rhinocerot nommé Gabah d'vne autre espece non encor veüe en Europe.

LE septiéme nous sommes entrez dans la Baye où nous auons moüillé l'anchre à trois brasses & demie à l'abry de l'Islet à Cormorands. Tout le temps que nous y auons esté, nous y auons veu quantité de Baleines qui y chassoient le poisson, ce qui a fait que nous n'en auons point pesché le long de nostre bord ; Mais bien proche le riuage à deux ou trois pieds d'eau où les Baleines ne peuuent aller. Nous auons veu quantité de sauuages, & quelques vns sont aussi venus au Nauire, l'vn s'appelloit Saldan, l'autre Barraba & l'autre Coubaha. I'ay apris d'eux quelques dictions de leur langage iusqu'à pres de quatre cens mots.

Le quinziéme me promenant à l'Islet à la Bische, i'ay veu vn Hyppopotame mort sur le riuage, autrement dit Cheual marin. Il se voit le long de la Baye plusieurs gistes d'Elephans ou autres bestes aussi puissantes, & mesme y ay veu la teste d'vn Elephant proche la fontaine, dont on auoit osté le morfil. Il se voit des pas de loups, Sangliers, Lyons Tigres, Cerfs, Bœufs,

DE L'ISLE MADAGASCAR. 395

Bœufs, Chats sauuages & autres animaux; comme aussi force petits cheureüils, dont nous en auons mangé quelques vns; Nous auons veu aussi vn animal grand comme vn Elephant, mais qui a deux cornes sur le nez. ainsi que le Rhinocerot en a vne, & de pareille grandeur que les cornes de Rhinocerots que l'on voit en France dans les Cabinets. Nous luy auons fait tirer deux coups de mousqueton d'vne balle de calibre pezant trois onces à la longueur de deux piques, & la balle n'a fait que s'applatir contre la peau. L'odeur de la poudre qu'il n'a accoustumé de sentir l'a fait fuir. Son trot est plus viste que la course d'vn homme tant agille soit-il. Il a la peau couuerte d'vn poil ras, de couleur de gris de souris, & vne queuë ainsi que celle d'vn Elephant, & les pieds semblables, les oreilles droites & rondes, vne petite houppe de poil noir sur le garrot. C'estoit vn masle, l'on voit par tout alentour beaucoup de gistes de cet animal qui n'est d'escript d'aucun Autheur.

Chapitre LXXXI.

Isle de Saincte Heleine. Plusieurs fosses nouuelles faites, Des Cheuaux dans cette Isle.

LE vingt-sixiesme Mars nous auons leué l'Anchre & sommes sortis de la Baye de Saldaigne, & nous auons mis le Cap au Noroüest par vn vent de Suest.

Le huictiesme Auril, au matin nous auons apperceu l'Isle saincte Heleine à huict lieuës de nous, & y sommes venus moüiller deuant la Chapelle, elle gist à 16. degrez sud de la ligne. Nous sommes descendus à terre & montez à la Montagne où nous auons veu trois cheuaux, deux caualles & vn poulain, comme aussi enuiron vingt cazes de quelques malades qui y auoient esté, & quelque fosses; nous entendismes des chiens: mais il n'y auoit pas apparence qu'il y eust aucun homme viuant dans cette Isle. Il y a des cochons, des cabrits, des pintades, des perdrix, des pigeons, & des

Eee

tourterelles, du pourpié, de la patience, des citroüilles, des gourdes qui font ameres, d'autres qui ne le font pas, & du *palma christi* ou *ricinus*. Cette vallée où nous allafmes contient bien deux lieuës à monter, pleines de tres bonne herbe pour le beftial, capable de nourrir mille bœufs, & le haut de la montagne eft couuert de pareille herbe excepté quelques endroits où les vents l'empefchent de croiftre. Les terres y font tres-bonnes à labourer, où ie crois qu'il y viendroit de bon bled & des arbres fruictiers fi on en plantoit. Le bois y eft rare, les bois qu'il y a font mefchans arbres qui ne font ny propres à baftir, ny à brufler. Le gibier y eft fort fauuage, il y a de la peine à en approcher.

Le dixiefme ie fus à la grande rauine du milieu où eft la Chapelle auec le fieur de Iuigny: Cette Chapelle eft baftie de terre moulée en forme de brique, & à l'entour il y a bien vne vingtaine de maifons de pierre maçonnées auec de la terre, qui ont efté autres-fois bafties par les Matelots d'vn Gallion de Portugal qui s'y eft efchoüé, à caufe qu'il coulloit bas d'eauë. Il s'y trouue par cy par là quantité de cloux, de cheuilles de fer & de ferrailles. Dans la Chapelle il y a vne Foffe, & vne Epitaphe d'vne Sufane du Breüil femme de Pierre Ruttens principal Marchand d'vn Navire Hollandois, laquelle y a efté enterrée le vingtiefme Février dernier, en ces termes.

Hier Ruft Sufanna Van-Brulhuis Vrouue Van Opper Coopman, Pierre Ruttens, Sterf de 30. Decembre 1655. Begrauden 20. Febvrier 1655.

Il y auoit des lettres pour l'Admiral de la Flotte d'Hollande; & d'autres lettres d'vn Navire Anglois qui y auoit paffé auffi depuis peu. Le fieur de Iuigny a auffi laiffé vne lettre dans ladite Chappelle pour Monfieur de la Foreft. I'ay efcrit auffi fur l'efcorce d'vne callebaffe que i'ay penduë dans la Chappelle, les mots fuiuans.

Anno 1656. 10. Aprilis Stephanus de Flacourt, Gallorum in infula fancti Laurentij manentium Dux hac tranfiit in naue excellentiffimi Ducis de la Meilleraye, Frãciæ Marefcalli, quam nauem imperant D. de Goazcaer, & D. de

Iuigny. Tibi, & aduenatutum in patriam reditum ex opto.
Il y a apparence qu'il y a bien eu des hommes morts en cette Isle par les fosses qui sont fraischement faites. La nuict nous auons appareillé & singlé au Norouest quart de Nord.

Chapitre LXXXII.

Suitte du retour en France, arriuée à Belle-Isle & à Nantes.

La nuict du douziesme nous auons leué l'Ancre, & nous auons fait la route du Norouest iusqu'au dix-septiéme, que l'on a mis le Cap à l'Oüest pour chercher l'Isle de l'Ascension. Toute la iournée nous auons singlé à l'Oüest sans apperceuoir cette Isle, la nuict nous auons fait serrer les voiles iusques au matin, que l'on a mis le Cap à l'Oüest quart de Sorouest, iusques au dix-huict à midy que nous auons eu hauteur sept degrez vingt-neuf minutes, le vent de Sud alizé & la mer vnie. Le soir du 18. n'ayans point eu de veuë de l'Ascension, nous auons continué nostre route au Nord Nordoüest pour nous en aller en France; d'autant que nous auons passé l'Isle faute de non veuë.

Le 25. Auril nous auons passé la ligne de Equinoxiale.

Le huictiesme Iuin, nous auons veu vn Nauire à trois lieuës de nous & nous demeuroit au Oüest Norouest.

Le dixiesme, nous auons veu les Isles de Coruo & Flores des Assores. Le vingt-quatre nous auons apperceu vn Nauire à l'Oüest de nous.

Le vingt-cinq, à la pointe du iour nous auons apperceu la terre de Belle-Isle, & nous sommes venus mouiller à la rade du costé de l'Est deuant le Chasteau.

Le vingt-six nous auons leué l'Anchre, & auons pris vn Pilote que Monsieur le Duc de Rez a commandé de venir dans nostre Nauire pour nous conduire iusques à S. Nazai-

Eee ij

re, & sommes venus moüiller à l'embouchure de la Riniere de Loire au droict du Croisil, à cause que le vent auoit cessé.

Le vingt-sept nous auons leué l'Anchre, & sommes venus moüiller à sainct Nazaire.

Le 28. ie me suis mis dans vne Chaloupe auec sept François, quatre Negres, & mes hardes, & suis arriué à Nantes.

Le vingt-neuf iour de Iuin, i'ay donné aduis à Messieurs de la Compagnie par vne lettre que i'escriuis à Monsieur de Flacour mon frere, Interessé en icelle, pour & au nom de toute la Compagnie; & d'autant que ie me trouuay mal ce iour d'vne fievre, qui ne me quitta que huict iours apres, ie le suppliay leur faire mes excuses, si ie ne leur escriuois à tous en general & en particulier, me reseruant de ce faire, lors que ie me porterois mieux, ce que ie fis à mon retour de Vitray. Où ie fus saluer Monseigneur le Duc de la Meilleraye, & luy rendre compte de mon voyage, l'entretenir de ce qui s'estoit passé pendant mon seiour en l'Isle de Madagascar, & le remercier de la faueur, assistance, & ciuilitez que i'auois receus par son commandement des sieurs de la Forest, d'Aubigny, & de Goazcaer, commandant le Vaisseau dans lequel i'estois repassé en France.

A mon retour de Vitray, i'escriuis, à Messieurs les Interessez de la Compagnie en general, à Monseigneur Foucquet Procureur General au Parlement de Paris, & Sur-Intendant des Finances de France, & à Monsieur Berruyer Directeur, & leur rendis compte de la conference que i'auois eu auec Monseigneur le Duc de la Meilleraye, en les informant de la volonté qu'il auoit de s'interesser par moitié auec lesdits sieurs Interessez. Et comme il m'auoit dit que i'attendisse leur responce à Nantes, cependant que l'on me desliureroit les marchandises passées à Fret, qui estoient encor à bord du Nauire, apres auoir esté amené au Chasteau de Nantes; c'est ce qui me fit tarder du temps; & comme i'auois amené auec moy sept François, ausquels les gages estoient deubs, il fallut attendre que les cuirs qui estoient pour le compte de la Compagnie, fussent vendus, afin de rendre la valleur de six mille liures que i'auois emprunté, dont ie payois le change à vn pour cent par mois, suiuant le cours du change, de Nantes. Et aussi pour payer la despence desdits François iusqu'à leur payement, & ce d'autant que ie n'auois receu aucun ordre de la Compagnie pour receuoir argent pour les payer, quoy que ie leur en eusse escrit par plusieurs fois, ce qui m'obligea encor plus de ce faire, c'est que i'appris à Nantes que plusieurs de ceux que i'auois renuoyé en 1650. n'auoient esté payez par eux, & que mesme en mon absence i'auois esté condamné desl'an 1651. à faire payer la mere d'vn nommé Hattier à qui i'auois donné vn arresté de gages pour les seruices qu'il auoit rendus durant le commandement du sieur Pronis, & pour marchandises qu'il auoit liurées au Magazin du Fort Dauphin, lorsqu'il se mist à negocier pour son compte, suiuant l'accommodement qu'il auoit fait auec le sieur Pronis ; dont à mon arriuée à Madagascar, ie luy liuray vne facture, & vn recepicé des marchandises & des droits qu'il auoit payez à la Compagnie, auec promesse de le faire payer en France par les sieurs Interessez. ce qui m'éstonna fort ; comme aussi du sieur Marchais qui auoit esté en ladite Isle pour y negotier pour son compte, & qui m'auois aussi liuré des marchandises à certain prix qu'il auoit negociées pour luy, & en auoit payé le tiers de droict, lesquelles marchandises ont esté en France dans le Nauire S. Laurent, & ont fait partie de la charge du Nauire ; ainsi qu'il est porté par les comptes que i'en ay enuoyé aux sieurs Interessez ; & toutes-fois les Interessez depuis n'auoient voulu payer les sieurs Marchais, Hattier, ny plusieurs autres qui sont repassez dans le Nauire sainct Laurent. C'est ce qui m'a donné suiet de payer moy mesme les sept François que i'ay repassé auec moy, afin qu'ils n'eussent point la peine d'aller à Paris se consommer en frais & despens, & pour euiter les frais d'vn procés, qu'ils me menaçoient de faire en cas que ie tardasse à les payer, ce qui fut fait au bout de cinq semaines, & quelques iours apres ie vendis les cuirs passez pour le compte de la Compagnie, pour remplacer l'argent que i'auois pris à change pour payer auſſi leur deſpence, & la mienne.

I'apris que les ſieurs intereſſez auoient depuis peu receu deux lettres de Madagaſcar par la voye d'Angleterre, l'vne du ſieur Angeleaume mon Lieutenant, que i'auois enuoyé dans ma Barque à Moſambique pour demander des Preſtres & ſecours des Portugais, qu'il eſcriuoit au ſieur des Martins Banquier à Paris; & l'autre du ſieur Poirier, Commis & tenant les Liures de la Compagnie à Madagaſcar, lequel auoit demeuré vingt ans dans le Perou, Cartagene, Iamaïcque & la neuue Eſpagne pour le commerce, laquelle il eſcriuoit au ſieur de Beauſſe Intereſſé en la Compagnie demeurant à Paris. Ces lettres eſtoient eſcrites de la Baye ſainct Auguſtin, ſituée ſoubs le Tropicque de Capricorne à l'Oüeſt de l'Iſle Madagaſcar, en datte du 28. Feurier 1654. Et comme ces lettres parlent de la meſme choſe que ce qui eſt deſia dit dans cette Relation ie ne les inſereray point dans icelle pour euiter repetition.

Le neufieſme d'Aouſt ie partis de Nantes pour aller à Paris, apres auoir receu des lettres de Monſeigneur le Duc de la Meilleraye qu'il eſcriuoit à Monſeigneur le Procureur General, & me dit qu'il deſiroit s'aſſocier auec Meſſieurs les Intereſſez. Eſtant arriué à Paris, ie fus preſenter les lettres à mondit Seigneur Foucquet; puis ie fus viſiter Meſſieurs les Intereſſez, leſquels au bout de huict iours me renuoyerent trouuer mondit Seigneur le Duc de la Meilleraye auec vne lettre que Monſeigneur le Procureur General me donna auſſi pour luy preſenter de ſa part. Eſtant arriué à Nantes ie ſçeus que mondit Seigneur eſtoit à la Meilleraye, où ie me tranſportay, & trois iours apres ie retournay à Nantes, d'où i'eſcriuis à Monſeigneur le Procureur General, & à Meſſieurs les Intereſſez pour leur faire ſçauoir l'intention de Monſeigneur le Duc de la Meilleraye, i'y attendis leurs ordres, & apres vn mois de ſeiour ie m'en retournay à Paris.

Copie d'vne Lettre du Sieur Angeleaume escrite à Monsieur Desmartins de la Baye de S. Augustin en Madagascar le 28. Feurier 1654. & receuë par l'ordre d'Angleterre le premier Aoust 1655.

MONSIEVR, la necessité en laquelle nous auons esté reduits depuis le départ du Nauire le S. Laurens dont estoit Capitaine Roger le Bourg, qui fut le mois de Feurier 1650. nous a reduits à d'estranges resolutions, n'ayant comme plus d'esperance de reuoir iamais nostre patrie, veu le long-temps que nous n'auons eu de vos nouuelles, qu'il faut necessairement qu'il y aye plusieurs de vos Nauires qui ayent esté perdus dans leurs trauerses, ne nous pouuans pas imaginer que vous auriez esté vn si long-temps sans nous enuoyer du secours, la perte desquels vous pourra auoir donné soubçon que nous auriōs esté tous massacrez en ce païs, & par consequent refroidis de nous enuoyer visiter. Ie vous diray que depuis le depart dudit le Bourg, nous auons eu tousiours la guerre contre ceux du païs d'Anosse ou nous sommes residens, les Grands ayant dissimulé, cepēdant que le Nauire estoit à la Coste, & lors que le sieur Claude le Roy estoit allé faire la guerre aux Ampates auec trente François, voyant nostre Fort diminué de monde, ils ont tasché à nous surprendre: mais le bon Dieu ayant permis que nous fussions aduertis de leur mauuais dessein a fait que nous nous sommes donnez sur nos gardes; tout ce qu'ils ont peu faire, c'est de nous prendre nos bestiaux qui estoient aux pasturages, & tuer quatre ou cinq François en trahison qui estoient à l'escart parmy eux, desquels ils ont eu les armes & amonitions à quoy ils sont experimentés, & se sont exercez de long-temps, & d'autres armes qu'ils auoient eu cy deuāt par des François qui sont repassés en France, ces armes ont causé cette entreprise: car ils en auions bien vne trentaine, des cō temps la tous les pays s'esleuerent con-

tre nous, & nous n'auions pas vn amy dans la terre, & ceux à qui nous auions rendu plus de seruices s'estoient eux qui s'employoient le mieux à nous trahir, leurs estant plus facille à cause de la grande familiarité, tesmoing Dian Panolahé des Manaue & Dian Mitouue ceux à qui nous auions fait tant de bien, si tost qu'ils sçeurent que la guerre estoit declarée entre nous & ceux d'Anosse, sous pretexte de nous venir seruir & nous rendre le reciproque que tant de fois nous leurs auions fait, leuerent 1600. hommes pour venir à la guerre auec Monsieur le Roy, & ce par l'ordre de mondit sieur de Flacourt, & comme ils estoient en chemin par vne insigne trahison, ils massacrerent ledit sieur le Roy, & vingt autres François, & dix qui rechaperent en la troupe reuinrent miraculeusement à nostre fort, & nous estant rassemblez au nombre de soixante que nous estions de reste, n'ayant point d'esperace d'autre secours que de la grace de Dieu: trente de nous autres alloient attaquer l'ennemy & faire des courses sur eux pendant que le reste gardoit le Fort, par ce que leur maxime estoit de nous auoir par famine deffendant à qui que ce soit de nous rien aporter vendre, à quoy ils estoient bien absolus: Cependant nous trauaillions à faire vne Barque, & y auons enfin reussi, quoy qu'auec bien de la peine, & auons fait deux voyages au Ris à Gallemboulle; ce qui a sauué nostre habitation iusqu'à present, les gens de ce païs leurs lassant de la guerre, ne pouuant planter en repos, se sont venus ranger sous la protection des François, pour tenter d'autre moyen voyant que de guerre ouuerte ils ne nous pouuoient auoir, Monsieur de Flacourt les a reçeus tous & premierement les noirs à condition de ne recognoistre plus les Grands pour leurs Maistres, ains le Roy de France, & de payer les droicts qu'ils auoient de coustume de payer ausdits Grands, ce qu'ils ont accordé de faire auec deux ou trois mille bestes qu'ils ont payé pour leur amende. Les grands mesme sont venus faire la mesme chose depuis la mort de Dian Ramacq leur chef, que nous auons tué à la prise de son village: comme aussi vn de ses fils, & depuis deux ans qu'ils se sont reconciliez, ils se
sont

font reuoltez trois ou quatre fois, & lorsqu'ils penſoient auoir beau de nous trahir, & quand ils auoient manqué leur coup ils reuenoiēt faire leur paix & ne les euſt-on iamais refuſez, en fin pour dernier reſort apres vne trahiſon qu'ils l'auoient entrepris par nous deſcouuertes, ils abandonnerent la plus-part le païs d'Anoſſe & ſe retirerent dans le païs d'Aueroulle, où nous les auons eſté pourſuiure & bruſler tout le païs par deux fois: mais eſtant par trop peu tout ce que nous pouuons faire eſtoit de nous deffendre, parce que tous ceux qui auoient fait leurs paix, comme ceux à qui nous l'auions fait faire eſtoient tous meſlez enſemble, & nous gardoient les paſſages des montagnes & abbattions les bois, pour nous ſeruir d'obſtacle & des Roches qui faiſoiēt rouler ſur nous, nonobſtant nous nous en ſômes retirez auec honneur. C'eſt à preſent à nous contenter du lieu où nous ſommes retirez & faire labourer du Ris autour de nous par ceux qui ſont rangez ſoubs l'habitation, pour taſcher à ſubſiſter en attendant vn Nauire & tacher à faire quelque petite courſe ſur nos ennemis, pour nous entretenir doucement. Il y a vn an entier que nous commençaſmes à racommoder noſtre Barque & la fortifier & au commencement de Decembre 1653 ayant eſté paracheuée, Monſieur de Flacourt s'eſt embarqué dedans luy dixieſme pour courir le riſque de paſſer le Cap de bonne eſperance pour aller en France, afin de vous inſtruire luy meſme de ce qui ſe paſſoit, & faire diligenter les affaires, n'ayant point d'autre reſource que ce baſtiment icy: mais eſtant paruenus par les trente quatre degrez de hauteur à cent cinquante lieuës du Cap. Le vent nous vint contraire & impetueux, de ſorte qu'il nous contraignit de relaſcher, n'eſtant baſtant le baſtiment pour n'eſtre que de 30. tonneaux, & pour tout equipage 2. Matelots. Voila Mr. a quoy la neceſſité nous a contraint, eſtant de retour à noſtre Fort, nous auons trouué vn autre moyen, les Habitans promettant de ſe maintenir encor deux ou trois ans, pourueu que nous puiſſions vous faire ſcauoir de nos nouuelles, cela leur donneroit eſperance que vous ne les abandonneriez pas: C'eſt pour ce ſuiet que

Fff

i'ay entrepris ce voyage icy par le commandement de mon-dit-Sieur de Flacourt, quoy que sans Cables capable, ny Pilote & foible desquipage, mesme sans Compas qui vaille, c'est le voyage de Mozambique pour aller prier le Gouuerneur dudit lieu de nous assister soubs l'adueu de vous autres Messieurs, & de faire tenir les lettres que Monsieur de Flacourt vous enuoye : mais le mauuais temps que nous auons eu en mer a fait que nous auons esté à sainct Augustin pour nous recréer & nous rafraischir, & comme nous n'auions point de Cable capable, de nous tenir dans cette Baye à cause des rafalles de vent qui y souffle nous fist rechercher vn recoing, où on nous auroit dit que les Anglois mouilloient & approchoient de trop pres (faute de connoistre les lieux) nous touchasmes sur les Cayes, & nostre Barque fut endommagée, & d'vn grand vent de Noroüest nous fusmes és costes où nostre bastiment fut tout esbranslé, pendant deux iours de mauuais temps, qu'il fust battu des vagues, & la couche d'icelle rompuë en partie, & en huict iours nous auons fait ce que nous auons peu faire à recalfader & remis des aboutemens de planches rompuës, & l'auons renduë & estanchée le mieux qu'il nous a esté possible, esperant auec la grace de Dieu, au premier beau temps poursuiure nostre route à Mozambique, ou estant ie la feray racommoder pour m'en retourner au fort Dauphin, pendant nostre seiour à S. Augustin, sçachant que les Anglois y passent ordinairement au mois de Iuin, i'ay pris occasion de laisser ces lettres entre les mains des Negres pour donner au premier capitaine Anglois qui passera, que ie prie de vous faire tenir, & si d'auenture vous la receuez auparauant celles de Monsieur de Flacourt: comme cela est infaillible pouruen que les Anglois en veuille prendre la peine, & seront plustost d'vn an que par la voie des Portugais. Mais comme ie n'ay point d'ordre de Monsieur de Flacourt, de laisser icy ses lettres, ie les porteray à Mozambique, neât-moins ne laissez pas de mettre nostre Nauire hors au plustost auec le plus de monde que vous pourrez, & bien amonitionné. La plus-part des habitans François ne demande qu'a demeurer icy & y debiter leurs merceries aux filles du païs. Nos premiers mal-heurs commencerent par la mort de Monsieur Naquart Prestre de la mission, qui mourut auparauant que nous eussions la guerre; & il y à tantost cinq ans que nous n'auons personne à nous administrer les Saincts Sacremens & nous reconcilier. Ie vous prie Monsieur, d'auoir compassion de nous, & de ne nous point abandonner, affin que ne soyons en proye à tant d'ennemis de la Chrestienté: vous auez vn beau moyen à present de vous rédre les Messieurs de cette terre, & de reduire ces gés icy à la foy Catholique qui ne respire autre chose que d'estre instruits depuis que nous les auôs subiuguez? Ne retardez le secours, car quoy que nous soyons les maistres, & tous les auantages que nous pouuons auoir sur eux, ne pourront empescher qu'à la fin nous n'y succombions, soit par vn débandement de François qui s'ennuyent extremement, soit par les maladies qui nous en emportent tous les iours, soit par defaut d'amonitions: car tout nous manque, nous sommes reduits à aller nuds comme les Negres, iusqu'à Monsieur de Flacourt qui n'a pas vne chemise. La poudre & le plomb nous manquera bien tost & les marchandises du pays, n'oubliez d'en enuoyer quantité de toutes les sortes, à la reserue de la rossade blanche, noire & fueille morte, & couleurs couuerte, pour toutes autres couleurs enuoyez-en, côme aussi de toutes sortes de veroteries, Corail, Cornalines & cuiure iaune tout tiré, si Dieu nous fait la grace d'arriuer à bon port à Mozambique, les lettres de Monsieur de Flacourt vous seront tenuë, mais non pas si promptement que celle-cy: c'est pourquoy n'attendez pas s'il vous plaist apres, pour nous enuoyer secours qui seroit peut estre trop tard? Donnez charge au Capitaine du Nauire qui vous enuoye, de venir droit au Fort Dauphin, & si d'auanture il ne se trouue personne? qu'il se donne de garde, & qu'il poursuiue sa route droit à l'Isle Saincte Marie: car ie crains que si les Portugais ne nous assistent, il nous sera contraint de quitter: pendant que cette Barque est sur pied, en attendant de vos nouuelles ie feray tousiours mon possible en ce païs pour voſtre vtilité, puis que vous m'auez commis en ce lieu, & taſcheray à ne vous donner meſcontentement, priant Dieu de vous faire la grace d'auoir le deſſus de cette nation, & que par vos moyens ces gens icy viennent à la connoiſſance de noſtre foy, c'eſt ce que vous ſouhaitte.

Monſieur,

Voſtre tres-humble obeiſſant ſeruiteur ANGELEAVME.

De la Baye de S. Auguſtin en l'Iſle de Madagaſcar ce 28. Feurier 1654.

Copie d'une autre lettre du ſieur Philippe Poyrier de la Ville d'Orleans, eſcrite à Monſieur de-Beauſſe de la Baye de S. Auguſtin en Madagaſcar le 28. Feurier 1654. receuë par l'ordinaire d'Angleterre, pour le port de laquelle a eſté payé dix ſols.

Monſieur,

Me voyant tant obligé de vos faueurs & courtoiſies que i'ay receuës de vous, m'a fait prendre la hardieſſe de vous eſcrire ce mot, & vous donner aduis comme nous ſommes partis du fort Dauphin le 29. de Ianuier 1654. ou i'ay laiſſé Monſieur de Flacourt noſtre commandeur en bonne diſpoſition Dieu mercy, encor que ſoit affligé & triſte de la tardance du Nauire de France, ce qui luy auoit contraint de faire racommoder ſa Barque pour ſi en aller, & qu'il auoit party du fort le 20. Decembre 1653. & ayant trouué ſi mauuais temps en mer & la Barque petite & foible de Matelots, leur à obligé de reuenir à l'habitatiō, leſquels arriuerēt le 12. de Ianuier de ladite année fort triſte & deconſolé, de n'auoir pas peu pourſuiure ſon voyage pour vous aduertir de ce qui s'eſtoit paſſé en cette Iſle, depuis le depart du S. Laurent dōt eſtoit Capitaine Roger le Bourg, en l'an 1650. le 18. Feurier, il ſe peut dire que nous auons touſiours eſté en guerre du depuis iufques auiourd'huy ou nous eft arriué de grāds accidens & trahifō que les Grāds du pays ont fait faire par les Negres des Manamboules qui fut que en furprenāt Mr. le Roy en compagnie de 19. François furent maffacrez par lefdits Manamboulois, & n'en efchappa que fix François, & font demeurez auec plus de mil cinq cens Geftes, veu cela les Grands d'Anoffe s'amafferent tous enfemble pour s'en venir trahir le Fort, mais Dieu nous fauorifa de ce que mondit fieur de Flacourt en fut aduerty, & incontinent l'on fe mit fur fes gardes, & ne fut tué que 4. ou 5. François qui eftoient lors deshabitez, du depuis l'on s'eft maintenu le mieux qu'on a peu, les vns en courfe & les autres à garder le Fort auec fi peu de monde qu'on eftoit il n'y auoit que foixante & fept François en tout, il fut enuoyé 30. François à Fanshere, ou Dian Ramach Roy du païs demeuroit, & fut tué au combat & beaucoup d'autre voyant qu'on les pourfuiuoit toufiours, & que Dieu nous donnoit l'auantage les a obligé à fe ranger foubs la protection de mondit fieur de Flacourt, payant les droits à l'égal de leurs perfonnes, dont il en a receu quātité de beftail & autres necefitez de la terre, pour fouftenir & maintenir l'habitation, comme il s'en eft tenu compte, fuiuant les liures que i'ay laiffé à ladite habitation. A mōdit fieur de Flacourt il y auoit auffi quelques Grands qui auions fait leurs paix, & auoient promis quantité de beftail & cela n'eftoit que trahifon, veu qu'ils fe font rendus ennemis autrefois, & cela ne vient que māque de Nauires & d'eftre fi peu de monde cōme l'on eft, que fi il y auoit de la force l'on les feroit bien venir malgré eux. Mr. voila la plus belle occafion que tout fe viendroit rendre à noftre faueur, ce qui en retiens la plus grand part font les menaffes des Grands & font tous les iours tourmentez d'eux, & ne fcauent à qui obeïr veu la foibleffe que nous fommes de François, & procure lefdits Grāds d'Anoffe tous les iours à nous trahir, & pour s'affeurer mondit fieur de Flacourt enuoya prendre Dian Machicore grand du païs, à intention de ne le laiffer point aller qui ne fut venu vn Nauire de France: mais pour fes belles chanfōs le laiffa al-

Fff iiij

ler & a laissé en sa place vn de ses fils & vn de ses neueux qui y sont iusques à present, & croy qu'ils n'en sortiront pas qu'ils n'ayent nouuelles de France. Ce qui l'a obligé d'enuoier la barque à Mozambique, & Monsieur Angeleaume son Lieutenant & moy pour le pouuoir seruir sur le langage Portugais, veu que ie les ay frequenté autre-fois, & leur ay porté des lettres pour vous faire tenir, comme aussi mesme a escrit à Monsieur le Cardinal & à Monsieur de Luines, & à nos Seigneurs de la Compagnie, leur tesmoignant la misere comme ie vous le puis dire, adressant toutes les lettres à Monsieur l'Ambassadeur de France proche de sa Majesté tres-Chrestienne de Portugal: côme aussi mesme nous a donné lettre pour le pouuoir obliger, en cas que lesdits Sieurs Portugais nous vueillent assister de quelque necessités que nous auons, comme la Barque & autres marchandises, & pouldres & munitions, ie prie le bon Dieu de les vouloir inspirer à cette bonne heure que ie vous asseure qu'il en est bię de besoin suiuant nostre voyage. Nous sômes arriués à ce port de S. Augustin le 5. Feurier, où nous nous sommes veus en vne grâd peine par le mauuais temps, & faute de Cable nous voulant mettre plus proche de terre, comme nous auions dit à des Negres du païs, nous vinsmes à trouuer des Cayes ou nous y fusmes vne nuict toute entiere ou la Barque trauailla beaucoup, & le lendemain à la plaine mer nous voyant enuironné de tous bords desdites Cayes nous obligea a eschoüer en terre, & au bout de huict iours l'on a racommodé la Barque & nous sommes mis dans la riuiere pour nous appareiller à poursuiure nostre voyage auec la grace de Dieu. Les Negres dudit lieu nous ont dit qu'il venoit tous les ans des Nauires Anglois pour prédre leurs rafraischissemens pour s'en aller à Sorat, & de Sorat reuiennét audit lieu pour retourner en Angleterre, ledit sieur Angeleaume a escrit au Capitaine qu'il viédra cette année, le supliāt de vous faire tenir cette cy & l'autre qu'il escrit à monsieur des Martins, luy donnant aduis aussi mesme des miseres ou nous sommes. Monsieur, nous vous supplions d'auoir compassion de nous: Il y a plus de quatre ans

& demy que nous sommes sans Religieux ny homme d'Eglise, viuant comme Barbares. Ie ne vous en diray d'auantage sinon que ie suis & demeureray à tout iamais,

MONSIEVR,

Vostre tres-humble & tres-affectionne seruiteur PHILIPPE POIRIER.

De S. Augustin, Isle de Madagascar le 28. de Feurier 1654.

RELATION DE CE QVI S'EST
passé en l'Isle de Madagascar depuis le 12. Febr.
1655. iusques au 19. Ianuier 1656.
enuoyée en France.

CHAPITRE. LXXXIII.

LE 12. Feurier 1655. le sieur de Flacourt s'embarqua dans le Nauire l'ours pour s'en aller en France, & le sieur Pronis l'alla accompagner iusques audit Nauire, en passant il alla dans le bord du S. George prendre congé du sieur de la Forest, lequel luy fit excuses, si il ne luy offroit point d'argent; d'autant qu'il en auoit peu, & que quoy que l'on eust fait entédre audit sieur de Flacourt, qu'il auoit dans son bord trente mille liures, la verité toutes-fois estoit, qu'il n'en auoit point plus de trois mille, encore en auoit-il despensé auant que partir de France plus de six cens liures, qu'ainsi il n'estoit pas en puissance de l'en assister; ledit sieur de Flacourt luy fit responce qu'il ne luy en demandoit point & qu'a son arriuée en France il trouueroit des amis qui ne luy en denieroient point. Il s'embarque dans l'ours & le sieur Pronis auec luy, il se loge dans la chambre, & fut fort bien accueilly du sieur de Goascaer Capitaine du Vaisseau, le sieur Pronis s'en retourna au Fort dans la chaloupe du Nauire du sieur de la Forest. A son arriuée tous les soldats du fort estoient en haye diuisez en deux files pour le receuoir comme nouueau Gouuerneur; & commandant, & ainsi entra ioyeux dans le Fort: mais la ioye luy cessa bien tost lors qu'vn soldat en tirant vn coup de fuzil, la bourre sauta sur le corps de garde qui estoit couuert

de

de grandes fueilles d'vne espece de palmes que l'on nomme en ce païs la Rattes, & print le feu en sorte qu'en vn quart d'heure vne partie du Fort fut embrazée & auec bien de la peine & du trauail l'on empescha que le feu ne gaignast par tout. Aussi-tost il fallut trauailler à rebastir vn autre corps de garde, & le sieur Pronis d'vn autre costé voulut faire changer les nattes du logis du sieur de Flacourt, & affectoit encor de se meubler plus proprement, & mesme s'estoit vanté qu'il vouloit faire changer le Fort & le mettre en bien meilleur estat qu'il n'estoit auparauant, c'est pourquoy il fit oster toutes les nattes de ladite maison pour en mettre de neufues, & ainsi quinze iours se passerent dans le tracas de rebastir le corps de garde & cinq ou six cases bruslées auec vn grand magazin ou il y auoit grande quantité de futilles qui furēt aussi bruslées, & rajuster la maison ou deuoit aller loger le sieur Pronis, lors qu'vn accident arriua plus grand & plus sinistre que le premier : car vn François auoit fondu du cuiure dans vne petite forge proche la muraille du costé de la mer, ou on auoit ietté toute la demolition des couuertures qui auoient bruslé il y auoit quinze iours, lesquels on auoit laissé en vn monceau au pied de ladite muraille. Ce François ietta son creuset embrazé par les fenestres de ladicte forge sur les demolitions qui consistoient en certaines feuilles seiches à demy bruslées ausquelles le feu prist de telle sorte que la flamme en deuint si grāde, qu'elle alla mettre le feu en vne case qui estoit au dessus de ladite muraille, delà le feu gaigna à la chapelle, puis en la maison dudit sieur de Flacourt, ou le sieur Pronis deuoit aller coucher le iour mesme, & en deux heures de temps toutes les maisons du fort furent embrasées auec les magazins, le Ris, les munitions, poudres, fuzils, mousquetons & pistolets, la Cuisine qui estoit de pierre, au dessus de laquelle estoit le magazin aux armes qui firent vn terrible tintamarre, & tirerent tous & creuerent la plus part pour estre vieille chargées, vingt-deux Grenades creuerent aussi qui firent escarter la couuerture & la muraille de la maison de pierre qui fut entierement demolie, quatre barils de poudre fi-

Ggg

rent sauter la couuerture du grand Magazin où estoit le Ris, sous la chapelle il y avoit vne caue qu'auoit fait faire le sieur de Flacourt, dans laquelle il y auoit cinq ou six bariques d'eauë de vie, quelques bariques de vin de France, vne barique pleine de soufre, vne autre pleine d'alun, trois barils de couperoze, quelques barils de goudran, & quelques bariques de Bray, Raisine & Poix noire, cinq ou six cens liures de suif, de la cire, du miel & autres choses grasses qui furent enflammées : Et comme ces matieres rendoient des flames & fumées de diuerses couleurs, elles formoient diuerses impressions & figures estranges en l'air, en sorte que les Negres croyoient superstitieusement que c'estoient des Diables qui estoient dans ce feu, & que c'estoit quelqu'vn qui estoit mescontant qui auoit ietté ou laissé des sorts qu'ils nomment Oli afin de faire tout embrazer le Fort. Le corps de garde brusla encor vn coup, mesme les affusts de huict pieces de canon bruslerent, & le feu prist ausdites pieces, qui estoient chargées & tirées à balle de costé & d'autre, non sans grand danger de ceux qui se fussent rencontrez au droit du coup. Le Mast qui estoit au milieu de la place s'embraza par le faiste qui estoit frotté de Goudran, c'estoit vn mast de Hune qui estoit enté dessus, ainsi qu'en vn Nauire : ces deux Masts bruslerent ainsi qu'vn flambeau iusques à six pieds dans terre. Tous les pieux qui enuironnoient plus de la moitié du Fort furent aussi bruslez iusques dans terre, si bien que le sieur Pronis ne peut iamais sauuer qu'vn coffre ou estoient ses habits : tous les meubles que le sieur de Flacourt auoit fait faire lict, chaires, sieges, coffres, tables, armoires, portes, planchers, fenestres, tour de lict tout fut entierement consumé par le feu. Tous les aggréz d'vne Barque, cordages, voiles, mastures & autres vstancilles de forge, d'armuriers, menuisiers, tonneliers, charpentiers, serruriers, calfadeurs, cloutiers, soufflets, & autres furent consumez. Le Fort consistoit en la Chapelle, maison du Gouuerneur, consistant en vne Salle, chambre, cabinet & vn corps de logis à costé, vne cuisine de pierre, deux pauillons de pierre qui seruoient de prisons, cinq Magazins, vn corps de garde, vne boutique de forge, & vne autre petite forge, vne boucherie & seize maisons de particuliers, basties la pluspart de charpenterie, & assez commodes pour le païs. La place du fort auoit quelques vingt toises de large, & vingt-cinq toises de long, au milieu de laquelle estoit ce grand Mast de la hauteur de quelques cinquante pieds, & au haut d'vn autre Mast d'enuiron trente pieds estoit vne giroüette, & au dessus l'on attachoit vn pauillon blanc que l'on arboroit les Dimanches & iours de feste, dans lequel il y auoit les armes de France : Le sieur Pronis fut fort surpris de cet accident, comme aussi le sieur de la Forest qui lors faisoit diligemment trauailler à vne Barque longue, pour s'en aller en course à la mer rouge suiuant les ordres qu'il en auoit, tout ce que l'on peut faire c'est de laisser esteindre le feu de soy mesme qui fut trois iours embrazé, & parmy les cendres l'on ramassa toute la ferraille pour s'en seruir au besoin. Aussi-tost on donna ordre d'enuoyer coupper du bois pour rebastir d'autres maisons & enuironner le fort de pieux, ce qui fut fait en deux mois, & cependant le sieur Pronis logea dans la maison d'vn François qui estoit dans l'habitation des François hors le Fort. Le feu n'auoit point atteint ladite habitation qui est composée d'enuiron quelques cent cinquante cases tant de François que de Negres qui seruent au Fort. Pendant ce temps l'on auoit enuoyé daus la Prouince des Mahafales trente François sous le commandement du sieur des Perriers, où estoit allé vn Prestre de la Mission, tant pour assister les François que pour trauailler à la conuersion des habitans du païs, & aussi pour achepter pour luy quelques commoditez du pays pour seruir en sa maison. Ce voyage dura trois mois qui fut fort peu fructueux, & il y mourut quelques François de maladie & de fatigue, & au retour ledit Prestre nommé le sieur Mousnier mourut à huict ou dix lieuës du Fort, d'vne fieure continuë qu'il apporta dudit voyage. Pendant ces trois mois le sieur de la Forest fit acheuer sa Barque, & la mist en mer & s'apresta pour son voyage de la mer rouge, & le sieur Pronis tomba dans vne langueur & maladie lente de tristesse & de fascherie d'auoir veu le Fort ainsi malheureusement bruslé qu'il deuoit auparauant changer & mettre en bien meilleur estat que le sieur de Flacourt ne l'auoit laissé, ainsi qu'il s'estoit vanté plusieurs fois: mais il fut Prophete d'vne façon, car il le fit changer en effet, non pas de bien qu'il estoit en meilleur estat mais de bien en pis: Et à moins qu'il n'y aye bien des François & de la despence de long-temps, il ne sera si bien estably qu'il estoit.

Les François arriuerent du voyage des Mahafales enuiron le commencement de May presque tous malades, & amenerent quelques quatre cens bestes, les Grands des Mahafales ayans refusé de rendre le bestail qu'ils deuoient au sieur de Flacourt que les sieurs de la Forest & Pronis enuoyoient querir, ou il y eut vn des principaux Negres des François qui fut assassiné par le commandement du Grand des Mahafales. Ce Negre auoit tousiours seruy fidellement l'espace de quinze ans les François dans le Fort, & en tous leurs voyages. Le sieur de la Forest part de la rade du Fort Dauphin dans le S. Georges auec sa Barque neufue le 15. May arriue à l'isle saincte Marie auec bien de la peine, d'autant que la voye d'eaüe qui estoit en son Nauire n'estoit point bouchée, & fut 13. iours en chemin; Estant à saincte Marie fit mettre le S. George à la bande, & laissa le Pilote nomé l'Ebahie pour faire remedier à ladite voye d'eaüe, & pour mettre ledit Nauire en carene. Ledit sieur de la Forest s'embarque dans vne Chaloupe, & s'en va auec dix François à la riuiere de Manansatran, & va au village d'vn nommé Ramagnon-vate, & enuoye de costé & d'autre auertir les habitans du pays de s'assembler pour aller chercher des pierres de cristal de roche. Les Negres font responce que leurs Ris estoient prests à cueillir, & que s'ils se mettoient apres à amasser & porter de grosses pieces de Cristaux, & s'ils ne cueilloient leurs Ris il se pourroit esgrener & perdre & seroient en danger de mourir de faim, que s'il vouloit traitter la charge de son Grand & son petit Nauire de Ris que bien-tost il seroit chargé, que pour les

DE L'ISLE MADAGASCAR

pierres de Cristal ils n'en vouloient rien faire, que ces grosses pierres de Cristal estoient trop pesātes, & qu'ils estoient trop fatiguez de les apporter.

Le sieur de la-Forest qui se vouloit haster pendant que l'on racommodoit le Nauire de le l'ester de Christal, & ne vouloit point perdre de temps, se fascha & enuoya menacer les habitans du pays, & monta à quatre lieuës amont la riuiere, & arriua en vn autre village, ou estant il trouua tous les Negres en fuitte, il creut que Ramagnon vate les auoit enuoyé auertir de s'enfuïr. C'est pourquoy il le fit lier auec des cordes, & menacer de faire mourir. Il fit surprendre aussi la femme du maistre de ce village, qui estoit fort ieune & belle qui auoit son enfant auec elle, & la fist garder auec ce Negre qui estoit son parent: Mais comme ceux qui la gardoiēt ne prenoient pas trop garde à elle, elle se sauua de la case, sortit du village, & s'efuit dās le bois. Elle alla trouuer son mary qui estoit assemblé auec quatre ou cinq cens Negres & ayans pris conseil entr'eux resolurent affin de surprendre ledit sieur de la Forest de faire porter deux ou trois grosses pierres de Cristal vers le bord de la riuiere au dessous du village qui estoit sur vne eminence, & enuoyerent des Negres dire audit sieur de la Forest que les Negres luy apportoient de tres-beau Cristal. Il s'en va aussi-tost auec quatre ou cinq François pour voir ce Cristal; & comme il l'eut veu il dist aux Negres qu'il alloit querir de la rassade pour les payer, & en s'en retournant il entendit quelque bruit des Negres qui tuoient lesdits quatre François, & comme il voulut aller voir, vn Negre caché dans le bois luy iette vne grande Iaueline qu'il esquiua, & ne sçeut si biē faire qu'elle ne trauersast son haut de chausse & ne le blessast legerement: Il tire vn coup de pistolet à ce Negre lequel en fut blessé dans le corps: mais comme les autres Negres virent que ledit Negre ne tomba point du coup, ils dirent aussi tost que les pistolets qui sont petites armes n'ont pas tant d'effet que les fuzils, & vindrent fondre sur luy & le tuerēt à coups de grands cousteaux & ansards. Il y auoit trois François dans le village qui gardoient ce pri-

Ggg iij

sonnier qui eurent belle peur : Car de trois qu'ils estoient ils n'auoient qu'vn fuzil encor ne valoit-il rien, & les autres chacun vn meschant pistolet : ceux qu'auoit mené le sieur de la Forest n'auoient aussi qu'vn meschant mousqueton, & les autres chacun vn pistolet qui ne valoit pas grand chose, & le sieur de la Forest deux pistolets sans autres armes. Lesdits trois François qui estoient dans le village firent tousiours bonne mine, & tesmoignerent quelque resolution de se deffendre, & se retirerent par vn autre costé proche la riuiere ou estoit leur Chalouppe ou ils entrerent, & ledit Ramagnon-vate fut emmené par eux à l'Isle sainte Marie où il fut trouué innocent.

Le Lieutenãt du feu sieur de la Forest, les Pilottes & autres officiers & volontaires s'assemblerent pour tenir sur ce qu'ils auoient afaire, sçauoir s'ils s'en iroient à Manansatran vanger la mort dudit sieur de la Forest, ou si à cause que la saison les pressoit ils s'en iroient en course à la mer rouge. Plusieurs Matelots refusoient d'aller à la mer rouge, & aussi d'obeir au sieur de Belleuille Lieutenant du sieur de la Forest, poussez par quelqu'vn qui luy vouloit mal & auoit quelque enuie contre luy, mais en fin apres en auoir chastié quelques vns, il fut resolu qu'ils iroient en course, ils enuoient la Barque à Ghaléboule à quinze lieües de la, querir des François qui y traittoient du Ris, & les amenerent en l'Isle de sainte Marie; Ils acheuent de calfader & craner leur Nauire, & partent le quinziesme Iuillet de l'Isle sainte Marie, dressant leur course vers la ligne qu'ils passerent le vingt cinquiesme arriuerent au Cap de garde fuy le vingtiesme d'Aoust, & se mirent à croiser la mer entre l'Ethiopie & l'Arabie, en dehors du destroit de Babelmandel, apperçoiuent vn Nauire sortir du destroit, enuoyent la Barque : mais comme le sieur de la Courneuue ne s'y voulut embarquer pour la commander, le sieur de Belleuille n'ayant point voulu laisser passer cette occasion s'y embarqua pour aller reconnoistre le Nauire auec trente matelots & soldats, compris ceux qui y estoient desia, & comme ladite Barque fut desia loing, le sieur de la Courneuue honceux d'auoir refusé de l'aller commander, s'embarque dans la chalouppe auec dix matelots, & fit mettre vn poinçon d'eaüe, & deux facqs de bifcuit d'autant qu'il n'y auoit point de victuailles dans ladite Barque, & que à caufe de la rebellion du maiftre de ladite Barque & des matelots, l'on ne leur donnoit d'ordinaire que pour deux iours de pain de viande & deaüe, la Barque chaffe ledit Nauire iufques au foir auec la chalouppe qui eftoit auec elle, & la nuict le Nauire mift du feu à la Dunelle & au grand maft, afin que ladite Barque ne le quitaft point de veuë. Le Pilotte l'Ebahie eftoit demeuré à commander le Nauire, & d'autant qu'il y auoit calme il ne pût pas fuiure la Barque longue ny la chalouppe; la nuict il furuint vn vent & la mer fort rude qui obligea ledit l'Ebahie de fouftenir, & louier, le lendemain la Barque, la chalouppe, ny le Nauire qu'ils chaffoient ne s'apperceurent plus, le faint George croife la mer pendant neuf iours, s'en vient à l'Ifle de Mete, & à Dordery, n'apprend aucune nouuelle nouuelle de la Barque, la croit perduë par la tourmente. Et comme le temps des vents contraires en cette cofte s'aduançoit beaucoup d'autant que vers le commencement d'Octobre les vents, & les Marées chaffent dans le golphe, en forte que plufieurs Nauires s'eftant veus autres-fois engagez vers le mois d'Octobre proche le deftroit de Babelmandel, ont efté contraints d'y entrer, & d'y hiuerner iufques à l'année fuiuante, & ainfi ont efté perdus faute d'auoir des ports affeurés pour fi rafraichir, traitter des viures & y radouber leurs vaiffeaux, d'autant que toute l'année depuis Octobre iufques au mois de Iuillet les vents y font communement Nordeft, eft Nordeft, & eft Sueft, & les mareés & courans y font tres furieux, comme auffi les tempeftes frequentés durant l'hiuer, c'eft ce qui a obligé le fieur l'Ebahie de fe retirer, & de la s'en aller en l'Ifle Socotora, où il alla mouiller à Tamarin au Nord, de ladite Ifle ou eft la ville du Gouuerneur ou vice Roy qui y commande pour le Prince Caxen Prince Arabe. Ladite ville de Caxen eft entre le Cap de Fartaque & Adem ville de l'Arabie heureuse, estant à la rade il fit bastir aussi tost vn petit basteau de quelque bois & planches qu'il auoit, & a esté visiter ledit Gouuerneur auec lequel il à négotié quelques douze barils d'Aloës, de la Ciüette, & quelques autres victuailles & s'entre sont faits mutuellement des presens. Il a esté fort bien receu dudit Gouuerneur, ainsi que tous les autres François qui y ont esté negotier auparauāt, & en est party le premier Octobre, & a faict routte pour repasser la ligne Equinoctiale, au bout d'vn mois est venu à l'Isle saincte Marie, ou il auoit laissé deux François pour asseurer les Negres de l'Isle, d'autant qu'ils apprehendoient ceux de Mananſatran, qui auoient tué feu Monsieur de la Forest, qui les menaçoit de les venir inquieter & brusler leurs villages à cause qu'ils estoient amis des François.

Pendant l'absence du Nauire ceux de Ghalemboule se sont assemblés vn grand nombre, & sont venus attaquer le maistre du village qui auoit tué le sieur de la Forest, lequel prist la fuitte dans les bois, les autres bruslerent plusieurs villages, & leur enleuerent leur bestial, & firent le degast dans le païs, & quelque temps apres ledit maistre du village assembla tous ses parens & amis, & s'en vint attaquer le village de Ratsimelonne, ou il fut tué, son village bruslé & ses enfans menez captifs, le tout pour la cause des François; Le sieur l'Ebahie enuoya des François pour chercher le corps du sieur de la Forest, & des autres qui auoient esté tués, & l'on les fit enterrer à Ghalemboule, ou il y en a eu d'autres enterrez.

Il fit traitter du Ris puis leua l'ancre pour s'en aller en l'Isle de Bourbon anciennement dicte Mascareigne, y trouua les François que le sieur de Flacourt y auoit enuoyés, leur donna du ris, & sala du cochon pour son retour en France, apprist des François comme cette année il y estoit suruenu vn houragan qui auoit renuersé leurs Cases & gasté tout le tabacq qu'ils auoient planté. Il leue l'anchre & arriue à la radde du Fort Dauphin le   de Decembre, la il apprit la mort du sieur Pronis qui estoit decedé huict iours apres le depart du sieur de la Forest, & auoit nommé pour

luy

DE L'ISLE MADAGASCAR. 419

luy succeder au commandement, le sieur des Perriers que le sieur de la Forest luy auoit laissé pour son Lieutenant. Le Nauire estant venu & chacun ayant apris la mort du feu sieur de la Forest fut bien triste, d'autant qu'il estoit fort aymé & estimé d'vn chacun, aussi-tost on reietta la cause de sa mort sur les grands de Carcanossi, & sur Dian Panolahé, Dian Tserongh, Dian Machicore, Dian Tsissei, & sur les autres de cette lignée, & l'on dist qu'ils auoient enuoyé des presens à ceux de Manansatran, pour le tuer en trahison; & l'on despecha des François pour aller surprendre Dian Panolahé qui s'estoit venu establir à Fanshere, & pour asseurance qu'il ne vouloit plus remuer donna son fils aisné en ostage au Fort; autant en fit Dian Machicore, autant Dian Tserongh, autant Dian Radam Finarets frere dudit Tserongh. Ils se saisirent de Dian Panolahé le lierent le pillerent, & l'amenerent au Fort, enuoyerent chez Dian Mandombouc vn veillard de soixante dix ans goutteux & impotent, le tuerent, & sa femme qui estoit de mesme âge que luy; Enuoyerent en mesme temps d'autres François à Vouleué ou ils tuerent Dian Rassouse & son fils âgé de vingt-cinq ans qui sçauoit fort bien parler François. Dian Machicore s'en vint au Fort auec deux de ses fils aisnez ses trois filles, quatre de ses neueux & quelques autres de ses parens, & afin d'asseurer qu'il estoit innocent de ce dont on l'accusoit, il fut mis les fers aux pieds auec vn sien fils, & Dian Panolahé tous trois attachez par les pieds à vne mesme cheuille de fer, les autres neueux & fils furent enuoyez au Nauire pour y estre gardez.

L'on enuoya aussi prendre le nommé Lalau Persan qui auoit esté pris en l'année 1639. par le capitaine Guerard le long de la coste de Perse, auoit esté amené en France, & ramené en 1642. par le Capitaine Rezimont en l'Isle de Madagascar, ou il se maria à la fille d'vn grand d'entre les Blancs, & comme pendant que le sieur de Flacourt y à esté, il a tousiours fidelement seruy sans iamais vouloir attenter la moindre chose contre les François. Mais auoit le soing de commāder aux habitans de puis qu'ils

Hhh

ont esté soubsmis soubs le sieur de Flacourt de faire les couruées rendre les deuoirs accoustumez, & labourer les horracs ou terre à semer le Ris, & le receueillir & apporter au Fort sans en faire aucun tort, n'y permettre qu'aucun en fist aussi ; quelques François qu'il auoit empesché de destourner du Ris du temps dudit sieur de Flacourt, luy voulans mal dirent aussi-tost que, le sieur Pronis fut mort, que c'estoit vn traistre, qu'il m'esprisoit les Fraçois en disant qu'il y en auoit beaucoup entre eux qui n'estoient que de petites gens, & de la lie du peuple de France. C'est pourquoy l'on l'alla querir chez luy, on enleua tout son bestial & tout ce qu'il auoit chez luy, sçauoir Menilles d'argent & d'or, du Corail & autres marchandises, du Cotton, des Pagnes, & bref tout tout ce qu'il auoit & l'on l'amena au Fort, où apres l'auoir gardé deux mois, & à la venuë du Nauire ledit des Perriers le fit tuer & ietter à la voirie sans permettre qu'il fust enterré d'autant qu'il estoit Mahometan ainsi que sont les Persans ; ainsi que l'on le menoit au supplice il disoit que si les sieurs de la Forest & Flacourt, & Pronis, eussent esté en vie l'on ne l'eust pas fait mourir.

Quelques quinze iours apres l'Ebahie vint dire à des Perriers que les fils des Grands qu'il auoit dans le bord l'incommodoient : c'est pourquoy il en fit venir sept liez, dont le plus vieil n'estoit âgé que de 25. ans, & le plus ieune de 17. ans, & les enuoya à terre, où estant sur le bord de la mer les mains liées par derriere ledit des Perriers les fit tuer par des Negres à coups de sagayes, & le sieur Bourdaise Prestre de la mission les fit enterrer en terre saincte, d'autant qu'auant que mourir ils auoient demandé le Baptesme pensant qu'ils auroient la vie sauue. Il y en eut vn qui sentant le premier coup de sagaye saillit & se ietta dans la mer, & quoy qu'il eust les mains liées par derriere ne laissa pas de nager, & l'on le poursuiuit bien loing auec le batteau & plongea fort long-temps afin de gaigner le bord du sable & le bois, afin de s'enfuir : Mais enfin il fut tué dans l'eauë par les Mathelots. Apres cette execution sãs en aduertir leur pere qui estoit prisonnier au Fort, ledit des Perriers s'en alla le trouuer & luy dift qu'il falloit qu'il donnaft tout l'or & tout le bien qu'il auoit pour racheter fa vie. Il pria que l'on enuoyaft fon fils qui eftoit attaché auec luy & auec des François en fon village, & que l'on remettroit entre les mains des François tout ce qu'il auoit. Il y enuoya huict François en fon village auec fon fils nommé Dian Bel les mains liées eftroitemét derriere le dos. Ils arriuerent au foir, où eftant arriué il dift à fa sœur, que pour fauuer la vie de fon Pere & la fienne elle allaft querir tout l'or que poffedoit fon pere; la pauure fille s'y en va feule au milieu de la nuict à plus d'vne lieuë dans la montagne & les bois, apporte au bout de trois heures vn panier fur fa tefte, ou eftoit l'or, les colliers, & les oreillettes & braffelets de fon pere, & tout le meilleur qu'ils poffedoient; non contens de cela lefdits François pillerent tout ce qu'il y auoit dans fa maifon, s'en retournerent au Fort le lendemain auec le prifonnier: ledit des Perriers, Lebahie & les autres autres trouuerent qu'il y auoit quelques cent gros d'or, dirent que ledit Machicore fe moquoit & qu'il auoit bien plus d'or que cela: Et cependant Dian Panolahé, defpefcha des hommes pour aller à la valée d'Amboule trouuer fa femme, & Dian Tferongh, pour aller querir tout l'or qu'il auoit: Mais Dian Tferongh fe mocqua de cela, & la femme de Dian Panolahé auffi qui dirent que puifque c'eftoit vn homme mort auffi bien que les autres que l'on auoit tuez auparauant ils ne vouloient pas encor rifquer leur bien. C'eft pourquoy au retour de ces meffagers, ledit des Perriers & la Roche fon Lieutenant, apres leur auoir fait force reproches d'auoir fait tuer le fieur de la Foreft (ce qu'ils nioient & difoient qu'ils n'auoient aucune connoiffance ny affinité auec les nations de ces cantons là, & qu'ils en eftoient innocens) & fait beaucoup d'indignitez iufques à leur ofter & faire arracher leurs Pagnes, leur dirent qu'il falloit qu'ils mouruffent, ledit Dian Machicore les fupplia de les enuoyer en France, ou on leur feroit leur procés s'ils auoient merité la mort. Mais Dian Panolahé dift, puis qu'il faut que nous mourjons allons à la mort: & auffi-toft l'on les

Hhh ij

fit mener hors le Fort, où eſtans au lieu du ſupplice, ils prierent que le ſieur Bourdaiſe les baptiſaſt, & qu'ils vouloient mourir Chreſtiens. Ils ſe mirent à genoux, receurent le bapteſme. Et apres ils reprocherent audit des-Perriers ſa perfidie, & que contre le traicté de paix qui auoit eſté fait auec le ſieur de Flacourt, & tous les François contre la parolle donnée en amenant au Fort leurs enfans en oſtage contre la foy publique, l'on les faiſoit cruellement mourir: Dian Panolahé diſt auſſi, puis que c'eſt vne choſe reſoluë qu'il faut que nous mourions, nous vous demandons vne grace, c'eſt que ce ſoit vn François qui nous tuë à coups de fuzils & de piſtolets, & que ce ne ſoit point des Eſclaues que nous voyons qui ont eſté nos ſubiets qui nous tuent, cela luy fut encor denié : C'eſt pourquoy il diſt auſſi-toſt que leſdits des Perriers, la Roche, & le-Bahie eſtoient des traiſtres, & ainſi l'on les liura à 5. ou 6. petits Negres qui les tuerent cruellement à coups de ſagayes. Cela fut fait deux iours auant que le Nauire ſainct Georges partiſt pour retourner en France, & le ſieur Bourdaiſe preſtre de la Miſſion fit enſeuelir les corps, & les fit enterrer en terre ſaincte, & les quatre petits garçons furent emmenez dans le Nauire. Les Negres de Carcanoſſy teſmoignent eſtre bien aiſe d'eſtre deliurez deſdits Roandrian qui ſont les Grands qui les menaçoient de les perdre, & les piller quand il n'y auroit plus de François dans leurs païs, l'on ne ſcait ſi ils diſent cela par diſſimulation ou autrement.

C'eſt tout ce qui s'eſt paſſé depuis le depart de l'Ours, dans laquel s'en eſt retourné en France le ſieur de Flacourt iuſques au depart du ſainct George.

DE L'ISLE MADAGASCAR. 423

CHAPITRE LXXXIIII.

Relation de Madagascar depuis l'an 1656. iusques en l'an 1657. enuoyée en France.

LE mois d'Octobre de l'an 1656. le Duc de la Meilleraye ayant fait bastir deux grands Nauires, l'vn de 500. tonneaux nommé la Duchesse, l'autre de 450. tonneaux nommée la Mareschalle, les fist esquipper de tout ce qui estoit necessaire pour vn voyage de long cours & y ioignit encor vn autre Nauire du port de 350. tonneaux nommé le grand Armand, & vne petite fluste de 200. tonneaux. La Duchesse estoit commandée par le sieur de la Roche S. André. La Mareschalle par le sieur de Coulon, l'vn des gentils-hommes hommes dudit Duc de la Meilleraye, le grād Armand commandé par le sieur Rezimont de Dieppe, & la Fluste par le sieur de Kergadiou Gentil-homme bas-Breton. Ils appareillerent de la Radde de pain, bœuf, pour venir à la Radde de S. Nazaire afin d'attēdre vn vent propre pour sortir de la riuiere. La Duchesse s'estoit donnée vn tour de Reims en la mettant à l'eau, & on pallia le mieux que l'on peut le mal qu'elle s'estoit fait. Ils partent de sainct Nazaire le Octobre pour s'en venir à la Rochelle pour prendre vne partie du biscuit que l'on y auoit commandé : & viennent moüiller à la Radde de la palisse en l'Isle de Ré, en chemin la Duchesse démasta de son grand hunier estant meilleure voilliere que les autres nauires, & toutefois à cause du tour de reins qu'elle auoit eu, elle commençoit à faire beaucoup d'eau, si bien qu'il falloit souuent faire iouër la Pompe.

Cet escadre fait voile le de Nouembre auec enuiron 800. homme stant Soldats que Matelots sçauoir dans la Duchesse 150. Matelots & 150. Soldats dans la Mareschalle 250. Dans l'Armand 100. Matelots que soldats, & dan, la fluste 75. Matelots que Soldats. Il y auoit trois prestres de la Congre-

Hhh iiij

gation de la Mission, & vn Prestre de Dieppe nommé le sieur Gauldron tres excellent Mathematicien. Ils furent separez dans les trois principaux vaisseaux. A deux iournées de la Rochelle le sieur Gauldron estant sur la Proüe au lieu que l'on nomme la Polaine à faire ses necessitez tomba en mer & se noya. Comme ils furent en hauteur du Cap de Fumeterre ils apperçoiuent vn petit Nauire Biscayn que le sieur de la Roche fist amener & le prist, dans lequel il y auoit du vin d'espagne, des raisins, figues, huilles & autres choses qu'il fist disperser dans la flotte.

Proche la grande Canarie ils apperceurent deux ou trois Nauires Anglois : le sieur de la Roche le poursuit & le prend. C'estoit vn Nauire tout neuf chargé de 380. pipes de vin de Canarie, l'emmene auec soy, & disperse les Matelots dans la flotte. La Duchesse continua à faire beaucoup d'eau : c'est pourquoy le sieur de la Roche Admiral de cet escadre prend resolution de s'en aller à Tagrin où il y a habitation des Portugais & vient moüiller l'Anchre deuant Tagrin, (c'est le lieu que l'on nomme Serre-Lionne commencement de la coste de Guinée.) Il apperçoit vne Barque, il enuoye sa Chalouppe apres pour la reconnoistre & y enuoye 20. Soldats auec 12. Matelots : En approchant font commandement à cette barque de venir à bord de l'Admiral. La Barque tire vers la Coste. La Chalouppe approche : mais de la Barque l'on fait vne descharge de coups de Mousquets, d'vne petite gresle de flesches dont il y eut trois ou quatre de tuez & quelques blessez, & se retirerét vers le Nauire, & la Barque vient eschouer à terre. Le Sr. de la Roche tance le Commandant de ce qu'il auoit approché de trop pres cette Barque, & luy dist qu'il suffisoit d'auoir recogneu le bastiment. Il seiourna quelque temps à Tagrin à prédre de l'eau & du bois pour sa flotte, pendant le seiour il y eut 8. Matelots ou soldats qui se sauuerent. C'est pourquoy le sieur de la Roche fit mettre à terre vne centaine de soldats qui s'en allerent dans vn village de Negres piller & rauager, & mesme enleuerent des Negres, afin d'obliger les gens du païs de mal traitter ces François, à cause qu'ils auoient ainsi fuy.

Il assemble le Conseil & ouure le pacquet des Ordres ou ils voyent que le Duc de la Meilleraye leur commande de faire voille de droicte routte à la coste du Bresil, afin que s'ils trouuent quelque Nauire Portugais, ils s'en saisissent, d'autant qu'il auoit droict de represaille sur les Nauires de Portugal, à cause d'vn Nauire Anglois qu'auoit autrefois poursuiuy vn de ces vaisseaux commandé par le sieur de Pontaisiere le Gouuerneur de la Tercere l'auoit retenu, & le Roy s'en estoit approprié, ou il y auoit deux cens mille escus, de là sans s'arester s'ils deuoient s'en aller à la bouche de la grand riuiere de Paraue ou la Platte qui est située soubs les 34. degrez Sud de la ligne, pour attaquer deux grands Gallions d'Espagne qui y estoiét allez pour charger de l'argent que le Roy d'Espagne auoit donné ordre que l'on amenast du Perou par terre iusques au commencement de cette riuiere qui descend des mótagnes du Perou, & porte batteau l'espace de plus de huict ou neuf cens lieuës. Il y a la ville de Buenas aeres qui est à 25. ou 30. lieuës auant dans cette riuiere d'où les habitans sont tres-riches, le païs tres fertile & tres cultiué, de bled, de vigne de bestiaux bœufs & moutons, & l'on tient que c'est le meilleur païs qui soit au monde, & les plus riches habitans de la terre, lesquels tirent du Perou toutes leurs commoditez, & il n'est pas permis a aucun Nauire Espagnol d'y aller par la mer du Nord sur peine de confiscation de vaisseau & de la vie à ceux qui iroient dedans.

La bouche de la riuiere est tres-dangereuse pour de grands bastimens: l'on y peut entrer seulement auec des barques longues, & il faut que les Nauires mouillent à vne radde que l'on nomme de Ste. Marie hors ladite riuiere. Le sieur de la Roche demanda au Capitaine Rezimond, qui auoit donné cét aduis au Mareschal Duc de la Meilleraye si il auoit esté autrefois à la riuiere de la Plate il luy fit responce que non: mais qu'il en auoit appris les particularitez d'vn sien amy grand Pilote qui y auoit esté. La Roche luy dist qu'il ne vouloit pas aller y hasarder ces vaisseaux sur le simple rapport d'vn ouy dire d'vn homme. Et ainsi ce voyage a esté rompu, pour lequel la despence de ce voyage a esté faite, en quoy le sieur de la Roche a beaucoup manqué, car infailliblement il eust rencontré ces deux Gallions à demy chargez, ou tout chargez foibles d'equipages & d'hommes, lesquels arriuerent au commencement de l'annéc 1646. vers le mois de May à l'Isle de S. Iean de Portoï-Zicco, n'osant pas se hazarder d'aller en Espagne foible comme ils estoient à cause des Anglois qui attendoient la flotte d'Espagne qui reuenoit des Indes Occidentales. Il y auoit en argent dans ces deux Nauires huict millions de liures.

Le sieur de la Roche dist au Capitaine Rezimont qu'il vouloit qu'il vint dans son bord & le fist quitter son Nauire qu'il commandoit, sous pretexte luy dist-il, qu'il auoit besoin de son conseil, & ainsi il luy osta le commandement de son Nauire, & y enuoya vn ieune Gentil-homme nommé le Cheualier de Sourdis son beau-frere, auec le sieur Guetton Polonois pour Lieutenant, qui auoit esté vn des gardes du Duc de la Meilleraye. Il faict charger la fluste commandée par Kergadiou de deux cens 80. pippes de vin de Canarie trouuées dans le Nauire Anglois, enuoye cette fluste à l'Isle de la Martinique pour y vendre ce vin contre du tabac, & retient le Nauire Anglois où il y met des Matelots & disperse son esquipage dans les trois autres Nauires, & separe 100. pippes de vin d'Espagne aussi dans les Nauires. En partant de Tagrin il prist vn petit Nauire Portugais & le pilla, dresse sa route pour le Cap de Bonne-Esperance. Il luy mourut vn Prestre de la Mission malade du mal de mer. En chemin il luy mourut beaucoup de gens, & arriua au Cap de Bonne-Esperance le 25. Mars 1656. auec deux cens malades, & la perte desia de cent hommes de sa flotte, & fut en volonté d'y degrader la Duchesse d'autant qu'elle couloit bas d'eau. Toutefois apres s'estre vn peu raffraischis à la Baye de la Table, ils ont party du Cap de Bonne-Esperance pour aller à Madagascar, & en chemin le grand Armand s'est separé des autres Nauires, & manque de bon Pilote, il a esté deux mois & demy en mer sans sçauoir où il estoit, & en cette

DE L'ISLE MADAGASCAR. 427

re trauerse il y est mort la moitié de ses gens de misere de faim & de pauureté de maladie du scorbut. Enfin ce Nauire auec bien du mal & de la peine est arriué au fort Dauphin la veille de la feste de Dieu, & les trois autres Nauires sont arriuez à l'Isle sainte Marie auec tous les hommes malades, où la meilleure partie y a perdu la vie, le Capitaine Rezimont & les deux autres Prestres de la Mission.

L'Armand part derechef au bout de huit iours pour sainte Marie, le sieur de la Roche voyant tous ses gens malades, enuoye le sieur du Riuau que le Duc de la Meilleraye enuoya en l'Isle Madagascar pour commander au fort Dauphin auec 100. hommes dans le Nauire, la Duchesse, pour l'y degrader n'estant point propre pour faire plus grand voyage, faict degrader l'Armand dans l'Isle sainte Marie, & l'Anglois, & prend les apparaux & munitions des deux Nauires pour s'en seruir dans la Mareschale & la mettent en Caresme assez mal, monte dedans auec le sieur Coulon, s'en va vers le Golphe Arabique pour tascher à prendre quelques Nauires Indiens, où il ne fist rien que prendre vne meschante barque chargée de viures, & eust assez de peine à s'en reuenir coulant bas d'eau, arriue à sainte Marie où il treuue tous ses gens morts, reuient au fort Dauphin, où il laisse tous les apparaux des Nauires au fort Dauphin, & s'en retourne en France sans rien apporter que son laist & force procez verbaux qu'il a faict contre le sieur Coulon, & le sieur Coulon contre luy. Ils partent de la rade du fort Dauphin le 19. Feurier 1657. & arriuent auec bien du mal & de la peine à la radde de sainct Nazaire le premier de Septembre 1657. Le Nauire a esté enuoyé au port Louïs par le Duc de la Meilleraye pour y estre degradé. Cependant les Anglois se sont pourueus au Conseil du Roy pour cette prise de vin de Canarie, & ont faict condamner le sieur de la Roche à 300. mil liures enuers les marchands Anglois. Ce Nauire ayant esté pris apres que le traitté de paix entre la France & l'Angleterre a esté signé & publié.

Le mois de Septembre 1656. le Duc de la Meilleraye s'estant accordé auec les interessez de la compagnie Françoise

I ii

de l'Orient, pour enuoyer vn Nauire en Madagaſcar à communs frais, à la charge que le Mareſchal Duc de la Meilleraye feroit paſſer 500. hommes en l'Iſle Madagaſcar à ſes deſpens, & que les Nauires & munitions & tout ce qui eſtoit aux intereſſez au fort Dauphin feroit en commun, & que l'on partageroit les retours par moitié, ſçauoir vne moitié pour le Duc de la Meilleraye & ſes aſſociez, l'autre moitié pour les intereſſez & leurs aſſociez qui deuoient former vne forte compagnie pour Madagaſcar & pour le negoce des grandes Indes, & que cependant les intereſſez de l'ancienne compagnie payeroient le quart de la deſpence qu'auroient couſté le 500. hommes à paſſer à Madagaſcar. Le ſieur Caſet ſigna les articles d'accommodement auec le Duc de la Meilleraye vers la feſte de Dieu : mais il y en eut quelques vns des anciens intereſſez qui n'y voulurent point conſentir. Cependant le ſieur Caſet enuoye à Roüen le ſieur de Flacourt pour y acheter les marchandiſes propres pour la traitte, & à Dieppe y ſeiourna vn mois, puis il eſt mandé de venir à Paris en diligence pour eſtre enuoyé à Nantes treuuer le Mareſchal Duc de la Meilleraye qui faict equipper vn vaiſſeau pour enuoyer à Madagaſcar, afin de le prier de retarder le partement iuſques à Noël. Il vient à Nantes : mais comme le Nauire eſtoit preſque preſt les Matelots louez, & quantité d'hommes amaſſez dans le Chaſteau de Nantes. Il voulut faire partir ſans attendre les marchandiſes qu'auoit achepté à Roüen ledit de Flacourt, & diſt que ce feroit pour l'embarquement ſuiuant, donne le commandement dudit Nauire au ſieur de Goaſcaer Gentilhomme Bas-Breton. Il s'en va à Rennes & delà au port Loüis, diſt audit de Flacourt qu'il demeuraſt à Nantes iuſques à ce que le Nauire fuſt party, & qu'il le vinſt treuuer au port Loüis, laiſſe le ſieur Chollet ſon Secretaire pour donner ordre audit Nauire iuſques à ce qu'il ait leué l'anchre. Il y euſt quelque conteſtation entre le Capitaine & le ſieur Chollet, le Capitaine diſoit que ſon Nauire n'eſtoit pas encor en eſtat de partir n'ayant pas ce qu'il luy eſtoit neceſſaire, & qu'il ne vouloit pas aller à Madagaſcar ſans auoir des

DE L'ISLE MADAGASCAR. 429

marchandises de traitte pour le païs, qu'il vouloit attendre que celles de Roüen fussent venuës qu'auoit mandé ledit sieur de Flacourt. Et comme elles tardoit à venir ledit sieur de Flacourt auoit mandé au sieur Goascaer qu'il ne laissast pas de partir sans cela, qu'il ne sçauoit pas d'où prouenoit qu'elle estoit si long-temps à venir, & quelque iours apres elles arriuerent à Nantes : mais à cause que ledit sieur de Goascaer s'estoit opiniastré de ne vouloir partir, sans ces marchandises, il luy fut faict commandement de leuer l'anchre & faict deffence audit sieur de Flacourt d'y enuoyer ses marchandises, & au sieur Chollet de les receuoir. Goascaer leue l'anchre le premier de Nouembre 1656. de la radde de Pambeuf, & en descendant de la riuiere le Nauire eschoüa mais il en fust bien tost retiré par la marée qui haussa incontinent apres, & pensa aussi tourner sous voile d'autant que les hauts du Nauire estoient trop chargez. Le Nauire trop embarassé & auoit 162. hommes passagers & Matelots qui n'auoient pas de place à se coucher, le Nauire estant trop petit pour vn si long voyage. Il vient moüiller à la radde de Mindin deuant sainct Nazaire, & moüille en parage pour sortir facilement de la riuiere.

Le troisiesme iour de Nouembre le sieur de Goascaer va le matin à sainct Nazaire faire marché auec des Maistres de Chalouppe pour apporter dix tonneaux de laittage au Nauire, d'autant qu'il n'estoit pas bien laisté, & quelques passagers & volontaires le suiuent auec deux Prestres de la Mission qui y vindrent dire la Messe, & trois heures apres midy il suruint vn grand vent de Ouest sorouest qui se renforce tellement sur les quatre heures, & esmeut tellement la mer & tout le long de la coste de Poictou & Bretagne, & faict vne si grande tourmente que la mer s'enfle & refoulle la riuiere, qu'elle passe par dessus toutes les prairies & noye plus de 4000. pieces de bestiaux bœufs & cheuaux, & contiennent iusques à minuict en changeant le vent iusques à l'Ouest Norouest & au Norouest, que toutes les Chalouppes & Gabarres qui estoient en riuiere furent perduës, & 45. ou 60. Nauires qui estoient à Pambeuf, chasserent les vns

Lii ij

sur les autres. Le Nauire S. Iaques qui estoit celuy du Duc de la Meilleraye amarré à quatre ancres chassé demy lieuë & vint eschoüer sur vn banc de roche que l'on nomme & en venāt d'autant que la houle le faisoit beaucoup leuer, & que l'on craignoit qu'il tournast sur ses amares, l'on coupa les deux grands masts, mais il se brisa sur ce banc & s'ouurit en deux, & tous ceux qui estoient dedans au nombre de 142. personnes furent submergez, à l'exception de 18. qui furent sauuez, les vns sur des planches, les autres sur des masts, les autres sur quelques escoutilles. Et vn Matelot qui se treuua le lendemain au matin attaché auec vne corde sur le bord du Nauire qui paroissoit encor au dessus de l'eau. Les sieurs de Iuigny, la Fontaine, le Pilote Helis Vassaque, le Maistre & autres ayans faict vne piperie voyans la mer tres-haute, ne se voulurent pas hazarder dessus : mais permirent à ceux qui voudroient de s'y sauuer. C'est pourquoy d'autres personnes s'y hazarderent, compris vn petit ieune homme Chirurgien qui seruoit les Missionnaires auec le Crucifix à la main qui donna courage à ses compagnons, & vn Gentil-homme Irlandois tres-adroit qui les fit tous lier sur cette piperie & luy aussi de crainte que la vague ne les emportast de dessus, & il lia vn fort auiron pour luy seruir de gouuernail, & ainsi l'on coupa la corde. Le vent estoit si impetueux qu'il les chassa en demie heure à mont la riuiere iusques à Migran, où il y a deux lieuës & demie où ils eschoüerent sur le bord. Il s'en treuua deux de morts dessus cette piperie, & deux autres qui moururent incontinent apres, pour auoir trop beu, d'autant qu'ils estoient seulement entre deux eaux. Les sieurs de Iuigny, la Fontaine, Helis Vassaque Pilote, & vn autre Pilote encor, le Maistre & le Contre-Maistre, se voulurent sauuer sur vn petit batteau qu'ils auoient dans le Nauire, mais en entrant dedans le batteau vira & furent ainsi noyez, ils eussent mieux faict de se sauuer sur la piperie qui estoit capable de sauuer 50. hommes. Il y eut vn Chirurgien auec trois autres Matelots qui se sauuerent sur vn mast, d'entre lesquels il y en auoit vn qui auoit pendu à son bras vne bouteille de rosoly dont il en beuuoit par interualle, ils furent huict heures à flotter sur l'eau toute nuict iusqu'au matin que la mer les ietta à bord. Les païsans qui pilloient des coffres les entendirent qui les retirerent hors de l'eau. Le Chirurgien se mit aussi à piller, ne se souuenant plus du danger où il auoit esté, quatre autres se sauuerent sur vne escoutille & le reste fut noyé. Le Capitaine estoit à sainct Nazaire auec deux Prestres de la Mission qui y estoient allez le matin dire la Messe, & quelques autres qui ne peurent retourner au Nauire à cause du mauuais temps. Ainsi tout fut perdu & l'on ne peust sauuer que quelques bariques d'eau de vie. C'est tout ce qui est arriué touchant Madagascar depuis le retour du saint Georges en l'année 1656. au mois de Iuillet iusques au mois de Septembre mil six cens cinquante-sept.

Le sieur Duc de la Meilleraye faict encor esquiper vn autre Nauire au port Loüis du port de trois cens tonneaux, & il le donne à commander au Capitaine Constantin de Dieppe, où il passe 100. hommes pour aller à Madagascar auec cinquante Matelots.

Chapitre LXXXV.

Memoire du S. Anthoine Thaureau touchant l'Isle de Bourbon, ou autrement Mascaregne.

LE dixiesme de Septembre 1654 Ie m'embarquay par l'ordre de monsieur de Flacourt nostre Commandant & Directeur de la Compagnie de mon consentement, & par la priere que ie luy en auois faite dans le Nauire l'Ours, pour aller demeurer dans l'Isle de Bourbon anciennement nommée Mascaregne auec sept autres François & six Negres, qui nous y ont aussi suiuis, en laquelle estans arriuez au bout de douze iours de nauigation, nous nous sommes establis sur le bord d'vn estang qui se desbouche de temps en temps dans la mer dans vne grande ance qui est à l'Ouest

Iii iiij

Norouest de l'Isle où est le plus seur ancrage.

L'on a debarqué cinq vaches pleines & vn petit Taureau qui se sont meslez auec 25. ou 30. autres Taureaux & Vaches qui y estoient fort belles, grasses & prouenües de celles que monsieur de Flacourt y auoit enuoyées il y auoit cinq ans. Nous nous sommes aussi-tost mis à bastir des Cases pour nous mettre à couuert: puis apres nous auons deserté de la terre pour faire nos iardinages de Tabacq. Et pour planter des Melons & autres sortes de legumes. Le Nauire partit au bout de huict iours pour s'en aller à la traitte de Ris à Manghabé & Ste. Marie, & nous laissa les susdits Negres auec nous pour descouurir ce qu'il y auoit dans l'Isle, & faire ce que nous pourrions pour nostre compte, ou apres auoir planté force Tabacq & estant prest à cueillir, vn Honragan nous mit hors de peine de l'accommoder & nous donna la peine de faire d'autre Cases pour l'an 1656. Et attendant la saison de planter nous prismes resolution de faire le tour de l'Isle, & vn autre François & moy pour descouurir ce qu'il y auoit a faire & pour cognoistre la terre. Au bout de deux iours que nous fusmes partis, nous trouuasmes vn costé de l'Isle qui est depuis la pointe du Nord iusqu'a la pointe de l'Est de 15. lieuës de long bien habitable & fort agreable qui est vne terre belle toute entrelassée de sept belles riuieres qui prouiennent toutes d'vn grand Lac qui est tout entouré de Montagnes, si bien que l'on ne sçauroit trouuer vne terre plus fertile en toutes choses que l'on y pourroit planter, pour substanter le corps humain & pour faire force Tabacq, Aloës, sucre, & autres marchandises qui se plantent sur terre si n'estoit que l'abord en est vn peu fascheux en aucun temps, à cause du debarquement où il n'y a que des cailloux sur le riuage. De la pointe de l'Est à la pointe du Sud est vn païs de 20. lieues de long qui est tout bruslé du feu du Ciel sinon d'aucunes taches où le feu a passé tout autour, encor il y en a fort peu, ce païs qui en apparēce a esté plus beau que celuy qui est escrit cy deuant, le feu a bruslé & seiché tout eau & riuiere par où elle passe tous les iours iusques aux pierres, si biē que l'on ne peut iuger autre chose sinon charbon de terre, que si Dieu ny met la main il y sechera vn païs si abondant en toutes sortes de bestiaux, gibier & poisson qu'il ne s'en peut pas trouuer vn pareil pour la vie & pour la santé. Le feu fut dés la pointe du Sud & prend son chemin par dessus les montagnes. En trauersant le païs de la pointe du Sud à la pointe de Loüest, est encor vne petite contrée d'enuiron six lieuës où il y a vn estang & vne riuiere qui trauerse tout le païs.

De l'Ouest au Nord est vn païs inhabitable iusqu'au grand Estang où sont posées les armes de France, par le commandement de Monsieur de Flacourt enuoyé par sa Maiesté, pour commander en l'Isle Madagascar & Isles adiacentes. Si bien que pour venir à nostre discours n'ayant rien sçeu descouurir sinon Aloës en quantité: Nous nous mismes à trauailler pour la saison qui s'approchoit à planter qui est au mois d'Octobre, Nouembre & Decembre.

L'Isle à quelque 60. lieuës de tour & dix lieues de large, nous fusmes onze iours entiers à faire le tour d'icelle.

Venuë du S. George en l'Isle de Bourbon.

LE 24. d'Octobre 1656. arriua le Nauire S. George en l'Isle de Bourbon, qui nous apprit que le Fort Dauphin auoit esté bruslé par accident, le Capitaine n'auoit pas voulu partir que premierement il n'eust esté restably, & le sieur Pronis en seureté dedans, dela le sieur de la Forest partit pour s'en aller à Ste. Marie traitter du Ris, & pour aller reconnoistre la mine d'Or, laquelle ayant esté descouuerte luy causa la mort, & 4. François qui furent massacrez en trahisō à la veuë d'vn chirurgien nommé des Moulins, à qui on dist, on tuë monsieur, sans auoir le courage de l'aller secourir, pour son excuse il disoit que ledit sieur luy auoit enchargé de ne point quitter vn Negre qui estoit prisonnier, si bien que ledit sieur prit fin de la sorte qui auoit esté enuoyé par monsieur de la Meilleraye pour Capitaine des deux Vaisseaux, Son lieutenant estoit vn nommé Monsieur de Belle-Ville, qui voyant qu'il n'y auoit point d'apparence d'abandonner le vaisseau pour aller trouuer ces traistres, ou plustost qui n'auoit point d'enuie de venger la mort d'vn si braue & honneste homme qui estoit aimé generalement de tous, à suiuy les ordres que le deffunct auoit de son Maistre d'aller en course à la mer rouge, lequel partit de Ste. Marie dans le vaisseau accompagné d'vne Barque, ou estāt arriué pres du Cap de Gommery, vint vn petit bastiment de gens du païs, le vaisseau ne pouuant courir si bien que la Barque, ledit Lieutenant accompagné de trente soldats sauta dans la Barque sans donner ordre au Nauire de le suiure. Si bien que le Nauire ne pouuant courir comme la Barque, laquelle sans attendre ledit Nauire fit voile en diligence apres la curée & perdit ainsi le Nauire de veuë. Apres auoir fait prise du petit bastiment, le Pilote ne scachant que faire pour les trouuer apres beaucoup de peine se resolut de les aller attendre au cap de Comorin, qui est vn passage pres de l'Isle de Zeilan & la terre ferme ou il fut huict iours en danger d'estre pris aussi bien que la Barque, par les Holandois ou Anglois pour vn escumeur de mer voyant qu'il ny auoit point d'apparence de la recouurir dauantage, s'en alla en l'Isle Zocotora habitée des Persiens, où apres auoir traitté quelque peu d'Aloës & de Ciuette s'en reuint en l'Isle de Bourbon, ou nous estions, & en chemin auoit du l'Espage de cinq ou six iours, la sonde en main iour & nuict & en danger d'estre perdu vers les Cayes de chagues. Arriué qu'il fut auec la mort de plusieurs de son equipage se rafraischit par l'espace de huict iours, & mit tous ses malades à terre qui reuinrent bien tost en conualescence. Et le 2. Nouembre 1656. partit pour aller à Madagascar: si bien qu'vn Pilote vieil de la Barque perduë nommé le bon homme Maboule deuant que partir du port Dauphin dist à plusieurs qu'il auoit bien du regret de voir vne personne de condition estre tué miserablement & beaucoup de ieunesse perduë entre les mains des Payens, & quand on luy disoit pourquoy il y alloit si il sçauoit bien cela, il faisoit response qu'il estoit vieil: vn iour comme le defunct l'enuoya querir pour luy demander pourquoy il tenoit

DE L'ISLE MADAGASCAR. 435

noit tels difcours, il luy fit refponce, fi ie ne le fçauois ie n'en parlerois pas, & dit. Monfieur, fi vous voulez ie vous monftreray vne perfonne tout prefentement qui vous en affeurera, le defunct luy fit refponce qu'il le remercioit & qu'il ne fe falloit pas fier a vn fourbe & menteur qui ne tafche que d'abufer tout le monde. Tant y a qu'il en fut comme il auoit dit & non autre chofe.

Suitte du difcours de l'Ifle Mafcaregne.

APres que le Sainct Georges fut party deladite Ifle auec bon rafraichiffement, & quelque peu de Tabacq que nous liurafmes au Pilote l'Ebahie. Nous nous mifmes à trauailler comme auparauant, fi bien que nous fifmes force Tabacq & Aloës, & eufmes cette année fauorable qui eftoit la deuxiefme que nous eftions dans l'Ifle fans entendre nouuelle d'aucuns baftimens, quoy que nous promit le Pilote Lebahie que nous en aurions vn l'année fuiuante qui eftoit 1657. en laquelle le premier iour de l'an nous eufmes vn Houragan fi furieux, que nous perdifmes entierement tout ce que nous auions fur terre, & nos maifons furent abbatues, & nous en danger d'eftre tuez des arbres qui fe fracaffoient, ou eftre emportez par les torrens d'eaux qui courroient par deffus nos places & habitations, de telle façon qu'ils emportoient des arbres de trois à quatre braffes que le vent auoit defraciné. Si bien qu'apres nous nous mifmes à redreffer nos Cafes, pour tafcher apres à faire quelque peu de Tabacq, qui vient en fi grande confufion & fi beau dans les plaines de l'Eftang, qu'il nous fut facile d'en faire tant que nous peufmes. Si bien que nous voyans vn peu de marchandife, & qu'il ne venoit point de Vaiffeau, nous fifmes encor l'an 1658. nos preparatifs. Et vn autre Houragan vint au mois d'Auril pareil à celuy du premier iour de l'an 1657. Apres auoir perdu tous nos plantages noftre recours fut de faire de l'Aloës qui y eft en grande quantité. L'Ifle y eft fort faine & ie peux bien dire fans mentir, que nous y auons demeuré fept François, & fix Negres fans y

Kkk

auoir eu aucun accez de fieure & aucune maladie l'espace de trois ans & huit mois, sans entendre aucune nouuelle de l'Isle Madagascar. Si bien qu'il y a moyen de se mettre à l'abry des Houragans, qui ne manquent gueres au mois de Ianuier, Feurier & Mars ; & par fois en Auril qui est le temps de la recolte, en s'enfermans dans les bois qui abbrient le bord de la mer.

Chapitre LXXXVI.

Arriuée d'vn Nauire Anglois en l'Isle de Bourbon, en l'an 1658. le 28. May pour se raffraischir.

LE 28. de May 1658. arriua le Capitaine Gosselin commandant le Nauire Thomas Guillaume, du port de tonneaux monté de pieces de canon en la coste de ladite Isle, ne sçachant quelle terre c'estoit, & voyant du feu que nous fismes eut bonne esperance d'y prendre des raffraichissemens, ne sçachant neantmoins quelles gens nous estions, iusqu'à ce qu'il nous eut parlé. Et apres luy auoir dict le lieu d'où nous estions sortis, & monstré la commission que nous auions de Monsieur de la Meilleraye, nous apprit que le Fort Dauphin auoit esté trahy & tous les François tuez, & nous dist qu'il n'y auoit point d'esperance d'auoir nouuelles dudit Fort, & que le vaisseau qui venoit de courir de la mer rouge estoit demeuré à la mercy des gens du païs. Si bien que voyans qu'il y auoit deux ans & huit mois que nous n'auions eu nouuelles, & point d'apparence d'en auoir de long-temps, nous demandasmes au Capitaine s'il vouloit prendre de la marchandise en eschange d'autre chose, il nous dist que si nous luy donnions pour rien qu'il n'en prendroit pas: mais que si nous voulions aller aux grandes Indes dans son vaisseau qu'il nous offroit passage iusqu'à Maderaspatan, forteresse appartenante aux Anglois à vne lieuë de la Ville sainct Thomas Apostre des Indes, coste de

DE L'ISLE MADAGASCAR. 437

Coromandel ou Narsingue, sans nous demander frais de nostre marchandise & de nous, à condition que nous luy fournirions des viures pour son Nauire qui en auoit grand besoin, & nous asseura que nous vendrions bien nostre tabac Aloës & Benjoin.

Si bien qu'apres auoir bien consideré ce que nous ferions & qu'apres auoir laissé eschaper vne si belle occasion, que nous ne la recouurerions iamais, nous nous resolusmes de nous embarquer dans son Vaisseau plustost que de rester dans vne Isle, veritablement bonne, sans sçauoir quand nous en sortirions & en danger de perdre ce que nous auions fait. Nous demandasmes à nos Negres s'ils vouloient rester dans l'Isle, que nous les assisterions de tout ce que nous pourrions, & laisserions des lettres en cas qu'il vint quelque Nauire les trouuans seuls pour tesmoigner le bon seruice qu'ils nous auoient rendu, & comme nous estions partis hors de l'Isle pour chercher passage ailleurs, voyans qu'il n'y auoit point apparence de l'auoir autre part, & pour sauuer si peu que nous auions faict. Si bien qu'apres leur auoir fait beaucoup de remonstrances de ne point quitter l'Isle qui les pouuoit nourrir & qui estoit si pres de leur païs, ils n'en voulurent iamais rien faire, & s'embarquerent auec nous dans ledit Vaisseau. Nous partismes de l'Isle le cinquiesme Iuin & arriuasmes le douziesme Iuillet à Maderaspatan, où estans arriuez nous vismes tout le contraire de ce que nous auoit dit le Capitaine Gosselin, & mesmes deux Peres Capucins François, l'vn nommé le Pere Zenon d'Angers, & l'autre le Pere Ephraïm de la Charité sur Loire, nous dirent que c'estoit vn fourbe que ce Capitaine & qu'il nous auoit abusé: car disoient-ils vn roolle de Tabac est suffisant pour tout ce lieu icy pour faire Tabac en poudre, à cause des grandes chaleurs qu'il y faict, pour l'Aloës de mesme: car il s'y en fait quantité. Si bien que de l'offrir à vn Capitaine tout à fait, il n'en vouloit point du tout pour l'emporter en Angleterre, à cause d'autres marchandises qui vallent bien mieux, & par ainsi nous sommes demeurez auec nostre marchandise sans pouuoir en rien faire, & fusmes obligez de seruir dans le fort de soldats. En attendans le retour du Vaisseau de Bengala, le Capitaine qui nous auoit amenez fit offre de six Negres au President sans nous en rien dire, & sont demeurez au President bien contens de luy, comme ayant meilleur moyen de leur faire bien que non pas nous, deux mois apres la maladie en emporta quatre, ayans tous quatre esté baptisez auant mourir par les Peres Capucins.

Chapitre. LXXXVII.

Nouuelles de la Barque perduë dans les grandes Indes, & l'arriuée de celle que Monsieur de Flacourt a enuoyée à Mosambique.

Les deux Peres Capucins & aussi vn ieune homme de Dieppe, nous dirent comme la Barque du sieur de la Forest des Royers ou du Nauire sainct George, n'ayant plus que pour quatre iours d'eauë ne pouuant plus retrouuer le Vaisseau, s'alla mettre à la coste de l'Arabie heureuse apres auoir enduré grande fatigue, & aussi tost fut pillée des Mores qui firent souffrir aux François qui y estoient beaucoup de maux, & ils leur voulurent faire renier la foy Chrestienne, & voyans qu'ils n'en voulurent rien faire, ils les firent razer, & en circoncirent vingt, qu'ils iugeoient estre des principaux; & les ayans ainsi traittez les menerent à leur seigneur prisonniers, qui les voyant en tel estat en eut plus de cōpassion que ceux qui les auoient pris, en leur faisant donner vn peu plus de liberté : si bien qu'espians les occasions de fuir, ils se sauuerent la pluspart d'vn costé & d'autre comme n'estans pas bien gardez. Le sieur de la Cour-Neuue qui auoit esté enseigne du saint George sous le sieur de la Forest, se sauua du costé de Surate luy sixiesme, fut assisté par deux Peres Capucins qui luy donnerent moyen d'auoir nouuelles de sa mere, & comme il estoit party pour s'en aller par terre en Europe les lettres de sa mere arriuerent à Surate.

DE L'ISLE MADAGASCAR.

Nous eufmes auffi nouuelles de la Barque que Monfieur de Flacourt auoit enuoyée à Mofambique pour y demander poudre & balles en payant : d'autant que nous auions la guerre en Madagafcar, & qu'il n'y venoit point aucun Nauire de France. Si bien que ladite Barque eftant ia pourrie ne peut pas reuenir, où bien les Portugais ne voulans pas qu'autres nations qu'eux, fçeuffent ce qu'ils faifoient dans ledit lieu, la retindrent fans leur faire aucun tort de peur d'eftre efpiez, par ce qu'ils ont la guerre contre les Hollandois & contre les gens du païs, & ont peur de perdre vn si bon morceau qu'ils ont qui eft la mine d'or, & trafiquent de Negres du païs qu'ils transportent à Goa, & en autres lieux pour vendre. Si bien que les Nauires que les François enuoyent à prefent à la mer rouge, ne s'en retournent pas bien fatisfaits en Europe, d'autant que les gens & Nauires du païs s'aguerriffent toufiours, & font appuyez par les Hollandois & Anglois, auec lefquels ils ont grand trafic, & ont les François tellement en horreur & en haine en ce païs des Indes, que quand ils en voyent quelques vns, ils leurs demandent s'ils viennent efpier leurs païs, pour par apres en faire le rapport à Monfieur le Duc de la Meilleraye, lequel a enuoyé & enuoye tous les ans Nauires en guerre à la mer rouge, & autres lieux circonuoifins en courfe, vers les terres des Mores: car paffé la Ligne Equinoctiale (difent les François) il n'y a plus d'amis, & tout eft de bonne prife. Ainfi que i'ay ouy de mes oreilles, m'ayans plufieurs fois les habitans du païs de Maderafpatan faict ces reproches.

Kkk iij

Chapitre LXXXVIII.

La prise du Fort de Pondamaliou par les Gentils sur les Mores, auec bonne composition.

LE vingt-deuxiesme iour d'Aoust 1658. les Gentils de la coste de Coromandel, voyans vn Fort qui est à huit lieuës du Fort des Anglois gardé par les Mores, mirent le siege deuant & y furent quatre mois entiers; pendant lesquels il fut tiré de part & d'autre plus de six cens coups de canon, & ceux de dedans firent vne sortie la nuict sur les assiegeans, & voyans que le secours ne leur venoit point, se rendirent à faute de viures: mais ils ne le garderent pas long-temps, car vne armée de 40000. hommes leur fit bien-tost quitter leur prise auec encores bien d'autres. Cette armée de 40000. hommes estoit enuoyée par vn des quatre fils du grand Mogor, qui depuis quelque temps estoit decedé, lequel auoit laissé ses enfans en guerre les vns contre les autres pour le partage, horsmis le plus ieune qui voyant ses freres si animez les vns contre les autres auec chacun vne armée, se retira & quitta tout à ses freres, à condition qu'il enuoyeroit vne bource au marché tous les iours, laquelle on vendroit qui estoit de sept ou huit sols, & que de cet argent il en viuroit, & ne demanderoit rien autre chose pour viure en paix le reste de ses iours. Le President de Maderasse Fort des Anglois voyant cette armée de 40000. hommes, se resolut d'enuoyer vn des Peres Capucins auec deux autres Marchands en Ambassade, & Denis Rozecouben general de l'armée auec vn present riche pour renouueller l'amitié, le General voyant le bon Pere qu'il connoissoit bien, le receut à bras ouuerts luy & deux Marchands où ils furent l'espace de huit iours à rendre compte des deniers que le President n'auoit point payé depuis tant d'années, à cause du pays qui estoit en trouble, aussi en firent les Hollandois & Portugais

DE L'ISLE MADAGASCAR. 441

de mesme qu'ils enuoyerent aussi leurs Ambassadeurs, si bien que l'armée sejourna à vingt lieuës à la ronde en mettant toute sorte de Gentils en l'obeïssance de son maistre; puis prit son chemin ailleurs, l'armée estoit de quinze mil caualliers Mores & de 400. hommes caualiers Chrestiens de toutes parts de leurs païs des Indes, les Chrestiens estoiét ioints & commandez par vn Cauarein natif de la dependance de Goa nommé Anthoine Passer, il y auoit vingt-quatre pieces de canon toutes gouuernées par les Chrestiens, parce que leurs gens n'y sont point propres, quand ils veulent tirer vne piece de canon ils attachent vne mieche au bout d'vne longue perche puis y mettent le feu, & si tost qu'ils voyent le feu à la piece ils prennent la fuitte, & ainsi les Chrestiens qui sont bons Canonniers ne manquent auec eux d'estre bien payés & bien seruis.

Chapitre LXXXIX.

La prise de Negpatan par les Hollandois sur les Portugais, qui estoient assiegez des Gentils par terre.

LEs Hollandois sçachant que les Portugais estoient assiegez par terre des Gentils, qui est la plus maudite nation & l'arronne qui soit sous le Ciel, ne manquerent pas de s'en venir auec vne flotte de dix vaisseaux l'assieger par mer, si bien que les pauures Gentils ne sçachant de quel costé se deffendre & manquans de viures, aymerent mieux rendre la place à composition aux Hollandois, que de se mettre entre les mains des Gentils qui ne leur eussent point donné de quartier, & aussi-tost les Hollandois prirent possession du Fort, & donnant permission aux Portugais de demeurer sur leur bien s'ils vouloient, aux autres qui demandoient passage ailleurs de les passer, à condition qu'ils ne se retireroient point à sainct Thomas où ils auoient dessein d'aller vn peu apres, sur peine d'estre pillez de leurs biens où ils les trouueroient, si bien que ceux qui estoient riche en argent, se retirerent d'vn costé & d'autre, & ceux qui ne pouuoient se passer du lieu de leur naissance demeurerent, vne partie de ceux qui estoient riches se retirerent à sainct Thomas, & les Hollandois sçachant que les principaux qui pouuoient beaucoup leur nuire y estoient, y enuoyerent vn Officier de Pelliacasse leur faire commandement de se retirer, à faute de ce rompre l'accord qui auoit esté fait entre eux, les Portugais luy dirent qu'ils n'auoient point d'autre lieu de retraitte sinon deuers leurs parens & amis, & qu'ils ne pouuoient pas se retirer à Goa ny autres lieux à eux appartenans, parce que leurs ennemis tenoient tous les passages bouchez. Si bien que les Hollandois enuoyerent ces nouuelles à Negpatan & rompirent l'accord, auec commission de chasser tous les autres hors du lieu & de les piller, premierement Ruze du general pour les attirer tous dās le Fort, ces pauures gens ne se doutant de rien furent mandez tous dans ledit Fort iusques aux esclaues pour apporter tous leurs biens, y estant tous arriuez font fermer la porte & enuoyerent les soldats dās leurs logis les piller iusques à les despoüiller de leurs habillemens, puis les chasserent ainsi hors du lieu la baguette à la main, si bien que ceux qui alloient premiers en palanquin qui est à la grandeur du païs, auec vne suitte d'esclaues à leur suitte vont demander à present vne poignée de ris à manger, & il y en a si grand nombre tant de l'Isle de Zelon que autres lieux, qu'ils meurent de faim les vns pour les autres. Les Portugais qui ont perdu l'Isle de Zelon qui estoit le lieu qui leur rendoit le plus, & encore tant d'autres places qu'ils perdent tousiours, n'est que par la faute des Generaux & des Officiers, qui pour maintenir leur grauité ne veulent rien ceder les vns aux autres, & la mauuaise Iustice y est en eux ; puis messieurs les Iesuistes & ceux de L'inquisition, qui sous pretexte de grande deuotion, font tout ce qu'ils veulent en attirant tout à eux & gouuernant tout, comme ie diray cy-apres.

Chapitre LXXXX.

Comme les Hollandois vindrent pour assieger la Ville de S. Thomas pour la troisiesme fois.

LEs Hollandois ayant tiré les meilleurs hommes de leurs places, sont venus auec deux vaisseaux pour prendre la Ville, & moüillerent l'ancre hors la portée du canon de la Ville, ou apres auoir enuoyé vn Heraut au General qu'il eust à rendre la place, & qu'il auroit telle composition qu'il voudroit, le General fit responce que s'ils pouuoient la prendre qu'elle seroit à eux, que pour la rendre sans sçauoir ce qu'ils sçauoient faire qu'il n'en estoit pas d'aduis, & qu'il estoit resolu de mourir luy & ses gens dedans, les Mores & Gentils iusques au nombre de huit mille hommes, allerent offrir leur seruice au General de la ville, & luy promirent que comme ils auoient tousiours protegé la ville par le passé qu'ils en feroient de mesme à l'aduenir, & qu'il n'eust point d'autre soin que de prendre garde au dedans, & eux prendroient garde au dehors. Le General enuoya aussi-tost deuers le President de Maderasse prier de l'assister de poudres & autres necessitez en payant, comme estant la ville de sainct Thomas beaucoup redeuable à la compagnie Angloise, ce que le President fit tout aussi-tost, parce que ladite ville estant prise les Anglois n'auroient aucuns viures du lieu, & seroient enfermés au milieu de deux Forts Hollandois, l'vn à cinq lieuës qui est Pelliacale, & l'autre à vne, ce qui leur osteroit le trafic, la munition passa à la veuë des Hollandois pour les faire dauantage despiter, cependant les Hollandois estoient allez trouuer les Mores, en leur faisans de riches presens, & leur promettant que quand ils auroient la ville, ils leur payeroient meilleur tribut que ne faisoient les Portugais qui estoient (disoient-ils) endebtez de tous costez & ne pouuoient iamais s'acquitter, les Mores leur firent responce qu'ils se contentoient de la paye des Portugais, & que quand ils n'en receuroient pas vn denier ils estoient obligez de la maintenir par la promesse qu'auoit fait leur Roy à l'Apostre S. Thomas quand il se fit Catholique Apostolique & Romain: pendant ce pourparlé enuoyerent tous leurs ornemens & vaisseaux sacrez des Eglises & toutes personnes inutiles auec leurs femmes au Fort de Maderasse pour mieux se deffendre. Si bien que les Mores manderent force viures qu'ils firent entrer dans la ville auec leur pauillon qu'ils poserent sur leur bastion. Les Hollãdois voyant la resolution des Mores Gentils & Bramenes, pour les Portugais se retirerent les vns à Negpatan, les autres à Pelliacate, c'estoit pour la cinquiesme fois qu'ils estoient venus pour l'assieger; Dieu ne veut pas permettre que ce lieu qui a autrefois faict tant de miracles & qui garde encore iusques auiourd'huy la lance dont S. Thomas a esté tué, que i'ay eu ce bon-heur d'auoir baisée tombe entre les mains de ces heretiques, la lance & son baston surquoy il s'appuyoit sont dans l'Eglise Cathedrale de la ville. Les Mores voyant les ennemis partir remirent les clefs de la ville entre les mains du General, parce qu'il leur auoit liuré à la veüe des ennemis, d'autant que les Hollandois n'ont point pris aucune place & ne sçauroient en prendre sans l'ayde des gens du païs, le seruice des Hollandois dans les Indes est si captiué que souuentes-fois les soldats ont dit aux Portugais que s'ils auoient la moindre victoire contre eux, que toute l'armée qui est de quinze cens soldats d'Europe se rangeroit tous de leur costé, tant ils sont mal payez & traittez pis que des esclaues.

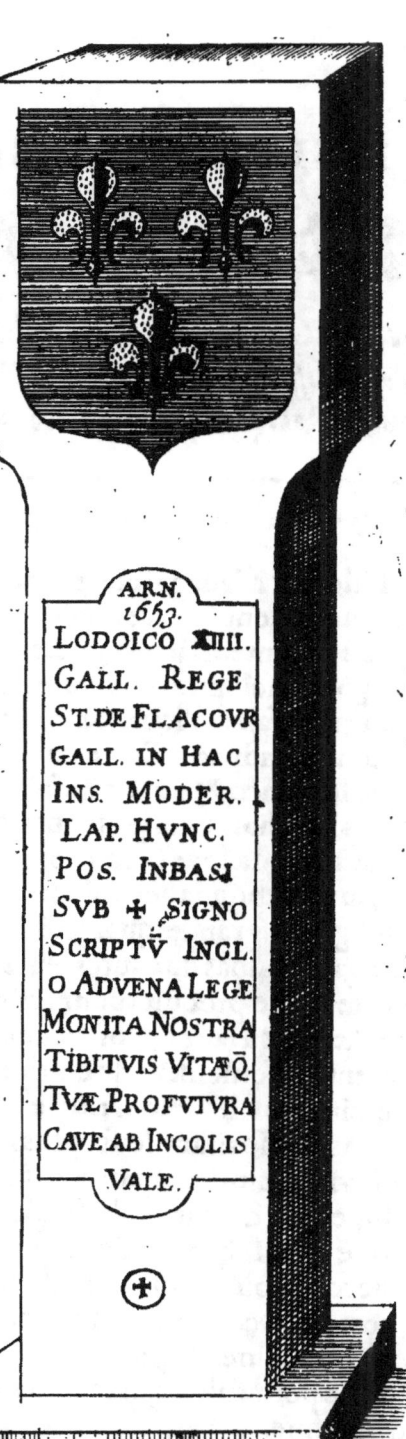

A tergo sunt arma regis Lusitaniæ et infra sculptum est hoc. REX PORTVGALE. N.S.
1545

ADVANTAGES QVE L'ON PEVT tirer en l'establissement des Colonies à Madagascar pour la Religion & pour le commerce.

CHAPITRE LXXXXI.

Toute l'Isle de Madagascar est peuplée d'habitans, qui ne s'adonnent à autre chose qu'à la culture de la terre, ou à s'entrefaire la guerre Prouince contre Prouince, soit pour anciennes querelles des Seigneurs d'icelles, soit pour satisfaire à leurs ambitions; ainsi qu'il se pratique par tout le monde. Cette nation n'a iamais sceu ce que c'est que le traficq, & ne se plaist à amasser & rechercher dans le païs les choses qui peuuent y attirer les estrangers, ny manufacturer la soye, & en nourrir les vers qui s'y trouuent par tout en abondance, planter le cotton, semer la plante d'Indigo en grande quantité, comme ils pourroient, & faire grand amas de toutes leurs manufactures, & des choses que leur Isle produit, pour attirer les estrangers à les souuent visiter, & à leur apporter celles qu'ils ayment: mais ils se contentent seulement de cultiuer & ouurager ce dont ils ont besoin pour leur nourriture, leurs vestemens, & leurs logemens, mesprisant le surplus, & estimans cette cette façon de viure plus commode & plus heureuse que l'abondance superfluë de toutes choses. Leur trafficq ne se fait entr'eux que par eschange. Ceux qui ont besoin de cotton en vont chercher où il y en a en abondance, pour les choses qu'ils portent & conduisent auec eux, comme bœufs, vaches, Ris, fer, & racines d'Igname eschangeant ce qu'ils ont en abondance pour celles qui leur manquent, & les autres en font de mesme.

Afin que les habitans de cette Isle se puissent accoustu-

Lll ij

mer à vn bon negoce, & y prendre gouſt, il eſt beſoin d'y eſtablir diuerſes Colonies de François, qui eux-meſmes, ainſi que par toutes les Iſles de l'Amerique, cultiuent le Tabacq, l'Indigo, le cotton, les cannes de ſucre, y ramaſſent la ſoye qui y vient par tout en abondance, y nourriſſent les vers à ſoye à la façon de l'Europe, entretiennent grande quantité de Ruches à miel, recueillent les gommes de Benjoin, Tacamacha, & autres gommes odoriferantes, cultiuent la racine d'exquine, le poiure blanc qui y eſt par tout en abondance, ramaſſent l'Ambre-gris le long de la coſte de la mer, negligé par les habitans du païs, cherchent dans les riuieres pluſieurs pierres precieuſes de diuerſes eſpeces qui s'y peuuent trouuer, obſeruent les montagnes, qui contiennent l'Or, & le ſeparent d'auec le ſable, où il ſe treuue en quelques ruiſſeaux. Eſtabliſſent des forges de fer & d'acier, qui eſt par tout en abondance, aillent à la chaſſe des bœufs ſauuages en pluſieurs Prouinces pour en amaſſer les cuirs, & conſeruer ceux des domeſtiques que les habitans nourriſſent en grande quantité, & par troupeaux.

Ces Colonies ſeroient ſi faciles à les y eſtablir & à les faire ſubſiſter, qu'il n'y peut auoir que la difficulté du trajet depuis la France: Car l'Iſle a toutes les choſes auec excez pour le viure, le veſtement & le logement auec plus d'aduantage que pas vne des Iſles de l'Amerique, ny meſme les terres fermes du Breſil de la Floride, & de Canadas. Il n'eſt pas beſoin d'aller chercher des eſclaues au loing, pour les amener dans l'Iſle, ainſi que l'on fait aux païs ſuſdits: car elle en eſt aſſez fournie, les Negres ſeruent volontairement les François, & ſi l'on en veut acheter, on en a tres-grand marché. Les Maiſtres de villages offrent meſme aux François de cultiuer leurs terres, & les planter à moitié, & ceux qui veulent aller demeurer auec eux, contracter amitié & alliance auec eux en eſpouſant leurs filles & leurs parentes, obtiennent d'eux tout ce qu'ils veulent. Ce ſont des hommes qui ſont humbles & ſoubmis, & ne reſſemblent pas à ceux de l'Amerique, qui pour quoy que ce ſoit au monde, ne ſe veulent point aſſuiettir au trauail : au contraire, ceux-cy s'y plaifent, & prennent plaifir à voir trauailler les Chreftiens, foit à la forge, foit à la menuiferie, foit aux autres manifactures ; Et quoy que d'eux mefmes ils foient affez lents & tardifs au trauail : toutes-fois ce qu'ils entreprennent, ils le perfectionnent affez bien ; fi bien qu'il ne leur mãque que l'inftruction, laquelle s'y peut introduire tres-facilement & entretenir encores mieux.

La Religion Chreftienne eft fi facile à y eftablir, qu'il ne manque en cecy rien autre chofe que la volonté des Ecclefiaftiques, d'autant que cette nation, n'ayant encor fait choix ny election de Religion, n'en a aucune en practique, & n'a encor pû prendre aucun party. Et comme l'on a defia commencé à femer quelques commencemens de l'Euangile, ceux qui en ont ouy parler y ont tellement pris gouft, que ce feroit vn grand mal-heur fi on en demeuroit là, & il feroit à craindre que les Heretiques Hollandois & Anglois, où les Mahometans des coftes d'Arabie, ne s'emparaffent d'vne fi bonne terre, pour femer leur damnable croyance, & que le prouerbe commun n'y euft enfin lieu, qui eft, que bonne terre apporte toufiours de mauuaifes herbes.

Comme cette Nation qui vit dans la Loy de nature, n'eft aucunement entachée de l'Idolatrie, & croit en vn Dieu feul, & ce qu'elle a de couftume, foit en ceremonies de funerailles, Circoncifion, & de Mariages a efté apporté par fes Anceftres, dés la premiere tranfmigration qu'ils y ont faicte, & a efté retenu par les defcendans, elle feroit facilement imbuë des abominations de Mahomet, & des erreurs de nos Heretiques, pour la facilité qu'elle trouueroit dans leurs vie licentieufe, & auec grande difficulté fe pourroit-elle refoudre à embraffer l'aufterité de la Religion Catholique Apoftolique & Romaine. C'eft pourquoy il eft tres neceffaire, & de grande importance pour le feruice de Dieu, pour l'honneur de noftre Religion, & pour la charité que l'on doit auoir pour cette pauure Nation, d'y enuoyer promptement de bons Ouuriers & Pafteurs qui s'emparent des Troupeaux, auant que les Loups foient entrez dans les Bergeries, & qu'ils en ayent deuoré les Oüailles.

Et comme il ne se peut pas faire que les Pasteurs y puissent bien subsister, sans qu'il y aye d'autres personnes qui veillent à leur conseruation, & qui facent teste à ceux qui voudroient les empescher de prescher l'Euangile.

Il est necessaire qu'il y aye de bons forts & de bonnes habitations de François.

Cét empeschement pourroit arriuer par deux choses. Sçauoir l'vne qui prouiendroit par les habitans de l'Isle. L'autre par les Estrangers.

Celle qui pourroit prouenir par les Habitans de l'Isle, ce seroit la ialousie qu'auroient les Seigneurs des Prouinces, que leurs peuples estans instruicts, ne leurs rendissent plus les honneurs qu'ils auoient accoustumez de s'attribuer, ainsi que les vertus, qu'ils faisoient acroire à ces paures gens, qu'ils possedoient, car ils n'auoient pas de honte de leurs faire entendre qu'ils estoient d'vne autre naissance qu'eux, qu'ils estoient des demy-Dieux sur la terre, & qu'ils auoient de pere en fils puissance sur les Meteores, & sur la vie des hommes, & comme nostre Religion est directement opposée à ces choses, infailliblement les grands s'efforceroient, ainsi qu'ils ont fait depuis peu d'empescher le progrez de la Religion pour ce suiet. L'empeschement qui pourroit arriuer par les Estrangers seroit celuy que i'ay dit cy dessus, en y establissant par eux leurs fausses doctrines.

Ces difficultez se peuuent leuer en fondant de bonnes colonies de François, & de bonnes Forteresses aux lieux les plus auantageux, & en empescher le seiour aux Heretiques, les bien garnir de bonnes munitions de guerre & entretenir des Barques & des Matelots, afin d'auoir facile communication par toute l'Isle, & s'entresecourir par tout. Que les Gouuerneurs fussent gens d'honneur, qui eussent le soin de conseruer & defendre les gens d'Eglise; en cas qu'il y eut des personnes qui les voulussent trauerser.

Tous ces peuples ont vne inclination à receuoir le Baptesme, & à apprendre à seruir Dieu. C'est pourquoy il n'y a point de lieu au monde, où il soit si facile à y planter nostre Religion. Il ne me reste que cet estonnement que les Por-

DE L'ISLE MADAGASCAR. 449

tugais & les Espagnols qui ont parcouru tantost toute la terre habitable, ayent laissé cette Isle iusques à present sans y planter la Foy Chrestienne : veu que cette Isle est dans le passage pour aller dans les grandes Indes, & quelle est le meilleur entrepos que l'on puisse choisir pour les nauigations. Ie ne puis attribuer cecy qu'à vne grande negligence des Princes qui ont enuoyé dans les Indes, & non pas des Religieux & gens d'Eglise qui ont esté toûjours enuoyez dant les nauigations des Indes. Il semble que Dieu ait voulu reseruer cét ouurage à entreprendre à la nation Françoise; puisqu'à present elle l'a maintenuë foible, abandonnée sept ans dans cette Isle, & denuée de tout secours humain, sinon de sa prouidence, qui l'a mesme non seulement considerée: mais aussi l'a esleuée iusqu'au poinct que de luy rendre cette nation tributaire & assujettie en sorte qu'vne poignée de François a conquis sans y penser tout vn si grand païs, qui ayant gousté la facilité & la douceur de la Nation Françoise, se trouue maintenant heureux de la seruir. Ce bon-heur ne pouuant prouenir d'autre chose que de la semence de l'Euangile que l'on y a ietté dés le commencement de la venuë des François, & du bannissement des Heretiques.

Les Habitans voyans de bonnes habitations fondées, & de la façon que l'on vit dans l'Europe, dans la politique, & dans l'ordre qu'il y a dans les Villes, en la diuersité des artisans, & en l'vtilité du commerce & du trafic, prendroient aussi-tost goust à ce genre de viure, & tascheroient à imiter les Chrestiens, & mesme par vne certaine emulation à les surpasser en cela, qui seroit vn tres-grand aduantage pour la compagnie de ceux qui s'y interesseroient! Cet aduantage est bien grand : mais celuy de l'establissement du commerce dans les Costes d'Ethiopie de la mer Rouge, Golphe Persique, des grandes Indes des terres Australes & autres païs d'Orient, seroit bien encore plus grand & plus considerable, & duquel on pourroit esperer de plus grandes vtilitez & profits. Car dans l'Isle Madagascar les Colonies y estans establie l'on peut bastir Nauires & Barques pour aller negotier par tous ces païs, & auec les denrées qui y croissent & que l'on y peut trouuer, aller par tous ces païs les debiter en efchange d'autres marchandises que l'on en peut apporter, lesquelles estans amassées dans les magazins principaux, peuuent estre chargées pour la France aussi-tost l'arriuée des Vaisseaux, & ainsi le plus grand voyage de Madagascar ne seroit que d'vn an au plus.

Les marchandises que l'on pourroit transporter de l'Isle Madagascar en grande quantité, & qui auroit bon debit dans les susdits païs, sont le fer, & l'acier, le ris, les bois de senteur & de couleur, la cire & toutes sortes de gommes, lesquels gommes & bois de senteur seroient bien trouuez meilleurs dans l'Europe, lors qu'elles auroient passé par les mains des Indiens & des Arabes, qui les porteroient apres vendre à la mer Rouge, pour estre portées en Alexandrie, pour de là estre distribuées en l'Europe par les Venitiens & Marseillois.

Il y a mille choses que l'on peut trouuer dans cette Isle qui seroient de grand profit, dont on n'a point encore fait l'essay ny la recherche, soit à porter aux Indes, soit à apporter en Europe.

Il n'est point necessaire comme aux autres Isles d'y apporter des viures pour y faire subsister les Colonies, il y en a en abondance, non seulement pour nourrir ses habitans, mais aussi pour en porter autre part.

Qui est-ce qui empeschera en retournant en France de l'Isle Madagascar de porter la charge d'vn Nauire de Ris & de viandes de bœufs salés de Madagascar & de Cochon de Mascareigne, au Bresil, au Maragnan, & aux Isles de l'Amerique à vendre & eschanger contre du Tabac, du Sucre, & de l'Indigo; & ce en cas qu'vn premier Nauire n'eust dés les premiers commancemens sa charge preste. Les vents d'Est, & Est-Nordest y sont tellement fauorables que je pourrois bien dire que ces Isles sont comme le chemin pour retourner en France, & le retour d'vn voyage ne se prolongeroit que du temps qu'il faudroit employer au debit du Ris & des viandes sallées. Qui empesche que l'on ne face des peaux de Loup-marin, & des huiles de poisson au Cap de
Bonne

DE L'ISLE MADAGASCAR

Bonne-Esperance? Ce qui peut encor augmenter les aduantages que l'on peut esperer de cette Isle. Qui empesche que l'on ne cultiue le chanvre & le lin en grande quantité, que l'on ne le fasse filer aux femmes du païs, en leur monstrant à se seruir du roüet? Que l'on ne face faire des cordages aux habitans qui en font d'escorce d'arbres aussi bien faicts que peuuent faire nos meilleurs Maistres Cordiers. Que l'on ne leur face faire des voilles de chanvre, lors qu'il y en aura suffisamment de cultiué; ce que l'on peut faire en peu de temps: car le chanvre y vient en perfection, & les femmes sçauent artistement faire leurs pagnes & estoffes fortes & à profit.

Les Forges s'y peuuent establir auec plus de commodité qu'en France: car par tout où la mine se treuue, les eaux, les ruisseaux & cascades d'eaux des montagnes y sont en abondance, comme aussi les bois à bastir & à brusler. Les habitans ont vne particuliere inclination à forger, sçachans que c'est le plus grand aduantage qu'ils puissent auoir, puisque sans le fer ils ne peuuent bastir ny cultiuer la terre. Les François tireroient en cecy vn tres-grand aduantage pour la construction de leurs Nauires. Le bois à faire la planche, les genoux, courbes, membrures, mastures, vergues, & quille s'y treuuent tres-commodes, comme aussi les gommes de plusieurs façons pour brayer & calfader. Et enfin tout ce qui peut seruir aux bastimens, soit de Nauires, soit de maisons & logemens s'y treuuent en quantité. Les soyes de diuerses sortes, le cotton, le chanvre, & le lin que l'on y peut semer, & les diuerses autres especes d'escorces d'arbres & d'herbes qui y sont en grande abondance en vsage aux habitans, peuuent seruir de matiere pour diuerses manufactures propres à debiter & vendre par toute la terre habitable. Les nattes de diuerses façons enioliuées de differentes couleurs pourroient bien estre transportées en France pour parer & tapisser les chambres & cabinets des plus curieux. Les rivieres, les rauines & ruisseaux, fournissent abondamment des pierres d'Agathes, de Cornaline, de Iade, de Iaspe, & Cussidoines: Comme aussi des Christaux, Aiguemarines,

M m m

RELATION

Grenats, Efmeraudes, Saphirs, Amethiftes, Hyacinthes, & peut-eftre des Diamants: mais il faut les aller chercher, & ne s'attendre point d'abord aux Negres pour en prendre la connoiffance: car ils fe rient & fe mocquent de nous, quand nous leurs demandons ces chofes, en difans que nous nous amufons à ramaffer des pierres comme fi noftre païs n'en auoit point. Ces pierres ne fe rencontrent pas foubs les pieds des hommes: mais en les cherchant on les rencontre.

Apres auoir parlé de tous les aduantages que l'on peut tirer de l'Ifle, & du progrez que l'on peut faire pour le culte de Dieu, & propagation de la Foy. Il eft à propos que ie parle des commoditez que l'on y pourroit perceuoir, en cas que l'on vouluft quelque iour trauailler à la ruine de la fauffe Religion de Mahomet, & de l'Empire de fes Sectateurs. Cette Ifle (ainfi que i'ay defia dit) eft la plus grande de toutes les ifles de la mer qui font defcouuertes, laquelle eft dans la meilleure fituation du monde pour vn deffein fi glorieux à l'honneur de la Religion Chreftienne, & à la gloire de Dieu: Les Colonies eftans eftablies dans icelle, l'on en peut tirer des foldats vn nombre infiny, y conftruire des vaiffeaux, fregates, galliotes, & barques longues, pour aller dans la mer rouge faire la guerre aux Turcs & Mores, où l'on peut de là faire alliance auec le grand Roy des Abiffins, & auoir retraite dans les ports de mer, d'Ercocque, Mazua, & autres Havres de cette mer: afin d'aller conjointement quelque iour attaquer ces villes d'abomination, la Mecque & Medine. De l'Ifle Madagafcar à la mer Rouge, il n'y a qu'vn mois de chemin: d'où l'on peut aller attaquer, & où l'on ne doit point auoir peur d'eftre attaquez. Les Turcs, les Arabes, & mores, n'ayans pas affez d'induftrie pour nauiger dans cette grande mer; & mefme n'ayans pas fur la mer Rouge des matieres fuffifantes pour la conftruction des Barques & Nauires. Si ils en veulent auoir, il faut qu'ils facent apporter le bois de la mer noire à Alexandrie par mer, & de là par terre, fur des Chameaux à Suez, Port de la mer Rouge; ce qui reuient à de grands cousts & despences: & qui ne reüssiroit iamais mieux qu'il a autrefois reüssi, lors que le grand Seigneur y a voulu autrefois faire équiper des armées Naualles contre les Portugais. Il y a grande quantité d'Isles, dont on se pourroit emparer, & mesmes de bonnes places dans icelles, dans les costes d'Etiopie & d'Arabie, & aux enuirons de l'entrée du Golphe ; Ce qui seroit vne entreprise digne d'vn grand Roy comme est celuy de France, ou bien en cas qu'il n'y voulust entendre, à cause de l'alliance qui est depuis long-temps contractée auec le grand Seigneur ; ce seroit vne entreprise digne d'vne puissante Republique ou de l'Estat de Malthe, qui se seruiroit de l'occasion des peuplades de François pour en tirer des soldats & des commoditez pour leur dessein. Le grand Empereur des Abissins ne fauoriseroit pas seulement cette entreprise, mais mesme s'y interesseroit de telle sorte, qu'il fourniroit & les viures & la solde, & la meilleure partie de la soldatesque. La fabrique des armes, la fonte des Canons, mortiers, pierriers & boulets se feroit tres-commodement à Madagascar, & les prouisions de Ris & de viandes pour rauitailler des armées.

 Et afin que toutes ces entreprises puissent bien reüssir, il est besoin de dire quelles personnes il y faut conduire, quels mestiers, quels artisans, & quelle sorte de gens il est necessaire d'y establir.

 Ie commenceray premierement par ceux qui doiuent y prescher l'Euangile, & de quelle façon ils y doiuent subsister.

 La diuersité des Religieux & Moynes n'y est pas non seulement necessaire, mais mesme d'vne tres-dangereuse consequence, tant à cause de la mes-intelligence qui leur arriueroit pour les fonctions Ecclesiastiques, que pour l'emulation qu'ils pourroient auoir à qui mieux feroit, & à qui mieux reüssiroit ; le tout toutefois pour l'aduancement de la Religion : mais qui pourroit causer quelques partialitez preiudiciables aux establissemens des Colonies ; c'est pourquoy il seroit plus à propos de se contenter de ceux qui y sont desia establis, qui ont ietté les premieres semences de la Religion. Ainsi il est raisonnable qu'ils en recueillent les premiers fruicts. Ce sont les Reuerends Prestres de la Mission de S. Lazare, enuoyez dés l'année mil six cens quarante-huict, lesquels ont les premiers ietté les fondemens de la Mission en cette Isle aux despens de leur vie, qu'ils ont employée, si peu qu'ils y ont esté à l'instruction des pauures Negres.

Il seroit necessaire pour les faire subsister, qu'ils eussent dans le païs proche de chaque Fort, des terres propres à planter des viures qui fussent affectées à leur maison, & comme tout le païs d'Anossi est entierement à la disposition des François & des Seigneurs Interessez, il seroit tres-facile de leur attribuer des terres qui leur appartiendroient en propriecé, soit des horracs à semer du Ris, soit des terres à planter des Ignames & des pasturages, des prairies, des estangs, & la pesche dans les riuieres pour la commodité de leurs maisons.

Ils ne se mesleroient en aucune façon des choses temporelles, ny du traficq, si ce n'est des choses qui leurs seroient necessaires pour leur maison, ny de l'administration du gouuernement, ny de la Iustice, afin que l'on n'eust point à les soupçonner de vouloir entreprendre sur l'authorité d'vn Gouuerneur ou Commandant, ils feroient les fonctions Curialles par toutes les habitations de l'Isle & des pays adjacens, & les habitans leurs payeroient de gré à gré ce qu'ils voudroient, sans y estre contraincts en aucune façon du monde; puisque leurs terres leur fourniroient suffisamment dequoy se maintenir; & en cas qu'elles ne fussent assez suffisantes, afin qu'ils ne tournassent à charge à personne, le Gouuerneur ou Commandant en quelque habitation que ce fust, seroit obligé de leur fournir ce qui leur manqueroit pour les necessitez de la vie & du logement, moyennant quoy ils auroient tout à souhait, & par le soin de se procurer les choses necessaires pour viure, ils ne seroient distraicts ny diuertis de leurs fonctions, & de l'assiduité qu'ils pourroient auoir pour l'instruction des pauures habitans.

Pour le regard des personnes propres à passer dans l'Isle

DE L'ISLE MADAGASCAR.

il est necessaire d'y enuoyer vn Commandant general, qui aye soubs soy des Lieutenans en tous les lieux où on voudroit establir des habitations, & auquel on donnast plein pouuoir d'agir ainsi qu'il trouueroit bon estre, pour le bien de la cause commune ; & d'autant que l'esloignement qu'il y a de la France en ce païs-là est si grand que le temps qu'il faudroit, qu'il se passast pour attendre des ordres d'vne Compagnie sur tous les euenemens qui pourroient arriuer, pourroit causer grand prejudice & deperissement aux affaires du païs, il seroit necessaire qu'il eust lettres patentes du Roy, par lesquelles il eust pouuoir de faire exercer la Iustice dans ladite Isle conformement aux vs & coustumes de France, tant pour le ciuil, que pour le criminel, & qu'il eust droict de haute moyenne & basse Iustice. Que pour ce faire il eust des Iuges & des Officiers establis pour cela, qu'il y eust vn Notaire pour passer tous les actes publics & tous les Officiers necessaires à vne Iustice Royalle.

Pour le fait de la Milice qu'il eust vn Lieutenant general & en chaque Colonie vne Compagnie de soixante soldats, compris les Officiers qui ne feroient autre fonctions que de soldats, & les iours qu'ils ne seroient pas de garde ils les employeroient à aller où on les commanderoit pour le seruice de la Compagnie. Ces soldats auroient des gages mediocres, & apres trois ans de seruice l'on leur distribueroit des terres pour trauailler pour leur compte, & auroient la franchise ainsi que les autres habitans François de l'Isle, ou bien si bon leur sembloit repasseroient en France dans les premiers Nauires apres leur temps expiré, & l'on leur payeroit leurs gages dés le païs en marchandise du magasin. Outre ces soixante soldats, les autres François habitans qui seroient en l'Isle passez pour leur compte, seroient obligez de se treuuer au Fort de chaque Colonie, en cas qu'il arriuast trouble ou guerre pour ayder à la defence du Fort, & pour se ioindre auec les autres qui seroient soldats : afin de faire la garde, aller en party, & faire les courses que l'on leurs commanderoit de faire, & pour empescher qu'il n'y eust point de confusion, chacun seroit asseuré soubs quel chef il se pourroit ranger. Les Capitaines & Officiers qui seroient au Fort, auroient lors de la guerre, le mesme commandement sur eux que sur leurs soldats, pour le fait seulement de la milice: mais en temps de paix & pour le sujet du trafficq, ils n'auroient rien à voir sur eux.

Tous ceux qui passeroient de France dans l'Isle qui n'auroient moyen de payer leur passage, seroient obligez de servir trois ans la Compagnie, comme soldats, ainsi qu'il est dit cy-dessus, & les artisans serviroient de leurs mestier & profession pendant leurs trois années; & pour s'entretenir auroient la solde ainsi que les soldats, ou suivant le merite de leur profession, laquelle solde se payeroit dans le pays en marchandises du païs, hardes & rafraischissemens du magazin, comme vin & eau de vie, & autres choses. Leurs trois ans accomplis, si ils desiroient demeurer dans l'Isle pour habitans, on leur distribueroit des terres ainsi qu'aux autres habitans.

Ceux qui auroient moyen de payer leur passage en partant de France, l'on leur donneroit aussi-tost arrivez des terres pour planter & faire valoir, ausquels on ne seroit obligé de fournir des vivres du Magazin dés huict jours apres leur arrivée au païs, où ils iroient pour demeurer, pendant lesquels, ils s'employeroient à ayder à la descharge du Navire, & à faire ce que l'on leur commanderoit. Ceux qui sont propres pour Madagascar, ce sont tous gens de mestier, de marteau, tous travailleurs à la terre, maçons, tailleurs de pierre, carriers, chaufourniers, cuiseurs de brique, potiers de terre, charpentiers de maisons & de Navires, scieurs de long, couvreurs de maisons, serruriers, armuriers, mareschaux, forgerons, cloustiers, maistres de forges de fer, vignerons, laboureurs, jardiniers, bouchers, torqueurs de Tabac, gens qui sçavent cuire le sucre & l'affiner, tanneurs, cordonniers, sauetiers, tailleurs d'habits, ouvriers en soyes (sçavoir seulement ceux qui les sçavent nourrir, devider la soye & la peigner pour en separer la fine) Apothicaires & Chirurgiens.

Il ne faut point en ce païs-là de vagabonds, ny y passer de

femmes deſbauchées; ſi ce n'eſt en l'Iſle de Bourbon, ou on en pourroit paſſer quelques-vnes pour les y marier à des François qui y ſont, & que l'on y voudra paſſer pour peupler.

Pour l'Iſle Madagaſcar, il y a aſſez de femmes de toutes couleurs, blanches & noires, au choix de ceux qui les voudront eſpouſer. Mais és autres Iſles qui ſont aux enuirons, où il ſeroit neceſſaire de mettre des habitans, il ſeroit bon d'y paſſer des familles, comme en l'Iſle de Bourbon, en l'Iſle Diego Rois, & en l'Iſle de Saincte Marie, en laquelle il y a des habitans: mais ils ne veulent point contracter d'alliance auec les Chreſtiens, quoy qu'ils ſoient bien venus auec eux, & ce d'autant qu'ils tiennent encor de quelque ancienne couſtume du Iudaïſme. Les femmes qui ſçauent bien filer au roüet, & à la quenoüille y ſeroient tres-neceſſaires pour enſeigner aux Negreſſes à bien & à promptement filer: quoy qu'il y en ayt qui filent tres-bien le cotton: mais elles n'expedient pas beſongne comme celles qui filent au tour: les matieres qu'elles ont, ſont la ſoye & le cotton, ſi elles le ſçauoient bien apreſter, le chanure, les eſcorces d'auo, d'aui, aui, de fautats ranou, de nouuouc, & pluſieurs autres eſcorces que l'on pourroit appreſter comme le chanure, l'on en feroit de bonnes & belles eſtoffes, vtiles à beaucoup de choſes, ſoit pour faire des habits pour le païs, ſoit pour enuoyer en France aux curieux, pour tapis & tapiſſeries, d'autant qu'il y a des teintures dans le païs pour les diuerſifier de pluſieurs couleurs aſſez agreables.

Les choſes bonnes à porter à Madagaſcar pour y negotier auec les habitans, ſont. Verotteries de toutes couleurs, qui ſont petits grains d'eſmail, gros comme graine de cheneuiere: les couleurs bleuës, rouges, noires, blanches, vertes, jaunes, & orengées, ſont les meilleures, & principalement la rouge & la violette. Raſſades de diuerſes couleurs, & principalement la bleuë, dont il faut en plus grande quantité que des autres, la rouge, jaune, couleur d'aigre-marine, de criſtal, & de verre, peu de blanche & de la noire, de la violette. La Raſſade eſt faicte d'vne paſte d'eſmail, dont les grains sont gros comme des pois de diuerses grosseurs.

Les grains de Corail de toutes grosseurs y sont extremement requis, les cornallines rouges & blanches, grosses, longues, & en oliue : mais il faut qu'elles soient toutes percées pour enfiler. Les grains d'Agathes, Grenats, & Cristal de Roche y sont fort requis.

Le cuivre jaune en gros fil & diuerses merceries, comme chaisnettes de cuivre jaune, il ne leur faut rien de fragile & de facile à rompre, des cizeaux, des couteaux, des haches, des serpes, des marteaux, des cloux, des cadenats, des serrures, des pentures de portes, des gons, des verroux, des loquets, des scies, des cizeaux de menuisiers, des rabots, des vrilles, & des vibrequins, & mille autres broüilleries, sont tres-bonnes à porter dans l'Isle pour traitter auec les originaires, pour lesquelles acheter, ils s'efforceront de trouuer, chercher, & de manufacturer tout ce que l'on voudra.

Pour traitter auec les François qui y sont & seront habituez, toutes ces choses sont tres-excellentes : mais les estoffes legeres de France pour faire des habits, les draps forts pour faire iuste au corps, casaques & manteaux, les couuertures de licts, matelats, toille grosse & fines, fil de toutes couleurs à coudre en tres-grande quantité, fil de lin à coudre linge, aiguilles, boutons de fil & de soye, & de la soye à coudre, futaines blanches, grises, & brunes, souliers de toutes façons, & des chapeaux, des bonnets de laine, doubles & simples, & mesmes des callotes ou tocques de Bearn, ou de la mesme façon, des rubans de soye & de fleuret de toutes sortes, du papier, des plumes, des liurets ou petits registres tout reliez, des eaux de vie, du vin d'Espagne, & de France.

De toutes ces choses les magasins de la Compagnie doiuent estre bien fournis, soit pour traitter auec les Originaires, soit pour deliurer aux François en compte des marchandises qu'ils fourniroient, & pour payer sur & tant moins des gages de ceux qui seroient à gage. Surquoy il y auroit beaucoup à profiter.

Les habitans François payeroient au magazin de la Compagnie pour leur passage la somme de cent liures pour chaque

que teste pour leur nourriture dans le Nauire, & auroient vn coffre pesant soixante liures pour chaque homme qui seroit franc de Fret, & pour chaque tonneau de hardes, vin, eau de vie, la somme de cent liures, & pour les marchandises de negoce, comme rassades, estoffes, vstensiles, haches, & autres ferremens, en payeroient la moitié de Fret.

Dans l'Isle Madagascar l'on les establiroit en lieu où il y a des terres propres à planter & cultiuer tout ce qu'ils voudroient, & payeroient de tout le dixiesme pour tout droict au magazin de la Compagnie, & le surplus des marchandises qu'ils amasseroient, ils les passeroient à moitié Fret dans les Nauires de la Compagnie, ou bien les vendroient au magazin en eschange d'autres marchandises dont ils auroient besoin.

Ils tiendroient les terres qu'ils auroient en proprieté pour eux, & leurs ayans cause en fief de Seigneurs interessez & en payeroient les lots & ventes en chaque mutation suiuant la coustume de France, & par an payeroient quelque droict modique au magazin du Fort pour icelles terres en signe de reconnoissance, lequel droict se payeroit lors de la maturité de chaque fruits, comme Ignames, Bananes, Ris, & autres choses, & au premier iour de l'an payeroient quelques Volailles & quelque ieune Cabrit en maniere de censiue, & à la Sainct Iean autant.

Lors que l'on leurs donneroit lesdites terres, l'on specifieroit sur les lettres de don, les redeuances à quoy ils seroient obligez; afin qu'à l'aduenir l'on ne les puisse pas charger dauantage. Et comme le païs est peuplé d'Originaires, qui depuis l'an mil six cent cinquante-deux se sont rendus tributaire au Fort-Dauphin, & que quelques habitans desireroient achepter d'eux quelques terres & horracs pour se les approprier à perpetuité, il leur seroit loisible, pourueu que ce soit du gré desdits originaires, desquelles terres & horracs ils iouiroient de mesme comme de celles que le Directeur de la Compagnie leur auroit donné, sans estre chargés d'autre redeuance que de ce qui seroit contenu dans le tiltre qu'ils seroient obligez de prendre de nouueau, lors de l'acquisition.

Tous les François, qui sont desia establis dans le païs, viendroient faire declaration au Fort des terres qu'ils possederoient & cultiueroient, afin d'estre enregistrées sur le liure & papier terrier, & ce sur peine d'en estre depossedez & d'vne grosse amende que l'on leur imposeroit.

Ainsi que l'on fera faire à tous les Maistres de Villages, & à tous les Ontsoa, qui seroient obligez de venir faire nouuelle declaration de leurs heritages, afin que la fahense ou tribut qu'ils doiuent payer soit reglée. Ausquels on deliurera vn titre en parchemin scellé du grand Sceau de la Compagnie, & signé du Commandant & directeur, & du Notaire qui deliurera ledit titre.

Toutes ces choses ainsi establies ne peuuent manquer à apporter en peu d'années de grands profits à la Compagnie, moyennant qu'elle continuë tous les ans à faire partir au moins vn Nauire de France, dans lequel l'on passe des hommes le plus que l'on pourra pour demeurer dans l'Isle, & afin que ces profits puissent plustost arriuer, il seroit necessaire que la Compagnie fist publier par les ports de mer la permission à tous Marchands de faire equiper des Vaisseaux pour aller negotier en ladite Isle, moyennant que les Capitaines de la France prissét à tache & permission de la cōpagnie, & à leur arriuée, & à leur retour allassét au Fort faire declaration de ce qu'ils porteroient, & de ce qu'ils remporteroient en Frāce, dont ils payeroient le dixiesme de droict à la Cōpagnie, & pour ce prendroiét vn congé du Gouuerneur ou Commandant qui seroit à Madagascar & seroient obligez de passer pour la compagnie dix hommes dans chaque Vaisseau exempts de fret pour leurs personnes, & non pour leurs marchandises, & en feroient autant à leur retour. Ils payeroient des marchandises qu'ils portent en ladite Isle, la dixiesme partie, à l'exception des victuailles du Nauire qui ne deuroient rien, mais seulement des marchandises de merceries, estoffes & autres denrées bonnes à trafiquer auec tous les habitans; Et pource seroiét obligez de monstrer leurs factures & cognoissemens de la charge de

DE L'ISLE MADAGASCAR. 461

leurs Nauires.

Il est necessaire de faire plusieurs Colonies & habitations en diuers endroits de l'isle & d'auoir plusieurs Barque longues pour se les rendre communicables les vnes aux autres.

La principale Colonie se doit faire au Fort-Dauphin, d'autant que c'est à l'extremité de l'Isle du costé du Sud, & la plus propre pour faire partir les Nauires pour venir en Frâce, pour aborder en l'Isle en venant de France, & pour y construire les magazins de la Compagnie. De cette habitation l'on peut establir vn Fort à Itapere dans l'Islet qui est vn lieu tres-aduantageux pour commāder au port, qui est fort bon. Vn autre à Manghasia qui est vn autre port & faire vn fort à Saincte Luce qui est l'Islet de Manghasia, & vn autre à Ranoufoutchi qui est aussi vne fort belle ance où vn grand Nauire peut mouiller. Outre que dans la Prouince d'Anossi l'on pourra establir des François habitans en diuers lieux pour cultiuer le Tabacq, & les choses qui sont bonnes à negotier auec les originaires.

La seconde Colonie se doit faire aux Antauares à la riuiere de Mananzari, où vne Barque peut entrer en tout temps. Et dela en ordonner quelques autres aux lieux les plus auantageux du païs.

C'est là où on traitte la bonne Hebene, les gommes, les cires, & du Ris en quantité, il faut que cette Colonie soit aussi forte que celle d'Anossi, pour resister à la Nation du païs, qui est hardie, & se donner de garde des trahisons qu'elle a accoustumé de brasser, il s'y faut bien fortifier, & y auoir au moins quatre pieces de Canon, & quantité de bons fuzils, & bien de la munition de guerre, que les hommes ne s'escartent point seuls: mais qu'ils aillent en campagne bien accompagnez. Ceux des Matatanes feront ce qu'ils pourront pour destruire les François les voyans proches.

La Prouince de Matatane a besoin d'vne tres-forte Colonie, mais il faut reseruer cette entreprise apres les establissemens des autres.

La troisiesme Colonie doit estre à l'Isle Saincte Marie, &

Nnn ij

RELATION

d'icelle foubs-ordonner vne habitation de douze ou vingt hommes à Ghalemboule, & baftir vn Fort fur le bord de la mer, proche le lieu où nous batiffons nos Cafes, fur la petite eminence qui fait vne pointe au fond de la Baye, entre le fable de l'Ance, & celuy du chemin d'Ambato.

Il en faut vne à la riuiere de Mananfatran, & l'autre à la riuiere de Simiame, tant pour traitter du Ris par tout, que pour faire choifir du beau Criftal.

La quatriefme Colonie doit eftre dans la Baye d'Antongil, dans l'Iflet, & y baftir vn Fort. Là les François y pourront demeurer auffi-bien qu'à fainte Marie, pour y faire le fucre & le Tabac; & mefme l'on pourra faire des habitations à la terre ferme. Cette Baye eft tres-grande & à l'abry de cet Iflet, les Nauires y font tres-bien moüillez.

La cinquiefme Colonie doit eftre en l'Ifle de Bourbon pour y eftablir plufieurs habitations.

La fixiefme Colonie, fi l'on veut, dans l'Ifle Diego Roïs, où le Port eft tres-bon, & où il y a tres-bon moüillage, il y faudroit paffer des bœufs, des moutons, des Cabrits & des cochons qui viuroient tres-bien.

La feptiefme Colonie, doit eftre au Port aux Prunes, & de là eftablir des habitations à la Longue pointe & aux enuirons tirant vers les Bohitsmenes.

De toutes ces habitations l'on pourroit enuoyer des François au nombre de trente ou quarante François à la fois, pour defcouurir le païs en tirant à l'Oüeft Noroüeft de l'Ifle, & de ces voyages dependroit toute la connoiffance du païs.

La huictiefme Colonie fe peut eftablir à la Baye de Sainct Auguftin fur la riuiere d'Angelahé, d'où on pourroit fous-ordonner des habitations aux Mahafalles, aux Zafe-Renauoule, à Houlouue, & aux païs où on iugeroit qu'il y auroit du profit à efperer, comme à la recherche des pierres de diuerfes fortes, & à la defcouuerte des Metaux, Mineraux, & foyes.

La neufiefme Colonie fe pourroit faire à Bohitfanrian dans les Machicores, pour y eftablir des Mateurs de bœufs ou boucaniers, d'autant que tout ce païs est tres-grand & & est remply de bœufs, ou pour mieux dire de taureaux sauuages. Là l'on pourroit faire recherche de pierreries & de Metaux, de Benioin & d'autres gommes odorantes & nourrir des mouches à miel.

L'on pourroit dans des barques descouurir toutes les bayes, caps & bouches de riuieres, qui sont à l'Oüest de l'Isle & vers le Nord d'icelle, qui n'ont point encor esté descouuertes. Ce voyage seroit le plus fructueux que l'on pourroit faire.

Toutes ces Colonies ne se peuuent pas faire en si peu de temps, à moins que de faire vn embarquement où on passe 500. hommes à la fois, l'on aduancera beaucoup les affaires.

Pour y reüssir, il seroit necessaire d'auoir vn Nauire de quatre çens tonneaux auec quelque grande Fluste de 6. ou 700. ce qui ne se pourroit pas faire sans vne grande despence, laquelle monteroit à 150. mille liures au moins, & afin que l'on peust treuuer son compte, il seroit necessaire d'enuoyer en marchandise à Sourat, Calicut, Coromandel, Sumatra, au Macassar, & dans les grandes Indes, & porter auec soy encor 150 mille liures en argent: l'on retireroit infailliblement en vn voyage le double de la despence que l'on auroit fait.

Cependant que les Nauires feroient le voyage des grandes Indes, les Colonies s'establiroient, l'on feroit amas d'hebene, de cuirs, de cires & autres choses pour acheuer la charge des Vaisseaux en cas qu'ils ne fussent entierement chargez.

Ce sont tous les aduantages que l'on peut perceuoir dans l'establissement des Colonies dans l'Isle Madagascar, lesquels seront encor plus grands, si d'abord l'on vouloit faire plus grande despence. Cette Isle est la mieux placée qu'Isle qui soit au monde pour les commoditez que les François en peuuent retirer, elle est dans le passage pour aller dans les grandes Indes proche du Royaume de Monomotapa, riche en or & en Iuoire; & d'icelle l'on pourroit aller faire des descouuertes dans les Terres Australes. L'on y peut bastir des Nauires : Il y a des Mines de fer pour faire le clou, les cheuilles, & tout ce qui est necessaire pour la ferraille. L'on y peut establir de bonnes forges de fer. L'on peut de l'Isle seule tirer toutes les victuailles necessaires pour les nauigations des Indes, & mesme en assister les autres païs, ce qui est le plus grand aduantage que l'on y peut esperer.

Ce que nous venons de remarquer icy en passant, que Madagascar peut seruir comme d'eschelle, d'entrepost, & de commodité pour le commerce, & pour la nauigation des Indes Orientales, & des Terres Australes, merite bien estre serieusement consideré.

Pour les Indes Orientales, il est certain que leur commerce est le plus riche de l'vniuers, & personne n'ignore combien il est profitable à ceux qui le tentent, tesmoins les Portugais, Hollandois, & Anglois.

Pour les Terres Australes, leur continent n'estant esloigné de Madagascar que de quelques semaines de traject, il seroit aisé, d'entretenir quelque leger vaisseau qui nauigeroit incessamment de Madagascar dans les pays Austraux, & ce qui en viendroit chargé dans les vaisseaux qui de temps en temps doiuent aller de l'Europe en Madagascar.

Les aduantages de cette nauigation Australe ne pourroient estre petits, les contrées Australes estant d'vne si vaste estenduë qu'il est impossible qu'elles n'ayent diuerses choses qui meritent estre recherchées ; & tous ceux qui les ont abordées nous en parlant assez aduantageusement, & entr'autres Pedro Fernandez de Quir dans ses Requestes en forme de Relation presentées à Philippes III. Roy des Espagnes.

Mais quand il n'y auroit autre aduantage à esperer que celuy de la propagation de la foy, cela deuroit estre suffisant pour nous exciter à la descouuerte de ces amples Prouinces du Midy, pour lesquelles Madagascar nous offre tant de commodités ; Et nos François semblent d'autant plus fortement estre engagez à l'entreprise de descouurir, & de conquerir pour Dieu les Terres Australes, c'est à dire le troisiesme Continent, ou la cinquiesme partie du Globe

DE L'ISLE MADAGASCAR. 465

Terrestre, plus grande que nostre Europe, qu'ils se peuuent vanter que nul vaisseau Chrestien ny a faict descente auant le vaisseau François, party en 1503. de Honfleur ville maritime du Bailliage de Roüen, & du Diocese de Lisieux en Normandie, sous la conduite de Binot Paulmyer, dit le Capitaine de Gonneuille, de la famille des Seigneurs du Buschet fief, & seigneuries dans la Parroisse de Gonneuille lez Honfleur.

Ce Gentil-homme, & quelques autres Aduenturiers se mirent en mer dans le dessein de voguer aux Indes Orientales, dont les Portugais doublant le Cap de Bonne-Esperance, auoient ouuert le chemin cinq à six ans auparauant. Mais ayant esté surpris d'vne longue & rude tempeste, estant vers la hauteur de ce Cap, qui auoit esté autrefois nommé auec raison le Cap tourmenteux, & ayant perdu leur route, ils se treuuerent iettés aux costes des terres Australes, que leur iournal mis au Greffe de l'Admirauté, suiuant l'ancienne coustume, appelle *les Indes Meridionales*, à raison de leur situation.

Ils seiournerent en cette contrée prés de six mois, tant pour radouber leur vaisseau, que pour le charger pour le retour, qui fut resolu en partie pour le mauuais estat de leur Nauire, & en partie par le refus que l'equipage faisoit de passer outre. Leur Relation ne dit rien au preiudice de la temperature du païs; loüe sa fertilité, & descrit les habitans, comme gens remplis de la simplicité du siecle d'or, raisonnables, curieux, & qui receurent les François auec admiration, respect, & amour. Nos François disent beaucoup du bon accueil qu'ils receurent de la part de ces Indiens, & entr'autres de leur Roy *Arosca*, qui dominent l'estenduë de deux ou trois iournées de pays, aux enuirons des lieux ou le Nauire du Capitaine de Gonneuille auoit moüillé l'ancre.

Ce Capitaine meu du desir commun & ordinaire aux descouureurs de nouuelles terres, se preualant de la curiosité naturelle de ces Indiens, & de la creance qu'il auoit gaignée sur leurs esprits, fist en sorte qu'il obtint de ce Roytelet l'vn de ſes enfans, nommé *Eſſomeric* pour venir en Europe, ſous promeſſe de le ramener du plus tard dans vingt Lunes (c'eſt ainſi qu'ils contoient les mois) & de le ramener inſtruict des inuentions de noſtre artillerie, & de cent autres choſes qu'ils admiroient en nous, & qu'ils ſouhaittoient auec paſſion.

Eſſomeric fut amené, & non pas ramené; il fut baptiſé & receut le nom de ce Capitaine, qui fut ſon parrain, & depuis en emprunta le ſurnom, en ayant receu diuers aduantages, par leſquels ce Capitaine pretendoit reparer le tort qu'il luy faiſoit de manquer au ſerment qu'il auoit faict de le ramener en ſon pays; Il luy procura vn mariage auec vne de ſes parentes, & mourant ſans enfans il fiſt diuers legs teſtamentaires en faueur de cet Indien, qui a veſcu iuſques en 1583. laiſſant pluſieurs enfans, dont il ne reſte aucune poſterité maſle, ſinon d'vn des plus ieunes qui portoit auſſi le nom de Binot, ſieur de Courthonne qui laiſſa nombre d'enfans maſles, deſquels deux ſeulement ſe marierent, l'vn du nom de Iean Baptiſte Preſident des Threſoriers de France en Prouence, qui n'a laiſſé qu'vne fille eſpouſe de Monſieur le Marquis de la Barben, de la maiſon de Fourbin en Prouence; l'autre Oliuier ſieur de Courthonne, qui a laiſſé Iean, Gabriel, & Robert Paulmyer freres, ces deux demeurerent encore en bas âge, & l'aiſné, Eccleſiaſtique & Chanoine en l'Egliſe Cathedrale de Liſieux.

Ie dis ces choſes pour faire remarquer à noſtre France qu'elle doit d'autant pluſtoſt s'appliquer à la deſcouuerte des Terres Auſtrales, & à y planter la foy, & le commerce, que les ſiens ſont les premiers qui y ont abordé, qu'ils y ont eſté bien receus, qu'ils n'ont faict de difficulté d'enuoyer des leurs en Frãce, dont la poſterité y continuë encore, pour nous faire reſouuenir de ne pas negliger les pays Meridionnaux, d'où nous pourrons tirer autant d'auantage que les Eſpagnols en tirent des Occidentaux, & les Portugais, & autres nos voiſins des Orientaux.

CHAPI-

Chapitre LXXXXII.

Moyens dont il se faut precautionner contre les maladies du pays, & pour s'en garentir, tant sur terre que sur mer, soit en allant, soit en retournant.

Toutes les maladies qui sont contractées dans les voyages de long cours, qui se font par mer & dans les pays chauds, sont le flux de sang, le scorbuth, le mal de terre, & les maladies qui se contractent dans les pays chauds par les nouueaux venus. Le scorbuth est vn mal tiré de la langue Hollandoise, qui est vne maladie qui s'engendre de la pourriture & corruption des humeurs dans les veines & dans le foye, à cause des mauuais alimens & de la corruption de l'eau que l'on boit dans le vaisseau, & des viandes sallées. Ce mal se connoist par vne lassitude de membres, contraction de nerfs, & particulierement des jarets (c'est pourquoy les Normans nomment ce mal, les Garets) par des marques noires aux cuisses & aux jambes, par vne puanteur d'haleine, & par des chairs excroissantes aux genciues vlcerées, & par vn degoust si grand, que si le malade n'est bien-tost mis à terre, il en meurt. Ce mal attaque d'ordinaire les plus robustes, lors qu'ils s'amusent à dormir par trop, & de iour.

Pour preuenir ce mal, il est necessaire de se diuertir sur le Tillac à causer, à se promener, à se presenter tous les iours à faire ses necessitez naturelles, & à ne demeurer point long-temps sans y aller, & à ne retenir son vrine, mesler vn peu de vinaigre dans l'eau pour y remedier quand on en est attaqué, il faut se frotter les genciues de ius de citron, & de vinaigre, ou de verjus, mais le ius de citron est meilleur, se frotter les jambes, cuisses, & parties malades, auec des huiles de Camomille, de vers, & autres emollientes & resolutiues, & mesme d'huile d'oliue, de sang de Marsouin,

Ooo

& d'huille ou graisse d'iceluy, & mesme du bouïllon dudit Marsouin, quand on l'a tiré de la chaudiere, s'en est le meilleur remede, & à faute de ce, du bouïllon où on a fait cuire le lard de l'equipage. Le ius de groiselles, de grenades aigres, & de berberis ou espine vinette, sont tres-bons à porter à la mer pour cette maladie. Le Theriacque, le Mithridat & l'Oruietan, les clysteres laxatifs y sont tres-bons, les gargarismes auec decoction d'orge, balaustes, roses rouges & vn peu d'alun & miel rosat, ou syrop de roses seiches, l'esprit de sel, l'esprit de soulfre, & l'esprit de vitriol, sont de bons remedes pour s'en seruir vne goutte d'vn chacun ou de l'vn ou de l'autre dans vn verre de breuuage, soit dans l'eau, soit dans le vin, soit dans quelques apozemes pour le malade. Les herbes & racines que l'on peut porter, sont les racines de chicorée sauuage, de persil, bruschus d'asperges, & les capillaires.

Il seroit necessaire de purger les malades dans le vaisseau auec vne poudre purgatiue, ou des pilules faites de ladite poudre. Cette poudre seroit composée auec resine de scammonée, jalap, turbith, & les hermodattes, de chacun vne once, & de clou de girofle vn demy gros. Le tout meslé ensemble & en poudre subtile. La dose est pour les plus robustes, demy gros, dans vn boüillon ou dans vn verre de liqueur, cela purge doucement les humeurs flegmatiques & corrompuës, & ne donne aucune trenchées de ventre.

Le flux de sang quelquefois s'engendre sur mer, qui est causé d'vne grande inflammation des humeurs & d'vne resolution generale d'icelles, à cause de la salleüre des viandes que l'on mange, & aussi de la grande diette que l'on fait, qui eschauffe le sang extrémement, à cela il faut remedier par des remedes humectans & astringens, tels que sont les sucs de grenades, de groseilles rouges, de cerises & de berberis, de la teinture de roses rouges auec vn peu d'aigret de vitriol; & à s'abstenir quelque temps de manger des viandes sallées, des boüillons au beurre & aux herbes fines, qui sont le thim, la sariette, l'hyssope, & quelques herbes que l'on a accoustumé de porter à la mer, qui s'y peuuent conseruer. Les fruicts secs, comme sont les cerises seiches : les prunes de toutes façons, les raisins, les amandes & les noix seiches sont bonnes, comme aussi le bon cotignac d'Orleans, gros & clair, les coignasses, cerises, verjus & groiselles confites, l'escorce de citron, les figues & les dattes sont bons alimens pour ces sortes de maladies, la confection d'hyacinthes & encor mieux la confection d'Alchermes, l'eau de vie, & le vin d'Espagne & le bon rososol sont bons, mais en tres-petite quantité.

Le mal de mer se guerit sur la terre en prenant de bons boüillons d'herbes raffraischissantes, & principalement de l'ozeille, du pourpié, des laictuës & des chicorées, & fautes d'icelles du potage au laict & à l'oignon & des autres legumes, & de l'vsage des boüillons de volailles & de la viande fraische. Mais le mal de terre saisit le plus souuent ceux qui ayans esté sains à la Mer viennent à approcher de la terre, vn iour ou deux auparauant que de la voir ; & mesme apres estre débarquez, qui est le plus souuent vne grande cholique, & vn grand vomissemens. Pour y remedier il faut promptement tirer du sang du bras, donner des clisteres laxatifs & raffraichissans, & vn peu carminatifs, donner de bons boüillons à la viande, & ne manger pas si tost des viandes solides ; car cela prouient quelquefois d'vn degorgement de bille, & d'vne siccité des intestins. C'est pourquoy il est necessaire que les alimens soient humectans : ce mal passe le plus souuent en quatre ou cinq iours, puis apres ce temps il est necessaire de manger huict ou dix iours durant, au moins de bons potages à la viande, matin & soir, & les iours maigre, des potages aux herbes ; afin d'humecter le corps qui estoit par trop desseché. Pendant ce temps l'on se purgera auec le sené, la casse, la rubarbe & la manne.

Les maladies qui se contractent dans les païs chauds par les nouueaux venus, sont la fiévre chaude & maligne, & l'enfleure qui degenere le plus souuent en hydropisie, & le flux de sang, la douleur & estourdissement de teste. Ceux qui meurent les premiers ce sont d'ordinaire de cette fiévre chaude, qui fait entrer les malades en de grands assoupissemens & lethargies, si ce sont des hommes replets; ou en frenaisies, ceux qui sont d'vn temperament secq.

Pour preuenir ces maladies, ou en emousser les plus grandes violences, il faut apporter vn bon ordre en débarquant les passagers que l'on met à terre, les empescher de manger de la viande rostie, mais qu'elle soit boüillie, leur enjoindre de manger force potage à la viande. Leur deffendre de manger des citrons, si ce n'est vn peu dans leur potage, comme aussi le laict crud: car ce sont ces deux dernieres choses qui tuent la pluspart des nouueaux venus, qui d'abord voyans la facilité de manger des citrons, font tout ce qu'ils peuuent pour en manger à tous momens ainsi que du laict. Le citron, qui est acre & froid, leur imprime dans l'estomach son acidité, qui leur refroidit tellement, que tout ce qu'ils mangent en suitte se tourne & conuertit en cruditez, lesquelles estans enuoyées en haut dans le cerueau par le moyen d'vne chaleur excessiue du foye, qui est eschauffé, premierement par ce long ieusne souffert pendant cinq ou six mois en mer, puis par la chaleur du Climat, & par cette chaleur estrangere qui suruient, à cause de la corruption que causent ces cruditez. Les malades tombent dans vn grand assoupissement ou frenaisie, & meurent d'ordinaire dans quatre, cinq, ou six iours, & passent rarement le septiesme iour. Si ce sont des personnes melancholiques & d'vn temperament plus froid, ils deuiennent astmaticques & poussifs, & enfin tombent dans vne hydropisie qui les conduit au tombeau, si bien que ces deux maladies, quoy que bien differentes l'vne de l'autre, n'ont toutes deux qu'vne mesme cause & origine: & par ainsi pour les preuenir, il est necessaire de se seruir des mesmes precautions, ainsi que i'ay dit cy-dessus. Pour ceux qui sont attaquez de ces fiévres chaudes, il faut tout aussi-tost leur donner des Clysteres laxatifs, leur tirer du sang du bras iusques à deux ou trois fois: puis apres les seigner du pied pour attirer en bas les humeurs, & en empescher ce grand transport au cerueau;

DE L'ISLE MADAGASCAR.

c'est vn remede tres-souuerain, & qui est infaillible, dont tous ceux qui ont eschappé, ont esté gueris.

 Ceux qui sont en santé se doiuent faire saigner du bras dés aussi-tost qu'ils sont debarquez, se tenir le ventre lasche, & euiter les citrons, orenges, & le laict crud, & ne manger d'abord de la viande rostie. Ils se doiuent faire saigner tous les mois, & infailliblement ils se garentiront de ces grandes maladies. Qu'ils ne dorment point de iour, & moins encor au Soleil; qu'ils éuitent les excez du boire & du manger, & que la nuict ils se tiennent couuerts l'estomach & la teste principalement, qu'ils ne boiuent point d'eau trop froide, & qu'ils ne se baignent point dans les riuieres froides ny ruisseaux qui descendent des montagnes. Et il leur est meilleur de boire plustost l'eau chaude que froide, ainsi que font les Negres & Insulaires, qui font chauffer leurs breuuages, quelque soif qu'ils ayent, lesquels ont bien cette raison de dire que l'eau froide cause des obstructions à ceux qui en boiuent.

FIN.

www.ingramcontent.com/pod-product-compliance
Lightning Source LLC
Chambersburg PA
CBHW071718230426
43670CB00008B/1051